BIBLIOGRAPHIE
ROCHELAISE

ŒUVRE POSTHUME

DE

LÉOPOLD DELAYANT

BIBLIOTHÉCAIRE DE LA VILLE DE LA ROCHELLE

PUBLIÉE PAR ORDRE DU CONSEIL MUNICIPAL

LA ROCHELLE

TYPOGRAPHIE A. SIRET, RUE DE L'ESCALE, 25

1882

BIBLIOGRAPHIE ROCHELAISE

G.L. DELAYANT
La Rochelle 1806-1879

BIBLIOGRAPHIE
ROCHELAISE

ŒUVRE POSTHUME

DE

LÉOPOLD DELAYANT

BIBLIOTHÉCAIRE DE LA VILLE DE LA ROCHELLE

PUBLIÉE PAR ORDRE DU CONSEIL MUNICIPAL

LA ROCHELLE

TYPOGRAPHIE A. SIRET, RUE DE L'ESCALE 23

—

1882

PRÉFACE

———

Gabriel-Léopold Delayant naquit à la Rochelle le 16 janvier 1806 [1]; il y mourut le 24 juin 1879, bibliothécaire de la ville, chevalier de la Légion d'honneur, officier de l'Instruction publique et président de la section littéraire de l'Académie de la Rochelle.

M. Delayant était encore presque un enfant qu'il était appelé par les circonstances à diriger les travaux délicats et assujétissants de l'imprimerie de Pierre-Léon Chauvet, son aïeul. Les exigences de la vie ne le trouvèrent pas au-dessous de sa tâche, et la direction de son entreprise ne l'empêcha pas de prendre successivement les grades de licencié ès-lettres et de bachelier ès-sciences [2]. — En 1833, M. Delayant entra dans l'Université au collége de la Rochelle, comme pro-

———

(1) Il était fils de Gabriel Delayant, chef de bataillon, membre de la Légion d'honneur, mort de blessures reçues sur le champ de bataille, et de Félicité Chauvet.

(2) Louis Chauvet imprima en son nom de 1818 à 1830; M. Delayant de 1830 à 1835.

fesseur de quatrième ; mais ce n'était qu'un début ; dès 1836, en effet, la hauteur de son enseignement le faisait mettre à la tête du cours de philosophie qu'il dirigea jusqu'à sa retraite en 1869.

Du travail et des occupations sérieuses de ses jeunes années, M. Delayant sut retenir cette rectitude d'esprit et cette activité féconde qu'il a conservées jusqu'à ses derniers jours.

Son entrée dans le professorat coïncida avec sa nomination de bibliothécaire de la ville de la Rochelle. Et nous pouvons dire que dès lors M. Delayant avait trouvé sa voie, ou pour mieux dire deux voies parallèles qu'il ne cessa de suivre jusqu'à sa mort.

A son goût pour la philosophie, il joignit le culte de son pays et surtout du pays Rochelais ; non pas ce culte intérieur qui germe au cœur du plus grand nombre, mais un culte pratique qui lui faisait rechercher pour lui-même et restaurer pour ses contemporains les vieilles gloires de notre cité. M. Delayant vivait de cette double passion, et l'on peut dire que chacune de ses productions intellectuelles contient au moins un écho de ces deux notes dominantes de son esprit et de sa sensibilité.

Il ne nous est pas possible de suivre pas à pas le cours de cette vie si bien remplie, de donner dans ses détails la physionomie de cette personnalité originale, qui a laissé dans notre ville une trace profonde et respectée, de compter tous les services rendus, par

l'homme, à la science et à l'étude, soit dans la Bibliothèque confiée à ses soins, soit au sein des nombreuses
commissions auxquelles le faisait appeler sa haute com-
pétence en matière d'enseignement [1].

Pour connaître l'homme il suffit de lire ses œuvres.
Philosophe et historien, M. Delayant se manifeste entièrement dans chacun de ses écrits ; il n'écrivait rien
sans se donner tout entier, simplement, sans arrière
pensée et sans songer nullement s'il avait à rechercher
la faveur d'un public ou si ses théories contrariaient
les opinions de quelques-uns, même celles de ses
meilleurs amis. On ne peut absolument dire de lui,
comme un de ses biographes, qu' « une affirmation
de sa part valait une certitude », car nul n'est exempt
de l'erreur humaine, mais l'exacte vérité est qu'une
affirmation de sa part reposait sur une conviction
raisonnée.

Son enseignement n'était pas moins caractéristique.

« Jamais, nous dit un de ses élèves, il n'avait de
ces grands mots, de ces néologismes à l'allemand, de
cette phraséologie pédantesque qui a l'air profond et
cache souvent le vide des idées ; il aimait à prendre
ses explications et ses exemples dans les phénomènes
de la vie commune. Il évitait les explications nébu-
leuses, les demi-preuves qui ne prouvent rien, et quand

---

(1) M. Delayant était membre de la commission d'instruction primaire , — membre puis président
de la commission administrative de l'Ecole normale de Lagord, — de la commission d'examen des
aspirants au brevet de capacité pour l'enseignement primaire , — du conseil départemental de
l'Instruction publique.

il rencontrait sur sa route ces grands problèmes qui seront éternellement l'attrait, l'effroi et le désespoir du philosophe, il en proposait, sans l'imposer, la solution, il nous en faisait sonder la profondeur, et nous en inspirait le respect par le respect avec lequel il les traitait. En résumé, toute sa méthode professorale visait à un seul but : exercer l'esprit de ses élèves et rectifier leur jugement, leur apprendre à user sagement mais virilement de leur raison dans la sphère des choses rationnelles, c'est-à-dire en un mot à penser. »

La méthode, la logique du philosophe se retrouvent dans l'historien ; mais la différence du sujet, du milieu changent nécessairement la nature du résultat. Lorsqu'il s'agit d'histoire locale, l'analyse est généralement préférable à la synthèse ; plus le champ se restreint, plus la mission de l'histoire devient modeste ; les effets des petites causes ne sont pas toujours évidents ; ils sont loin de se dégager toujours avec la rigueur de la logique aux yeux même des plus clairvoyants ; les grandes lignes d'un paysage n'acquièrent leur netteté que de la distance ; et celui qui se consacre à l'histoire des lieux, des faits qui l'entourent immédiatement est contraint bien souvent, s'il veut rester dans son rôle, de se borner à la description, à l'analyse du sujet ; d'historien il devient chroniqueur.

Aussi ne doit-on pas s'en prendre à l'auteur, mais au système, si dans l'*Histoire des Rochelais*, M. Delayant ne réussit pas à atteindre complétement l'un des deux buts que doit se proposer l'historien : dégager pour le lecteur la moralité des événements ou fixer dans son esprit la succession des faits eux-mêmes. Traitant en philosophe l'histoire des Rochelais, il ne songe pas que si la Rochelle a eu une large part dans des événements considérables de l'histoire générale, elle a eu ses heures, et ce sont les plus nombreuses, de vie intime et au jour le jour. Aussi notre historien philosophe, ne négligeant aucun fait grace à une vaste érudition, les accumulant à dessein malgré leur nombre d'autant plus considérable qu'ils sont souvent d'une importance secondaire, ayant pour principe de noyer dans le texte tout ce qu'il est d'usage de renvoyer dans des notes, s'efforçant de regarder l'histoire locale du *dedans* pour éviter les sentiers battus, n'arrive-t-il pas à la clarté et à la logique que sa science et sa puissance de raisonnement lui donnaient le droit d'atteindre.

Ajoutons d'ailleurs que c'est la seule des œuvres de M. Delayant où le philosophe nuise à l'historien. La logique rigoureuse et le sens critique développés par la méthode deviennent au contraire pour M. Delayant d'un puissant secours dans ses ouvrages de critique historique ou littéraire. Ceux-ci en somme, et ce sont les plus nombreux, constituent l'œuvre vive de notre auteur. Sa longue pratique bibliographique, sa vie constante avec nos vieux chroniqueurs n'avaient laissé cachées à la netteté et à la subtilité de son esprit aucune des pensées, aucune des actions importantes des personnages de notre histoire et de nos écrivains locaux. Aussi dans ses *Historiens Rochelais*, dans ses nombreux articles biographiques ou bibliographiques auxquels nos journaux et nos revues s'empressaient d'ouvrir leurs colonnes, les a-t-il jugées d'un jugement sûr et indépendant ; il n'a pas tout fait dans cet ordre d'idées ; il restera longtemps encore à glaner dans le champ de l'histoire de nos contrées ; mais on peut affirmer qu'il n'est possible d'étudier avec fruit le passé de la Rochelle et de l'Aunis, qu'à la condition de prendre pour guide, dans le dédale de nos documents, les ouvrages de critique historique dûs à la plume de M. Delayant.

La longue pratique que notre auteur avait eue des ouvrages d'histoire locale a donné naissance à l'œuvre considérable publiée aujourd'hui grâce à l'initiative du conseil municipal de la ville de la Rochelle.

M. Delayant n'étudiait pas un auteur de la région, ne rencontrait pas dans un ouvrage d'intérêt plus général ou étranger au pays, un trait ou des récits d'évènements touchant à l'histoire de la Rochelle, sans en conserver la trace en y joignant une appréciation succincte. Ce travail patient et persévérant continué pendant près d'un demi-siècle nous a valu la *Bibliographie Rochelaise*. On peut dire sans craindre de se tromper que, pendant cette longue période d'années, M. Delayant n'a pas laissé passer un seul jour sans apporter à son œuvre une addition ou une correction. La *Bibliographie Roche-*

laise contient uniquement l'indication et l'appréciation des ouvrages ayant trait à l'histoire locale ; on n'y trouvera ni la liste des ouvrages dus à des Rochelais, ni celle des ouvrages imprimés à la Rochelle, quand les uns ou les autres ne contiennent rien de relatif à l'histoire de la Rochelle. L'ordre suivi dans le volume ne paraît pas au premier abord bien déterminé, et il était absolument impossible qu'un ordre rigoureux y régnât. On peut toutefois se convaincre par un examen attentif que l'auteur a voulu procéder du général au particulier en conservant le plus possible la succession chronologique.

Cet ouvrage n'a pas la prétention de donner une liste absolument complète des manuscrits ou des imprimés traitant spécialement ou accessoirement de l'histoire de la Rochelle. Un travail de cette nature n'est jamais achevé. Les grands dépôts de documents de la capitale, ceux mêmes des provinces dont les catalogues sont loin d'être terminés, les archives particulières n'avaient pas dévoilé tous leurs secrets à M. Delayant, et ne seront d'ailleurs de longtemps entièrement connus. De ces lacunes, quelques-unes peut-être eussent pu être comblées, mais c'était l'œuvre de M. Delayant, non la nôtre que nous avions mission de publier. Notre travail a dû simplement consister dans la révision du texte de l'auteur.

Nous avons mis tout notre soin à reproduire fidèlement les titres des ouvrages et les numéros des renvois aux dépôts où les ouvrages se trouvent. Nous espérons que l'attention minutieuse que nous avons apportée à ce travail, aura diminué les chances d'erreur. Mais nous manquerions à la plus simple équité si nous ne remercions pas M. de Richemond de l'aide qu'il nous a apportée dans la révision des épreuves.

Nous avons jugé utile de terminer l'ouvrage par trois tables distinctes : une table pour les noms propres de lieux et de personnes, une seconde pour les ouvrages anonymes, et de plus une table des matières.

Nous ne croyons pouvoir mieux faire en terminant que de donner la liste succincte des ouvrages publiés ou inédits de M. Delayant.

GEORGES MUSSET,

ÉLÈVE DIPLOMÉ DE L'ÉCOLE DES CHARTES,
BIBLIOTHÉCAIRE DE LA VILLE DE LA ROCHELLE.

LISTE

DES ŒUVRES DE M. DELAYANT

1. Historiens de la Rochelle. — Études lues à la Société littéraire de la Rochelle, de 1853 à 1860. — *La Rochelle, Mareschal, 1863*, in-8.
2. Histoire du département de la Charente-Inférieure. — *La Rochelle, Siret, 1872*, in-12.
3. Histoire des Rochelais racontée à Julien Méneau par son grand-père. — *La Rochelle, Siret*, 1870, 2 vol. in-8.
4. Notice sur M. Labretonnière, dans les *Annales de l'Académie de la Rochelle pour 1867*.

5. Biographie Rochelaise. — *Mss.* — Quelques-uns des articles ont été publiés dans le journal la *Charente-Inférieure* en 1835 et 1836, et dans la *Revue de l'Aunis*, passim.

6. Lettre sur la salubrité de Rochefort, dans le *Courrier des Marchés*, 1856.

7. La tour du garrot, dans la *Charente-Inférieure*, du 29 janvier 1837.

8. Traduction de l'histoire du siège de la Rochelle par Philippe de Cauriana. — *La Rochelle, Siret*, 1856, in-8.

9. Article sur le rétablissement de la messe à la Rochelle, dans la *Charente-Inférieure*, année 1835.

10. Divers articles dans la *Revue de l'Aunis*, puis la *Revue de l'Aunis, de la Saintonge et du Poitou*, la *Revue organique des départements de l'Ouest*, 1845, la *Revue de l'Ouest*, les journaux le *Courrier de la Rochelle* et la *Charente-Inférieure* et dans les publications de la Société littéraire de de la Rochelle.

11. Notice sur Aufrédi, dans les *Mémoires de la Société des Antiquaires de France*.

12. Du présidial de la Rochelle. — *La Rochelle, Siret*, 1878, in-8.

13. Notice sur la bibliothèque de la Rochelle, dans les *Annales de l'Académie pour 1862*, et en tête du catalogue.

14. Notices sur l'Académie et la Société littéraire de la Rochelle, dans les *Notices historiques sur les Sociétés des lettres, sciences et arts de la Rochelle.* — *La Rochelle, Siret*, 1873, in-8.

15. Catalogue de la bibliothèque de la ville de la Rochelle. — *La Rochelle, Siret*, 1878, in-8.

16. Aliénor d'Aquitaine. — *Poitiers*, 1876, in-8.

17. Notice historique sur la Charente-Inférieure, dans la *Statistique du département*, par A. GAUTIER.

18. Histoire de l'instruction publique à la Rochelle, dans le *Choix de pièces lues aux séances de l'Académie de la Rochelle*, année 1868.

19. Histoire de l'imprimerie à la Rochelle, manuscrite à la bibliothèque de la Rochelle. — Elle a été utilisée par M. Audiat, dans son *Histoire de l'imprimerie dans la Charente-Inférieure*.

20. Biographie rochelaise, manuscrite à la bibliothèque.

21. Biographie du département (incomplète), manuscrite à la bibliothèque.

22. Saint-Gilles de Surgères, d°.

23. La divine Epopée, poème par Al. Soumet. — *La Rochelle, Mareschal*, 1841, in-8.

24. Notes historiques, littéraires ou philosophiques, à la bibliothèque de la ville de la Rochelle.

ERRATA

Page 41. — *Lire* : 106, *au lieu de* : 105..

— 54. — Au nº 150, *lire* : Bibl. de la Roch., nº 3405, *au lieu de* : nº 3485.

- 91. — Au nº 288, *lire* : suivant les *aires* des vents, *au lieu de* : les *airs* de vents.

— 100. — Au nº 326, *lire* : André **JEAN**, *au lieu de* : André-Jean.

— 105. — Au nº 333, *lire* : Revue et magasin de zoologie, *au lieu de* : géologie.

— 106. — Au nº 340, *ajouter* : Bulletin religieux, 1864-1865, page 364.

— 110. — Au nº 352, *lire* : Casimir Oudin, *au lieu de* : Casimir Audin.

— 136. — Au nº 434, *lire* : Violente satire, *au lieu de* : violente satyre.

— 141. — Au nº 452, *lire* : Hubert Velu, *au lieu de* : Hubert velu.

— 143. — A la note de l'éditeur, *lire* : littéralement, *au lieu de* : littérallement.

— 152. — Au nº 488, *lire* : Genouillé, *au lieu de* : Génouillé.

— 181. — Au nº 598, *lire* : comté de Marans, *au lieu de* : comte de Marans.

— 187. — Au nº 620. *lire* : Fontenay-le-Comte, *au lieu de* : Fontenay le conte.

— 188. — Au nº 623, *lire* : juin dernier, *au lieu de* : juin dernie.

— 205. — *Lire* : nº 691, *au lieu de* : nº 291.

— 221. — Au nº 746, *lire* : Saint-Malo, *au lieu de* : S. Malo.

— 222. — Au nº 749, *lire* : Saint-Martin, *au lieu de* : S. Martin.

— 227. — Au nº 769, *lire* : 1627, *au lieu de* : 1672.

— 235. — Au nº 792, *lire* : Gaignières, *au lieu de* : de Garguières.

— 243. — Au nº 821, *lire* : donneraient bien, *au lieu de* : donneraient de bien.

— 293. — Au nº 1023, *lire* : Durosne, *au lieu de* : Durome.

— 321. — Au nº 1101, *lire* : François Tallemant, *au lieu de* : Françoise Tallemant.

— 360, 364, 369, 382. — Aux nºs 1224, 1238, 1259, 1261, 1311, *lire* : Vᵗ (Vincent) Cappon. *au lieu de* : Vᵉ (veuve) Cappon.

— 273. — Au nº 1275, *lire* : notices sur Jean Mauduit de la Rive, *au lieu de* : Larive, Jean Mauduit.

— 381. — Au nº 1310, *lire* : concernant le commerce étranger, *au lieu de* : le commerce étrange.

— 383. — Au nº 1313, *lire* : armateurs, *au lieu de* : amateurs.

BIBLIOGRAPHIE

ROCHELAISE

1. — Historiens de la Rochelle. Études lues à la Société littéraire de la Rochelle, de 1853 à 1860, par L. DELAYANT. *La Rochelle, Mareschal, 1863, in-8.*

Bibl. de la Rochelle, n° 3063.

Étude biographique et critique sur les historiens de la Rochelle.

2. —- Histoire politique, civile et religieuse de la Saintonge et de l'Aunis, depuis les premiers temps historiques jusqu'à nos jours, précédée d'une introduction, par M. D. MASSIOU, membre de l'Institut historique de France, etc. 1836-1840 ; *Paris, avec Pannier, comme éditeur de 1836 à 1838, pour 5 volumes ; imprimée à Marennes, par Raïssac, et à la Rochelle, par Mareschal, dernier éditeur, 6 volumes in-8. L'édition de Saintes, Charrier, 1846, n'en est pas une, mais la même avec un nouveau titre. En tout 3318 pages. 1re période, un*

vol. 570 *p.* — 2ᵉ *période, deux vol.* 1000 *p* — 3ᵉ *période, deux vol.* 1132. — 4ᵉ *période, un vol.* 616 *p.*

Bibl. de la Rochelle, nᵒ 2956. — Bibl. nat.ᵃ Lk², nᵒ 1505.

Ainsi que le titre l'annonce, c'est là une histoire complète, et par le temps et pour les points de vue, de la Saintonge et de l'Aunis. On y trouve pourtant moins de détails biographiques et moins de détails sur les localités que dans l'histoire d'Arcère, dont le sujet est moins vaste, mais que, pour la Rochelle, l'histoire de la Saintonge et de l'Aunis ne remplace pas. Le livre est divisé en quatre périodes : la première embrasse de l'an 60 avant J.-C. à l'an 115ᵉ de notre ère, en quatre livres. Elle est précédée d'une introduction contenant : Iᵒ Topographie, hydrographie. — IIᵒ Géographie ancienne. — IIIᵒ Archéologie monumentale divisée en quatre ères. — IVᵒ Statistique actuelle. La deuxième période comprend les années 1152-1548 en dix livres. La troisième, les années 1548-1685, ère des guerres religieuses, en douze livres. Au commencement du dernier volume, l'auteur déclare que, bien qu'il eût eu d'abord dessein de suivre l'ordre des temps sans interruption aucune, la stérilité du siècle écoulé de 1685 à 1789 l'a engagé à franchir cette période. Ce volume contient donc les années 1789 à 1815 en six livres. Chaque volume est terminé par des notes et dissertations, par un choix de pièces justificatives inédites patiemment recueillies en mille endroits différents, par des tables chronologiques et onomastiques. L'auteur est sur tous les points au niveau de la science moderne, et rien ne lui manque du côté de l'érudition. Mais il a peut-être plus de savoir que de critique. On pourrait désirer qu'il eût parfois admis avec moins de complaisance certains documents inédits qui ont été fournis avec un empressement suspect, et qu'il eût plus souvent préféré dans les auteurs connus les renseignements locaux à ceux du dehors, qu'il eût été en quelque sorte plus saintongeais ou plus rochelais et moins français ; il y eût peut-être gagné de substituer des faits moins connus, d'un intérêt plus spécial, à des pages qui pourraient presque passer pour des hors d'œuvre, et trouvé de quoi remplir sa fâcheuse lacune de 1685 à 1789. Il n'y a point de pareille léthargie dans la vie d'un peuple.

3. — Historia Rupellensis. *Édit. in-8.*

Je trouve dans le glossaire de Du Cange, v° *Moneta Rupellensis*, une *Historia Rupellensis*, édit. in-8. Il m'est impossible de deviner quelle est cette histoire de la Rochelle. Je n'en connais aucune antérieure à cette édition du glossaire qui est de 1733.

4. — Histoire du département de la Charente-Inférieure, par L. DELAYANT. *La Rochelle, Siret,* 1872, 400 *p. in-12.*

Bibl. de la Roch., n° 2957.

Abrégé et complément de l'histoire de M. Massiou.

5. — Histoire de Saintonge, Poitou, Aunis et Angoumois, contenant ce qui s'est passé de plus remarquable dans la France, l'Italie, l'Allemagne, l'Espagne, l'Angleterre, avec des observations particulières sur l'estat de la religion et sur l'origine des plus nobles et plus illustres familles de l'Europe. Dédiée à Monseigneur le duc de Montausier, par ARMAND MAICHIN, escuyer, seigneur de la Maison-Neuve, du Fief-Franc et de Charentenay, conseiller du roy, lieutenant particulier en la sénéchaussée de Saintonge au siège et ressort de Sainct-Jean-d'Angély. Partie première. *Saint-Jean-d'Angély, Boysset,* 1671, *in-f°.* — XIV — 240 — 185 *p. — La pagination recommence au second livre. — Aunis et Rochelle, pages* 203 *à* 221.

Bibl. de la Roch., n° 2955. — Lelong, bibl. hist. de la France, nos 35750, 37560. — Bibl. nat., Lk², n° 1503.

Cette première partie, la seule publiée, contient deux livres : le premier comprenant la description de la Gaule (p. 13 à 96), puis la description plus détaillée de la Saintonge, du Poitou, de l'Aunis et de l'Angoumois. Cette portion a seule quelque intérêt, et on y peut puiser quelques renseignements. Le deuxième livre commence l'histoire universelle à propos de la Saintonge et l'amène de la création du monde à la naissance de J.-C. Le bon Maichin y donne la succession des rois Gaulois depuis le déluge avec autant de sang-froid que s'il s'agissait de celle des Bourbons. On y trouve, comme de raison, l'arrivée des Troyens en Saintonge, que cependant l'auteur n'affirme pas positivement.

6. — Dictionnaire des lieux dits de la Charente-Inférieure, par AMÉDÉE CLÉMENT, chef de division à la Préfecture. 1861. *Mss. sur papier de 35 cent. sur 24.*

Bibl. de la Roch., n° 2942.

7. — Fastes historiques, archéologiques, biographiques... etc., du département de la Charente-Inférieure, par R. P. LESSON. *Tome I, Rochefort, Mme Thèze, 1842, in-8, XIV — 168 p. — Tome II, Rochefort, Proust-Branday, 1845, in-8, 86 p. et 115 pl.*

Bibl. de la Roch., n° 2963. — Bibl. nat.e Lk⁴, n° 147.

Détails sommaires donnés par un érudit, mais entremêlés d'assertions émises fort à la légère. Les deux cantons de la Rochelle occupent les deux premières pages du premier volume.

8. — Lettres historiques, archéologiques et littéraires sur la Saintonge et l'Aunis, par R. P. LESSON. — *La Rochelle, Mareschal, 1842, in-8, 320 p.*

Bibl. de la Roch., n° 2964. — Bibl. nat.e Lk², n° 1506.

9. — Histoire archéologique et légendes des Mar-

ches de la Saintonge. — *Rochefort, Loustau et Cᵢₑ*, 1845, *in*-8, 348 *p.*

Bibl. de la Roch., nᵒ 2964.Bibl. nat.ᵉ Lk², nᵒˢ 1506-1507.

10. — Ère celtique de la Saintonge. — *Rochefort, Loustau et Cⁱᵉ*, 1847, *in*-8, 302 *p.*

Bibl. de la Roch., nᵒ 2964.

11. — Musée Anaïs ou choix de vues des monuments historiques de la Saintonge et de l'Aunis.

La Rochelle n'a presque aucune part à ces ouvrages (nᵒˢ 7 à 11) ; on y trouve cependant, au commencement du volume nᵒ 9, une notice romanesque sur Guiton, trop complaisamment admise par M. Lesson qui n'en est pas l'auteur, et, dans le nᵒ 10 des détails sur les dolmens et les tumulus de l'Aunis.

12. — Histoire de la ville de la Rochelle et du pays d'Aulnis, composée d'après les auteurs et les titres originaux et enrichie de divers plans par M. ARCÈRE, de l'Oratoire, de l'académie royale des belles-lettres de cette ville. — *La Rochelle, Desbordes*, 1756-1757, 2 *vol.* *in*-4°, *ensemble* LXII — 1384 *p.*, 4 *cartes ou plans.*

Bibl. de la Roch., nᵒ 3077. — Lelong, nᵒ 35763. — Bibl. nat.ᵉ Lk⁷, nᵒ 3462.

Cette histoire résume tous les livres antérieurs et aucun ouvrage postérieur ne l'a fait oublier. C'est un travail complet. Outre l'histoire politique, savamment détaillée jusqu'en 1685, présentée depuis cette époque jusqu'en 1757 sous la forme plus brève d'un journal historique, on y trouve l'histoire développée du commerce, des établissements ecclésiastiques et civils, administratifs et littéraires de la Rochelle. Les lieux, les hommes du pays y sont envisagés spécialement ; la bibliographie même n'y est pas oubliée. Des notes, des additions, des pièces justificatives y sont jointes. La dissertation s'y unit au récit. C'est véritablement l'histoire classique de la Rochelle et de l'Aunis. Ce grand travail avait été préparé par le père Jaillot, de l'Oratoire, curé de Saint-Sauveur de la Rochelle. Il avait réuni, fait copier et en grande partie copié de sa main une foule de documents. C'est de lui que provenaient presque tous les manuscrits qui existent à la Bibliothèque publique de la Rochelle. Il s'adjoignit Arcère pour mettre en œuvre ces matériaux et mourut avant que le livre fut rédigé. Cette histoire y a sans doute perdu ; bien qu'Arcère ait parcouru et bien souvent annoté de sa main tous les renseignements recueillis par Jaillot, il les connaissait moins bien que lui sans doute, et il a laissé subsister et posé même des problèmes que résolvent ses propres matériaux. Arcère seul écrivit donc cette histoire ; on a reproché à son style le manque de simplicité dans un temps même où l'on faisait plus qu'aujourd'hui cas des ornements académiques. Arcère a montré beaucoup d'impartialité et même de liberté d'esprit ; mais après tout il était oratorien et écrivait vers 1750 : en voulant justifier les Rochelais, il ne les a pas toujours compris. Malgré ces défauts, dont quelques-uns étaient inévitables, l'histoire d'Arcère jouit toujours d'une grande estime que les tentatives ultérieures n'ont fait qu'accroître. Ce livre devient aujourd'hui fort rare.

13. — Additions et corrections pour l'histoire de la Rochelle, par ARCÈRE. — *Mss. in-4°, 78 p.*

Bibl. de la Roch., n° 3079.

Notes de la main d'Arcère recueillies dans la prévision d'une seconde édition de son livre. Elles sont en général peu importantes. Cependant on y trouve quelques anecdotes intéressantes. Une feuille volante contient des critiques de l'histoire de Louis XIII du père Griffet.

14. — Observations sur quelques points d'histoire, de géographie et d'antiquité concernant la ville de la

Rochelle, par M. ARCÈRE, de l'académie des belles-
lettres de la Rochelle.

Le manuscrit est perdu. Extrait dans le Mercure de
France *de juillet 1765, page 125.*

Bibl. de la Roch., n° 3743. — Lelong, n° 35,764.

Observations lues à la séance publique de l'Académie de la
Rochelle du 8 mai 1765. Elles relèvent une erreur de l'opuscule du maréchal de Tessé, racontent un glorieux combat du
capitaine de vaisseau Julien, rochelais, expliquent quelques
mots obscurs d'un acte de 1284 (miscellanées de Balluze, t. 4,
p. 249), relèvent quelques erreurs géographiques sur l'Aunis
d'un livre publié alors, recherchent l'origine de quelques usages
concernant la célébration du mariage à la Rochelle. Malheureusement le *Mercure* ne donne aucun détail sur ces dernières
recherches.

15. — Notes pour l'histoire de la Rochelle, par
M. SEIGNETTE. — *Un vol. mss. in-4°, 35-4 p. et quelques
feuilles volantes. Le manuscrit est commencé aux deux bouts.*

Bibl. de la Roch., n° 3080.

Recueil de quelques corrections et éclaircissements à l'histoire
de la Rochelle d'Arcère, avec le journal de quelques faits postérieurs à la date où elle s'arrête.

16. — Notes sur l'histoire de la Rochelle, par J.
PERRY. — *Mss. mis en marge d'un exemplaire de l'histoire
de la Rochelle d'Arcère ayant appartenu à M. Le Nain, à la
Rochelle, et actuellement en la possession de Mme Dupont.*

Bibl. de la Roch., n° 3081.

Ces notes ont été transcrites de l'exemplaire de M. Perry
par les soins de M. de Richemond, qui y a joint une notice
sur M. Perry lui-même. Elles complètent quelques listes et
donnent quelques détails sur les années 1780 à 1790. — M. de

Richemond les a ensuite publiées dans le tome III des Archives historiques de la Saintonge et de l'Aunis et tirées à part. Tours, 1877, in-8. *(Bibl. de la Roch., même n° 3081.)*

N. E. — La bibliothèque de la Rochelle possède un extrait de ce manuscrit fait par les soins de M. de Richemond d'après M. Avril et l'abbé Cholet, et un autre extrait par M. Jourdan. Ces extraits et la publication des Archives historiques ne sont pas complets, la communication du manuscrit n'ayant eu lieu qu'en 1878.

17. — Histoire de la Rochelle, par M. DUPONT, professeur de rhétorique, membre de l'Académie royale de la Rochelle et de la Société de littérature, sciences et arts de la ville de Rochefort, etc. — *La Rochelle, Mareschal,* 1830, *in*-8, II-640 *p.*

Bibl. de la Roch., n° 3082. — Bibl. nat.ᵉ Lk⁷, n° 3471.

Refaire et abréger l'histoire d'Arcère, en la vérifiant sur ses propres matériaux, en l'éclairant de la lumière des travaux historiques de nos jours, en la revêtant d'un style à la fois plus serré et plus pittoresque, en lui donnant plus de couleur locale, et en même temps la continuer jusqu'à nos jours ; tel a été le but de ce travail. Bien que fait par un homme d'un esprit incontestable, il n'a pas obtenu toute la bienveillance, ni peut-être toute la justice possible. On lui a reproché à la fois d'avoir fait porter trop de retranchements sur les faits d'une importance purement locale, et d'avoir trop peu imité la sobriété d'Arcère quand il s'est agi des faits et des noms locaux et contemporains. M. Edouard Dupont, né à Mayenne en 1797, est mort au Mans en 1839. On a de lui quelques fables en vers dans les *Affiches de la Rochelle.*

18. — Histoire des Rochelais racontée à Julien Méneau par son grand-père, L. DELAYANT. — *La Rochelle, Siret,* 1870, 2 *vol. in*-8, *ensemble* 814 p.

Bibl. de la Roch., n° 3083.

Des premiers temps à 1866.

19. — Précis de l'histoire de la Rochelle avec la description de l'état physique de cette ville suivi d'aperçus historiques et statistiques sur les îles de Ré, d'Oleron et d'Aix, par A. GAUTIER, chef de division à la préfecture de la Charente-Inférieure... etc. — *La Rochelle, Mareschal et Caillaud, 1846, in-24 de 166 p.*

Bibl. de la Roch., nº 3093.

Le précis historique, compilation mal digérée, a peu d'intérêt. Les détails statistiques, récents et généralement exacts, en ont davantage.

N. E. — Réimprimé après 1867, sous le titre de *Monographie de la ville de la Rochelle*, avec des retranchements et un petit nombre de modifications nécessitées par le changement de gouvernement, dans le numéro 3 du tome 2 du recueil des *Actes de la commission des arts et monuments de la Charente-Inférieure*.

20. — AD. JOANNE. Collection des guides Joanne. — De Poitiers à la Rochelle, à Rochefort et à Royan. Itinéraire descriptif et historique contenant vingt-deux gravures, une carte et deux plans. — *Paris, 1862, in-12,* IV-166 p.

Bibl. de la Roch., nº 2862.

Il y a dans ce guide un précis de l'histoire de la Rochelle en 30 pages (45-74) qui indique bien le rôle de cette ville dans l'histoire.

21. — ALPH. AUGER. Histoire de la Rochelle, dans l'histoire des villes de France.... par Aristide Guilbert. Tome III, p. 573 à 591, *in-8, 1853.*

Bibl. de la Roch., nº 3007.

Précis puisé à de bonnes sources, assez bien présenté, mais avec de fréquentes erreurs de noms propres.

22. — Histoire de l'église santone et aunisienne depuis son origine jusqu'à nos jours, par M. l'abbé BRIAND.... — *La Rochelle, Boutet, 1843, 3 v. in-8, ensemble de XXII — 2258 p. et 10 planches.*

Bibl. de la Roch., nº 2988. — Bibl. nat.ᵉ Lk³, nº 613.

C'est une histoire fort spéciale, mais très-étendue dans sa spécialité et s'écartant dans de longues digressions. Quant à l'esprit dans lequel elle est écrite, l'auteur admire la révocation de l'Edit de Nantes, et trouve dans l'acte qui a rendu l'état-civil aux protestants la cause déterminante de tous les maux de la France. L'admission de tous les cultes est pour lui un crime de lèse-majesté divine.

23. — Recherches géographiques sur les vigueries du pays d'Aunis, par LÉON FAYE. — *Mémoires de la Société des Antiquaires de l'Ouest, 1845, p. 351 à 434, in-8, avec une carte.*

Bibl. de la Roch., nº 2877.

24. — Réponse à la lettre adressée par M. l'abbé Lacurie à M. BRIAND, auteur de l' « Histoire santone et aunisienne. » — *La Rochelle, Boutet, 1846, in-8. Pièce de moins de 48 p.*

Bibl. nat., Lk³, nº 614.

25. — Inventaire des titres, chartes et priviléges de la Rochelle et païs d'Aulnis, depuis l'establissement du corps de ville avec les illustres maisons qui ont tiré leur origine de la mairrie de la Rochelle jusques en 1574, par AMOS BARBOT, escuier, bailly du Grand Fief d'Aulnis, advocat au parlement et siège présidial de la Rochelle, l'un des pairs ès conseil ordinaire des maire, eschevins et pairs de la Rochelle. — *Mss.*

L'exemplaire de la bibliothèque de la Rochelle est divisé en trois tomes in-f° qui ont ensemble iv-1018 p., non compris les listes des maires qui les terminent et en forment les tables. Une demi-page de l'écriture de Barbot est au premier volume.

Bibl. de la Roch., n° 3065. — Lelong, n° 35752. — Bibl. nat.ᵉ, mss.

Cet inventaire, bien qu'il ne porte pas le titre d'histoire, en est une véritable, et le fondement principal de la nôtre. Amos Barbot déclare qu'à l'inventaire des titres, chartes.... etc., il a joint « un recueil de ce qui se trouve avoir été faict en laditte » ville et gouvernement, soit entre les particuliers ou le public » ès plus importantes affaires qui si sont rencontrées depuis » l'establissement de communauté en la ditte ville ; le tout » accomodé et lié aux affaires générales du royaume..... etc. » Les détails de sa dédicace à MM. les maire, eschevins, conseillers et pairs de la ville de la Rochelle prouvent quels secours il a eus et avec quel soin il les a employés. L'histoire du xvıᵉ siècle surtout y est racontée avec les plus grands détails et le siège de 1573 y occupe un demi-volume. Barbot s'arrête en 1574, et c'est là que commencent à devenir détaillés les récits attribués à Baudouin, coïncidence qui ferait supposer que celui-ci connaissait l'œuvre de son devancier. Du reste, ces soins même à étudier l'histoire de son pays montrent quelle était alors sur les âmes la puissance de la patrie municipale. Arcère s'évertue à prouver contre Lelong que cet ouvrage a été écrit non en 1574, mais probablement en 1613 ; Barbot déclare lui-même, dans sa dédicace, qu'il l'a commencé étant pair de la commune, et il le fut de 1599 à 1625, époque de sa mort.

Quant aux manuscrits, l'original autographe passa des mains de Georges Galland dans la bibliothèque du chancelier Séguier et suivit la destinée de celle-ci. Une copie, en 2 volumes in-f°, passa de la bibliothèque Colbert à la bibliothèque du Roi. L'exemplaire de la bibliothèque de la Rochelle vient de celle de l'Oratoire de cette ville et porte cette note de la main de Jaillot : *Georges Galland, Histoire de la Rochelle depuis l'an 1199 jusqu'en 1575 par Amos Barbot écritte de sa main, original, ex bibliotheca mss. Coisliniana, olim Segueriana, quam illustrissimus Henricus de Cambout, dux de Coislin, par Franciæ, episcopus Metensis, monasterio S. Germani a Pratis legavit, anno* MDCCXXXII, *n° 164. Le R. P. Dom Lemereau, religieux bénédictin, bibliothécaire de l'abbaye de Saint-Germain-des-Prés, m'a prêté ce manuscrit le 6 août 1741, et a eu aussi la bonté de le faire tenir à la Rochelle où je l'ai reçu le 21 mai 1742. J'ai corrigé sur cet original cette copie (que j'ai fait faire à Paris) du manuscrit qui est à la bibliothèque du Roy.* » Quelques notes au bas des pages, interlinéaires ou marginales, sont de Jaillot ou d'Arcère. Ces dernières se reconnaissent à leur mauvaise écriture.

26. — Extrait de l'histoire de la Rochelle par AMOS BARBOT. — *Mss. in-4, de 83 p.*

Bibl. de la Roch., n° 3066.

On lit sur le manuscrit cette note de la main de Jaillot : « *Cet extrait, dont l'original est dans la bibliothèque des prêtres de l'Oratoire de la rue Saint-Honoré, n'est qu'un abrégé très succinct et très défectueux de l'histoire de la Rochelle par Barbot.*

27. — Histoire de la Rochelle, par AMOS BARBOT. — *Mss. in-4 de 5 p.*

Bibl. de la Roch., n° 3188, p. 145 à 149.

N. E. — Copie incomplète par Jaillot de quelques-unes des premières pages du manuscrit précédent.

28. — Extrait de la dédicace de l'histoire d'AMOS BARBOT. — *Mss. in-4 de 12 p.*

Bibl. de la Roch., n° 3137.

Extrait par Jaillot renfermant ce qui concerne l'Aunis en général.

29. — Inventaire des titres de la ville de la Rochelle. — *Mss. in-f°.*

« Cet inventaire était dans la bibliothèque de M. le chancelier Séguier, n° 554, et est aujourd'hui à Saint-Germain-des-Prés. » (Lelong, n° 27929.)

30. — Inventaires des titres, chartres et privilèges de la ville de la Rochelle et du pays d'Aunis; recueillis par AMOS BARBOT. — *Mss. in-f°*.

« Cet inventaire est conservé avec son *Histoire de la Rochelle* dans la bibliothèque précédente (Séguier), (et M. Arcère en a fait usage dans l'histoire qu'il a publiée.) » (Lelong, n° 27930.)

Cet ouvrage et le précédent sont probablement le même et tous deux une énonciation inexacte de l'ouvrage de Barbot cité sous le n° 25.

31. — Annales historiques des anciennes provinces d'Aunis, Saintonge, Poitou, Angoumois, Périgord, Marche, Limousin et Guienne...., par MARC-ANDRÉ BARBOT DE LA TRÉSORIÈRE. — *Paris, in-4, 1858.*

Bibl. nat. Lk¹, n° 38. — Bibl. de la Roch., n° 2971.

L'auteur de cet écrit, de la famille d'Amos Barbot, annonce l'intention de continuer l'œuvre de celui-ci, mais sa première livraison, en 170 pages, la seule qui ait paru, ne contient rien de spécial à l'Aunis, offre peu de faits et n'intéresse notre pays que par une liste, d'ailleurs incomplète et quelquefois erronée, des familles nobles qui en sont issues.

32. — Histoire de la Rochelle, par BAUDOUIN. — *2 vol. in-f° mss., 1238 p. avec de nombreux blancs.*

Bibl. de la Roch., n° 3067. — Lelong, n° 35751.

Le manuscrit ainsi désigné par Fontette, d'après Arcère, ne porte pas de titre ni de nom d'auteur. Une conjecture assez hasardée, fondée sur ce qu'un des propriétaires du manuscrit a écrit, page 31, an 1245, après le nom de Sire Jean Baudouyn, ces mots : « c'estoit l'ayeul de mon bisayeul », a porté Jaillot à désigner ce livre par le nom de Baudouin. Il contient année par année l'histoire de la ville de 1199 à 1589, mais cette histoire ne devient très détaillée qu'à partir de 1574. Il est clair, par l'intérêt que l'auteur prend aux affaires du parti protestant, par les détails où il entre, par les pièces qu'il rapporte, entre lesquelles on remarque la copie textuelle de plusieurs lettres de Henri IV aux Rochelais, qu'il occupait une position éminente dans l'administration municipale. Son ouvrage qui n'est qu'une compilation avant cette époque, semble avoir droit dès lors d'être regardé comme le témoignage d'un contemporain curieux et bien placé. On a ajouté la liste des maires de 1590 à 1628. Ce n'est pas la seule addition postérieure à la rédaction première. Le volume est terminé par des formules de serments, des ordonnances, des pièces officielles et intéressantes de toutes sortes.

33. — Copie du manuscrit Baudouin et table. — Mss. 3 vol. in-4. Ensemble y compris la table 990 p.

Bibl. de la Roch., nᵒ 3068.

On a désigné sous ce nom une collection historique dont le fond est en effet la copie fidèle du manuscrit Baudouin, mais à laquelle Jaillot, qui l'a sans doute faite ou fait faire, a ajouté plusieurs détails pris dans d'autres manuscrits indiqués plus bas. Il a par ce moyen poussé ces annales jusqu'à 1628. Il les a terminées par la réunion des pièces qui se trouvent à la fin de l'autographe du prétendu Baudouin, mais avec ce titre qu'elles n'y portent pas et qui lui a été fourni sans doute par d'autres manuscrits : « *Livre des statuts de la Rochelle couvert de basane rouge, compilé en la mairie de Joachim Gerard, sieur de Mairé, en l'année 1453.* »

N. E. — Le tome III est exclusivement réservé à une table analytique des deux premiers volumes.

34. — Histoire de la Rochelle. — *Mss. in-f°.*

Bibl. de la Roch., nᵒˢ 3069.

Cette histoire, dont la couverture en parchemin porte écrits très postérieurement ces mots : « *Manuscrit Bruneau* », est, de 1199 à 1589, une simple copie du manuscrit désigné sous le nom de Baudouin ; de 1590 à 1610, il n'y a qu'une nomenclature des maires ; une histoire détaillée reprend de 1610 à 1614. Les feuillets suivants ont été enlevés. Un cahier, détaché et écrit sur papier d'une écriture différente, et qui n'a que six feuillets, contient une notice sur le corps et collège de la maison de ville de la Rochelle, transcrit par Jaillot à la suite du *Livre de la poterne* (nᵒ 3064 du catalogue de la bibl. de la Roch.). M. Bruneau, conseiller au présidial à la Rochelle, avait fait aussi un *Commentaire sur la coutume de la Rochelle,* qui n'a pas été publié et dont le manuscrit est sans doute perdu. — Le manuscrit nᵒ 3071 de la bibliothèque de la Rochelle, donné aussi sous le nom de M. Jean Bruneau, n'est qu'une nomenclature des maires, de leurs coélus et des trésoriers, avec un très petit nombre de notes. Le manuscrit nᵒ 3145, même bibliothèque, contient en 18 pages une copie des années 1612, 1613 et 1614.

N. E. — Les deux premiers feuillets ne sont pas de l'époque du manuscrit. Ils ont été ajoutés au xviiᵉ siècle. — C'est à la suite des feuillets détachés de la fin que se trouve la mention en écriture du xviᵉ ou du xviiᵉ siècle : (M. Bruneau) *a fait aussy un commentaire sur la coutume de la Rochelle dont j'ay le manuscript.*

35. — Livre de la poterne (appelé aussi par Barbot « de la paterne », par Jaillot et Arcère manuscrit CONAIN, de son auteur présumé, ou manuscrit MOREAU, du propriétaire de l'original). — *Copie mss. in-4 de 104 p.*

Bibl. de la Roch., nᵒ 3064. — Lelong, nᵒ 35776.

Voici le véritable titre de ce livre : *Noms et surnoms de tous les maires et recteurs de la communauté de cette ville de la Rochelle depuis la fondation et institution d'icelle, rédigés par écrit et extrais des anciens livres et cartulaires de cette ville en mémoire perpétuelle par noble homme et sage, maître Jehan Mérichon, seigneur d'Uré, Lagort et le Breuil-Bertin, conseiller du roy et bailli d'Aulnis, en sa quinte mairie, 1468.* — Ce sont de véritables annales, base de tous les travaux postérieurs. L'œuvre de Mérichon a été continuée par Conain jusqu'en 1545, d'après Jaillot, et jusqu'en 1604 par deux autres personnes, peut-être pour la dernière partie (1594-1604) par Jean Salbert, maire en 1604, à moins que les dernières phrases du livre ne soient un complément de rédacteur. Amos Barbot, dans la dédicace de son histoire, dit que « ce livre est appelé *Paterne* à cause qu'il contient l'enregistrement et matricule de tous ceux qui ont été maires de la dite ville qui en peuvent véritablement être appelés les pères. »

36. — Cinq époques, Chroniques rochelaises, par EM. LABRETONNIÈRE, membre de l'académie de la Rochelle. — *Paris, Colas; La Rochelle, typ. Dausse et Siret,* 1847, *in*-8, 360 *p.*

Bibl. de la Roch , n° 3280.

Ce sont six épisodes ou nouvelles historiques qui s'appliquent aux années 1372, 1542, 1573, 1624, 1628 et 1651. M. Labretonnière, qui habita longtemps la Rochelle, avait commencé, en collaboration avec M. Dupont, l'histoire de cette ville que celui-ci a publiée seul. Ce sont ces travaux qu'il a utilisés dans cette espèce d'histoire romanesque de la Rochelle. — Il y a dans les Annales de l'Académie de la Rochelle pour 1867 une notice sur M. Labretonnière.

N. E. — Cette notice est de M. Delayant.

37. — Du corps et collége de la maison de ville de la Rochelle, par M. BRUNEAU, conseiller au présidial. — *Mss. in*-4, 5 *p.*

Bibl. de la Roch., n° 3064; p. 104 à 109.

Détails intéressants. On y trouve, entre autres notions, celle des livres que conservait le corps de ville, parmi lesquels le manuscrit compris sous le n° 35 ci-dessus.

38. — Liste des maires depuis le rétablissement. — *Mss. in-4, 3 p.*

Bibl. de la Roch., n° 3064.

Simple liste des maires de 1695 à 1727.

39. — Histoire abrégée de la Rochelle. — *Mss. in-4 de 43 p.*

Bibl. de la Roch., n° 3064 (pages 116 à 158).

Extraits faits par Masse dans ses manuscrits ici cités et relatifs pour la plus grande partie aux fortifications.

40. — Antiquités des fontaines. — *Mss. in-4 de 11 p.*

Bibl. de la Roch., n° 3064 (pages 321 à 331). (*)

Détails sur les fontaines, extraits d'auteurs toujours cités. (**)

41. — Collections historiques concernant la ville de la Rochelle, par PIERRE MERVAULT. A, tome premier : Collections historiques concernant la ville de la Rochelle, tirées des manuscrits de PIERRE MERVAULT, de M. ELIE RICHARD et autres et des mémoires de M. AUGUSTE DE THOU.... &. — B, tome second. — *2 vol. in-f° de 627 p.*

Bibl. de la Roch., n° 3133. — Lelong, n° 35760.

La collection annoncée sous ce titre est la réunion de plusieurs documents relatifs à l'histoire de la Rochelle. Mervault

---

(*) Les manuscrits compris sous les n°s 35, 37, 38, 39 et 40 (n° 3064 du catalogue de la bibliothèque de la Rochelle), sont enrichis de notes et de variantes relevées par Jaillot dans ses autres documents. On y trouve partout une excellente préparation à écrire l'histoire.

(**) On trouve dans la *Revue de l'Aunis, la Rochelle*, in-8, année 1864, un article sur les fontaines de la ville de la Rochelle par M. Jourdan.

avait commencé cette compilation ; en la faisant transcrire, Jaillot y a joint d'autres extraits du même genre.

Pierre Mervault, l'auteur d'un journal imprimé du siège de la Rochelle en 1628 (Bibl. de la Roch., n° 3244 à 3246), resta curieux de l'histoire de cette ville ; et il se prit à plusieurs reprises à réunir les morceaux manuscrits ou imprimés qui y avaient trait. Ces travaux ne se font pas suite les uns aux autres ; aussi trouve-t-on plusieurs descriptions de la Rochelle, plusieurs matricules de maires... etc., que Mervault juxtapose sans s'occuper de les concilier. Chacune de ces pièces sera signalée en son lieu et l'indication des numéros de Lelong et du catalogue de la ville suffira pour faire reconnaître le recueil où elle se trouve.

Le premier document qui y est contenu est ainsi désigné : « Sommaire recueil tiré d'un vieux papier manuscrit des pencartes et originaux des anciens priviléges, prérogatives, franchises et libertés accordés par les rois de France aux anciens Rochelois, longtemps après les premiers bâtimens et commencemens de la ville de la Rochelle, comme s'ensuit, par Pierre Mervault, rochelois. » (Pages 1 à 49.)

Cette première compilation faite en 1650 n'est qu'un résumé fort sommaire, suivi de plusieurs descriptions de l'Aunis et de la Rochelle empruntées à des livres imprimés ou manuscrits déjà signalés ici. Elle se termine par une prosopopée de la Rochelle en dix vers où cette ville se félicite de sa défense sous Louis XIII.

42. — Matricule selon la réception des pairs au corps de ville et de ceux qui les ont premièrement possédés.

V. Collect. hist. n° 41, cat. de la bibl. de la Roch., n° 3133, tome 1er, p. 51 à 64. — Lelong, 35760.

Liste faite en 1627 et fort intéressante pour l'histoire des familles rochelaises.

43. — Recueil de tous les maires de la ville de la Rochelle et des choses les plus mémorables qui se sont passées pendant leur mairie ; avec le siége de la dite ville l'an 1573, extrait d'un vieux manuscrit, par PIERRE MERVAULT, rochelois, l'an 1660.

> V. Collect. hist., tome Ier, p. 67 à 309. — Bibl. de la Roch.,
> nº 3133. — Lelong, nº 35760.

Cette autre compilation n'est pas moins qu'une histoire complète de la Rochelle qui toutefois n'entre dans les détails qu'à partir de l'an 1542. Il ne faut pas se fier au titre. Mervault annonce avoir tiré l'histoire du siége de 1573 d'un vieux manuscrit et il n'a fait que transcrire les *mémoires de l'Estat de France sous Charles neuvième* de Simon Goulart en y ajoutant quelques particularités plus spéciales à la Rochelle. Ces additions sont relevées à la marge du manuscrit. Il ne paraît pas qu'il faille beaucoup se fier à la critique de Mervault. Pour les événements de 1614 à 1625, il compile encore ; toutefois il parle là d'événements auxquels son père avait pris part, et sans doute son adhésion ajoute quelque crédit à ce qu'il rapporte. Il ajoute en 1668 des notes à ce qu'il avait écrit ici en 1660.

44. — Extrait de la matricule des maires de la Rochelle depuis l'institution du corps et collége d'icelle.

> V. Collect. hist. susmentionnées, tome 2me, pages 1 à 25.

Liste des maires avec une note très abrégée des faits passés dans leur mairie. Elle diffère, quant à plusieurs noms, de la liste donnée dans le premier volume de cette collection.

45. — Extraits des mémoires de DE THOU.

> V. Collect. hist. susmentionnées, tome 2me, p. 37 à 121 et 273
> à 406.

Recueil de ce qui concerne la Rochelle dans l'histoire de de Thou, sur la première traduction.

46. — Extrait des mémoires de SULLY.

V. Collect. hist. susmentionnées, tome 2me, p. 420 et 421.

Extrait du même genre sur la vieille édition des mémoires de Sully.

47. — Catalogue des livres concernant la Rochelle.

V. Collect. hist. susmentionnées, tome 2me, p. 261 à 265.

La table des matières de la collection porte : *des livres de M. Bolo.* Ce catalogue se compose de quarante articles tous reproduits ici, et de l'indication de quelques histoires où on parle de la Rochelle.

NOTA. — Le n° 11997 du catalogue de la bibliothèque de la Rochelle (J. Scaligeri epistola), porte l'inscription manuscrite : *J. Bolotus chirurgus.*

48. — Projet d'un ouvrage concernant la ville de Troyes, intitulé : *Annales et titres...* etc., par M. MOREL, lieutenant-général au bailliage et présidial de la même ville.

V. Collect. hist. susmentionnées, tome 2me, p. 477 à 479.

Extrait du *Mercure* de juin 1736, p. 1399. Il est clair que c'est un renseignement que Jaillot recueillait pour se guider dans le plan de l'histoire de la Rochelle qu'il projetait et qu'a publiée Arcère.

49. — Recueil de la naissance, progrez, accroissements et décadence de la ville de la Rochelle, avec le catalogue de tous ses maires et de ce qui s'est passé de plus mémorable pendant leur mairie, depuis Robert de Montmirail jusques à Jean Guiton, dernier maire, par le s. PIERRE MERVAULT, rochelois. — *A la Rochelle,* MDCLXIX, *in-f°,* 208 *feuillets.*

Donné à la bibliothèque par M. Jousseaume, dont un des ancêtres était en 1740 associé pour le commerce à un Mervault probablement descendant de l'auteur. On lit sur la couverture : « Ce manuscrit appartient à M. Jousseaume, marchand, rue du Temple, à la Rochelle. »

Bibl. de la Roch., n° 3073.

C'est ici sans doute la dernière rédaction des nombreux travaux de Mervault. C'est une histoire beaucoup plus complète qu'aucun des morceaux signalés aux numéros précédents. *Le recueil de la naissance..... etc.* n'est guère qu'un extrait du sommaire recueil coté A (V. n° 43 ci-dessus). Mais le catalogue des maires qui commence au dix-neuvième feuillet constitue une histoire complète. Mervault ne se donne que comme ayant continué le catalogue de Mérichon. Malgré le titre, cette histoire ne va que jusqu'en 1626. La naïveté des détails et l'esprit de patriotisme local la rendent encore utile à lire après celle d'Arcère.

50. — Abrégé historique et chronologique de la ville de la Rochelle, par J. B. B., à la fin du livre intitulé : *De la colique bilieuse du Poitou.* — *La Rochelle, Gony,* 1673, *in-8,* 24 *p.*

Bibl. de la Roch., n° 12434.

« Les lettres initiales signifient Jean Boucher-Beauval. » (Lelong, n° 35761). Cet abrégé contient beaucoup de détails sur les travaux, alors récemment exécutés à la Rochelle, auxquels Jean Boucher, sieur de Beauval avait présidé.

51. — Epitre de Mᵉ LAMBERT DANEAU à MM. les maires, échevins, pairs, bourgeois, manans et habitans de la ville de la Rochelle, contenant les principales antiquités et priviléges de la dite ville. — *La Rochelle,* 1623, *in-12. (Catal. de M. Bolo.)*

Bibl. de la Roch., n° 5583.

Le traité de la messe et de ses parties, de Lambert Daneau, imprimé à la Rochelle en 1589, est précédé d'une dédicace qui correspond très bien à l'indication de M. Bolo. Peut-être cette dédicace de seize pages a-t-elle été imprimée à part en 1623.

52. — Journal historique de la ville de la Rochelle, capitalle du pays d'Aulnis, où il est fait mention de son ancienneté, de sa fondation... etc., et enfin comme elle a été conquise par Louis XIII. — *Mss. petit in-f° de 19 p.*

Bibl. de la Roch., n° 3144.

Histoire très brève, mais non pas très concise de la Rochelle. Un autre abrégé historique et chronologique donne quelques notes qui vont jusqu'à 1726. Le premier n'est qu'un extrait de l'histoire de Saintonge d'A. Maichin.

53. — Extrait de la matricule des maires qui ont commandé en la ville de la Rochelle depuis l'érection et constitution du collége des cent échevins et pairs. — *Mss. in-4 de 57 p.*

Bibl. de la Roch., n° 3145.

Compilation qui va de 1599 à 1628 et qui ne fait guère que reproduire en les réunissant avec choix quelques-uns des matériaux ci-dessus indiqués.

54. — Matricule des maires de la Rochelle depuis 1199 jusqu'en 1628 ; ensemble l'inventaire des priviléges et chartes. Tableau de la matricule de Messieurs les juges consuls. Carton contenant plusieurs cahiers manuscrits détachés. — *Mss.*

Bibl. de la Roch., n° 3135.

On y trouve la liste des maires, celle des pairs, des échevins, des juges-consuls, conseillers, trésoriers du bureau des finances.... etc., à diverses époques. L'une des listes des maires forme un tableau sur une seule feuille de parchemin fort bien écrit vers 1618 ; une autre va jusqu'en 1727 et note que le 20 octobre 1697 « les lanternes ont été établies et les chandelles ont été allumées. » On y trouve aussi quelques notes détachées vingt fois reproduites dans les manuscrits de la bibliothèque.

55. — Annales des maires de la Rochelle, par JAILLOT. — *Mss. in-f° grand format de 44 p. écrites.*

Bibl. de la Roch., n° 3131.

Annales de la Rochelle de 1199 à 1536, en forme de tableau synoptique dont les colonnes portent pour titre : Roi, maire, maison de ville, officiers de ville, privilèges, gouverneurs, règlements, bourgeois, ecclésiastiques, événements, édifices.

56. — Matricule des maires, événements de leur mairie. — *Mss. in-4, 22 p.*

Bibl. de la Roch., n° 3132.

Cahier de notes tout à fait analogue pour le fond et pour la forme au précédent, dont il n'est probablement qu'un premier essai. Il embrasse les mêmes années.

57. — Matricule du corps et collège de la maison commune de la Rochelle. — *Mss. in-4, 120 p.*

Bibl. de la Roch., n° 3134.

Série de matricules à différentes époques. Il n'y a que des noms propres sans détails historiques. A la fin se trouve le modèle d'une lettre de bourgeoisie.

58. — Dissertation sur l'origine de la commune de la Rochelle et ses premiers magistrats municipaux, par E. JOURDAN, juge à la Rochelle. — *Mss. in-4, 1856, 92 p.*

Archives de la Société littéraire.

Cette dissertation a pour but de montrer que la commune rochelaise est antérieure à la charte d'Aliénor. Importante par elle-même, elle l'est surtout par le statut de la Rochelle octroyé aux Bayonnais en 1215, que M. Jourdan a recouvré et y a annexé. Cette dissertation a été refaite et insérée dans les Annales de l'Académie de la Rochelle de 1863. On trouve plusieurs mémoires, plus ou moins avancés, relatifs à la commune rochelaise dans les papiers laissés par M. Jourdan (Bibl. de la Roch., n° 3424), ainsi que des notes éparses sous ce titre : *Institutions, mœurs, usages.*

59. — Annales de la Rochelle, par le P. JAILLOT. — *Mss., 2 vol. in-4, ensemble 850 p.*

Bibl. de la Roch., n° 3076.

Le titre complet définit l'ouvrage : « Annales de la Rochelle, où j'ai rassemblé sur chaque année tout ce que j'ai trouvé dans mes mémoires manuscrits et dans les livres imprimés. » C'est une large compilation historique à laquelle manque le travail de critique et de fusion. Elle ne va que jusqu'à l'année 1620.

60. — Recherches curieuses, par le P. JAILLOT. — *Mss., 1 vol. in-4, 196 p. et après plusieurs pages blanches deux autres pages.*

Bibl. de la Roch., n° 3139.

Le manuscrit n'a de titre qu'au dos. C'est une compilation du même genre que la précédente qui va de 1199 à 1376, puis de 1541 à 1650. Seulement on y trouve peut-être plus d'anecdotes, de détails familiers, moins de la dignité officielle de l'histoire, plus de vie intime.

61. — Anecdotes de la Rochelle. — *Mss., 50 p. in-4.*

Bibl. de la Roch., n° 3141.

Compilation où l'on trouve mis en regard quelques-uns des différents détails donnés pour chaque année par Barbot, Baudouin, Conain.... etc.

62. — Origines et monuments. — *Mss., 36 p. in-f°.*

Bibl. de la Roch., n° 3142.

Compilation du même genre et de même forme que la précédente, qui porte plus spécialement mais moins uniquement sur les monuments. On y trouve quelques extraits assez intéressants des almanachs de 1717 et 1718.

63. — Notes par ordre de matière. — *Mss., 56-58 p. in-4, dont beaucoup de blanches.*

Bibl. de la Roch., n° 3140.

Notes sur ce qui regarde la Rochelle, hommes et choses, disposées non plus par ordre chronologique mais par ordre de matières. Il y a beaucoup de notes intéressantes, la plupart employées par Arcère. Sur la couverture est écrit le nom de Mérichon auquel est empruntée la note de la première page.

64. — Les rues de la Rochelle, par M. JOURDAN. — *Mss.*

Bibl. de la Roch., n° 3424.

C'est le titre donné par M. Jourdan à une véritable histoire de la Rochelle, restée inachevée, où la topographie tenait une grande place. A cette même topographie se rattachent la plupart des *Lettres rochelaises*, imprimées dans le *Courrier de la Rochelle* en 1857, 1858, 1859, 1861, 1863, 1866, 1868, — des articles de la *Revue de l'Aunis*, en 1866, sur les tours et les vieilles enseignes de la Rochelle, — des notes réunies dans ses papiers sous ce titre : *Rues et places, établissements publics.*

65. — Extraits de Froissart, Sainte-Marthe, etc. — *Mss., petit in-4, 104 p. Plusieurs pages sans doute blanches ont été arrachées.*

Bibl. de la Roch., n° 3143.

Extrait de ce qui concerne la Rochelle dans la chronique de Froissart ; — le « *Gallia Christiana* », édit. de 1720 ; — le troisième volume de la *Vie du duc d'Épernon ;* — la *Cosmographie universelle*, d'André Thévet ; — le « *Scaligerana* » — le « *de Santonum regione* », d'Alain, médecin Saintongeais ; — le *Petit flambeau de la mer*, de Bougard ; — le *Théâtre du monde*, de Jean Blaeu ; — les *Œuvres de Rabelais*.

66. — Extrait des actes de Rymer et recueil de plusieurs pièces manuscrites et imprimées que j'ai (Jaillot) copiées à Paris, en 1741, dans le cabinet de Mr de Clérambaut. — *Mss. in-4*, 120 *p.*

Bibl. de la Roch., n° 3143.

Copie des actes relatifs à la Rochelle, recueillis dans les actes publics de Rymer. Notes recueillies dans les manuscrits de M. de Clérambaut. Plusieurs des pièces imprimées copiées par Jaillot forment un tout et sont notées à leur place.

67. — Extrait de ce qui concerne la Rochelle dans l'histoire des comtes de Poitou, par Besly. — *Mss.*

Bibl. de la Roch., n° 3143.

Notice du même genre que la précédente.

68. — Extraits de Malingre. — *Mss. in-f° de* 56 *p.*

Bibl. de la Roch., n° 3231.

Extrait de l'*histoire générale de l'hérésie moderne* (Lelong, n° 5932). On y a ajouté des extraits de Daniel ; une dissertation sur une couronne trouvée à l'île de Ré en 1730, qu'on peut rapprocher d'une dissertation sur le même sujet analysée dans les *mémoires de l'académie des inscriptions et belles-lettres*, tome IX, p. 176, histoire ; — une note sur l'établissement de la généralité et du bureau des finances de la ville de la Rochelle.

69. — Table alphabétique de l'histoire de la Rochelle. — *Mss. in-4*, 18 *p.*

Bibl. de la Roch., n° 3137.

Dépouillement très succinct des manuscrits dont se servait Jaillot, en forme de table alphabétique. Les renvois faits par les notations qu'avait adoptées Jaillot sont souvent difficiles à reconnaître. On peut s'aider pour quelques-uns de l'inventaire qui précède cette table.

70. — Histoire militaire de la Rochelle, par M. MASSE. — *Mss. in-f°*, 114 *p. in-f°*, — 41 *p. in-4* (241 *à* 281).

Bibl. de la Roch., n°s 3075 et 3145.

« Le véritable sujet de cet ouvrage, dit l'auteur, est de faire une brève explication en forme de journal de ce qui a rapport aux fortifications et au militaire. » Du reste l'ouvrage presque tout entier se retrouve dans les mémoires géographiques de l'auteur portés aux n°s 2926 et 2927 de la bibliothèque de la Rochelle. — Celui-ci est terminé par une description détaillée de l'État de la Rochelle en 1718, qui donne le nombre des maisons, celui des habitants appartenant aux différents cultes, etc. Le manuscrit n° 3145 contient une réduction plus abrégée des mêmes choses, sous le titre d'*Abrégé de l'histoire militaire de la Rochelle*. Elle a été retouchée quant au style par M. Élie Richard.

71. — Époques de la prise de plusieurs places. Guerre avec les Anglais. Diverses Élections. — *Mss. petit in-f°*, 50 *p.*

Bibl. de la Roch., n° 3144.

Notes recueillies par M. Masse et utilisées dans son histoire militaire de la Rochelle. Sous le titre « diverses élections», il a donné la liste des paroisses de l'élection de la Rochelle et de plusieurs élections voisines, avec le nombre de leurs feux. Mais il n'y a pas de date précise.

72. — Discours sur la ville de la Rochelle. — 1728, *in-4.*

Lelong, n° 35762.

73. — Encomium almæ civitatis Rupellæ. — Éloge de la ville de la Rochelle, dédié aux Rochellois, prononcé dans le collége royal de la même ville, le 3 décembre 1770, par M. Mousseau, prêtre et professeur de seconde audit collége. — *La Rochelle, Légier,* 1771, *in*-8, 114 *p.*

Bibl. de la Roch., n° 3327.

Ce discours a sans doute été prononcé en latin et traduit en français par l'auteur même. Il est assez singulier qu'il soit mieux écrit en latin qu'en français ; les autres ouvrages de l'abbé Mousseau ne manquent pourtant pas d'élégance. Il envisage la Rochelle tour à tour sous le rapport du commerce, de la guerre et des lettres. L'histoire n'y peut être rappelée que par allusions, mais il y en a beaucoup. Les notes sont très courtes, et pourtant elles mettent sur la voie de faits plus intéressants que connus. — On trouve dans le *Mercure* de février 1746, un extrait d'un discours de M. Bourgeois sur le même sujet.

74. — Discours au Roy sur la naissance, ancien estat, progrès et accroissement de la ville de la Rochelle, pour monstrer que la dite ville est naturellement submise à la souveraineté du royaume, que la propriété d'icelle et tous droits qui en dépendent appartiennent aux roys à titre légitime, et que les prérogatives et priviléges accordés aux habitants sont concessions gratuites et bienfaits. — Pour en outre convaincre de mensonge le manifeste publié sous le nom de la Rochelle, en ce qu'il suppose le roi Louis XI avoir par serment confirmé les dits priviléges, et à genoux

devant le maire de la ville. — 1628, *in*-4, - 1629, *in*-8 (par AUGUSTE GALLAND). — *In*-4, IV-127 *p*. — *in*-8, 160 *p*.

On le trouve aussi à la fin du *Mercure français*, tome XIII, p. 913, et même ouvrage, tome XI, p. 311, un autre *Discours sur l'origine et privilèges de la Rochelle servant de réponse au manifeste de M. de Soubise en 1625*.

> Bibl. de la Roch., nos 2032, 3071, 3072, 3260. — Lelong, nos 35753, 35754. — Bibl. nat.e Lb[36], no 2657.

Arcère, tome Ier, note XXIV, p. 615, a répondu à cet écrit dont le titre très détaillé indique assez l'objet, mais ni Arcère, ni Galland, n'indiquent d'une manière exacte le titre du manifeste réfuté. Galland, dans sa dernière partie, triomphe aisément d'une phrase déclamatoire ou peut-être seulement obscure et mal interprétée du manifeste. La question réelle est de savoir si les priviléges concédés ou octroyés aux Rochelais par les rois étaient obligatoires pour eux. C'est une question qui ne pouvait guère être bien traitée avant les beaux travaux de Thierry sur les communes. Galland surtout ne pouvait les discuter avec impartialité. Un siècle ne comprend pas ceux contre lesquels il réagit, mais comme Galland est de bonne foi, comme il cite beaucoup de pièces, son travail est doublement intéressant.

Le *discours sur l'origine....* etc. a aussi de l'importance. C'est une revue de l'histoire de la Rochelle. Il en faut rapprocher le volume compris sous l'article qui suit.

75. — Apologie pour les Églises réformées de France où est amplement démontrée la justice des armes prises par ceux de la religion, pour leur nécessaire défense contre les ennemis de l'Église qui les persécutent sous le nom du roi ; par THÉOPHILE MISATHÉE ; *de l'impression de Thimothée Philadelphe, 1625, in*-8.

D'après Lelong « c'est une apologie de la prise d'armes des protestants et presque le seul de ce temps-là où l'on ait osé soutenir dogmatiquement leur révolte ; les principes en sont séditieux. Il est rempli d'actes authentiques de la ville de la Rochelle, et paroit imprimé dans cette ville. »

Lelong, nº 5950.

76. — Mémoires pour servir à l'histoire de la Rochelle. — *Mss. in-fº, 66 p.*

Bibl. de la Roch. nº 3144.

Compilation. Réunion et rapprochement de passages d'une foule d'auteurs sur l'origine de la Rochelle, le *portus Santonum*, le premier état de l'Aunis.

77. — Éphémérides historiques de la Rochelle, avec un plan de la ville en 1685, par J. B. E. JOURDAN. — *1861, 1 vol. in-8 de 596 p.* — *Tome II, 1871, in-8 de 620 p.* — *La Rochelle, Siret.*

Bibl. de la Roch., nº 3084.

Une bonne table alphabétique permet de se retrouver dans ces faits présentés sans ordre, mais où on trouve considérablement de détails, presque toujours exacts, et où une masse énorme de notes a été fondue.

78. — Abrégé historique et curieux de ce qui s'est passé de plus remarquable et qui a rapport à la ville de la Rochelle depuis l'année 1380 jusqu'en l'année 1715. — *Mss. in-fº de VIII-34 p.*

Bibl. de la Roch., nº 3284.

Réunion de deux histoires très abrégées en effet. On n'y peut guère recueillir que quelques notes sur la construction de divers édifices, entre autres les inscriptions dont Louis XIII avait fait charger la fontaine de la place du Château.

79. — Chartres de Fontevraud, concernant l'Aunis et la Rochelle, par PAUL MARCHEGAY. — 1858, *in-8. Extrait du tome* IV, 4me *série, p.* 132 *et* 321 *de la bibliothèque de l'École des Chartes.*

Bibl. de la Roch., n° 3138. — Bibl. nat., Lk ª, n° 170.

On y trouve des renseignements sur la date de la fondation de la commune, des rectifications à la liste des maires, des détails de lieux et d'hommes au XIIIᵉ siècle.

80. — Priviléges accordés aux maire, échevins, conseillers, pairs et habitants de la ville de la Rochelle. Ensemble plusieurs déclarations et mémoires concernant la forme du gouvernement de la dite ville. — Titres touchant l'île de Ré. — *Mss., 2 vol. in-fᵒ.*

Bibl. nat.ᵉ, fonds Dupuy, nᵒˢ 147 et 148 ; — fonds Brienne, nᵒˢ 317 et 318. — Lelong, n° 35,775.

C'est ou la copie ou l'analyse de ces manuscrits qui se rencontre dans le n° 3113 de la bibliothèque de la ville, indiqué comme emprunté aux nᵒˢ 1605 à 1608 de la bibliothèque de Saint-Germain-des-Prés. Cette réunion de titres est la plus intéressante de toutes parce qu'outre les priviléges solennels, elle contient une foule de réglements, d'arrêts, de décisions de toutes sortes intervenues pour mettre terme aux débats des Rochelais entre eux ou avec d'autres pouvoirs. Jaillot y a joint des notes ou plutôt des citations dont le rapprochement ajoute à leur intérêt. Cette collection est un des principaux auxiliaires pour refaire la vie intime de la commune de la Rochelle.

81. — Le droit de noblesse des maires et des échevins de la Rochelle. — *La Rochelle, in-8, 1578.*

Indiqué au n° 10810 du « *catalogus librorum bibliothecæ.... Guillelmi Boissier, Parisiis, Martin, 1725* » qui figure au catalogue de la bibliothèque de la Rochelle sous le n° 12270.

82. — Titres relatifs à l'histoire de la Rochelle. — *Mss. en feuilles détachées.*

Bibl. de la Roch., n° 3424.

Cette collection, formée par M. Jourdan, contient un grand nombre de copies prises sur les pièces mêmes de la bibliothèque ; elle en contient aussi prises dans les archives du département, chez des notaires, dans les archives de familles, dans les dépôts de Paris, qu'on retrouverait difficilement. Il y a quelques originaux. Ces titres vont de 960 à 1870. M. Jourdan en avait tiré des articles pour les *Annales de l'académie de la Rochelle*. (Voir *Annales de l'Académie*, années 1860 et 1866, *Revue de l'Aunis, de la Saintonge et du Poitou*, publiée à la Rochelle et à Niort, le *Courrier de la Rochelle*, etc. passim.)

83. — Inventaire des chartres, titres et enseignements des droits, priviléges, franchises et libertés de cette ville de la Rochelle, encommencé et continué en diverses mairies,.... parachevé et relié en la mairie de PIERRE GUILMIN, en l'année 1600. — *Mss. de 140 p., d'une jolie écriture.* XVIIe *et* XVIIIe *siècle.*

Bibl. de la Roch., n° 3110.

Inventaire détaillé de toutes les pièces du trésor de la ville, qui peut quant au fond des choses tenir lieu des titres mêmes. Il est suivi d'une matricule des maires écrite de la même main, jusqu'en 1608, et d'une autre jusqu'en 1628. Il est précédé de titres écrits en 1741, avec les armoiries de la Rochelle et des maires. — Jaillot y a joint des notes sur l'entrée de Louis XIII, sur la Rochelle et Rochefort, sous le rapport géographique, tirées du dictionnaire de Th. Corneille, les pièces relatives à la ville qui terminent le manuscrit Baudouin et une copie du n° 1922 de la bibliothèque de la Rochelle.

N. E. — Le titre actuel est celui-ci : « Inventaire des privilèges, chartres et enseignemens des maires, eschevins, conseillers, pairs, bourgeoys, manans et habitans de cette ville de la Rochelle, selon qu'ils sont es casses du thrésor de la dicte ville, et premièrement en la casse cothée par A sont les priviléges qui s'ensuyvent..... »

Les deux feuillets ajoutés par Jaillot ne seraient-ils pas la reproduction de deux feuillets qui existaient encore en mauvais état à son époque ? On lit sur le premier le même titre que celui de la première page, plus ces mots « et continuée en la mairie de Jean Rochelle, escuyer, conseiller du roy, nostre sire, en l'an 1594, » et plus bas les armes de France, celles de la Rochelle et celles de Jean Rochelle avec sa devise : *Devotus Rupella Rupellæ*. — Sur le second feuillet on lit le titre reproduit par M. Delayant avec l'indication que Guillemin était « escuyer, sieur de la Repentie et du Fief-Coutret, conseiller du Roy, notre sire, maire et capitaine de la ville. » — Au bas de la feuille les armes de France, celles de la Rochelle et de Guillemin.

84. — Inventaire des priviléges.... etc., sellon qu'ils sont ès casses du trezor de la ditte ville. — *Mss. in-f°*.

Bibl. de la Roch., nᵉ 3111.

Le même que le précédent avec quelques corrections faites peut-être par conjecture. Des sommaires marginaux écrits postérieurement indiquent le sujet des priviléges dont l'analyse est un peu longue. — Le même volume contient une copie faite en même temps du livre de la Poterne. (V. ci-dessus n° 35.)

N. E. — M. Jourdan attribue avec raison à Amos Barbot la rédaction des notes du présent exemplaire. Il suffit, pour se convaincre de la vérité de cette assertion, de comparer ces notes avec la demi page de l'écriture d'Amos Barbot laissée par Jaillot au premier feuillet du manuscrit n° 3065 de la bibliothèque de la Rochelle (n° 25 ci-dessus).

85. — Inventaire des priviléges, chartres.... etc. — 34 *feuillets d'un mss. petit in-f°*.

Bibl. de la Roch., n° 3112 (p. 1 à 34).

Le même que les précédents.

N. E. — Le premier feuillet n'existe plus que par une copie qui en a été faite au siècle dernier ; les trente-trois feuillets suivants sont du XVIIᵉ siècle et ne contiennent que les cases A à F de l'inventaire.

M. Delayant relève en outre dans ce manuscrit les pièces suivantes dont nous complétons les mentions :

I. Copie de lettres patentes d'Henri III datées à Poitiers d'octobre 1576,

portant exemption pour la ville et le gouvernement de la Rochelle de gouverneur « fors et excepté le seneschal » et de garnison (f⁰ 35).

II. Copie d'une sentence rendue le 13 avril 1524 (v. s.) par Jacques Thévenin, comme maire et capitaine de la Rochelle, contre Marie Rousseau, maîtresse d'hôtel, contenant entre autres choses condamnation de celle-ci à un écu d'amende pour avoir fait payer un droit d' « hostelage » (f⁰ 35 v⁰).

III. « Extrait et ordre fait par Sa Majesté en la ville de Tours touchant les habitans et ceux de la maizon de ville dudit Tours en l'année 1619 » (f⁰ 39).

IV. « Réglements faitz (par le corps de ville de la Rochelle le 24 juillet 1596) pour les chaix, calles, guabarres et le sallaire qui sont dheuz (f⁰ˢ 40 à 43).

86. — Priviléges de la Rochelle, recueil composé par JOEL DE LAURRIÈRE, pair de la Rochelle. — *Mss. in-f⁰*, 1610, 604 p.

Bibl. de la Roch., n⁰ 3114. — Lelong, n⁰ 35777.

Ce recueil, fait pour servir aux affaires plus que pour l'histoire, contient, en outre des priviléges, plusieurs arrêts des parlements et autres cours, relatifs aux intérêts de la Rochelle. Laurrière ne suit pas l'ordre chronologique. Jaillot y a joint des pièces prises dans les actes de Rymer et une table des matières. Plusieurs des priviléges mentionnés dans les inventaires, notamment ceux des princes anglais, ne se retrouvent ni dans ce recueil ni dans le suivant; on ne leur croyait sans doute aucun intérêt pratique, et on négligeait leur intérêt historique.

87. — Priviléges de la ville de la Rochelle, octroyés par les rois de France et par eux confirmés de temps en temps et depuis peu par Louis XIIIᵉ à présent régnant. — *Mss. in-f⁰*, 184 p. *avant* 1650. — Et une copie de ce manuscrit écrite en 1740, pour Jaillot, par Beaumanoir. — 1 *vol. in-4⁰*, 376 p.

Bibl. de la Roch., n⁰ˢ 3115 et 3116.

Recueil analogue au précédent, avec quelques pièces de plus, quelques-unes de moins. — Jaillot croyait que ce recueil avait appartenu à Mervault. Il a joint une table assez courte à la copie qu'il en avait fait faire par un s^r Beaumanoir.

En outre des priviléges de la Rochelle, le premier volume contient : I° Une note sur les antiquités de Charron et Marans (page 1) ; — II° Une liste des rois de France faite en 1650 ; — III° Une entrée de Louis XI à la Rochelle (écrit. du XVIIIe siècle) ; — IV° Une liste des maires jusqu'en 1628 (écrit. du XVIIe siècle) ; — V° Extrait de « la matriculle des maires, esche- vins de la ville de la Rochelle contenue au livre noir estant en parchemin, dans lequel sont incérées les choses qui sont sur- venues de remarque et dignes de mesmoire en chacune mairie. Commencent en l'an mil cent quatre vingt dix neuf, maire Robert de Monmiral » (écrit. du XVIIe siècle). Cet extrait, étranger à l'histoire de la Rochelle, contient quelques détails sur Jeanne d'Arc, fort naïvement écrits, notamment celui du costume d'homme sous lequel elle fut présentée à Charles VII, à Chinon ; il contient également une mention relative à la mort du duc de Guyenne et aux événements de 1472. — VI° Deux notes relatives aux entrées de Charles IX et de Louis XIII à la Rochelle (écrit. du XVIIe siècle) ; — et VII° Un inventaire de l'artillerie et autres munitions de guerre de la ville de la Ro- chelle, fait le mardy 27 apvril 1628 (écrit. du XVIIe siècle), dont la fin est sur une feuille volante.

N. E. — M. Quicherat s'est servi du contenu du manuscrit V° pour publier une fort intéressante relation inédite sur Jeanne d'Arc. *(Revue historique, t.* IV, *p. 327* (tirée à part), *H. Herluison, Orléans, 40 p., une gravure, 1878).* Cette notice est suivie du texte dont la copie avait été procurée à M. Quicherat par M. de Richemond. (Voir également *Académie de la Rochelle, séance publique de 1878, page 57,* une lecture de M. de Richemond (tirée à part), *Siret, 1879.* La copie du livre noir (3115, V°) contient également un récit de l'entrée du duc de Guyenne à la Rochelle (1469).

88. — Recueil des statuts et réglements concernant la ville de la Rochelle. — *Mss. in-f° de 384 folios, ayant appartenu à M. de Berrendy.*

N. E. — On lit dans une note informe ajoutée au feuillet de garde « *A*

Monsieur de Berrendy lieutenen coronel dans les troupes de Sa Majesté le roy de Prusse. » — Ce manuscrit paraît être de la fin du XVIIe siècle.

Bibl. de la Roch., n° 3119.

Outre plusieurs des priviléges, on trouve ici en grand nombre les statuts et réglements particuliers à la ville ; les serments des maires et des différents fonctionnaires de la cité ; les limites de leur pouvoir et les formes dans lesquelles il l'exerçait ; plusieurs dispositions juridiques et financières, des formules religieuses,.... etc. Le registre commence par une liste des rois de France poussée jusqu'à Louis XIV, et des maires jusqu'en 1628 ; puis vient la table d'une partie du volume. La table d'une autre partie termine le volume, mais à elles deux elles ne l'embrassent pas tout entier.

89. — Manuscrit en parchemin de 325 sur 250 millimétres, de 81 feuillets (cotés 5 à 85, les premiers manquant), sans titre, commençant par ces mots : « les maire, eschevins, conseillers.... » et finissant par ceux-ci : « la tache des generaulx et trésoriers de France, coté J. XIIII. » Ecrit. du XVIe siècle. Rel. v.

On lit au bas de la première page : *Le présent livre a esté donné et remis au dépost des titres de l'hôtel de ville par Me Valentin Mariocheau de Bonnemort, chevalier, président trésorier général de France.... maire.... de la ville, le 27 mars 1737 : Moreau, secrétaire du corps de ville.*

Bibl. de la Roch., n° 3117.

C'est un résumé des priviléges de la Rochelle par ordre de matières. Sous chacun des priviléges sont indiqués les titres qui les établissent et les confirment. C'est l'inventaire rédigé par Salbert en 1651.

90. — Papier qui regarde les statuts de la mairie de la Rochelle. — *Mss. in-f° de 102 p. — Ecr. du XVIIe s.*

— *Donné au corps de ville par M. Guillotin, ancien maire, le 22 juin 1761.*

Bibl. de la Roch., nº 3120.

Recueil assez complet et intéressant contenant les formes de l'élection des différents membres du corps de ville, des principaux fonctionnaires de la ville, les formules des serments prêtés par eux, les gages de plusieurs des employés, la forme des procédures faites au nom de la ville, soit pour la police, soit pour ses affaires financières.... etc.

91. — Statuts et privilèges, analysés par ordre chronologique, par JAILLOT. — *Mss. in-4, de 82-100 p.*

Bibl. de la Roch., nº 3121.

C'était encore un travail préparatoire de Jaillot. C'est proprement une histoire analytique des privilèges. Les quatre-vingt-deux premiers feuillets contiennent ceux octroyés par les roys. Les cent derniers la (pagination recommence) contiennent les statuts et réglements intérieurs et les conventions avec d'autres villes. Quelques-unes de ces conventions sont de véritables actes d'un état indépendant.

92. — Recueil des antiquités et privilèges de la ville de Bourges et de plusieurs autres villes capitales du royaume...., par JEAN CHENU, de la ville de Bourges, advocat en parlement. — *Paris, Buon,* 1621, *in-4,* VI-517 *pages. Portrait de Chenu.*

Bibl. de la Roch., nº 2585. — Lelong, nº 2105.

Les privilèges de la Rochelle avec la matricule des maires vont de la page 181 à la page 262. Chenu s'était adressé au corps de ville même de la Rochelle, en 1619, sous la mairie de Piguenit. L'échevin Jean de Mirande fut chargé de répondre à ses demandes. Ce livre a donc un caractère presque officiel, et je n'en connais pas d'imprimé qui fournisse plus de renseignements sur cette matière. Il faut remarquer toutefois que, probablement par la faute de l'imprimeur, plusieurs pages du manuscrit ont été omises au milieu de la page 195.

93. — Les antiquitez et recherches des villes, chasteaux et places plus remarquables de toute la France, selon l'ordre et ressort des huict parlemens (par ANDRÉ DU CHESNE). — *Paris, nombreuses éditions in-8 de 1609 à 1668.* — L'édition que possède la bibliothèque de la Rochelle est de 1637, chez Clouzier. *La ville et siege présidial de la Rochelle et du pays rochelois* y occupent les pages 580 à 593.

Bibl. de la Roch., n° 2584. — Bibl. nat.e L 20, n° 8. — Lelong, n° 2106.

Ce n'est qu'un court résumé historique des priviléges dont Chenu donne le texte même.

94. — Inventaire général des titres, papiers et enseignemens de l'hostel de ville de la Rochelle. — *A la Rochelle, chez Pierre Mesnier, imprimeur de monseigneur l'intendant, du clergé et de la ville, 1721, in-4, 124 p.*

Bibl. de la Rochelle, n° 3286

Le mot *priviléges* a disparu du titre. En effet, malgré l'analogie de l'intitulé, ce livre ne ressemble que par la forme aux manuscrits ci-dessus. C'est l'énumération d'une foule de papiers relatifs aux intérêts, à l'administration de la ville, mais la plupart sans aucun caractère politique.

93. — Table des manuscrits de M. de Brienne. — *Mss. in-4, XVIIIe siècle, 4 p.*

Bibl. de la Roch., n° 3137.

Relevé sommaire de ce qui concerne la Rochelle dans les manuscrits de M. de Brienne.

N. E. — Voir une notice de M. Léopold Delisle sur le fonds Brienne de la bibliothèque nationale, dans la bibliothèque de l'Ecole des Chartes, tome 35, 1874, page 282.

96. — Inventaire des titres et privlèges (sic) de l'Isle de Ré, accordes en faveur des habitans de la diste isle par nos roys predecesseurs, jusqu'au règne de Louis XV, heureusement régnant.

Imprimés au requisitoire des sieurs David Neraud, sindic general desdits habitans, de Pierre Nolleau, son coélû, d'André Valleau, son premier commissaire, et d'Estienne Chesneau, son second commissaire. — *La Rochelle, Mesnier,* 1728.

Bibl. de la Roch., n° 3151.

L'histoire de l'île de Ré est intimement liée à celle de la Rochelle. Plusieurs des pièces de ce recueil ont un intérêt tout spécial pour l'histoire commerciale de cette ville.

97. — Pièces concernant l'île de Ré. — Pièces détachées de divers formats, manuscrites et imprimées.

Bibl. de la Roch., n°ˢ 3152 et 3153.

Pièces du même genre que les pièces imprimées du n° 98.

98. — Histoire et statistique de l'île de Ré, par LUCIEN TURBÉ. — *Saint-Martin, Simonin,* 1858, *in*-8, 84 *p.*

Bibl. de la Roch., n° 3086.

Cet opuscule n'est qu'un extrait de ce que les livres les plus connus donnent sur l'île de Ré.

99. — Histoire de l'île de Ré depuis les premiers temps historiques jusqu'à nos jours, par le docteur KEMMERER. — *La Rochelle, Mareschal,* 2 *vol. in*-8, 1868, *ensemble* 1064 *p.*

Bibl. de la Roch., n° 3085.

Histoire souvent confuse, mais complète.

100. — Notice historique sur Rivedoux (Ile-de-Ré) et sur ses anciens seigneurs, suivie de l'arbre généalogique et historique de la maison d'Hastrel...., par M. THÉODORE PHELIPOT,... — *Saint-Jean-d'Angély, Lemarié, Saint-Martin, Simonin, 1864, in-4, 80 p.*

Bibl. de la Roch., nº 3155.

101. — Précis historique sur l'ancienne viguerie et fiefs de la Benatière (Ile de Ré), par M. LÉON-RENÉ-THÉODORE PHELIPOT, homme de lettres.... — *Saint-Jean-d'Angély, Lemarié, 1866, in-8, 16 p.*

Bibl. de la Roch., nº 3156.

102. — Précis historique sur l'ancienne seigneurie et fiefs de la Grenetière (Ile de Ré), par TH. PHELIPOT. — *Saint-Jean-d'Angély, Lemarié, 1868, in-8, 16 p.*

Bibl. de la Roch., nº 3156.

103. — Mémoire sur la viticulture de l'Ile de Ré, par le même. — *1868, in-8.*

104. — Antiquités de Marans et des abbayes de Charron et de la Grâce de Dieu, et note sur Lermenaud, château des évêques de Maillezais. — *Mss. xviiie siècle, dans les collections historiques susmentionnées, tome Ier, pages 367 et 369.*

Bibl. de la Roch., nº 3133.

Tiré d'un manuscrit de M. Gaschot.

105. — Statuts et règlements des corporations d'arts et métiers. — *Mss. in-fº de 127 feuillets. Commencement du xviie siècle.*

Bibl. de la Roch., nº 3127.

Outre les statuts imposés aux différentes professions, médecins, marchands, ouvriers de toutes sortes, on trouve dans ce registre des réglements relatifs aux marchands étrangers qui viennent vendre dans la ville, et aux pauvres. Enfin il est terminé par le procès-verbal de la description et estimation des lieux qui ont été pris pour la construction du bastion de la porte de Cougnes.

C'est un document d'un haut intérêt; il a été communiqué à M. Augustin Thierry, pour sa collection des documents relatifs au tiers-état.

Ce registre paraît avoir été fait de 1597 à 1605, bien que quelques articles y aient été ajoutés postérieurement et jusqu'en 1618; mais la plupart des statuts qu'il renferme sont plus anciens et remontent jusqu'à cent ou cent cinquante ans en arrière; ils ne sont ici que révisés et confirmés. On peut en rapprocher les différentes prestations de serment des corps de métiers qu'on trouve dans les registres de la cour de la mairie. (Bibl. de la Roch., nᵒˢ 3194, 3202.)

Deux feuillets détachés au-devant du registre en contiennent la table.

105. — Statuts et réglements de l'ancien corps de ville de la Rochelle, dont la copie est conforme à ceux portés dans le livre appelé le *Livre rouge*. — *Mss. in-fᵒ de 164 f. papier.*

Bibl. de la Roch., nᵒ 3128.

Malgré son titre, qui pourrait induire en erreur, ce registre est une copie textuelle du précédent, faite en 1730. Elle a été collationnée et est certifiée par M. Moreau, secrétaire du corps de ville; il y a pourtant quelques fautes, entre autres dans les dates. Il est terminé par une table. On trouve dans les archives de la mairie bon nombre d'autres pièces relatives aux corporations, maîtrises, jurandes.... etc. Les plus anciennes remontent à 1631.

107. — Statutz et ordonnances faictes sur la maistrise de l'art de chirurgie en la ville de la Rochelle, par les maire, eschevins, conseillers et pairs d'icelle, en corrigeant et modiffiant les anciennes, en la mairie de Alexandre de Haraneder, escuyer, sieur des Rouaulx et conseiller du roy, nostre sire, le samedy quart jour de mars mil six cents. — *Mss. in-fᵒ sur parch., 13 folios.*

Bibl. de la Roch., nᵒ 3332.

Ces statuts font partie de ceux contenus aux registres précédents. Cet exemplaire est une copie faite pour la corporation des chirurgiens et certifiée par le maire de Haraneder. Les deux premiers feuillets contiennent les armes de France, celles de la ville et celles sans doute de plusieurs doyens du corps des chirurgiens. L'un a pour armes: d'azur à un arbre de sinople chargé d'un cœur de gueules, couronné d'or, et en pointe de deux os d'azur en sautoir ; un autre, J. de la Porte, a pour devise : *oritur ut occidat,* et pour armes : d'azur à un soleil d'or issant d'une terre de sinople.

108. — Statuts du collège royal des médecins de la Rochelle, autorisez par arrêt du parlement du 4 septembre 1742, lequel arrêt a été enrégistré au greffe de la police de la Rochelle, le 27 novembre 1742. — *Pièce in-4, 6 pages.*

Bibl. de la Roch., nᵒ 3331.

109. — Supplément au mémoire sur la nature de la chirurgie, etc., ou Projet de réglement pour une école de chirurgie à la Rochelle, présenté au gouvernement en 1785, par M. GABAUDE, chirurgien en chef de plusieurs hôpitaux en la dite ville. — *La Rochelle, imp. Chauvet, 1790, pièce de 19 p.*

Bibl. de la Roch., nᵒ 3331.

110. — Mémoire pour le collège royal de médecine de la Rochelle, contre Mre François Antoine dé Nicastro, docteur en médecine de l'université de Bordeaux. — *La Rochelle, imp. Chauvet, 1785, 1 vol. in-4, 71 p.*

111. — Statuts et réglement pour la poissonnerye. — *Mss. in-f^o, 1603, 10 p.*

Bibl. de la Roch., n° 3112.

Reproduction des statuts des poissonniers du manuscrit n° 107 ci-dessus.

112. — Status des maistres texiers de cette ville de la Rochelle. — *Mss. in-f^o, 1671, 9 p.*

Bibl. de la Roch., n° 3112.

Reproduction des statuts contenus dans le n° 107 ci-dessus, suivie de l'exposé de deux contestations que ces statuts servent à résoudre.

113. — Réglements et statuts des maistres serruriers de la ville de la Rochelle. — *La Rochelle, Mesnier, 1731, pièce in-4 de 32 p.*

Bibl. de la Roch., n° 12387.

Révision des statuts registrée par le Parlement de Paris, le 22 décembre 1684, et qui diffère des anciens (V. n° 107) non pas seulement par les détails mais, en beaucoup de points, par l'esprit même qui les a dictés.

114. — Réglement général de la cour de la police de cette ville de la Rochelle. — *La Rochelle, Estienne Mathé, 1659, in-8, 96 p.*

Bibl. de la Roch., n° 3126.

Ce réglement de pure police se rapproche en beaucoup de points des statuts et réglements des corporations d'arts et métiers. Il est terminé par de grands détails sur les bases régulatrices du prix du pain.

115. — Réglement général de la cour de la police de la ville de la Rochelle. — *La Rochelle, Perez,* 1672, *in*-8, 40 *p.* — Le même, 1675, 26 *p.* — Réglement général de la cour de la police de la ville de la Rochelle, concernant le prix des minots et bleds froment.... etc. — *La Rochelle, Mesnier,* 1700, *in*-8, 20 *p.*

Bibl. de la Roch., n°s 3126 et 3390.

Réglements relatifs au prix du pain relativement à celui du blé.

116. — Rapport fait à MM. les officiers municipaux de la ville de la Rochelle, le 29 octobre et le 11 décembre 1786. — *La Rochelle, Chauvet,* 1786, *in*-4, 31 *p.* *et un tableau.* — Observations pour servir de réponse à un mémoire anonyme concernant la taxe du pain à la Rochelle (suivie d'une consultation signée : Morin, avocat). — *La Rochelle, Chauvet,* 1787, *in*-4, 24 *p.*

Bibl. de la Roch., n° 3342.

117. — Tarif pour la taxe du pain à la Rochelle. — *La Rochelle, Chauvet,* 1825, *in-f°,* 4 *p.*

Bibl. de la Roch., n° 3422.

118. — Statistique du département de la Charente-Inférieure, par M. A. Gautier, chef de division à la préfecture. — *La Rochelle, Mareschal,* 1839, *in*-4 ; 1re *partie, Statistique générale,* 440 *p.;* 2me *partie, Notice sur les communes,* 370 *p.*

Bibl. de la Roch., n° 2930. — Bibl. nat.^e, Lk⁴, n° 144.

Ce grand travail, quoiqu'il ne soit pas sans doute plus que les autres travaux de ce genre exempt de lacunes et de fautes, a été conçu d'après les exigences de la science moderne et a obenu les encouragements et l'approbation du conseil général du département.

119. — Précis historique et statistique sur le département de la Charente-Inférieure, par A. F. LACURIE, imprimeur-lithographe à la Rochelle. — *Saint-Jean d'Angély, veuve Lacurie, 1834, in-8, 130 p., 10 tableaux, 8 planches et une carte.*

Bibl. de la Roch., n°s 2923 et 2936.

Ouvrage incomplet et sans proportions où l'on trouve toutefois des détails précieux, mais la plupart étrangers à la Rochelle ou à l'Aunis, et reproduits en partie de l'*Annuaire statistique pour 1814*, de l'ouvrage de M. Leterme sur les marais et des journaux d'agriculture de Saint-Jean-d'Angély.

120. — Ouvrages traitant de la géographie.

Bibl. de la Roch., n°s 2923 et 2942.

On peut citer comme traitant de la géographie de la Charente-Inférieure d'une façon plus spéciale que les traités de géographie de la France en général. *La géographie politique... de la Charente-Inférieure, par* LACURIE, *in-f° plano (Bibl. nat.ᵉ Lk⁴ n° 146). — Voyage dans les départements de la France, par* LA-VALLÉE *et* BRIOU, *1793, in-8. — La France pittoresque, par* A. HUGO, *1835, in-8. — Le guide pittoresque en France, 1835, in-8. — La France illustrée, par* A. MALTEBRUN, *1835, in-8. — Itinéraire descriptif de la France, par* VAYSSE DE VILLIERS *(troisième partie, tome* IV, *route de Paris à la Rochelle). — La géographie.... des quatre-vingt-neuf départements, par* JOANNE, *1869. — L'hermite en province, par* JOUY, *1827, in-12. — La petite géographique, par* LEVASSEUR, *1872.... etc.*

121. — Géographie physique, politique, historique,

agricole, commerciale et industrielle du département de la Charente-Inférieure, à l'usage des écoles, par Dolivet, instituteur du degré supérieur. — *Rochefort, 1854, in-8, 160 p. et 8 cartes in-f°.*

Bibl. de la Roch., n° 2936. — Bibl. nat.e Lk⁴, n° 150.

Ce n'est qu'un abrégé des ouvrages antérieurs. Les cartes sont celle du département, les plans des chefs-lieux d'arrondissement et des vues de monuments.

122. — Royan, la Rochelle, Fouras. Itinéraire des baigneurs ou guide d'un étranger dans la Charente-Inférieure. — 1860, *in*-12.

Bibl. nat.e Lk⁴, n° 153.

123. — Manuscrit sur parchemin de 109 feuillets numérotés 3 à 111 (les deux premiers manquent) de 31 centimètres sur 25, commençant par ces mots : *A tous ceaus qui ceste présente chartre verront....* et finissant par ceux-ci : *le dit bail des fermes rendu sur le dict compte cinq cens cinquante-neuf.* — Commencement du xviiie siècle.

Bibl. de la Roch., n° 3052. — Lelong, n° 2250.

Ce manuscrit contient des extraits certifiés conformes « *des registres de la chambre des comptes en vertu du décret et ordonnance d'icelle estant au hault de la requeste a elle présentée à ceste fin par Adrian de Lauzéré, escuier, sieur chastellain de Rochefort sur Charente le unziesme jour de septembre l'an mil cinq cens quatre vingtz dix-neuf.* » Il est incomplet, les deux premiers feuillets manquent ainsi que la fin.

Le titre que lui donne Fontette (Bibl. hist. de la France) n'est qu'un titre de chapitre, se lit au vingt-troisième feuillet du manuscrit et n'en donne qu'une idée fausse.

Ce document contient les titres de la seigneurie de Rochefort.

On y trouve une série d'hommages depuis 1300 jusqu'à 1561. Plusieurs de ces hommages sont rendus au prince de Galles sous le titre de prince d'Aquitaine. Le plus souvent le représentant du prince qui reçoit l'hommage réside à la Rochelle d'où dépendait d'ailleurs alors le domaine du châtelain de Rochefort.

124. — Vraie et entière description du pays de Poictou, du Rochelois et îles Marennes, avec une partie du pays de Xaintonge. — *Paris, P. Desprez.* — L'auteur est Pierre Roger ou Rogier, sieur de Migné, poitevin, conseiller du roy à Poitiers.

Lelong-Fontette, n° 2250.

Arcère et après lui Fontette citent cet ouvrage d'après Lacroix-Dumaine *(Bibliothèque, édition 1772, tome 2°, p. 316).* La date qu'ils lui donnent, 1589, est erronée, puisque le livre de Lacroix-Dumaine s'imprimait en 1584, époque à laquelle « *Roger florit* » dit Lacroix, qui ne donne point la date du livre.

125. — Manuscrit de 40 pages de 15 sur 21 centimètres, de l'écriture de Jaillot.

Bibl. de la Roch., n° 3137.

Extraits de divers géographes sur le gouvernement de l'Aunis, tels que l'abbé de Longuerue, Bruzen de la Martinière... etc.

126. — Pagus Alnensis. — *Mss. de 48 p. de 20 sur 26 centimètres.* — Écriture de Jaillot.

Bibl. de la Roch., n° 3173.

Indication de renseignements à prendre dans divers auteurs sur les localités de l'Aunis.

127. — De Santonum regione et illustribus familiis brevis nec minus elegans tractatus Nicolai Alani, San-

tonis Medici, opera Joannis Alani, auctoris filii, in lucem editus. — *Santonibus, Audeberti*, 1598, *in-4.*

Bibl. nat.e Lk², nº 1502. — Lelong, nº 37561.

La bibliothèque de la Rochelle possède, sous le nº 3143, une copie d'un passage de cet ouvrage qui se termine par un traité *de factura salis.*

128. — Mémoire géographique de CLAUDE MASSE sur la partie du bas Poitou, pays d'Aunis et Saintonge. — *Mss., 2 vol. in-4 de 264-214 p.* — L'exemplaire de la bibliothèque (nº 2926) est la copie faite par les soins de Jaillot sur l'original, demeuré avec la carte, qui n'a rien de spécial, entre les mains des descendants de l'auteur.

Bibl. de la Roch., nº 2926. — Lelong, nº 2251.

« Il n'est question dans ce grand mémoire que de la géographie moderne. C'est une description exacte du site des lieux, de leur position en distance respective, des qualités du terrain, de ses productions, du nombre des habitants et surtout des fortifications. L'auteur, ingénieur du roi et habile géographe, a parcouru tous les lieux dont il parle. »

(Arcère, lettre à Fontette du 7 avril 1765.)

Il y a des erreurs et des puérilités dans cet ouvrage très faible sous le rapport de la forme littéraire ; mais on y trouve, sur les plus petites comme sur les plus grandes localités du pays, de nombreux détails ; l'historique des fortifications surtout y est soigneusement rapporté. L'auteur a recueilli sur les lieux un assez bon nombre de traditions plus ou moins intéressantes. Il y a, entre autres, plusieurs anecdotes relatives à Vauban.

129. — Manuscrit contenant des cahiers et des notes diverses de M. Masse.

Bibl. de la Roch. nº 3144.

Ce sont des notes recueillies par M. Masse, presque toutes employées soit dans le mémoire géographique, soit dans d'autres écrits qui seront indiqués. On y trouve en outre une table de plans, de légendes de plans, des explications de dessins qui, bien que séparées des plans et des dessins auxquelles elles se rapportent, peuvent lever quelques difficultés. On y trouve aussi une note des charges ordinaires qui sont payées par la ville de la Rochelle ; des listes de maires, d'échevins, de juges-consuls, conseillers... etc.

130. — Chants et chansons populaires des provinces de l'Ouest, Poitou, Saintonge, Aunis et Angoumois,.... par Jérôme Bujeaud. — *Niort, Clouzot, 1866, 2 vol. in-8.*

Bibl. de la Roch., n° 10453.

Il y a peu de chose à prendre dans ce recueil pour l'histoire de l'Aunis.

131. — Devis et détail des travaux à faire pour rendre la Charente navigable, par TRÉSAGUET, inspecteur général des ponts et chaussées. — *Mss. de 53 p. et 10 dessins, 1779 et 1783.*

Cat. de livres et estampes de Leblanc, in-8, n° 1845.

132. — Dispositions des mêmes travaux (navigabilité de la Charente), par MUSNIER. — *Mss. de 68 p. et 10 dessins, s. d.*

Loc. cit.

133. — Élection de la Rochelle avec les noms des seigneurs des paroisses qui la composent. — *Mss. petit in-4 de 304 p.*

Bibl. de la Roch., n° 3087.

Un des nombreux travaux préparatoires du P. Jaillot. C'est une liste par ordre alphabétique des paroisses de l'élection de la Rochelle, avec des notes historiques et statistiques extraites de différentes sources toujours indiquées.

134. — Dictionnaire topographique de l'arrondissement de la Rochelle, par MM. THÉODORE VIVIER et JOURDAN. — *Mss.*

Bibl. de la Roch., n° 3089.

Nomenclature très détaillée.

135. — Mémoire sur la généralité de la Rochelle, de MICHEL BÉGON, publié par G. MUSSET, archiviste-paléographe. — *Tours, Bouserez, 1875, in-8, VIII-159 p.* — Extrait du tome IV des *Archives historiques de la Saintonge et de l'Aunis.*

Bibl. de la Roch., n° 2969.

136. — Généralité de la Rochelle ; description extraite du mémoire de M. Bégon, intendant. — *Mss.*

V. collect. hist. n° 41, cat. de la bibl. de la Roch., n° 3133.

Copie d'extraits faite par M. Élie Richard. Cette description de l'Aunis et de la Saintonge est terminée par un état des marais de la généralité.

Cf. également *État de la France, par Boulainvilliers. Londres, 1737.* — Bibl. de la Roch., n° 2183.

137. — La géographie ou description générale du royaume de France, divisé en ses généralités, contenant toutes les provinces, villes, bourgs ou villages.... le tout enrichi d'une collection.... de cartes...., par M. DUMOULIN, officier réformé. — *Amsterdam, M. Rey, et Paris, Leclerc et Merlin, 1762 à 1767, 6 vol. in-8. Grav. de J. Vander Schley.*

Lelong, n° 825. — Bibl. nat°. L⁸, n° 7. — Bibl. de la Roch. n° 2859 (tome V, contenant les généralités du Poitou et de la Rochelle).

138. — Estat des bureaux, paroisses et lieux de leurs arrondissements de l'élection de la Rochelle. — *La Rochelle, v^e Mesnier, 1739, in-8, 29 p.*

Bibl. de la Roch., n° 3268.

Simple nomenclature faite en conséquence de la déclaration du roi du 22 juillet 1716.

139. — Mémoire et recherche sur l'état présent de la Rochelle, par M. DE TIGNÉ, directeur du génie, daté du 20 décembre 1726. — *Mss. in-4 de 24 p.*

Bibl. de la Roch., n° 3145 (pages 295 à 318).

C'est une véritable statistique ; on peut la rapprocher de celle qui est à la fin de l'histoire militaire de Masse (1718) et de celle dressée par M. Bégon, intendant en 1698 (n° 138 ci-dessus).

140. — Mémoire sur la Rochelle. — *Mss. in-f^o de 16 p.*

Bibl. de la Roch., n° 3144.

Document tout à fait du même genre et à peu près de la même époque que le précédent.

141. — Notes géographiques. — *Mss. in-4 de 130 p.*

Bibl. de la Roch., n° 3088.

Ce recueil contient : 1° Etat général de la situation des paroisses de l'élection de la Rochelle avec les noms de chaque paroisse, ceux des seigneurs, des principaux habitants, le taux que chacune paye, y compris la taille de la capitation, suivant les rôles de 1737, de combien de feux elles sont composées, leur distance de la Rochelle, leur principal commerce, le temps d'attention pour en faire facilement le recouvrement, les marchés et foires avec les observations générales qu'il convient faire sur chacune des dites paroisses ; — 2° Etat général des domaines et droits... etc. (copie du n° 3148 de la bibl.) ; — 3° Mémoire sur Brouage, par M. de Pretteseille, ingénieur en chef ; — 4° Mémoire sur le fort du Chapus, par le même, tous deux rédigés en 1727 ; — 5° Mémoire sur Marennes ; — 6° Mémoire sur l'île de Ré, par M. Bompar et par M. de Pretteseille ; — 7° Observations sur la maison de Condé ; — 8° Mémoires sur les pierres levées ; — 9° Mémoire de Pierre Remigereau sur le hâvre de la Rochelle et le pertuis Breton ; — 10° Notes sur quelques localités voisines de la Rochelle.

142. — Notice sur les huttiers de la Sèvre, par M. A. DANIEL SAVARY. — 1839, *in*-8.

Bibl. de la Roch., n° 3086.

Ces huttiers se trouvent dans le nord de l'arrondissement de la Rochelle. L'auteur les fait descendre des vieux Colliberts. C'est une question qui se rattache à celle même de l'origine de la Rochelle.

143. — Diverses pièces manuscrites sur Marans, Ciré, Bourgneuf, Voutron, Lhoumeau, Laleu, Esnandes, Saint-Maurice.... etc. — *3 cartons in*-4 *et* 4 *liasses.*

Bibl. de la Roch., n°s 3157, 3158 et 3172.

Ces trois cartons contiennent sur papier et sur parchemin un grand nombre de titres de propriété, de droits seigneuriaux civils ou ecclésiastiques sur les lieux les plus voisins de la Rochelle, et peuvent fournir des documents intéressants. On y remarque un acte d'août 1609 portant la signature et le sceau de Charlotte de Nassau, princesse d'Orange, veuve de la Trémoille, duc de Thouars. On y a joint plusieurs arrêts imprimés.

144. — Notice historique sur la ville de Marans (Charente-Inférieure), par ALFRED ETENAUD, employé du télégraphe au ministère de l'intérieur. — *Paris, Noblet,* 1854, *in*-8 *de* 31 *p.*

Bibl. de la Roch., n° 3086.

Il est également question de Marans dans les *Chroniques Saintongeaises et Aunisiennes*, de M. d'Aussy (loc. cit. n° 3008).

145. — Rapport sur une pierre tombale de l'église de Bourgneuf, par M. Menut. — (Dans les *Annales de l'Académie de la Rochelle*, 1867, p. 45.)

Bibl. de la Roch., n° 3389.

146. — Notes manuscrites sur la Rochelle, Châtelaillon, Benon.... etc. — 3 *cahiers in-4*.

Bibl. de la Roch., n° 3150.

Ces notes contiennent, entre autres, des renseignements sur la maison de Mauléon et ses alliances, pour la plupart déjà contenus dans les recueils précédents.

147. — Élection de la Rochelle. Différents mémoires sur Marennes, Oleron, l'île de Ré, Aytré, Périgny, la Pierre-levée de la Jarne, une épitaphe d'Aliénor, une note de Valin sur la coutume de la Rochelle, une dissertation sur le chapitre « Ex parte x extra de consuetudine », par M. Poquet de Livonière. — *Mss.*

Bibl. de la Roch., n°s 3137 et 3158.

Notes éparses, feuilles détachées relatives à la Rochelle et à ses environs les plus immédiats.

148. — Laleu. — *Petits cahiers et feuilles volantes.* — *Mss. in-f°.*

Bibl. de la Roch., n° 3157.

Pièces relatives à la seigneurie de Laleu et au prieuré du Plomb. On peut y trouver des renseignements sur Paul Yvon, sieur de Laleu. (V. une notice sur ce personnage dans la *Revue de l'Aunis...*, année 1865.)

149. — Manuscrit sans titre ni date contenant des notes informes. — 72 p. in-4.

Notes peu nombreuses et clairsemées sur l'Aunis , le Grand-Fief d'Aunis, Maillezais,... etc.

150. — Rapport sur un tombeau trouvé à Laleu , par M. MENUT. Novembre 1854. (Dans les choix de pièces lues aux séances de la section littéraire de l'académie de la Rochelle. N° 1, 1855).

Conjecture sur un tombeau trouvé au fief Saint-James , près de Laleu.

151. — Notice sur la nouvelle nomenclature des rues de la Rochelle , par plusieurs citoyens de cette commune. — *La Rochelle, Chauvet, an III, in-8, XIV-466 pages.*

Sous la Convention les rues prirent de nouveaux noms. A cette occasion cet ouvrage donne quelques notes utiles , un petit nombre de détails d'histoire locale , les uns empruntés à Arcère , pages 164 , 170 , 172 , 294 et 451 ; les autres postérieurs à cet historien , pages 195 , 249 , 266 et 437. Deux rues seulement reçurent des noms de Rochelais (Guiton et Aufrédy); ce dernier seul est resté. La rue qui porte aujourd'hui le nom de Guiton n'existait pas alors. M. Callot aîné et M. Jourdan avaient entrepris chacun de leur côté l'étude des anciens noms des rues de la Rochelle ; leurs manuscrits existent à la bibliothèque de la ville, n° 3424. (Cf. aussi n° 64 ci-dessus.)

152. — Calendrier historique de la Rochelle pour l'année 1733. — *In-24.*

L'année 1729 de la même publication figure au catalogue de Secousse, sous le n° 5229. Jaillot, dans ses notes, cite les almanachs de 1716, 1717, 1718 et 1726.

153. — Almanach des armateurs de la Rochelle ou étrennes rocheloises, pour l'an de grâce 1764, 1765.... etc. — *In-24.*

Bibl. de la Roch., n° 3321. — Lelong, n° 35780.

154. — Calendrier ou étrennes rochelloïses de la généralité de la Rochelle, pour 1788. — *La Rochelle, Chauvet, in-24, 164 p.* — Le même pour 1790.

Bibl. de la Roch., (année 1790), n° 3321.

Almanachs tout à fait analogues à ce que furent depuis les Ephémérides.

155. — Ephémérides de la généralité de la Rochelle. — *La Rochelle, Mesnier, in-18.*

Bibl. de la Roch. (années 1783 et 1784), n° 2943. — Bibl. nat°. Lc[31], n°s 206 et 207. — Lc[30], n°s 81 et 87.

Ces éphémérides, d'après les renseignements fournis par le catalogue de la bibliothèque nationale, ont paru de 1768 à 1791, et ont été continuées par les éphémérides du département de la Charente-Inférieure. Cet almanach contenait le calendrier, les noms des fonctionnaires et quelques renseignements statistiques.

156. — Ephémérides du département de la Charente-Inférieure, in-16 ou in-18. De 1791 à 1856. — *La Rochelle, successivement chez Cappon, la veuve Cappon, Elise Cappon, Loustau et Dausse, Dausse et Siret, Dausse (avec le titre d'annuaire).*

Bibl. de la Roch., n° 2944. — Bibl. nat°. Lc[34], n°s 206 et 207. — Lc[30], n°s 81 et 87.

157. — Calendrier du département de la Charente-Inférieure, pour 1792. — *La Rochelle, Chauvet, in-18.*

Bibl. de la Roch., n° 2945.

158. — Annuaire du département de la Charente-Inférieure. — *Saintes, Dupouy, in-12.* — Années 1799, 1800, 1801 et 1802 (an VII, an VIII, an IX, an X).

Bibl. de la Roch., n° 2946. — Bibl. nat^e. Lc³⁰, n° 79.

Almanachs qui contiennent le calendrier, les noms des fonctionnaires du département, assez de déclamation selon l'esprit du temps et quelques renseignements utiles.

159. — Annuaire statistique du département de la Charente-Inférieure, pour l'année 1813. — *La Rochelle, Mareschal, in-8,* 266 *p.;* — le même pour l'année 1814, 338 *p.;* — le même pour l'année 1815, 202 *p.*

Bibl. de la Roch., n° 2947. — Bibl. nat^e. Lc³⁰, n° 80,

Ces annuaires rédigés par M. Filleau Saint-Hilaire ont une tout autre importance que leurs devanciers. Ils ont été longtemps la meilleure statistique du département, et celle de M. Gautier, à laquelle ils ont du reste été fort utiles, ne leur a pas ôté tout leur prix.

160. — L'indicateur des fonctionnaires publics du département de la Vienne, de la Charente-Inférieure, des Deux-Sèvres et de la Vendée, qui forment l'arrondissement de la sénatorerie et de la cour impériale de Poitiers, pour l'année 1813. — *Poitiers, Barbier, in-12.*

Bibl. nat^e. Lc³⁰, n° 80.

161. — Annuaire administratif, statistique et historique du département de la Charente-Inférieure, pour 1839. — *La Rochelle, in-12* ; le même pour 1840, *in-12.*

Bibl. de la Roch., n° 2948. — Bibl. nat^e. Lc³⁰, n°ˢ 82 et 83.

Cet almanach était destiné à remplacer les éphémérides ci-dessus, qui lui ont survécu. Grossi de beaucoup de détails qui ne sont pas spéciaux au département et d'un grand nombre de noms propres qui laissent peu de place aux faits permanents, il n'a paru que deux ans. Il avait cependant pour auteur un homme de mérite, M. Bargignac, conseiller de préfecture.

162. — Annuaire du département de la Charente-Inférieure, pour l'année 1846, par Félix Mauduit, chef de bureau à la préfecture. — *La Rochelle, Mareschal, 1846, in-12, 424 p.*

Bibl. de la Roch., n° 2949. — Bibl. nat°. Lc³⁰, n° 84.

Deux parties : une première contient l'organisation adminis-trative, divisée en chapitres correspondant aux différents minis-tères ; on y trouve beaucoup de noms, peu de détails sur les choses mêmes. Une deuxième partie, consacrée à l'histoire et à la statistique, ne contient qu'un extrait des délibérations du conseil général et des conseils d'arrondissement.

163. — Annuaire du département de la Charente-Inférieure, publié par A. Caillaud, année 1850. — *La Rochelle, Caillaud, in-16 ;* — le même pour 1851.

Bibl. de la Roch., n° 2950. — Bibl. nat°. Lc³⁰, n° 85,

Pure nomenclature de fonctionnaires et de commerçants du département avec les adresses des habitants du chef-lieu.

164. — Annuaire du département de la Charente-Inférieure, pour 1852. — *La Rochelle, O. Michelin, in-18 ;* le même pour 1853 et 1854.

Bibl. de la Roch., n° 2951.

165. — Grand almanach populaire de la Charente-Inférieure, 1851 à 1855. — *Paris, Pillet aîné, in-16.*

Bibl. de la Roch., n° 2952. — Bibl. nat°. Lc³⁰, n° 85.

Almanach pour toute la France avec un court appendice de peu d'intérêt spécial au département.

166. — Almanach de la Charente-Inférieure. — *Surgères, Beaujeu, in-12, 1851 à 1857.*

Bibl. nat^e. Lc³⁰, n° 86.

Bibl. nat[e]. Lc[30], n° 86.

167. — Cicerone ou guide de l'étranger à la Rochelle, par M. BENOIST, avocat. — *La Rochelle, El. Cappon, 1835, in-8, 80 p., sept lithographies: plan, entrée du port, hôtel-de-ville, palais de justice, horloge, bourse, bains.*

Bibl. de la Roch., n° 3092. — Bibl. nat[e]. Lk[7], n° 3473.

Moitié description, moitié almanach, ce petit livre donne des détails sur l'état et l'histoire des monuments. Il a par là quelque intérêt pour ce qui est postérieur à Arcère. Ce qui est antérieur y est presque entièrement puisé. Il avait d'ailleurs été devancé par une description en prose et en vers donné en cinq promenades dans les n°s 17, 20, 25, 31 et 35 du journal commercial de la Rochelle en 1828, par Gustave Mareschal. Quelques détails sur les monuments avaient été fournis par M. Brossard, architecte.

168. — Guide de l'étranger à la Rochelle, par GODINEAU, avec un plan. — *La Rochelle, Dausse, 1857, in-18.*

Bibl. de la Roch., n° 3094. — Bibl. nat[e]. Lk[7], n° 3477.

169. — La Rochelle et ses environs avec un précis historique et un plan (par L. DE RICHEMOND). — *La Rochelle, imp. Mareschal, librairie Chartier, 1866, in-12, 396 p.*

Bibl. de la Roch., n° 3095.

Guide plein de détails historiques dont quelques-uns très minutieux.

170. — Indicateur de l'étranger à la Rochelle....
par S. BARREAU. — *La Rochelle, imp. Drouineau, 1866,
in-12, 60 p.*
Bibl. de la Roch., nº 3096.

Quelques détails sur l'état présent, des inexactitudes sur le
passé.

171. — Guide de l'étranger à la Rochelle et aux
environs (par M. DE BUTLER, ancien sous-préfet). —
*La Rochelle, A. Thoreux, 1873, in-16 de 174 p. et un
plan.*
Bibl. de la Roch., nº 3097.

172. — La Rochelle en poche. Guide à travers la
Rochelle et aux environs, par un touriste. — *Pons,
Texier, 1874, 112 p. in-16.*
Bibl. de la Roch., nº 3098.

Abrégé du précédent.

173. — D. LANCELOT. La Rochelle et son arrondissement. — *Tours, Mame, s. d. (1871-1875), un vol.
in-fº.*
Bibl. de la Roch., nº 3101.

Description accompagnée de soixante eaux-fortes dont vingt-
cinq hors texte.

174. — Fortifications et bâtiments. — *Mss. in-4,
142 p.*
Bibl. de la Roch., nº 3090.

Notes sur les édifices publics, fortifications et réparations
recueillies par Jaillot dans les divers manuscrits qu'il avait ras-
semblés, surtout dans ceux de Masse. (Cf. nº 62.)

175. — Carte du pays des Santones sous les Ro-
mains, dressée pour l'intelligence du mémoire de

la société archéologique de Saintes, par M. l'abbé
LACURIE, secrétaire de la société. — *Nantes, 1851,
lith. Charpentier.*

Bibl. de la Roch., n° 3086.

Cette carte, toute conjecturale mais intéressante, accompagne
une seconde édition de la notice de M. Lacurie sur le pays des
Santones sous la domination romaine. — *Saintes, Mlle Rose
Scheffler, in-8, 1851.*

176. — Pays d'Aulnis, ville et gouvernement de la
Rochelle. — *Paris, Tavernier, 1627, carte in-f°.*

Bibl. de la Roch., n° 3099. — Lelong, n° 1365.

177. — Carte topographique du département de la
Charente-Inférieure au $\frac{1}{200,000}$, en deux feuilles, dressée
par A. LACURIE. — 1835.

Bibl. de la Roch., n° 2925.

178. — Carte géologique du département de la
Charente-Inférieure, dressée d'après les documents de
M. d'Orbigny, par A. LACURIE. — 1838.

Bibl. de la Roch., n° 3099.

179. — Poitou, Saintonge, Angoumois, Aunis,
par NICOLAS TASSIN. — *Paris, in-f°.*

Lelong, n° 1817.

180. — Poitou et le pays d'Aunis, par NICOLAS
DE FER. — *In-f°.*

Lelong, n° 1821.

181. — Poitou, Aunis, Saintonge et Angoumois,
par le Sr ROBERT. — 1753.

Lelong, n° 1822.

182. — Carte particulière des côtes de Poitou,

Aunis, de la Rochelle et du fort Saint-Louis, comme aussi de l'isle de Ré avec ses forts. — *Paris, Tavernier, 1627, in-f° max.*

Bibl. de la Roch., n° 3099. — Fontette-Lelong, n° 1824.

« Cette carte est bien gravée et rare. Elle fut faite au commencement du fameux siège de la Rochelle. » (Fontette-Lelong, loc. cit.)

183. — Saintonge, Angoumois, Marche, Limosin et pays d'Aunis, par NICOLAS DE FER. — *1711, in-plano.*

Lelong, n° 1868.

184. — CASSINI. Saintonge et Aunis, n°s 101, 102, 103, 133 et 134.

Bibl. de la Roch., n° 2923.

185. — Carte du pays de Xaintonge, MERCATOR, *in-plano.* (L'Aunis y est compris.)

Bibl. de la Roch., n° 133. (Don de M. Callot.)

Dans un atlas publié par Hondius, en deux volumes in-f°, le frontispice porte la date de 1633 postérieure à la carte qui est à la page 261. Cette vieille carte n'a probablement jamais été bonne, mais sa confection est antérieure aux travaux de dessèchement entrepris par ordre d'Henri IV, et les marais qui y sont fortement marqués lui donnent un intérêt particulier.

186. — Plans de diverses localités de l'Aunis. — *In-f° oblong, douze plans ou vues.*

Bibl. de la Roch., n° 3099.

Concernant les marais, l'île de Ré, l'île d'Aix, Rochefort, Mauzé, Marans, Surgères, Benon, Fouras.

187. — La généralité de la Rochelle, par J. B. NOLIN ; *en deux feuilles. — Paris, in-f°.*

Bibl. de la Roch., n° 135. — Lelong, n° 1850.

188. — La généralité de la Rochelle, par JAILLOT.
— 1722, *in-f°*.

Bibl. de la Roch., nº 135. — Lelong, nº 1851.

189. — Ville et gouvernement de la Rochelle. —
Paris, Leclerc et Tavernier, 1627, *in-f°*.

Lelong, nº 1849.

190. — Carte topographique de la ville et environs
de la Rochelle, par le Sr DE BEAURAIN. — *In-f°*.

Lelong, nº 1852.

191. — Le vrai pourtraict de la ville de la Rochelle.... etc., avec une briefve narration de son antiquité et fondation. — *Paris, Mathonière,* 1621, *in-plano,
avec figures.*

Fontette-Lelong, nº 1852.

192. — Plan de la Rochelle. — *Un vol. in-f°.* (Les
nᵒˢ 17 et 36 manquent.)

Bibl. de la Roch., nº 3099.

Ce recueil contient cinquante cartes ou dessins, gravés ou
manuscrits, représentant quinze plans de la Rochelle en 1573,
1618, 1627, 1689, 1717, 1758, 1819; un plan de terrains
vendus au profit du duc de Saint-Simon après le siège de
1628; les détails de la digue; plusieurs tours, portes, fontaines
dont quelques-unes n'existent plus; quelques lieux voisins de
la Rochelle.

193. — La maison d'Henri II, par M. JOURDAN.
Dans la *Revue de l'Aunis....* etc. — *Année* 1864.

Bibl. de la Roch., nº 2986.

Détails sur une maison remarquable souvent dessinée et
gravée.

194. — Plan du port, de la baie de la Rochelle et de ses environs, par LACURIE. — 1837, *in-f°*.

Bibl. de la Roch., n° 3099.

195. — Plan détaillé de la Rochelle et de ses environs, accompagné d'une notice historique, par GOY (DE L'ÉTOILE), capitaine au 45me de ligne. — *Rochefort, Mme Thèze,* 1843. — Plan format grand aigle, à l'échelle de $\frac{1}{8000}$, avec quatre vues de la ville et une notice grand in-f° de 48 pages.

Bibl. de la Roch., n° 3100. — Bibl. nat^e. Lk ^{7}, n° 3474.

La notice, bien que très succincte, indique les points importants de l'histoire de la Rochelle.

196. — Carte marine des côtes d'Aunis et de Saintonge. GERARD VAN CEULEN *fecit,* 1697, *in-f°*.

Bibl. de la Roch., n° 3099.

Carte hollandaise avec des cotes de sonde.

197. — Carte des costes de Poitou, d'Aunis et de Saintonge, de Noirmoutiers, de l'embouchure de la rivière de Bordeaux. — *In-f°.* — |N°s 79 de l'ancien Neptune, 25 du Neptune des côtes occidentales de France.

Bibl. de la Roch., n° 140. — Lelong, n° 697.

198. — Carte des îles de Ré et d'Oleron, des pertuis d'Antioche, Breton.... etc., avec partie des côtes de Poitou, Aunis et Saintonge, par BELLIN. 1757. — N°s 80 de l'ancien Neptune, 26 des côtes occidentales de France.

Bibl. de la Roch., n° 140. — Lelong, n° 697.

M. Beautemps-Beaupré déclare ne rien reconnaître aux cartes

anciennes de nos côtes. Peut-être la faute n'en est-elle pas toute aux ingénieurs qui les ont dressées. Les attérissements paraissent réellement s'opérer avec une effroyable rapidité. Le détour du Lay accordé autrefois à des intérêts particuliers de congrégations puissantes a, assure-t-on, précipité beaucoup cet état menaçant de choses.

199. — Carte des côtes d'Aunis, par LEROUGE. — N⁰ˢ 38 et 39 du recueil des côtes maritimes de France, en 50 feuilles. — 1757, *in-4.*

Bibl. de la Roch., n⁰ 1616.

Les cotes de sonde offrent des différences assez notables avec la carte précédente qui est de même date.

200. — Plan du mouillage de l'Aiguillon, pertuis Breton. Demi-feuille, par BEAUTEMPS-BEAUPRÉ. — 1831, *n⁰ 158 du Pilote français.*

Bibl. de la Roch., n⁰ 1617.

201. — Carte particulière des côtes de France, intérieur du pertuis d'Antioche, rade de la Rochelle, de l'île d'Aix, des Basques, des Trousses. BEAUTEMPS-BEAUPRÉ. — 1832, *n⁰ 160 du Pilote français.*

Bibl. de la Roch., nᵉ 1617.

202. — Plan de la rade de la Rochelle et de ses environs, par BEAUTEMPS-BEAUPRÉ. — 1831, *n⁰ 162 du Pilote français.*

Bibl. de la Roch., n⁰ 1617.

203. — Etude hydrographique de la baie de la Rochelle et projet d'établissement d'un nouveau bassin à flot, par A. BOUQUET DE LA GRYE. — *Paris, impr. nat.,* 1877, *in-4 de 76 p. et 15 plans.*

Bibl. de la Roch., n⁰ 3100 a

Travail important où l'on cherche les moyens d'introduire les navires d'un fort tonnage dans le port de la Rochelle, et où l'on projette de creuser un nouveau port à l'extrémité de la pointe de Chef-de-Baie.

204. — Evêché de la Rochelle, par GUILLAUME SANSON. — 1705. — *Carte faisant partie d'un atlas in-f⁰.*

Bibl. de la Roch., n⁰ 135.

Cette carte contient des détails relatifs aux établissements ecclésiastiques que les cartes modernes ne reproduisent pas.

205. — Pouillé général des bénéfices de l'archevêché de Bordeaux et des évêchés d'Agen, Condom, Angoulême, Luçon, Maillezais (ou la Rochelle), Périgueux, Poitiers et Sarlat. — *Paris, Alliot,* 1648, *in-4.*

Lelong, n⁰ 1243.

206. — Pouillé des archevêchés de Bordeaux et de Bourges et de leurs suffragants. — *Paris,* 1748, 2 *vol. in-4.*

Lelong, n⁰ 1242.

207. — Pouillé des bénéfices de Maillezais. — *Mss. in-f⁰ de* 35 *p. s. d.*

Bibl. de la Roch., n⁰ 3167.

Les bénéfices et les patrons sont indiqués, mais non pas les revenus.

N. E. — C'est une copie du xviiie siècle d'un document plus ancien.

208. — Bénéfices dépendant de l'évêché de Maillezais. — *Mss. in-f⁰ de* 86 *p.*

Bibl. de la Roch., n⁰ 2910.

Il contient, avec les bénéfices, l'indication des patrons et des revenus. On y a joint un petit cahier sur la fondation de

5

l'abbaye de Maillezais et quelques feuilles volantes, papier ou parchemin, relatives à cet évêché et à ses propriétés. — On trouve dans les archives de la mairie de nombreuses liasses de papier relatives aux décimes de Maillezais de 1516 à 1596, et, sur les registres portant le nom de *Police,* des détails analogues depuis 1577.

209. — Histoire de Maillezais , par CHARLES ARNAUD. — *Bibliothèque poitevine, Niort, Robin ; Paris, Dumoulin,* 1840, *in*-8, VIII–331 *p.*
Bibl. de la Roch., nᵒ 2911.

210. — Histoire de l'abbaye de Maillezais depuis sa fondation jusqu'à nos jours.... etc., par M. l'abbé LACURIE. — *Fontenay-le-Comte,* 1852, *in*-8 de XI–593 *p.*
Bibl. de la Roch., nº 2912.

211. — Pouillé de tous les bénéfices du diocèse de la Rochelle. — *Mss. in-fº de* 51 *p.;* 1712.
Bibl. de la Roch., nº 3175.

Contient sur trois colonnes la liste des bénéfices, de leurs patrons, de leurs revenus en argent et denrées.

212. — Pouillé de tous les bénéfices du diocèse de la Rochelle. — *Mss. petit in*-4 *de* 60 *p.*
Bibl. de la Roch., nº 3176.

Ce manuscrit est sans date ; le fond paraît emprunté au précédent, mais l'ordre en est différent. Il y a quelques notes de plus , et des notes postérieures mentionnent quelques changements.

213. — Pouillé du diocèse de la Rochelle. — *Mss. in*-4 *de* 50 *p.;* 1729.
Bibl. de la Roch., nº 3177.

Il est suivi d'une dissertation, extraite de Du Cange, sur le chef de saint Jean-Baptiste, et d'un état des conférences du diocèse de la Rochelle en Aunis. On y a joint un petit cahier contenant en outre d'une copie de ce pouillé quelques notes sur d'autres bénéfices ecclésiastiques.

214. — Décimes du détroit d'Aunis pour l'année 1647. — *Mss. petit in-f⁰ de 30 p.*

Bibl. de la Roch., n⁰ 3174.

Le détroit d'Aunis était encore en 1647 une partie du diocèse de Saintes. Réuni au détroit de Maillezais, il forma, l'année suivante, le diocèse de la Rochelle. (Cf. Inventaire des Archives départementales, série G.)

215. — Ecclesia rupellensis et præcipuæ districtus Alniensis. — *Mss. in-f⁰ en feuilles et cahiers détachés.*

Bibl. de la Roch., n⁰ 3178.

Carton contenant un grand nombre de pièces relatives aux intérêts temporels du diocèse, surtout hors de la Rochelle, soit séparées, soit réunies dans de petits cahiers certifiés par les notaires des études desquels elles sont extraites. Quelques pièces sont relatives au rang à occuper par divers ecclésiastiques.

216. — Esnandes et Beaumont du Périgord, analyse comparative de deux églises fortifiées du XIVe siècle, par CH. DES MOULINS. — 1857, *in-8 de 40 p.*

Bibl. de la Roch., n⁰ 3086.

A l'analyse architecturale de l'église d'Esnandes sont jointes des notes sur les bouchots.

217. — Églises, paroisses, communautés. — *Mss. en feuilles détachées papier ou parchemin.*

Bibl. de la Roch., n⁰ 3171.

Ce carton contient des copies de bulles et de titres, des notes relatives aux cinq paroisses de la Rochelle et à quelques associations religieuses formées dans leur sein. Plusieurs pièces sont certifiées par des notaires. On y rencontre un extrait des registres de l'église paroissiale de Saint-Barthélemy contenant le récit de la guérison miraculeuse arrivée dans cette église le jour de Pâques 1461.

Les paroisses de la Rochelle ont conservé, au moins en partie, leurs registres. Jaillot, qui les connaissait, n'y a pas tout pris ; M. Cholet leur a emprunté quelques détails intéressants pour sa *Notice sur l'église cathédrale de la Rochelle*. M. Cholet cite sous le nom de Jousseaume les registres de Saint-Barthélemy.

218. — Pièces tirées de différents cartulaires. — *Mss. sur feuilles détachées.*

Bibl. de la Roch., nos 3161 et 3162.

Ces deux cartons ne contiennent que des copies, mais qui paraissent vérifiées avec exactitude. On y trouve plus de trois cents pièces transcrites dans leur entier sur les originaux des archives de l'évêché, de la cathédrale, de la commanderie du Temple de la Rochelle, des abbayes de la Grâce-Dieu, de Benon, de Saint-Jean-d'Angély, de Notre-Dame de Saintes, des Minimes de Surgères.... etc. C'était surtout dans le but spécial de ses travaux que l'historien de la Rochelle avait fait choisir et copier ces pièces ; mais, d'un côté, son travail s'étendait à tout l'Aunis, de l'autre, on sait combien de renseignements divers et inattendus ressortent souvent de l'examen d'un cartulaire. Ces actes, comme l'histoire même de la Rochelle, ne remontent guère au-delà du XIIe siècle.

219. — Église Sainte-Marguerite. — *Mss. in-4 de 96 p.*

Bibl. de la Roch., no 3169.

Copie de pièces ayant un caractère public ou d'intérêt privé, liées ensemble par des notes ou extraits historiques de manière à former une véritable histoire de cette église. L'église de Sainte-Marguerite, depuis maison de l'oratoire, aujourd'hui plus connue sous le nom de vieux séminaire, et propriété départementale, ayant été à diverses reprises la seule ouverte au culte catholique, à la Rochelle, son histoire se lie intimement à celle des troubles religieux et politiques. Quelques notes sur feuilles volantes et deux bulles sur parchemin se trouvent détachées, mais jointes au volume.

220. — Analectes de l'église paroissiale de Saint-Jean-du-Perrot, de l'hôpital de Saint-Barthélemy, de la paroisse Saint-Nicolas. — *Mss. in-4 de 204 p.*

Bibl. de la Roch., n° 3166.

Ce registre a fait pour les églises dénommées ce que le numéro précédent a fait pour Sainte-Marguerite ; mais la matière est beaucoup moins intéressante. On y trouve, pages 141, 152 et 154, les meilleurs documents sur la touchante histoire d'Aufrédy.

221. — Estat de toutes les rentes et censes deuhes à l'hospital des pauvre ladre près de cette ville de la Rochelle. — *Mss. in-4, s. d.*

Bibl. de la Roch., n° 3160.

Ce recueil paraît avoir été fait en 1588 ; à la suite est une transaction faite en 1574 avec l'hospitalier pour la rente due par le moulin de la Motte pendant le siège de 1573.

222. — Archives des frères de la Charité et de l'aumônerie de Saint-Berthomé ou Saint-Barthélemy. — *Mss. 10 vol. et 15 cartons in-f°.*

Bibl. de la Roch., n° 3164.

Ces archives, apportées de l'hospice à la bibliothèque au mois d'octobre 1856, sont fécondes en noms propres et en désignations de lieux.

N. E. — L'inventaire de cet important dépôt qui embrasse une période de six siècles (XIIIᵉ-XVIIIᵉ) a été fait par M. de Richemond, archiviste départemental, dans le tome II de l'*inventaire-sommaire des archives du département*. Les archives hospitalières de Saint-Berthomé sont à peu près aujourd'hui les seuls restes originaux des documents de la vieille cité Rochelaise ; ils fourniraient des éléments précieux pour l'étude de la langue vulgaire, des institutions et de la topographie du pays.

223. — Note sur un livre de recettes et de dépenses de l'aumônerie de Saint-Berthomé (Aufrédi) en 1471. *(Choix de pièces lues aux séances de l'académie de la Rochelle.* — 1866, *page* 105.)

Bibl. de la Roch., nᵒ 3326.

224. — Chartes en langue vulgaire de 1219 à 1250, par L. DE RICHEMOND. — *La Rochelle, Siret*, 1863, 16 *p. in-8*.

Bibl. de la Roch., nᵒ 3165.

Sept chartes en langue vulgaire prises parmi les chartes de l'aumônerie Saint-Berthomé ; l'une d'elles est reproduite en fac-simile.

225. — Papiers concernant le couvent et l'hôtel de la charité de Saint-Barthélemy. — *Mss.* 1703-1723.

Archives nationales, série TT 443 (Bulletin de l'histoire du protestantisme, 1878, p. 358).

226. — Enquête et audition de témoins au sujet de l'union du prieuré d'Aix, du chapitre de Saint-Jean-Dehors, et des cinq églises paroissiales de la Rochelle de la congrégation de l'oratoire de Jésus. — *Mss. in-4 de* 50 *p.*

Bibl. de la Roch., nᵒ 3188.

Enquête faite en 1618 pour un intérêt privé, mais où l'on peut puiser des renseignements utiles sur l'état et les possessions des catholiques à la Rochelle de 1599 à 1628.

227. — Copie des actes de l'union des prieurés de l'île d'Aix et de Saint-Jean-Dehors. — *Mss. in-f⁰ sur feuillets séparés.*

Bibl. de la Roch., n⁰ 3170.

Pièces justificatives du numéro précédent. Les possessions et les droits du prieur de Saint-Jean-Dehors étant fort étendus, il en résulte des détails sur beaucoup de lieux. Ce carton tient plus que son titre ne promet ; il renferme un assez grand nombre de pièces originales ou au moins vidimées, la plupart sur parchemin.

228. — Cartulaire de la paroisse Notre-Dame de la Rochelle. — *Mss. in-f⁰ sur feuillets détachés.*

Bibl. de la Roch., n⁰ 3178.

Ce carton, qui justifie assez mal son titre, contient quelques pièces relatives au temporel de la paroisse Notre-Dame de Cougnes, dont les plus anciennes remontent au milieu du XVI⁰ siècle. L'histoire a peu de chose à en tirer. Un grand nombre de papiers de ce carton sont relatifs à l'obtention des bénéfices dont disposait la maison de l'oratoire de la Rochelle ; ils ne peuvent fournir que quelques documents sur certaines personnes d'ailleurs fort inconnues.

229. — Communautés religieuses. — *Mss. 2 vol. in-f⁰, 90 p. et in-4, 104 p.*

Bibl. de la Roch., n⁰ 3167.

Recueil de pièces et de détails sur les différentes communautés religieuses établies en différents temps à la Rochelle.

230. — Supérieurs de la maison de l'oratoire de la Rochelle. — *Mss. in-f⁰ obl. de 48 p.*

Bibl. de la Roch., n⁰ 3170.

Détails non seulement sur les supérieurs, mais même sur plusieurs autres prêtres de la maison de l'oratoire de la Rochelle.

Il y a en outre dans le même même numéro de la bibliothèque un carton de 170 pièces in-f°, imprimées ou manuscrites, toutes relatives à l'oratoire et à ses dépendances, par conséquent à Sainte-Marguerite.

231. — Établissement des R. P. Jésuites, des frères de la Charité, des hospitaliers.... etc. à la Rochelle. — *Mss. in-f° en feuillets détachés.*

Bibl. de la Rochelle, n° 3137.

Les feuilles contenues dans ce carton sont, pour ainsi dire, les pièces justificatives du n° 229 ci-dessus. Ce sont des notes et des actes, quelques-uns originaux, relatifs à l'établissement, aux intérêts, aux débats des communautés religieuses, et par suite des hôpitaux et du collège de la dite ville.

232. — Liber rerum notabilium quæ accederunt in conventu rupellensi (Augustinorum) ab anno 1630 ad annum 1723. — *Mss. in-4 obl. de 170 feuillets.*

Bibl. de la Roch. n° 3288.

Journal historique du couvent. Ce document provient des archives de l'hôtel-de-ville.

233. — Religieuses chanoinesses de Prémontré. — *Mss. 2 vol. in-f° de 124-68 p.*

Bibl. de la Roch., n° 3168.

Ces religieuses furent les premières en possession de Sainte-Marguerite, de sorte que leur histoire amène celle de cette église et celle de l'Oratoire. Ces documents se répètent en grande partie avec ceux contenus au n° 3169 de la bibliothèque.

234. — Histoire de l'abbaye de Mauléon (diocèse de la Rochelle), de l'ordre des chanoines réguliers de la congrégation de France, par Jacques Thieulin, de la même congrégation. — *Mss. in-4.*

Lelong, n° 13633.

« Cette histoire est conservée dans la bibliothèque de Sainte-Geneviève. » (Fontette-Lelong, loc. cit.)

235. — Biographie saintongeaise ou Dictionnaire historique de tous les personnages qui se sont illustrés par leurs écrits ou leurs actions dans les anciennes provinces de Saintonge et d'Aunis, formant aujourd'hui le département de la Charente-Inférieure, depuis les temps les plus reculés jusqu'à nos jours, par PIERRE-DAMIEN RAINGUET. — *Saintes, Eutrope Niox, 1852, in-8 de 642 p. à deux colonnes.*

Bibl. de la Roch., n° 3460. — Bibl. nate. Lk[20], n° 117.

Cette biographie très complète contient un grand nombre de noms dont beaucoup sont très inconnus, mais dans beaucoup d'articles elle est moins détaillée que les biographies universelles elles-mêmes. Elle embrasse l'Aunis avec la Saintonge, mais l'auteur appartient à celle-ci et la connaît évidemment beaucoup mieux. Il professe un catholicisme zélé non seulement comme croyance religieuse, mais aussi comme opinion politique.

236. — Petite biographie des hommes illustres de la Charente-Inférieure, suivie d'une notice sur ce département, par M. H. FEUILLERET, professeur d'histoire au collége de Saintes. — *La Rochelle, 1853, in-18 de 118 p.*

Bibl. de la Roch., n° 3461. — Bibl. nate. Lk[22], n° 8,

Ce petit livret destiné aux écoles primaires, où je ne crois pas qu'il ait pénétré, n'a rien de curieux comme document, mais il ne manque d'élévation ni dans la pensée ni dans le ton.

237. — Biographie de la Charente-Inférieure (Aunis et Saintonge), par MM. HENRI FEUILLERET et L. DE RICHEMOND. — *Niort, Clouzot; la Rochelle, Petit, 1877-*

1878, 2 *vol. petit in*-8, 858 *p.* (Médaille de la Société nationale d'encouragement au bien, de Paris.)

238. — Familles anciennes, tant dans le corps de ville que dans la bourgeoisie. — *Mss. s. d., in*-4.

Bibl. de la Roch., n° 3483.

Notes biographiques, classées par ordre alphabétique.

239. — Armorial. — *Mss. s. d., feuilles détachées.*

Bibl. de la Roch., n° 3484.

Copies d'armoiries et d'inscriptions recueillies sur divers monuments de la Rochelle. On y trouve les armes de Guiton, mais les détails faux qui les accompagnent les rendent suspectes.

240. — Les marins rochelais, notes biographiques, par L. DE RICHEMOND. — *La Rochelle, Mareschal,* 1870, *in*-8.

Bibl. de la Roch., n° 3489.

241. — Nobiliaire de la généralité de la Rochelle (par LAINÉ). — *In*-8, *s. l. n. d. de* 37-2 *p. (Extrait des Archives de la noblesse.)*

Bibl. de la Roch., n° 20303.

Tiré du catalogue des nobles dressé par Michel Bégon en 1698-1700.

242. — La noblesse de Saintonge et d'Aunis convoquée pour les États-Généraux de 1789, par M. L. DE LA MORINERIE. — *Paris, Dumoulin,* 1861, *in*-8.

Bibl. de la Roch., n° 2973.

La sénéchaussée de la Rochelle occupe dans ce livre les pages 225 à 311. Quelques-uns de ces noms doivent à l'académie de la Rochelle une sorte de notoriété ; aucun n'occupe une place dans notre histoire. Les armoiries ne sont que décrites.

243. — Catalogue des gentilshommes de Périgord, Aunis, Saintonge et Angoumois, qui ont pris part ou envoyé leur procuration aux assemblées de la noblesse pour l'élection des députés aux États-Généraux de 1789 (par MM. HENRI DE LA ROQUE et ED. DE BARTHÉLEMY). — *Paris*, 1864, *in-8.*

Bibl. de la Roch., nº 3457.

Liste des noms, sans armoiries et sans détails.

244. — Pièces pour servir à l'histoire de Saintonge et d'Aunis. Procès-verbal de l'assemblée des trois ordres de la sénéchaussée de Saintonge, convoqués et réunis à Saintes, le 16 mars 1789, pour l'élection des députés aux États-Généraux (par M. THÉOPHILE DE BRÉMOND D'ARS). — *Saintes, in-8, 68 p.*

Bibl. de la Roch., nº 2972.

245. — Gouverneurs, sénéchaux, intendants, baillis. — *Mss. petit in-fº de deux cahiers.*

Bibl. de la Roch., nºs 3135 et 3136.

Liste de ces fonctionnaires avec des notes sur leurs actions et quelques pièces pour établir l'étendue de leurs droits.

246. — Notes diverses. — *Mss.*

Bibl. de la Roch., nº 3191.

Notes éparses sur des feuillets détachés, la plupart relatives au présidial. Ces notes, en partie reproduites ailleurs, ne présentent qu'une médiocre importance.

247. — Savants et illustres rochelais. — *Mss. sur feuillets détachés.*

Bibl. de la Roch., nº 3486.

Notes biographiques sur les Rochelais de quelque valeur dans les lettres et dans les sciences, recueillies dans les livres et dans des correspondances par les historiens de la Rochelle. Bien que déjà mises en usage, ces notes peuvent encore fournir des détails à peu près inconnus.

248. — Archives du consistoire de l'église réformée de la Rochelle. — *Mss.*

Ces archives ne contiennent que très peu de documents antérieurs à 1800. La plupart sont des actes de baptême, de mariage et de sépulture ; à savoir : les baptêmes du temple de Saint-Yon de 1611 à 1614, de 1619 à 1622, de 1622 à 1625 ; les baptêmes du temple de Villeneuve de 1660 à 1667 ; les mariages célébrés au grand Temple de 1610 à 1622, de 1660 à 1667, à la fin de ce registre se trouve la table des baptêmes faits à l'île de Ré, le dernier lieu où paraisse s'être maintenu l'exercice de la religion avant la révocation de l'Edit de Nantes ; les sépultures faites aux cimetières de Villeneuve et du Perrot de 1630 à 1658, en deux registres ; dans le dernier, le 15 mars 1654, se trouve l'acte de sépulture de Jehan Guiton, escuyer, sieur de Repose-Pusselle (sic), mort à 69 ans. C'est, selon M. Callot, le maire de 1628. Un autre registre contient les baptêmes et les mariages célébrés de 1649 à 1654, auxquels est jointe la note de soixante-dix-huit abjurations. Une formule différente indique si les convertis étaient nés dans l'église romaine ou avaient auparavant renoncé au protestantisme auquel ils reviennent. Une liasse est formée des cahiers de baptêmes, mariages et sépultures de l'église réformée de Marans de 1669 à 1684. Une autre de ceux de diverses paroisses de 1602 à 1684. Une troisième contient les baptêmes, mariages et sépultures célébrés selon les formes du culte réformé de 1761 à 1793, époque pendant laquelle la religion n'avait pas d'existence légale. Une quatrième intitulée « Papiers divers » se compose de notes la plupart fort modernes entre autres d'un dénombrement des protestants qui se trouvaient dans le rayon du consistoire en l'an x. On y trouve pourtant plusieurs pièces plus anciennes et propres à jeter du jour sur l'existence des protestants entre l'époque de la révocation de l'Edit de Nantes et celle de l'Edit de tolérance de Louis XVI.

N. E. — Cf. L'inventaire des archives du consistoire de la Rochelle, du Dr Bouhereau, par L. DELMAS, dans l'*Étude historique sur l'Église réformée de la Rochelle,* p. 416 à 434.

249. — Archives du greffe du tribunal civil de la Rochelle. — *Mss.*

Outre ces archives résultant des travaux actuels du tribunal civil, ce dépôt contient plusieurs documents antérieurs à 1789, et les soins de M. Febvre, qui occupa le greffe de 1833 à 1846, y ont même réintégré un assez bon nombre de registres qui pourissaient à Saintes. Ces documents sont presque uniquement de deux genres : des actes de l'état-civil et des actes de divers tribunaux. Réunis au point de vue des intérêts privés, ils ont peut-être vu s'égarer bien des papiers curieux pour l'histoire, mais le dépôt en contient encore dont on peut tirer parti. Le greffe en possède un inventaire.

Les actes de l'état-civil contiennent des registres de baptême, de mariage et de sépulture des différents temples protestants de la Rochelle et de ceux qui en relevaient de 1561 à 1793, non pas sans lacunes, même en y joignant ceux que nous avons signalés dans les archives du consistoire, mais pourtant offrant un assez grand ensemble ; puis ceux des différentes paroisses catholiques du ressort, dont le plus ancien remonte seulement à 1590 (Taugon). On trouve également à l'état-civil de la mairie de la Rochelle les registres des différentes paroisses et communautés de cette ville depuis 1630, ainsi que ceux de Saint-Pierre-ès-Miquelon.

Parmi les actes judiciaires, à ceux provenant de la sénéchaussée, du présidial et de l'amirauté (depuis 1569), se joignent ceux des juridictions des châteaux de Benon, de Châtelaillon, de Périgny, d'Esnandes.

Puis des actes plus récents émanés du tribunal des douanes ;

des jugements au criminel rendus par suite des guerres civiles de la Vendée ; des actes des notaires Martin (1496), Bureau (1506), Hémon (1523), Roy (1531), Macquin (1534), Pelloquin (1538).

On trouve enfin, parmi ces actes de l'état-civil des protestants, un livre de commerce tenu de 1699 à 1707. Ce livre est écrit en anglais et paraphé par M. Béraudin. C'est une espèce de journal qui semble venir d'un petit marchand, et qui, ainsi isolé et à cette date peu reculée, n'offre que peu d'intérêt. La plupart des pages commencent par cette formule : *Laus Deo, anno.... in Rochella.* Quelques mots français se trouvent égarés au milieu du texte anglais.

250. — Familles rochelaises, par JOURDAN. — *Mss. sur feuillets détachés.*

Bibl. de la Roch., n° 3487.

Notes généalogiques et biographiques sur un grand nombre de familles originaires de la Rochelle, classées par ordre alphabétique.

251. — Biographie rochelaise, par LÉOPOLD DELAYANT. — *Mss. en feuillets détachés.*

Bibl. de la Roch., n° 3488.

Notices d'étendues fort inégales sur les personnages et surtout sur les littérateurs qui appartiennent à un titre quelconque à la Rochelle. Quelques-unes ont été publiées dans le journal la *Charente-Inférieure* en 1835 et 1836, et dans la *Revue de l'Aunis*, passim.

252. — Inventaire-sommaire des archives départementales antérieures à 1790. Charente-Inférieure, par MM. FAUVELLE et DE RICHEMOND. — *Paris, Paul Dupont, 1874-1880, 3 vol. parus. — 1er vol.: Archives civiles, séries A et B; en cours de publication, 2me vol.:*

Archives ecclésiastiques , séries C *à* H ; *fascicule séparé :*
Archives municipales de Rochefort-sur-mer.

Bibl. de la Roch., nᵒ 2967.

253. — Recherches sur les ruines romaines de
Saintes et des environs, par M. de la Sauvagère,
chevalier de l'ordre royal et militaire de Saint-Louis,
ancien directeur en chef dans le corps militaire du
génie et de l'académie royale des belles-lettres de la
Rochelle. — Dans le recueil d'antiquités dans les
Gaules, du même auteur. — *Paris, Herrissant, le fils,*
1770, 1 *vol. in-*4.

Bibl. de la Roch., nᵒ 1757. — Lelong, nᵒ 100 *.

Cette dissertation ne se rapporte à l'histoire de la Rochelle
que par la discussion sur la place occupée par le *Portus Santo-*
num où plusieurs géographes ont vu la Rochelle. M. de la
Sauvagère, d'accord en ceci avec Arcère, ne partage pas cette
opinion. (Cf. Arcère, *Histoire de la Rochelle,* tome I, p. 96.)

254. — Notice sur des monuments antiques de
l'ancien pays d'Aunis, par M. FLEURIAU DE BELLEVUE.
— *Mss. de* 11 *pages in-f*ᵒ *avec planche,* 1812, *et journal*
la Charente-Inférieure, 1836, *n*ᵒˢ 32, 33, 37 *et* 38.

Bibl. de la Roch., nᵒ 3106.

Description de quelques instruments de bronze trouvés dans
la commune de Saint-Cyr-du-Doret, et probablement gaulois.
Enumération descriptive des pierres-levées, dolmens, men-hirs
et tumuli gaulois du pays.

255. — Rapport à MM. les membres de la société
littéraire de la Rochelle. — *La Rochelle, Siret, in-*12,
12 *p.*

Bibl. de la Roch., nᵒ 3381.

Rapport de M. Savary sur un tumulus gaulois trouvé au Peu-Poiroux, commune du Bois (île de Ré).

256. — Essai sur quelques pièces trouvées à la Rochelle et aux environs, par Guillemot, fils aîné. — *La Rochelle, Boutet,* 1844, *in-8,* 24 *p.*

Bibl. de la Roch., n° 3107,

L'auteur indique où ont été trouvées ces pièces de diverses dates, fort étrangères par elles-mêmes au pays. Il y a, dans les *Annales de l'académie de la Rochelle pour 1866,* une note de M. Th. Vivier sur des pièces de monnaies découvertes en 1857.

257. — Conseil divin touchant la maladie divine et peste en la ville de la Rochelle, par Olivier Poupart. — *La Rochelle,* 1583, *in-16, chez Jean Porteau.* 200 *pages non numérotées.*

Bibl. de la Roch., n° 3102. — Lelong, n° 2614.

Olivier Poupart, poitevin, de Saint-Maixent, devenu depuis médecin ordinaire de la ville de la Rochelle, écrivit d'abord ce traité en latin, puis il le traduisit lui-même en français, seule forme sous laquelle il ait été publié. La dédicace à MM. les maire, échevins, conseillers et pairs de la Rochelle contient des faits intéressants, surtout celui-ci : qu'on ne voit « les poures (pauvres) mendier par les rues, pour estre suffisamment appensionnés, ou en leurs logettes, où ès lieux par vous destinés. » Il est remarquable qu'en parlant de la valeur des Rochelais, il ne fait pas la moindre allusion au siège récent de 1573. Quant au livre lui-même, il ne contient pas même une description circonstanciée du mal épidémique qui, en 1582, avait désolé surtout les classes pauvres de la Rochelle. On y remarque une foi presque égale dans la religion et dans l'antiquité. Homère et David y sont traduits en vers. Du reste, il renferme toutes les erreurs et les superstitions de la médecine contemporaine, entre autres deux chapitres sur les merveilles de la scorzonère et du bézoard, qu'il appelle bézaar.

Il existe un extrait manuscrit de la dédicace du conseil divin... etc. d'Olivier Poupard, sous le n° 3137 de la bibliothèque de la Rochelle.

258. — Abrégé historique sur le mal de gorge gangréneux et épidémique qui a régné à Charron, près de la Rochelle, pendant l'été de 1762, par M. DUPUY DE LA PORCHERIE, médecin de la Rochelle. — *Journal de médecine, tome* XVIII, *p.* 496-509.

Lelong, n° 2521.

259. — De l'insalubrité de l'air de la Rochelle et des moyens les plus convenables à prendre pour y remédier. Lu à l'académie de la Rochelle le 6 mai 1778, par M. le chevalier DE VIALIS, major au corps royal du génie. — *Mss. de* 22 *p.*

Bibl. de la Roch., n° 3329.

C'est à la stagnation des eaux de Lafont et des fossés de la ville que M. de Vialis attribue l'insalubrité de la Rochelle, ainsi qu'au mélange dans ces fossés de l'eau douce et de l'eau de mer. Il donne les moyens d'y remédier par des travaux augmentant les pentes de l'eau pour lesquels il propose une souscription.

260. — Observations sur ce qui est avancé dans l'Encyclopédie, art. Peste, contre la ville de la Rochelle, par M. DE MALARTIC, lieutenant-colonel, des académies de la Rochelle et de Montauban. — *La Rochelle, J. Légier,* 1780, *in-8,* 20 *p.*

Bibl. de la Roch., n° 3103.

En réfutant un passage de l'*Encyclopédie*, qui représente une espèce de peste nommée mal de Siam comme commune à la Rochelle, l'auteur établit la salubrité de cette ville et cherche ce qui a pu nuire à sa réputation à cet égard. Il n'y a point de détails de statistique précis. M. de Malartic fut depuis député de la Rochelle aux États-Généraux pour l'ordre de la noblesse. Son journal de cette députation existe manuscrit à la bibliothèque de la ville, au n° 2556.

261. — Mémoire sur la salubrité des garnisons du département de la Charente-Inférieure, par M. GODELIER, chirurgien aide-major à l'hôpital militaire de Strasbourg, 1841. — *Mémoires de médecine, de chirurgie et de pharmacie militaires. Tome 50, p. 1 à 62.*

L'auteur était en garnison à Rochefort lorsqu'il rédigea ce mémoire qui s'occupe plus spécialement de Rochefort et de Brouage. La première partie traite de la salubrité générale du pays et en trace l'historique. — La seconde indique les causes restantes d'insalubrité. — La troisième s'occupe séparément de chaque garnison et de la question d'acclimatement. — La quatrième indique les précautions hygiéniques à prendre dans l'intérêt de la santé des soldats.

On trouve en outre dans le tome Ier (p. 1782), p. 413 du *Journal de médecine militaire,* une description topographique de l'île d'Oleron et de l'île de Ré, par M. Bridault.

Cf. 1° Réponse de M. Godelier à un *Mémoire* de M. Viaud, *sur la salubrité* de Rochefort ; 2° Lettre de M. L. Delayant, sur le même sujet, dans le *Courrier des Marchés,* 1856. — Discours de M. Garreau sur la tombe de M. Godelier ; *la Rochelle, Siret.* — Bibl. de la Roch., n° 3419 et 8750.

262. — Note sur la salubrité des places de guerre de la Charente-Inférieure, par M. LEFÈVRE, second médecin de la marine à Rochefort. — *Rochefort,* 1844, *in-8,* 44 *p.*

263. — De la mortalité des nouveaux-nés dans la Charente-Inférieure, par L. MERLE, docteur-médecin. — 1867, *in-8,* 16 *p. et un tableau.*

Les rapports annuels du conseil général (Inspection des enfants assistés et des établissements de bienfaisance) contiennent parfois des détails analogues.

264. — Topographie médicale de la cité de la Rochelle et des lieux environnants, où l'on démontre par la nature, par l'observation, la salubrité de cette place, et où l'on indique les précautions nécessaires pour la conserver et l'améliorer, par le citoyen GABAUDE, chirurgien de l'hospice général.... etc. — *La Rochelle,* 1795, *in-4, 55 p.*

Bibl. de la Roch., n° 2932.

Ce mémoire d'un praticien vieilli dans le pays, plein de faits et de vues, traite en quatre parties distinctes : 1° de la place de la Rochelle et de ses dépendances ; — 2° des lieux environnants ; — 3° des météores (on y trouve les observations de M. Seignette de 1783 à 1791) ; — 4° de la constitution des citoyens et de leurs maladies.

265. — Essai historique et médical sur la topographie de la ville de la Rochelle. Thèse présentée et soutenue à la faculté de médecine de Paris, le 4 mai 1819, par EDME-LOUIS-DOMINIQUE ROMIEUX. — *Paris, Didot jeune, 1819, in-4, 56 p*

Bibl. de la Roch., n° 2932.

Bien que ce mémoire soit d'un jeune homme à son début, il offre des garanties, parce que l'auteur fut aidé par trois médecins expérimentés de la Rochelle. Il se divise en sept chapitres : I. Précis historique. — II. Topographie proprement dite. — III. Climats, saisons, météores. — IV. Du sol et de ses productions. — V. Constitution, mœurs et usages des habitants. — VI. Des maladies observées. — VII. De quelques causes d'insalubrité existant à la Rochelle. — Ces différents sujets sont tous traités surtout sous le point de vue médical. Ils sont incomplets et les faits circonstanciés y sont rares. Néanmoins ils offrent de l'intérêt. Le dernier sert à constater les progrès faits de 1780 (n° 174) à 1819 et aussi les progrès faits de 1819 à nos jours.

266. — Recherches sur les épidémies de la Rochelle et particulièrement sur celle qui a régné en 1843, par M. J. CROUIGNEAU, docteur en médecine, chirurgien aide-major, de la société de médecine de la Rochelle. — *Paris*, 1848, *in*-8, 100 *p.*

Bibl. de la Roch., n° 3104.

C'est uniquement sur les casernes et sur quelques maisons environnantes que sévit cette épidémie. Les faits et les lieux paraissent avoir été bien étudiés par l'auteur, alors en garnison à la Rochelle. Il conclut à un plus rapide écoulement des eaux de Lafont, à l'empêchement du mélange des eaux douces et des eaux salées. Ce sont précisément les conclusions de M. Vialis, soixante-dix ans auparavant. Mais M. Crouigneau ne paraît pas les avoir connues. Des travaux assez considérables dans le sens indiqué ont été réalisés depuis 1848.

267. — Compte-rendu sur les maladies observées pendant le premier semestre de 1828 à l'hôpital militaire de la Rochelle, par L. F. GASTÉ. — *La Rochelle, Bouyer*, 1828, *in*-8, 12 *p.*

Bibl. de la Roch., n° 3104.

Ce n'est qu'une introduction, en généralités, à des observations consignées dans le *Journal universel des sciences médicales, juillet et août 1828*, qui ont été publiées à part, sous le même titre : *Paris, Trouvé, 76 p.* Il y a quelques observations de météorologie spéciales à la Rochelle, mais les maladies observées n'ont rien qui lui soit particulier.

268. — Notice météorologique pour la Charente-Inférieure, par M. FLEURIAU DE BELLEVUE, ancien

député, correspondant de l'institut. — *La Rochelle, Mareschal*, 1837, *in*-4, 48 *p.*, insérée dans la *Statistique de la Charente-Inférieure,* de M. Gautier.

Bibl. de la Roch., n° 2932.

Ouvrage d'un homme du pays, savant géologue et excellent citoyen, ce mémoire offre toute garantie d'exactitude. Il contient des observations sur la température et sur la salubrité de l'air des différents lieux du département, et des vues aussi sages que patriotiques sur les moyens de diminuer la mortalité dans beaucoup de communes. On trouve dans le *Bulletin de l'Académie royale de médecine* (tome VI, p. 249) un rapport très favorable à cette notice. On peut en rapprocher les observations météorologiques faites à la Rochelle par M. Seignette de 1781 à 1797, imprimées dans les *Ephémerides societatis meteorologicæ palatinæ,* tome 1er.

269. — Notice sur la quantité de pluie tombée à la Rochelle et à la Vallerie, pendant trente-cinq ans, par M. Fleuriau de Bellevue. — *Annales de physique et de chimie, décembre* 1829, *p.* 360.

270. — Mémoire sur l'état physique du territoire de la Charente-Inférieure et son agriculture, par M. Fleuriau de Bellevue. — *La Rochelle, Mareschal*, 1838, *in*-4, 16 *p.*, inséré dans la *Statistique de la Charente-Inférieure.*

Bibl. de la Roch., n° 2931.

Description de la configuration de la nature du sol, à la surface.

271. — Description physique, géologique et minéralogique du département de la Charente-Inférieure, par M. Manès, ingénieur en chef des mines, imprimé

sous les auspices du conseil général. — 1853, *in-8*, *272 p. et une carte géologique in-f°.*

Bibl. de la Roch., n° 2924. — Bibl. nat°. Lk ᵏ. n° 151.

Le titre indique à la fois l'objet du livre et les garanties qu'il présente. Il y a quelques corrections dans la carte qui accompagne le précis en 20 pages in-8, qui a été publié en 1864.

272. — Description des falaises de l'Aunis, par M. Ed. Beltremieux. — *La Rochelle, Siret, 1856, in-8, 16 p. et une planche.*

Bibl. de la Roch., n° 3393.

Description minutieuse des falaises de cette côte.

273. — Mémoire sur une forêt souterraine et sous-marine à l'île d'Aix et dans le continent de la Charente-Inférieure, par M. Fleuriau de Bellevue. — *Dictionnaire des sciences naturelles, tome XXIII, p. 312, tome XXVI, p. 368.*

274. — Observations sur les progrès de l'Océan sur les côtes de la Rochelle pour servir à l'histoire naturelle du pays d'Aunis. — *Avril 1752, in-4, 28 p.*

Bibl. de la Roch., n° 3328.

C'est le discours de M. Lafaille à sa réception de l'Académie de la Rochelle, et il a les défauts du genre. La science est loin d'y parler sa langue précise ; les conjectures sont hasardées, parfois puériles ; mais il y a des faits récents et constatés après tout par un bon observateur sur les empiètements et aussi sur les lais de mer dans différents points de l'Aunis. Il y en a une copie également autographe à la bibliothèque de la société des sciences naturelles à la Rochelle.

275. — Étude des phénomènes géologiques qui se

produisent depuis des siècles sur le littoral des départements de la Vendée et de la Charente-Inférieure, par DELFORTRIE. — *Bordeaux, 1876, in-8.*

Les soulèvements et abaissements des côtes sont-ils l'effet de causes multiples ou de causes uniques ? — Cf. n° 3329. (Bulletin de géographie. Septembre 1877).

276. — Observations géologiques sur les côtes de la Charente-Inférieure et de la Vendée, par M. FLEURIAU DE BELLEVUE. — *Paris, veuve Courcier, 1814, in-4,* 19 *pages.* — Extrait du *Journal de physique de juin* 1814, intitulé : *Premier mémoire ;* — et *Journal des mines,* t. 35, p. 426.

Bibl. de la Roch., n° 2932.

Examen des buttes coquillères de Saint-Michel-en-Lherm, étrangères à l'Aunis et à la Charente-Inférieure par leur localité, s'y rattachant par les questions qu'elles soulèvent sur le séjour plus ou moins ancien de la mer sur notre territoire.

277. — Notice sur la température d'un puits artésien entrepris en 1829, près des bains de mer de la Rochelle, par M. FLEURIAU DE BELLEVUE. — *In-8,* 7 *p.* —' Extrait du *Journal de géologie, mai* 1830.

Bibl. de la Roch., n° 3393.

Pures observations géologiques, faites au puits artésien entrepris et abandonné au Mail de la Rochelle.

278. — Suite à cette notice, par le même. — *Même journal,* 1830.

Bibl. de la Roch., n° 3393 a.

279. — Notice sur le puits artésien des bains de

mer de la Rochelle, par M. FLEURIAU DE BELLEVUE. —
Affiches de la Rochelle, 15 *août* 1834.

Bibl. de la Roch., n° 3407.

Note relative aux travaux qu'on a suspendus le 13 octobre,
lorsqu'on était déjà parvenu à 559 pieds de profondeur, et que
les eaux manifestaient une intermittence de 152 et de 160 pieds.

280. — Conjectures physiques sur la cause, la nature et les propriétés du sel marin, d'après quelques
observations sur un marais salant, par le père VALOIS,
jésuite (professeur d'hydrographie à la Rochelle). —
Recueil de pièces de l'Académie de la Rochelle, in-8, tome II,
1752, *p.* 141 *à* 156. — *Mémoires de Trévoux,* 1744,
mars, p. 430.

Bibl. de la Roch., n° 3326. — Lelong, n° 2732.

Aux premières pages, la description détaillée de l'assiette des
marais salants de l'Aunis. Les autres contiennent une dissertation d'assez mauvaise physique sur le sel.

281. — Mémoire sur les marais salants des provinces d'Aunis et de Saintonge, par M. BEAUPIED
DUMÉNILS, de la société d'agriculture de la généralité
de la Rochelle. — *La Rochelle, Mesnier,* 1765, *in-*12,
III-101 *p., une planche, un tableau.*

Bibl. de la Roch., n° 3335. — Lelong, n° 2733.

Ce mémoire donne des détails sur la construction des marais
salants et sur les moyens de l'améliorer, le chiffre des produits
des marais de l'Aunis et de la Saintonge, la contenance des
différents instruments adoptés pour le mesurage. On y trouve
aussi l'époque de l'établissement d'une verrerie à Lafond.

282. — Réponse de M. GUETTARD, pour servir de

supplément au mémoire précédent. — *Journal économique,* 1765, *juin, pages* 257 à 264.

Lelong, n° 2734.

« Cette lettre est très bien faite et corrige des fautes considérables de M. Duménils. » (Fontette-Lelong, loc. cit.) M.
Duménils avait prétendu que l'opinion favorable émise par
M. Guettard sur les conjectures du P. Valois (n° 279 ci-dessus)
et sur la description de nos marais donnée par Bernard Palissy,
prouvait qu'il les connaissait peu. C'est probablement à ce sujet
qu'il y a eu discussion entre ces deux écrivains.

283. — Déclaration du roy contenant les privilèges
accordés pour le desséchement des marais des provinces
de Poitou, Xaintonge et Aunis, vérifiée au parlement.
— *Paris, Desprès,* 1654, *in*-4.

Catal. de M. Baulot.

284. — Mémoire d'un projet qui tend à rendre
prairies environ 7000 arpents de marais noyés.....
formé par Jean-Michel Lepage, ingénieur d'hydrau-
lique. — *Fontenay, in-f°, s. d., 8 p.*

Bibl. de la Roch., n° 3422.

Projet sur une matière d'un intérêt constant pour le pays. Il
n'y a pas de date, mais un exemplaire est adressé au P. Jaillot,
mort en 1749.

285. — Rapport fait à la société d'agriculture du
département de la Seine, le 9 avril 1809, sur les travaux de desséchement du marais de Boère, opérés par
le propriétaire, par M. Chassiron. — *In*-8, 8 *p.*

Bibl. de la Roch., n° 3390.

Exposé de travaux utiles, faits avec une grande constance,
et de leurs résultats.

286. — Mémoire sur les pétrifications des environs de la Rochelle, par M. DE LAFAILLE, contrôleur général des guerres, de la société d'agriculture et de l'académie de la Rochelle. — Dans l'*Histoire naturelle éclaircie dans une de ses parties principales, l'oryctologie*, par D'ARGENVILLE, 1755, *in-*4 (pages 437-442).

Bibl. de la Roch., n° 8100. — Lelong, n° 2808.

Liste détaillée, et par commune, des fossiles, pétrifications, minéraux qu'on trouve dans le pays d'Aunis. En 1751, M. d'Angerville avait publié le même travail sous le titre : *Enumerationis fossilium quæ in omnibus Galliæ provinciis reperiuntur tentamina*. Les renseignements fournis par M. de Lafaille pour l'*oryctologie* l'avaient été pour les *tentamina,* mais avec beaucoup moins de détails, par M. Girard de Villars.

L'autographe de Lafaille, sauf les dernières pages qui sont écrites de la main de M. Seignette, se trouve dans la bibliothèque de la Société des sciences naturelles de la Rochelle. — *Mss. 33 pages in-4.*

287. — Mémoire sur les pierres figurées du pays d'Aunis, avec la description d'un alphabet lapidifique, pour servir à l'histoire naturelle de cette province, par M. DE LAFAILLE. — Il y a un extrait de ce mémoire au *Mercure, d'octobre,* 1754, *page* 13-25, et dans les *Mélanges d'histoire naturelle* D'ALLÉON DULAC, *t.* 1ᵉʳ, *p.* 304 à 316.

Bibl. de la Roch., n° 8071. — Lelong, n° 2827.

Cet extrait offre quelques conjectures sur les pierres que la nature a revêtues de dessins bizarres, la liste de celles qu'on trouve sur les côtes de la Rochelle et de plus longs détails sur un *Ceraunias,* formé en 1752 par la foudre, et sur les *Grammites* qui portent différentes lettres et donnent un alphabet aux pierres presque complet. — La bibliothèque de la Société des sciences naturelles de la Rochelle possède les deux mémoires autographes de Lafaille : 1º *Lithographie ou essay en forme d'observations sur les corps pierreux les plus singuliers que présentent les côtes de la Rochelle, pour servir à l'histoire naturelle du pays d'Aunis ;* — 2º *Mémoire sur les pierres figurées du pays d'Aunis, in-4, 26 p. et 9 planches.*

288. — Montant de la mer à l'écluse de Maubecq (à la Rochelle), suivant les airs des vents et degrés de la lune, à commencer du 15 mai 1775 au 15 mai 1776, par M. DE VIALIS. — *Mss.*

Bibl. de la Roch., nº 3329.

En 1777, l'Académie des sciences publia un mémoire sur les observations à faire du flux et du reflux de la mer. M. Seignette adressa à Condorcet ces observations de M. Vialis avec quelques notes pour expliquer ce qui empêchait de les rendre plus complètes à la Rochelle. Une lettre de M. Lalande y répondit par d'honorables remerciements.

289. — Mémoire sur les eaux de la Rochelle, par M. Richard, lu le 15 mai 1743, à la séance publique de l'Académie de la Rochelle. — *Mss.*

Lelong, nº 2867 *.

Manuscrit qui ne se trouve pas dans les archives de l'Académie. Un extrait au *Mercure* de septembre 1743, p. 2028.

290. — Analyse des eaux minérales de Surgères en Aunis, puisées de sept sources différentes, par M. NAUDIN, médecin à la Rochelle. — *Mss. in-4 (avant 1764, année de la mort de M. Naudin.)*

Lelong, nº 3256.

291. — Plantes du pays d'Aunis avec leurs vertus et noms vulgaires, par M. GIRARD DE VILLARS, médecin à la Rochelle. — *Mss. in-4.*

Lelong, nº 3313.

292. — Catalogue alphabétique des plantes qui croissent aux environs de la Rochelle, par M. GIRARD DE VILLARS. — *Mss. in-4.*

Lelong, n° 3372.

Ce manuscrit et les deux précédents étaient entre les mains de M. Girard de Villars dont les livres et papiers paraissent avoir été dispersés. Il y a dans les *Observations sur les plantes*, de GUETTARD, quelques notes sur des plantes de l'Aunis fournies par M. Girard de Villars.

293. — Jardin de la Rochelle. — Botanique. — *La Rochelle, Lhomandie, in-8, 62 p.*

Bibl. de la Roch., n° 3390.

Catalogue selon la méthode de Linnée, du jardin des plantes de la Rochelle, lors de sa fondation. Ce livre n'est pas daté ; mais on sait d'après les registres de l'état-civil qu'il a été publié le 24 floréal an VIII (14 mai 1800). — M. Faye l'attribue à M. Bonpland aîné. (V. ce nom dans la *Biographie Saintongeaise.)*

294. — Catalogue provisoire pour servir à la flore de la Charente-Inférieure, par la Société des sciences naturelles de ce département. — *La Rochelle, Mareschal,* 1840, 160 p.

Bibl. de la Roch., n° 2932.

Ce catalogue, dans lequel on a adopté la classification du *Botanicon gallicum,* de M. Duby, et la synonymie de la *Flore française,* de M. de Candolle, contient à la fois les espèces recueillies jusqu'à ce jour dans la Charente-Inférieure, et les plantes qui n'y ont pas été trouvées, mais qui peuvent y végéter. Il est exclusivement destiné à recevoir dans la colonne observations, laissée en blanc, les renseignements que pourront fournir les personnes auxquelles il est adressé.

295. — Trois excursions botaniques dans la Cha-

rente-Inférieure , en 1847 , 1848 et 1851 , par M.
DELALANDE. — *In*-8.

Bibl. de la Roch., n° 2934.

Extrait des *Annales de la société académique de Nantes.*

296. — Essai sur les plantes marines des côtes du
golfe de Gascogne et particulièrement sur celles du
département de la Charente-Inférieure, par C. D'OR-
BIGNY, ancien médecin militaire, membre de plusieurs
académies et associé de celle de la Rochelle. Extrait
des *Annales du muséum pour* 1820. — *In*-4, 40 *p. et un
tableau.*

Bibl. de la Roch., n° 2932.

Catalogue raisonné des plantes marines qu'on rencontre jetées
à la côte ou en place, dans le golfe de Gascogne, indiquant la
zone, c'est-à-dire le degré de profondeur au-dessous de la haute
mer où elles vivent, leur habitation, leur organisation, la classification dans laquelle on les range, leur récolte pour divers
usages, leur application à l'industrie. Les espèces inédites ou
mal déterminées n'ont pas été comprises dans cet essai.

297. — Essai sur quelques hydrophytes de la Charente-Inférieure, par AUBERT, pharmacien à la Rochelle.
— *In*-8, 41 *p.* — Extrait de la *Revue organique.*

Bibl. de la Roch., n° 2985.

Indication des algues de nos côtes, du moyen de les recueillir
et de les conserver.

298. — Tableau synoptique des plantes de la famille
des graminées qui croissent spontanément dans le département de la Charente-Inférieure, par M. LÉON FAYE.
— *In*-4, 16 *p. autographiées à Poitiers, tirées à* 50 *exemplaires.*

299. — Catalogue des plantes vasculaires de la Charente-Inférieure, par L. FAYE. — *Civray, Ferriol, 1850, in-18, 94 p. avec supplément.*

Bibl. de la Roch., n° 3390.

Simple nomenclature.

300. — Note sur les progrès de l'étude de la botanique dans la Charente-Inférieure. — *Poitiers, Richer, 1846, in-8, 20 p.; tir. à 100 exemplaires.*

301. — Mémoires sur quelques expériences d'agriculture, par M. J. M. MOUNIER, négociant, de la société royale d'agriculture de la généralité de la Rochelle. — *La Rochelle, Mesnier, 1763, in-12 de 35 p. et un tableau.*

Bibl. de la Roch., n° 3390. — Lelong, n° 3419 **.

Détails et résultats d'expériences pour l'application d'un système d'agriculture alors nouveau.

302. — Réflexions sur l'agriculture relativement au pays d'Aunis, par M. MERCIER DUPATY, lues en 1763 à l'académie de la Rochelle. Manuscrit introuvable aujourd'hui. — Extrait du *Mercure de juillet* 1763, *tome* 2me, *p.* 99-103.

Lelong, n° 3434.

Ces réflexions sont du père du président Dupaty. L'extrait donné dans le *Mercure* est sans intérêt, on y a omis toute la première partie relative aux obstacles qui s'opposaient aux progrès de l'agriculture dans l'Aunis, et mentionné vaguement la seconde relative au Platane que l'auteur et M. Baudry acclimataient alors dans cette province.

303. — Notice sur la houe à cheval et sur son emploi dans le département de la Charente-Inférieure,

par M. D. Bouscasse. — *La Rochelle, Boutet,* 1839, *in-4,* 16 *p.*

Bibl. de la Roch., n° 3391.

Résultat des observations et des perfectionnements d'un praticien habile sur cet instrument.

304. — Mémoires sur les moyens de multiplier aisément les fumiers dans le pays d'Aunis, par M. DE LAFAILLE. — *La Rochelle, Mesnier,* 1762, *in-8,* 31 *p.*

Bibl. de la Roch., n° 3390. — Lelong, n° 3435.

Indication de plusieurs moyens alors inusités de fumer les champs et les vignes de l'Aunis, tels que la paille imbibée de la lie de vin brûlé, la râpe ou marc du raisin, la chaux.... etc. On y trouve déjà des réclamations contre l'impôt sur le sel dans l'intérêt de l'agriculture.

305. — Vérités démontrées ou nouveaux détails relatifs à la culture des vignes dans le pays d'Aunis, (par M. CROIZETIÈRE). — *La Rochelle, Mesnier,* 1781, *in-4,* 16 *p.*

Bibl. de la Roch., n° 3320.

M. Croizetière, avocat, auteur de ce récit, en tire cette conclusion : « La culture des vignes la moins avantageuse pour les propriétaires, la plus utile aux habitants de la campagne et la plus précieuse pour le commerce et pour l'État. » Ces conclusions seraient encore aujourd'hui soutenues par les propriétaires de vignobles.

306. — Essai historique sur les vignes et les vins d'Aunis, par M. JOURDAN. — *Revue de l'Aunis,* 1866, *tirage à part, la Rochelle, Siret, in-8,* 32 *p.*

Bibl. de la Roch., n° 2986.

Histoire de la vigne dans notre pays depuis les temps les plus reculés jusqu'à nos jours.

307. — Cadastre idéal de la richesse réelle d'une paroisse de campagne contenant 1500 quartiers de terre, située dans la province d'Aunis, sur le bord de la mer distante de la ville capitale de deux lieues, dont la population est de mille habitants, dont les impositions directes, sous quelques dénominations qu'on les ait cachées, s'élèvent à la somme de 9000 livres. On a établi sa production sur les vignes, les champs, les prés, les bestiaux de toutes espèces qui y sont et sur la valeur que les habitants en retirent. — *La Rochelle, Cappon, 1790, in-f°, 6 p.*

Bibl. de la Roch., n° 3422.

C'est un véritable cri de détresse poussé au nom des campagnes de l'Aunis. Une note manuscrite désigne pour auteur M. Debessé, orfèvre et propriétaire d'une borderie à Marsilly.

308. — Lettres sur l'agriculture du district de la Rochelle et des districts voisins, par un cultivateur (P. C. MARTIN DE CHASSIRON). — *La Rochelle, Lhomandie et Chateauneuf, 1795, in-12, 124 p.*

Bibl. de la Roch., n° 3390.

Ces lettres font connaître « la nature du sol, le genre de productions auxquelles il est propre, ce qu'il conviendrait de faire pour améliorer les préjugés et la routine. » Ce sont les termes de la préface et ils sont remplis. Il y est question des prés et des champs, des marais desséchés, mais on n'y parle pas du tout de la vigne. Du reste M. de Chassiron était connu comme un agriculteur distingué.

309. — Manuel du cultivateur pour l'arrondissement de la Rochelle, an x. — *La Rochelle, Lhomandie, in 8. 1re édition, 32 p.; 2me édition, 46 p. et une planche.*

Bibl. de la Roch., n° 3390.

La deuxième édition porte le nom de l'auteur, M. Harouard. C'est un petit traité tout pratique et dans des vues de culture économique. La vigne, omise dans les lettres de M. de Chassiron ; occupe ici le premier rang. M. Harouard semble aussi l'auteur des deux morceaux suivants dont le style est tout à fait le même.

310. — Réservoir pour recevoir nos récoltes de vin (par M. HAROUARD). — *La Rochelle, in–8, 6 p. et une planche.*

Bibl. de la Roch., n° 3390.

Petit écrit sans date, mais postérieur à 1808, qui indique un remède au prix élevé des futailles.

311. — Lettre d'un cultivateur sur les avantages de convertir son vin en eau-de-vie (par M. HAROUARD). — *La Rochelle, Lhomandie, 1805, in–8, 8 p.*

Bibl. de la Roch., n° 3390.

Calculs appuyés sur des faits. On y déplore déjà la situation des propriétaires des vignobles et on y compte en 1805 l'eau-de-vie à 140 livres les 27 veltes.

312. — Différents modes de cultiver nos domaines dans l'arrondissement de la sous-préfecture de la Rochelle. — *La Rochelle, Lhomandie, 1808, in–8, 28 p.*

Bibl. de la Roch., n° 3390.

Ce petit ouvrage a pour but de donner une idée du produit de ces domaines, des dépenses et des recettes. On y trouve, contre le morcellement des propriétés, des objections bien souvent renouvelées depuis. On peut le rapprocher d'un mémoire sur le même sujet publié dans les *Annales de la Société d'agriculture pour 1855.*

313. — Rapport au ministre de l'agriculture.... sur

la viticulture dans la Charente-Inférieure, par le D^r
Guyot. — 1861.

Ce rapport, qui a été d'abord imprimé séparément et reproduit dans les journaux de la Rochelle de cette époque,
se retrouve dans l'*Étude des vignobles de France*, par le même
auteur, *Paris, Victor Masson, 1868, in-8, 3 volumes (page 469
du tome II.)*

314. — Mémoire sur la fabrication du charbon de
Benon, près la Rochelle, par un procédé préférable à
ceux qui ont été décrits, et supplément, par M. Fleuriau de Bellevue. — *Journal des mines*, 1802, t. XI,
p. 413, *et* 1803, *t.* XIV, *p.* 235.

315. — Notes sur le sucre de betterave, par MM.
Rouhier père, Léon Julliot et Bouscasse. — 1837,
in-8, 16 p.

316. — Mémoire de la société royale d'agriculture
de la généralité de la Rochelle sur la nécessité de diminuer le nombre des fêtes. — *La Rochelle, P. Mesnier,
1763, in-12, 18 p.*

Dix pages de citations de théologie pour autoriser la diminu-
tion du nombre des jours de fête alors de trente. Mais les huit
dernières contiennent des détails intéressants sur la manière de
vivre et les dépenses annuelles des paysans de l'Aunis. M. Quérard attribue ce mémoire au P. Arcère.

317. — Mémoire sur les abus de la corvée dans la
province d'Aunis, œuvre posthume de M. le curé de
L...., près la Rochelle. — *S. l. n. d., in-4, 20 p.*

Réclamation contre la manière dont est exécuté l'édit de février 1776.

318. — Mémoire du corps de ville et de la chambre de commerce, des officiers de la sénéchaussée et du présidial, et de la société d'agriculture sur la taille d'exploitation. — *Février* 1781.

Archives de l'Académie de la Rochelle.

319. — Précis pour la ville de la Rochelle contre les habitans des paroisses circonvoisines. — *Paris, Demonville,* 1781, *in*-4, 12 *p.*

Bibl. de la Roch., n° 3342.

320. — Lettre d'un citoyen de la Rochelle, propriétaire d'un domaine de campagne, au seigneur de sa paroisse sur le projet d'une nouvelle taille. — 27 *octobre* 1780, *in*-4, 7 *p.*

321. — Mémoire sur la manière d'asseoir la taille d'exploitation en Aunis, pour le sr PIERRE AUDRAN, bourgeois de la Rochelle, contre... les habitans de la paroisse de la Jarne. — *La Rochelle, Mesnier,* 1776, *in*-4, 31 *p.*

Bibl. de la Roch., n° 3342.

322. — Arrêt du 1er août 1781 sur la question de la taille. — *In*-4, 13 *p.*

Bibl. de la Roch., n° 3342.

323. — Rapport fait à la Société d'agriculture de la Rochelle, le six décembre 1826, sur la broie mécanique de M. Laforest, par M. DE MERVILLE. — 1827, *in*-8 *de* 20 *p.*

324. — Catalogue d'une faune du département de

la Charente-Inférieure, par M. Lesson. — *In*-8, 64 *p.*,
4 *planches noires, tiré à* 25 *exemplaires.*

Cité par M. Lesson dans le catalogue de ses ouvrages.

325. — Musée Fleuriau. Vertébrés de la Charente-
Inférieure, par M. Ed. Beltremieux. — *La Rochelle,*
1859, *aut. par Gout.*

Faune du département de la Charente-Inférieure,
par M. E. Beltremieux. — *La Rochelle ,* 1864, *in*-8,
94 *p. et planche.*

Bibl. de la Roch., n° 2933.

326. — Notice sur la construction d'une magna-
nerie de M. André-Jean, lue à la Société d'agriculture,
le 23 mars 1839, par M. de Saint-Marsault. — 8 *p.*
in-8 *et une planche in-f°.*

M. André-Jean, inventeur d'une charrue qui porte son nom,
n'a pas moins réussi, avec l'aide de M. Bronski, dans l'industrie des vers à soie.

327. — Rapport fait à la Société d'agriculture de la
Rochelle par la commission chargée de visiter la ma-
gnanerie de M. André-Jean, propriétaire à Villeneuve.
Rapporteur M. Edmond de Saint-Marsault. — *La*
Rochelle, Mareschal, in-8, 16 *p.*

Bibl. de la Roch., n° 3390.

Troisième rapport sur ce sujet, dans lequel on signale une
invention de M. Bronski comme destinée à faire une révolution
dans l'industrie séricicole.

328. — Le monde sous-marin ou les rochers des
Baleines aux basses mers d'équinoxe, par M. Louis

DE RICHEMOND. — *La Rochelle, Siret*, 1860, *in-8, 20 p. et 4 planches.* — La grève des Minimes, par le même. — *Saint-Jean-d'Angély, Lemarié*, 1868, *in-8, 32 p.*

Bibl. de la Rôch., nᵒˢ 3393 et 3395.

Description des plantes et des animaux laissés à nu par les basses mers.

329. — Poissons des départements de la Charente, la Charente-Inférieure, les Deux-Sèvres, la Vendée et la Vienne, par LEMARIÉ. — 1866, *in-8, 40 p.*

Bibl. de la Roch., nᵒ 2935.

Simple nomenclature.

330. — Diverses pièces concernant la torpille, rassemblées par M. SEIGNETTE, secrétaire perpétuel de l'Académie de la Rochelle. — *In-4.*

Bibl. de la Roch., nᵒ 3329.

En 1772, le rochelais Réaumur avait remarqué que la commotion donnée par la torpille se communiquait à plusieurs personnes qui formaient une chaîne en se tenant par les mains et M. de Villars avait mentionné cette expérience dans une lecture faite à l'Académie de la Rochelle, en séance publique. Deux mois après cette séance, John Walsh, membre du parlement d'Angleterre pour le comté de Glocester et membre de la société royale de Londres, vint à la Rochelle pour faire des expériences sur la torpille et vérifier le rapport qu'il y a entre les propriétés de ce poisson et celles de l'électricité. M. Seignette et plusieurs autres académiciens de la Rochelle l'aidèrent dans ces expériences, qui firent assez de bruit pour que, cinq ans après, l'empereur Joseph II, voyageant en France sous le nom de comte de Falckenstein, désirât qu'elles fussent renouvelées devant lui. Les pièces réunies dans ce recueil sont relatives à ces deux circonstances. Il contient : 1ᵒ Extrait des registres de l'Académie de la Rochelle, du 22 juillet 1772 ; *mss*. Il constate le succès des expériences de M. Walsh. — 2⁰ Extrait de la *Gazette de France*, n⁰ 65, 14 août 1771, *mss*. Compte-rendu inexact de ces expériences. — 3⁰ Lettre de M. Walsh à M. Seignette, du 12 septembre 1772, et extrait de son journal original autographe et traduction en français par M. Lavillemarais. Il prie M. Seignette de démentir l'article de la *Gazette*, et lui envoie le fragment de son journal où sont mentionnées ses expériences. — 4⁰ Lettre de M. Seignette au rédacteur de la *Gazette de France*. — Extrait de la *Gazette de France* du 30 octobre 1772. — Détails sur les mêmes expériences. — 5⁰ Traduction française par M. Lavillemarais d'une lettre de M. Walsh à M. Seignette, du 5 avril 1774. Quelques conséquences de ces expériences : rencontre de la torpille sur les côtes d'Angleterre; *mss*. — 6⁰ Des propriétés électriques de la torpille, dans une lettre de John Walsh, écuyer, à Benjamin Franklin, lue à la Société royale le 1ᵉʳ juillet 1773, en anglais, 1774, in-4, 24 p., 1 planche. — Extrait des *Philosophical transactions,* vol. LXIII.— 7⁰ Observations anatomiques sur la torpille, par John Hunter, lues à la Société royale le 1ᵉʳ juillet 1773, en anglais, 1774, in-4, 11 p., 1 planche. — Extrait du même volume des *Transactions philosophiques*. — 8⁰ et 9⁰ Traduction française de ces deux morceaux, par M. Lavillemarais ; *mss*. — 10⁰ Traduction par le même d'une lettre de M. Walsh à M. Saunier, de la Rochelle, du 5 août 1774, et d'une lettre de M. Walsh à M. Pennant, lue à la Société royale le 23 juin 1774. — Détails sur la torpille pêchée sur les côtes d'Angleterre, et sur les habitudes de ce poisson ; *mss*. — 11⁰ Expériences en présence de l'empereur : extrait des registres de l'Académie du 11 juin 1777. — Lettre de Condorcet, autographe, du 18 juin 1777. — Lettre de M. Seignette à Condorcet, du 19 novembre 1777. — Extrait du voyage en France de M. le comte de Falckenstein, par M. de Saimpré.

Il faut y joindre les pièces suivantes qui ne sont pas reliées dans le même volume : les traductions des mémoires de M. Walsh par M. Lavillemarais, écrites de sa main ; la traduction par le même du discours de M. Pringle, de la Société royale de Londres, sur la torpille, prononcé le 30 novembre 1774; un précis des expériences de M. Walsh sur la torpille, par M. Seignette.

Des expériences analogues ont été refaites à la Rochelle, il y a une vingtaine d'années, par M. Fleuriau de Bellevue et des savants illustres. M. Pouillet les a mentionnées dans ses *Eléments de physique*.

331. — Souvenirs d'un naturaliste. — Les côtes de Saintonge. I. La Rochelle. II. Châtelaillon, Esnandes (par M. A. de QUATREFAGES, de l'Institut). — *Revue des Deux-Mondes*, 15 *avril* — 15 *mai* 1853.

Bibl. de la Roch., no 3773.

Une notice sur le branchellion, animal parasite de la torpille, et qui se trouve sur nos côtes, est ici précédée d'un tableau de ces côtes et d'un court résumé de notre histoire emprunté aux auteurs les plus connus. La seconde partie décrit les côtes au nord et au sud de la Rochelle, retrace l'histoire des bouchots à moules, donne la description des termites qui infestent le département et les moyens de les détruire.

332. — Conchyliographie ou traité des coquillages de mer du pays d'Aunis, avec leurs figures dessinées d'après nature, par M. DE LAFAILLE. — *Mss. autographe, in*-4, 264 *p. et* 34 *dessins*.

Bibl. de la Roch., no 3328. — Lelong, no 3668.

« Tous ceux qui ont écrit des coquillages, ne se sont attachés en quelque sorte qu'aux beautés de la coquille.... Sans négliger ce que celle-ci a de curieux, c'est principalement au méchanisme de l'animal et à toutes ses opérations les plus secrètes que j'ai apporté tous mes soins. Des observations assidues, faites et suivies pendant un très grand nombre d'années sur la nature même de ces animaux à coquille, m'ont éclairé

sur bien des détails cachés ou inconnus jusqu'à nos jours. »
Ce traité est divisé, d'après l'ordre adopté par M. d'Argenville
dans sa *Conchilialogie*, en trois parties, contenant vingt-deux
familles de coquillages ; la première qui renferme les univalves,
c'est-à-dire, les animaux marins qui n'ont qu'une seule coquille,
comprend onze familles (lépas, dentelle, vermisseaux, limaçon
à bouche ronde, limaçon à bouche demi-ronde, limaçon à
bouche plate, murex, porcelaine, buccin, pourpre, vis) ; la
seconde en renferme six (cammes, peignes, moules, huitres,
boucardes, couteliers), connues sous le nom de bivalves, ou
de coquilles à deux pièces, et la dernière donne la description
des multivalves, coquillages à plusieurs pièces qui contiennent
cinq familles (oursins, glands de mer, conques, anatifères,
pholades, oscabrions). Il n'y a de l'oscabrion que le nom et le
dessin. Du reste les phrases citées, extraites de la préface, donnent
une idée exacte de l'ouvrage, fruit des observations personnelles
de l'auteur, habitant du pays. Un abrégé de l'ouvrage entier
avait été fondu dans la *Zoomorphose* de d'Argenville, pour
laquelle M. Lafaille fournit encore des morceaux, lors des nouvelles éditions. On a imprimé deux fragments étendus : le mémoire sur la pholade ou dail *(Recueil de pièces de l'Académie de
la Rochelle, t. III, p. 50-88, 5 planches, in-8)*, et celui sur les
huitres *(Mercure, septembre 1751, in-12, p. 41-56)*. Une feuille
détachée, de la même main, jointe à l'ouvrage, contient des
remarques sur les goëlands des côtes de la Rochelle. Dans la
conchyliologie de d'Argenville on trouve la description du cabinet d'histoire naturelle de M. Lafaille, devenu celui de la
ville par suite d'un legs testamentaire.

Des feuilles détachées jointes au même manuscrit contiennent
une description de la pholade mexicaine, — des observations
sur les coquillages des côtes de la Rochelle, l'une complément,
les autres prélude de l'ouvrage.

333. — Catalogue des animaux mollusques qui
vivent sur le littoral de la Charente-Inférieure, par

M. Henri Aucapitaine. — *Revue et magasin de géologie, publié par Guérin-Méneville, 1852, 8 janvier, p. 10-21.*

Simple nomenclature.

334. — Notice sur deux espèces du genre ptérocère, observées dans le calcaire jurassique du département de la Charente-Inférieure, par Dessalines d'Orbigny fils. — *Extrait des Annales des sciences naturelles, 1825, juin, 7 p. et 1 planche.*

335. — Histoire des parcs ou bouchots à moules des côtes de l'arrondissement de la Rochelle, par M. C. M. D. d'Orbigny père. — *La Rochelle, 1847, in-8, 14 p.*

Note très précise et très intéressante sur une industrie importante.

336. — Notice sur le *corophium longicorne* de M. Latreille, par C. d'Orbigny. — *Journal de physique, 1821, tome 931, p. 194-200.*

Le corophium habite les eaux de nos côtes et y est très utile.

337. — Mémoire sur les bouchots à moules, pour servir à l'histoire naturelle du pays d'Aunis, par M. Mercier-Dupaty. — *Recueil de l'Académie de la Rochelle, in-8, t. II, p. 79-95. — Extrait : Mélanges d'histoire naturelle d'Alléon-Dullac, t. III, p. 1-10.*

Observations d'histoire naturelle sur les moules. Description détaillée de la manière toute spéciale de les élever et de les recueillir dans les bouchots d'Esnandes, avec quelques vues d'améliorations pour les bouchots.

338. — Essai sur l'amélioration des principaux animaux domestiques dans le département de la Charente-Inférieure, par CHAMBERT, vétérinaire du dépôt d'étalons de Saint-Jean-d'Angély. — *Paris, Huzard,* 1815, 2 *vol. in*-8.

Bibl. de la Roch., n° 3394.

339. — Notes généalogiques et chartes relatives à la maison et à la baronnie de Châtelaillon. — *Mss. in*-4 *de* 62 *p.*

Bibl. de la Roch., n° 3150.

Notes relatives à une seigneurie qui fut, avant la Rochelle, une ville importante, extraites des cartulaires de Saint-Cyprien de Poitiers, de Saint-Maixent, de Fontevrault, des minimes de Surgères.

340. — Les ruines de Châtelaillon et du prieuré de Saint-Romuald. Notes sur les origines aunisiennes, par M. CHOLET. — *La Rochelle, Z. Drouineau,* 1865, *in*-8.

Bibl. de la Roch., n° 3109.

Description de l'état actuel des lieux, recherches historiques et étymologiques. M. Cholet laissa dans de nombreux volumes (Bibl. de la Roch., n°s 3070, 3108) les notes préparatoires de ce travail et beaucoup d'autres notes recueillies surtout dans les dépôts publics de Paris ; ni leur étendue ni leur importance ne répondent aux espérances que fait naître le nombre des volumes où elles sont disséminées ; elles sont pourtant bonnes à consulter sur les temps antérieurs à la réforme. — On trouve des notices sur M. Cholet dans la préface du cartulaire de Baignes et dans le *Bulletin religieux de la Rochelle,* 3me année, p. 542.

341. — Généalogie des seigneurs de Châtelaillon, de Mauléon, de Rochefort et de Parthenay. — *Mss. feuilles volantes, in-f°.*

Bibl. de la Roch., n° 3150.

Arbres généalogiques et notes sur des maisons directement mêlées à l'histoire de la Rochelle.

342. — Recherches sur l'ancienne maison de Châtelaillon en Aunis, par M. FAYE. — *Mémoires de la société des antiquaires de l'Ouest, 1846, p. 383 à 440.*

Bibl. de la Roch., n° 2876.

Ces recherches ont été l'objet d'une discussion entre l'auteur et M. Cholet. — V. *Mémoires de la même société, 1849, p.* XXXIII, *et 1853.*

M. Joly d'Aussy a aussi publié, dans l'*Écho de Saint-Jean-d'Angély*, une notice sur Châtelaillon, reproduite dans ses *Chroniques saintongeaises*, p. 1 à 31.

343. — Savari de Mauléon, par M. DE LA FONTENELLE DE VAUDORÉ. — *Revue anglo-française,* 2ᵐᵉ *série, t.* II, *p.* 309-353.

Bibl. de la Roch., n° 1811.

Ce personnage est intéressant pour la Rochelle, mais cette notice n'offre, pour ses rapports avec cette ville, aucun détail nouveau. On trouve d'autres renseignements sur Savari dans un *Essai sur les monnaies du Poitou,* de M. Lecointre-Dupont, t. II, p. 337 de la première série du même recueil. Il y a un abrégé de la notice de M. de la Fontenelle, dans le supplément à la *Biographie universelle.*

344. — Origine de la Rochelle ; fondation de l'église St-Barthélemy ; bulles et chartres. — V. *Collect. hist. sus-mentionnées, t.* II, *p.* 29, 30 *et* 31.

Bibl. de la Roch., n° 3133. — Lelong, n° 35,760.

Pièces recueillies et annotées par M. Élie Richard. Rien qui ne se trouve partout. M. Richard avait projeté une histoire de la Rochelle dont parle Vigier, *Coutume d'Angoumois,* p. 542.

345. — Charta fundationis S. Bartholomæi, apostoli, in Alniensi pago, sub Ayensi prioratu. — *D'Achery, t.* III, *p.* 501, 1re *colonne, où au lieu d'Ayensi on lit Hyensi.*

Bibl. de la Roch., n° 671. — Lelong, n° 4954.

Cette charte établit la fondation de l'église Saint-Barthélemy dans le champ de Guillaume de Syre, sur un terrain de vingt coudées en long et vingt coudées en large, concédé par Eble de Mauléon et Geoffroi de Rochefort, par les ordres de Guillaume Ier, prieur d'Aix et les soins du moine Pierre de Mogon, malgré l'opposition de l'évêque de Saintes, Bernard, grâce à un bref du pape Eugène en 1152.

346. — Dissertation sur l'origine de la Rochelle. — Discours sur les savants de la Rochelle. — *Mss. in-4 de* 21-12 *p.*

Bibl. de la Roch., n°s 3137 et 3486.

Deux discours académiques anonymes, mais évidemment de Jaillot, qui contiennent plus de faits que n'en annonce leur genre. Du reste ils ont été sinon reproduits, du moins refondus dans l'histoire d'Arcère.

347. — Fondation de l'hôpital de Saint-Barthélemy, etc. — *Mss. sur feuilles volantes.*

Bibl. de la Roch., n° 3160.

On y trouve, outre une partie des documents sur l'hôpital fondé par Auffrédy déjà signalé (V. n° 3166 de la bibliothèque), la note des revenus dont cette maison s'enrichit successivement.

348. — Auffrédy, ou le négociant Rochellais, co-

médie en vers et en cinq actes, par M. G***. — *La Rochelle, Lhomandie, an* XIII, *in-8*, 74 *p.*

Bibl. de la Roch., n° 3403.

Outre ce drame, l'histoire d'Auffrédy a inspiré plusieurs pièces de vers, une entre autres de M. Raboteau (avril 1821), et plusieurs notices insérées à diverses époques dans les journaux de la ville. — Un autre drame d'Auffrédy, en 3 actes et en prose, par M. Mareschal, a été joué à la Rochelle le 20 décembre 1851. — D'après l'opinion de M. Lhomandie, le premier serait d'un M. Godineau.

349. — Niort et la Rochelle, de 1220 à 1224. Documents historiques, par M. A. BARDONNET. — *Revue de l'Aunis*, 1868, 1869. — *Réimprimés à part et augmentés*, 1875, *in-8*, 75 *p.*

Bibl. de la Roch., n°s 2986 et 3179.

Éclaircissements sur la reddition de ces villes à la France, d'après les documents anglais.

350. — Mémoire sur une lettre inédite adressée à la reine Blanche par un habitant de la Rochelle, par LÉOPOLD DELISLE. — 1856, *in-8 de* 47 *p.* — Extrait de la *Revue de l'École des chartes*, D. II, 513.

Bibl. de la Roch., n° 3180.

La lettre, en assez bon latin, est relative à une conspiration formée en 1241 contre Louis IX par les barons de Poitou et de Saintonge. Un des projets était de bloquer la Rochelle et d'en ravager les environs.

351. — Le terrier du grand fief d'Aulnis, texte français de 1246, publié par A. BARDONNET. — 1875, *in-8 de* 244 *p.*

Bibl. de la Roch., n° 3146.

En rapprocher les enquêtes faites en Aunis, vers 1260, par ordre d'Alphonse comte de Poitou, dans les *Archives historiques du Poitou,* t. VII, p. 149.

352. — Joannes de Rupella. — *Mss. in-4 de 3 p.*

Bibl. de la Roch., n° 3188.

Notice en latin sur Jean de la Rochelle, empruntée à Casimir Audin : *Comment. de Scriptor. eccles. antiquis.* t. III. Jean mourut en 1271. Voir aussi son article dans le *Dictionnaire des sciences philosophiques,* t. III, 1848, des notices dans la *Revue de l'Aunis,* 1867, et le *Bulletin du diocèse,* décembre 1867.

353. — Notice sur deux deniers de Savary de Mauléon, par M. LECOINTRE-DUPONT. — *Mémoires de la Société des antiquaires de l'Ouest,* 1845, *in-8,* t. XI, *p.* 52 *et* 198.

Bibl. de la Roch., n° 2876.

On trouve des détails sur l'atelier monétaire et les finances de la Rochelle. — Voir aussi le *Bulletin de la même société pour 1843, p. 412.*

354. — Noms de ceux qui firent serment à l'anglais lorsque la Rochelle passa sous sa domination, l'an 1360, Louis Buffet étant maire. — V. ci-dessus *Collections historiques,* t. I, *p.* 66.

Bibl. de la Roch., n° 3133. — Lelong, n° 35760.

Listes comparatives, extraites l'une du manuscrit de M. Bruneau, n° 34 ci-dessus, l'autre de celui fait en la cinquième mairie de Mérichon.

355. — Procès-verbal de délivrance à Jean Chandos des places françaises abandonnées par le traité de Bré-

tigny, publié d'après le manuscrit du Musée britannique, par A. BARDONNET. — 1867, *in*-8.

Bibl. de la Roch., n° 1852.

Ce qui est spécial à la reddition de la Rochelle est emprunté aux documents rochelais.

356. — Bonne astuce du maire de la Rochelle. 1373. — V. *Collections historiques, ci-dessus*, t. II, *p.* 33.

Bibl. de la Roch., n° 3133. — Lelong, n° 35760.

Récit de la ruse de Chauldrier, pour enlever la Rochelle aux Anglais, extrait de l'*Histoire d'Anjou*, par Jean Bourdigné.

357. — Anecdotes historiques et discussion exacte des moyens de la France pour prouver que c'est à tort que les Anglois ont prétendu que la Rochelle leur appartenoit; 1623. Dédiées à M. le Bailleur, conseiller d'État, lieutenant civil et prévôt des marchands de la ville de Paris. — *Recueil, Fontenoy et Paris, années* 1745 *et suivantes*, 24 *vol. in*-12; *tome* 5, *p.* 138-156.

Bibl. de la Roch., n° 12356. — Lelong, n° 27931.

Ce pamphlet, écrit dans la fausse hypothèse que la Rochelle voulait se donner au roi d'Angleterre, établit que c'est très justement que, sous Charles V, Chauldrier remit la Rochelle entre les mains du roi de France. Il offre peu d'intérêt et est rempli d'erreurs.

358. — Les Anglais dupes, ou la Rochelle délivrée, comédie historique en deux actes et en vers, par M. DRAPARNAUD. — *Paris, M*me *Huzard*, 1825, *in*-8, 42 *p.* — Représentée à Saumur, le 4 novembre 1825.

Cette comédie, écrite en vers alexandrins avec des couplets, se rapporte à la ruse par laquelle Chauldrier enleva la Rochelle aux Anglais pour la remettre à Charles V, en 1372. Les Rochelais y laissent le premier rôle à une sœur de Duguesclin et à un officier de son armée.

359. — Le Ménestrel, comédie en cinq actes, par M. CAMILLE BERNAY. — 6 août 1838, in-8. — Cf. *France dramatique au* XIXe *siècle*, livraisons 388-389, 36 pages.

Bibl. de la Roch., n° 10588.

La ruse de Chauldrier, appelé ici Condorier, a fourni le cadre de cette comédie, où l'histoire n'occupe que peu de place. Elle est aussi rappelée dans le roman de M. de Monlidari, *La Rochelle délivrée* et dans les *Veillées charentaises*. Il y a une notice sur Chaudrier dans la *Revue de l'Aunis*, p. 864.

360. — Généalogie de Mauléon. — Histoire de la maison des Salles, par DOM CALMET, aux preuves.

Lelong, n° 43160.

361. — Notice sur Jean Bureau, maire de la Rochelle, en 1448, par M. TH. VIVIER. — *Mss.* aux archives de la Société littéraire de la Rochelle. — Imprimée dans la *Revue de l'Aunis*, 1865.

Bibl. de la Roch., n°ˢ 2986 et 3423.

J. Bureau ne touche à la Rochelle que par cette mairie qui n'a pas d'importance spéciale.

362. — Eloge de Doriole, maire de la Rochelle et chancelier sous Louis XI, prononcé le 4 décembre 1780, à la rentrée du collége, par M. JACQUES-JOSEPH GERBIER, professeur de quatrième. — *Mss.*

Vendu à la vente Bouyer le 4 décembre 1856.

363. — Le 24 mai 1472. — *Revue de l'Aunis*, 1865.

Bibl. de la Roch., n° 2986.

Discussion sur la reddition de la Rochelle à Louis XI à cette date.

364. — Le coustumier général du païs, ville et gouvernement de la Rochelle, reveu et corrigé de nouveau. — *La Rochelle, Mathurin Charruyer*, 1639, *in*-16, 113 *p.*

Bibl. de la Roch., n° 3126.

Ce volume comprend les coutumes générales, réglées en 1514 (46 pages) ; un réglement sur les agâtis, dommages causés aux propriétaires par les animaux domestiques, arrêté en 1605 (32 pages) ; les articles accordés par Louis XIII, et sa déclaration sur la police de la ville, en 1628 (33 pages).

Ce coutumier a été réimprimé souvent, avant et après cette date. J'en ai vu un exemplaire sans date : à Poitiers, chez Marnef. Il y était joint un réglement, imprimé en 1576, chez Jean Portau, à la Rochelle, sur les *bouviers, laboureurs* et les *agâtis*. — Il y en a plusieurs éditions : la Rochelle, B. Blanchet, 1662. — La Rochelle, Mesnier, 1757. — Brunet, édit. 1861, dit à tort : la 1re édition est de la Rochelle, 1587, in-8. La 2e, à la Rochelle, héritiers de Haultin, 1613, in-8, contient l'*Édit de l'élection*, etc.

365. — Actes des possessions de Marie d'Angleterre, comtesse de Suffolk, veuve de Louis XI. — *Mss. gr. in*-4, 162 *feuillets, parchemin.*

Bibl. de la Roch., n° 3181.

Par le traité de 1525, entre la France et l'Angleterre, Marie rentre en possession de son douaire, et ce registre officiel et signé de Pierre Perdrier, trésorier de la comtesse de Suffolk, contient les actes de prise de possession. — L'Aunis était compris dans ce douaire.

366. — Rolles des bans et arrière-bans du Poitou, Saintonge et Angoumois, en 1467, 1491 et 1533 (par PIERRE DE SAUZAY). — *Poitiers, 1607, in-4.*

Bibl. de la Roch., n° 2871. — Secousse, n° 5199.

Il s'y trouve quelques noms rochelais, Chaudrier, Mérichon, etc., mais, ce semble, pour des domaines hors de la Rochelle.

367. — Recueil de divers actes de synodes de la province de Saintonge rapportés aux articles de la discipline, fait par le consistoire de la Rochelle. — *Mss. in-f° de 6 cahiers.*

Bibl. de la Roch., n° 3182.

Plusieurs cahiers ont été perdus, car les pages sont numérotées de 1 à 284, mais il n'y en a que 134. Ces extraits, tels qu'ils sont, ont pourtant encore de l'intérêt, mais bien plus pour l'histoire et surtout pour l'histoire ecclésiastique du protestantisme en général que pour celle de la Rochelle en particulier.

368. — Recherches sur les commencements et les premiers progrès de la réformation en la ville de la Rochelle, depuis l'an 1534 jusqu'en 1587, par PHILIPPE VINCENT, pasteur de l'Église de la Rochelle. — *Rotterdam, Ascher, 1693, in-12.* — La copie manuscrite de la bibliothèque a 22 pages in-4.

Bibl. de la Roch., n° 3182. — Lelong, n° 5848.

C'est une histoire de la formation de l'Église réformée de la Rochelle, mais non pas de son influence comme parti. La copie de la bibliothèque de la Rochelle paraît un ouvrage complet; j'ignore si l'ouvrage imprimé est plus étendu. [1] A la suite sont

---

[1] N. E. — M. de Richemond a collationné cette copie sur l'imprimé et il a indiqué les variantes, à la suite du manuscrit de la bibliothèque; les archives du consistoire possèdent la copie de Mervault.

quelques notes sur le même sujet. — Vincent a écrit ce livre vers 1638 ; il mourut en 1651.

Un autre cahier, sous le même titre, contient, en 16 pages in-4, des pièces ajoutées dans le volume imprimé à l'ouvrage même de Vincent, savoir la préface de Delaizement, qui publia l'ouvrage et des lettres adressées à Ph. Vincent, ainsi que son testament. Toutes ces pièces sont intéressantes pour la biographie de ce ministre, mais le sont peu pour l'histoire civile ou religieuse de la Rochelle. — Quelques notes de Bouhereau le sont davantage.

369. — L'entrée de la religion prétendue réformée dans la Rochelle, escrite par les habitans présens, extraite par P. S. — *A la Rochelle, par Toussainct de Gouy, imprimeur et libraire près les jésuites. 1645, petit in-8.*

Bibl. de la Roch., n° 3197.

C'est un récit, fait par un catholique, avec grand renfort d'injures, non de la formation de l'Église réformée de la Rochelle, mais de son explosion violente le premier dimanche de mai 1563. On y attribue les progrès du protestantisme à la sensualité introduite à la Rochelle par sa richesse.

370. — Annales : Religion prétendue réformée. — *Mss. in-4, 215 p.*

Bibl. de la Roch., n° 3185.

Compilation faite par Jaillot, qui constitue de véritables annales du protestantisme, à la Rochelle, le plus souvent d'après les auteurs protestants. La plupart des livres, dont il y a ici des extraits, n'ayant pas été écrits directement sur la Rochelle, ce recueil épargne de longues recherches.

371. — Essai sur l'origine et les progrès de la réformation à la Rochelle, précédé d'une notice sur Philippe Vincent, publié à l'occasion du troisième

jubilé séculaire de l'Église réformée de France (par
M. Louis Meschinet de Richemond). — *La Rochelle*,
imp. Siret, mai 1859, *in*-12, 48 *p.* — 2me *édition*, 1872,
in-12, 128 *p.*

Bibl. de la Roch., n° 3183.

Résumé fait avec soin et avec connaissance des documents
ci-dessus indiqués.

372. — La Rochelle protestante. Recherches politiques et religieuses. 1126-1792, par P. S. Callot,
membre de l'Académie de la Rochelle. — *La Rochelle*,
Mareschal, 1863, *in*-8 *de* 138 *p.*

Bibl. de la Roch., n° 3186.

Tableau résumé d'après les faits connus du rôle des protestants à la Rochelle.

373. — L'église sous la croix (par M. Louis Meschinet de Richemond). — *Saintes*, 1865, *in*-8, 25 *p.*
— Extrait du *Témoin de la Vérité.*

Bibl. de la Roch., nᵒˢ 3305, 3306.

Deux morceaux sur l'état des protestants après la révocation
de l'Édit de Nantes.

374. — L'église réformée de la Rochelle. Étude
historique par L. Delmas, pasteur, président du consistoire. — *Toulouse*, 1870, *in*-12 *de* 464 *p.*

Bibl. de la Roch., n° 3187.

Résumé qui embrasse toute l'histoire du protestantisme à la
Rochelle, mais avec de singulières disproportions et sans ajouter
aux documents reconnus autre chose que des interprétations.

375. — Histoire des églises réformées de Pons,
Gémozac et Mortagne en Saintonge, précédée d'une

notice étendue sur l'établissement de la réforme dans cette province, l'Aunis et l'Angoumois, par CROTTET, de Genève, pasteur à Pons. — *Bordeaux, Castillon,* 1841, *in-8, de* 264 *p.*

Bibl. de la Roch., nº 3086.

La première partie renferme, en 80 pages, ainsi que le promet le titre, l'histoire abrégée de l'établissement de la réforme dans ces provinces, faite seulement sur les documents connus. La seconde partie est plus neuve et faite sur des documents la plupart inédits; malgré sa spécialité, elle n'est pas sans intérêt pour l'histoire de la Réforme à la Rochelle, qu'elle éclaire et explique, ainsi que l'*Histoire des églises réformées du département de la Charente,* de M. Goguel. L'esprit dans lequel cette histoire est écrite est exclusivement protestant. — Né à Genève, d'une famille saintongeaise réfugiée, M. Crottet en est, à bien des égards, pour l'esprit et le ton général, au lendemain de la révocation de l'Édit de Nantes. Son style aussi se ressent beaucoup de celui des exilés du XVIIe siècle, connu sous le nom de *style réfugié.*

376. — Procès-verbal de Mgr l'évêque d'Avranche, commissaire envoyé du Roy pour la pacification des maire et échevins avec les bourgeois de la Rochelle. — *Mss. in-4 de* 7 *p.*

Bibl. de la Roch., nº 3188.

Procès-verbal d'une enquête qui n'eut pas de résultat immédiat. Elle est du 28 avril 1530.

377. — Mémoire de ce qu'il convient remontrer au conseil pour le fait de la ville et gouvernement de la Rochelle. — *Mss. in-4 de* 11 *p.*

Bibl. de la Roch., nº 3188.

Mémoire du gouverneur Jarnac, 1535, pour obtenir la mairie perpétuelle.

378. — Enqueste pour l'élection annale du maire de la Rochelle. 16 février 1536. — *Mss. in-4 de 10 p.*

Bibl. de la Roch., n° 3188.

Enquête faite auprès d'un grand nombre de citoyens de la Rochelle, pour décider si la mairie doit être perpétuelle ou annale. C'est la copie d'une copie vidimée de l'original.

379. — Le voyage de François Ier en sa ville de la Rochelle, en l'an 1542, avec l'arrêt et jugement par lui donné, pour la désobéissance et rebellion que luy feirent les habitants d'icelle. — *Paris, G. de Nyverd.* — Réimprimé dans les *Archives curieuses de l'histoire de France,* 1re *série, t.* III, *p. 36-64, in-8.*

Bibl. de la Roch., n° 1807. — Lelong, n° 17582. — Bibl. nat^e. Lb^30, n° 88.

Cet opuscule semble être du seigneur de la Ereingirom-lejeune ; à moins que ce nom, qui ne semble pas français, ne soit un anagramme (de la Morigniere). Il raconte le voyage que fit François Ier à la Rochelle, pour apaiser les troubles que fit naître à la Rochelle et dans les îles voisines l'édit sur la gabelle. Plusieurs historiens de la Rochelle racontent ce fait avec détail. Ce récit donne une grande idée du talent de François Ier pour se faire aimer, et de la réputation d'éclat et de richesse que la Rochelle avait alors à la cour et par toute la France.

380. — Voyage du Roi à la Rochelle ; supplication des isles et de la dite ville ; l'arrêt de miséricorde donné par le dit seigneur en 1542 ; festin fait au Roi par les Rochelais ; les prises faites par les Normands sur les Espagnols. — 1543, *in-8.*

Lelong, n° 17583.

381. — Registre de rentes féodales et foncières. —
Mss. gr. in-4.

Bibl. de la Roch., n° 3149.

Ce registre où plusieurs sont réunis contient : 1° la description, faite en 1553, des charges, rentes et devoirs tant féodaux
que fonciers, non rachetables, dûs chacun an sur les maisons,
jardins et places de la Rochelle et fauxbourgs d'icelle. Cette
description a deux parties, l'une contient 268 articles, terminés
par une table, l'autre 150 pages ; — 1° Mémoire de ceux qui
doivent des rentes à la commanderie du Temple ; — 3° État
des rentes dues aux compagnies des cinq paroisses. Le tout fait
vers 1553. Ce manuscrit appartient à l'Oratoire, héritier d'une
grande partie de ces rentes.

382. — Procuration des habitants de la paroisse de
Saint-Barthélemy pour envoyer des députés en cour
affin de représenter au Roi les inconvéniens qu'il y
auroit si l'on construisoit une citadelle à la Rochelle.
— *Mss. in-4 de 3 p.*

Bibl. de la Roch., n° 3188.

Acte du 12 janvier 1556. On y oppose les intérêts commerciaux, et par suite l'intérêt des finances du Roi, au projet de
construction d'une citadelle.

383. — Le contract notable fait entre le roy Henry II
et les trois estats des provinces du Poictou, Xaintonge,
Aunis, Angoumois, Gascogne, Périgort, haute et basse
Marche, haut et bas Limousin et autres provinces de
Guienne, contenant le rachapt de la gabelle, sans qu'à
l'avenir il puisse être imposé aucun tribut, droit, devoir,
ni chose quelconque, es dits pays, sur le sel, que ceux
desdites provinces, etc. — *Paris, 1656, in-4, 19 p.*

Bibl. de la Roch., n° 3189.

Ce contract, que ce titre seul rendrait remarquable, est précédé d'une espèce d'historique des circonstances qui l'amenèrent, où toutefois ne se trouvent pas exposés les troubles graves qui en firent partie, émeutes terribles dont nous n'avons plus d'idée. Il est suivi d'une déclaration confirmative de Louis XIII en 1617.

384. — Annales de la Rochelle depuis l'année 1560 jusqu'en l'année 1718. — *Mss. in-4 de 218 p.* — A la bibliothèque de la Rochelle, provenant de celle de l'Oratoire.

Bibl. de la Roch., nº 3190. — Lelong, nº 35755.

Ces annales, empruntées par Jaillot aux héritiers de M. Maudet, un des auteurs, sont de plusieurs mains. L'original remontait au-delà de 1560, mais il ne contenait qu'une copie du manuscrit désigné sous le nom de livre de la Poterne, avec quelques additions que Jaillot a transcrites dans sa propre copie de ce livre. De 1560 à 1604, le fond de ce livre appartient encore au livre de la Poterne, mais les notes intéressantes de Collin y sont plus nombreuses. De 1604 à 1643 tout est de Collin, et c'est la partie la plus curieuse. Collin ayant joué un rôle dans les dissensions qui ne finirent qu'à peine par la prise de la Rochelle en 1628, ses écrits sont de véritables mémoires, avec toute la partialité, mais aussi avec toute la vie de ce genre d'écrits. C'est là qu'on comprend le mieux ce qu'était la République rochelaise. L'intérêt ne cesse pas à partir de 1628 ; la vie ne s'éteint pas tout d'un coup, et il est curieux de suivre les résultats de la conquête. Il y a une lacune de 1643 à 1689. Alors reprennent les notes de M. Maudet père jusqu'en 1707 et de M. Maudet fils, greffier en chef du présidial et sénéchaussée de la Rochelle, de 1707 à 1718. Les cancans d'une ville de province ont succédé à l'histoire d'une petite République. Jaillot nomme Henri Collin l'auteur de ces mémoires ; mais lui-même donne dans une note, page 77, la preuve qu'ils sont de Raphaël Collin, mort en 1647. Henri avait seulement transmis à M. Maudet ces mémoires, auxquels peut-être il avait fait quelques additions. C'était, sans doute, le fils de Raphaël. A la fin de ce livre, Jaillot a transcrit 4 pages in-16 d'un manuscrit du père Jousseaume. Ce sont des notes d'un médiocre intérêt sur les années 1638 à 1651.

385. — Recueil et discours du voyage du roi Charles IX, accompagné des choses dignes de mémoire faites en chacun endroit.... en 1564-65, par ABEL JOUAN. — 1566, *in*-8. — Le manuscrit indiqué au catalogue de la bibliothèque de la ville ne contient qu'une copie manuscrite de ce qui est relatif à l'Aunis. — 2 *p. in*-4.

> Bibl. de la Roch., n° 3196. — Lelong, n° 17986. — Bibl. nat.e Lb³⁸, n° 156.

Le séjour de Charles IX à la Rochelle est raconté avec beaucoup plus de détails dans Amos Barbot et autres historiens de la Rochelle.

386. — Joannis Laezii Rupellani carmen ad Carolum regem, quo illi adventum Rupellam gratulatur. — *Rupellæ, e typogr. Bartholomæi Berton*, 1566, *in*-4, 12 *p.*

> Bibl. de la Roch., n° 9921.

Poème en cent vingt-cinq hexamètres, par Jean de Lahaize. On y trouve beaucoup d'allusions à la fête offerte par les Rochelais à Charles IX, et dont Amos Barbot a donné la description.

387. — Lettres touchant la Rochelle. 1568. — *Mss. in*-4, 15 *p.*

> Bibl. de la Roch., n° 3188.

Lettres au roi Charles IX, relatives aux débats entre les Rochelais et leur gouverneur.

388. — Le corps de ville de la Rochelle a-t-il été

réduit à vingt-quatre membres en 1565 ? par L. DE-
LAYANT. — *Revue de l'Aunis*, 1867, *p.* 20-27.

Bibl. de la Roch., n° 2786.

Dissertation où l'on se prononce pour la négative.

389. — Déclaration de ceux de la religion réformée
de la Rochelle sur la prise d'armes. — 1568, *in*-4.
Seconde déclaration de l'an 1569. — 1569, *in*-4.
Les mêmes déclarations.— 1569; *in*-4 (en allemand).

Lelong, n° 18049. — Bibl. nate. Lb[33], nos 226, 227.

390. — Acte notarisé pour justifier des excès ,
meurtres et violences commis par ceux de la religion
P. R. envers les catholiques dans la ville et gouvernement de la Rochelle , en mars et novembre de l'année
1568. — *Mss. in*-4, 32 *p.*

Bibl. de la Roch., n° 3191.

Le cahier qu'ouvre cette pièce est tout composé de pièces
analogues , c'est-à-dire de copies d'actes officiels attestant des
vexations judiciaires ou même brutales et sanguinaires exercées
par les protestants envers les catholiques, de 1560 à 1572. —
Une feuille volante , qui se trouve dans le même carton, contient le nom de Pasteurs institués à la Rochelle de 1579 à 1594.
— V. au volume *Communautés religieuses* (n° 3167, p. 20), le
martyr de dix-neuf religieux, — et la *Charente-Inférieure*, 29 janvier 1837 : *La tour du garrot* (par M. Delayant).

391. — Lettres du Roy, adroissantes au séneschal
de Poictou ou à son lieutenant, touchant les affaires ,
pour les présents troubles, et mesme de la Rochelle.
— 1568, *in*-8, 13 *p.*

Bibl. de la Roch., n° 1920.

392. — Hymne sur le triomphe de la paix , en-

semble sur le discours des guerres advenues en l'île de Marans.... cette année 1568, présentée à MM. de l'Église réformée dudit Marans, par F. G., le 31 mars 1568.

Bibl. nat^e. Lb³³, n° 234 ^{***}.

393. — Ordonnance touchant les gentilshommes et aultres portant les armes qui se sont retirés de l'armée du prince de Condé en ce pays et gouvernement de Poictou et à la Rochelle. — *Sartier*, 1568, *in*-8, 6 p.

Bibl. de la Roch., n° 1920.

Dans ces deux pièces on voit se former la population qui défendit la Rochelle en 1573.

394. — Prières pour les soldats et prisonniers de l'église réformée. — *La Rochelle, B. Berton*, 1568, *in*-8.

Bibl. de la Roch., n° 1922. — Bibl. nat^e. Lb³³, n° 255.

395. — Pourparler fait à la Rochelle par M. le maréchal de Cossé et les commissaires députez par le Roy pour l'accompagner, avec la royne de Navarre, messieurs les princes, admiral, et autres estant avec eux au dit lieu, ensemble un bref discours des remonstrances faites par les dits seigneurs aux dits sieurs mareschal et commissaires, des occasions des troubles en ce royaume. — *(Sans nom de ville ni d'imprimeur)*, 1571, *in*-12. — 1574, *in*-16. — *Réimprimé p. 46-56 du tome 1er, édit. 1577, in-8, des Mémoires de l'État de France sous Charles IX*, de S. GOULART.

Bibl. de la Roch., n° 1939. — Lelong, n°s 18107, 18313.
— Bibl. nat^e. Lb³³, n° 296.

Plaintes et menaces réciproques, préludes de guerre.

396. — La confession de foy des Églises réformées du royaume de France. — 1571. *Fac-simile manuscrit sur parchemin.*

Bibl. de la Roch., nº 3193.

Au synode de 1571, la confession de foy de 1559 fut adoptée et signée par les assistants. Des trois originaux l'un fut conservé à la Rochelle, un autre à Genève. Le premier a disparu à la suite des guerres civiles. M. Callot a fait faire et a donné à la bibliothèque ce fac-simile de l'exemplaire de Genève.

397. — Extrait des actes de l'assemblée générale des Églises réformées de France tenue à la Rochelle. 1571. — *Mss. cité dans le Bulletin de l'histoire du protestantisme.*

Arch. nat. EE, nº 431.

398. — Registre de la court de la mairye de la ville de la Rochelle du 12 novembre 1569 au 6 septembre 1573. — *Mss. in-fº de 660 p.*

Bibl. de la Roch., nº 3194.

399. — Registre de la court de la mairye de la ville de la Rochelle. 1588-1589. — *Mss. de 462 p.*

Bibl. de la Roch., nº 3202.

Ces deux registres, dont l'un contient les années si intéressantes, 1572 et 1573, ne renferment pas les délibérations du corps de ville, mais seulement les actes judiciaires de la cour de la mairie, dont les pouvoirs paraissent étendus, puisqu'on trouve, outre de fortes amendes prononcées, des condamnations à la prison, à faire amende honorable pieds nus et à genoux, des menaces de peines corporelles et de mort. Ils offrent des renseignements utiles sur les affaires politiques et surtout sur les mœurs ; ainsi la preuve de la rigide observation du dimanche, la preuve du peu d'égard des magistratures populaires pour la liberté individuelle. On y trouve en outre plusieurs adjudications, plusieurs prestations de serment.

Ces deux registres sont écrits de cette terrible écriture des greffes, presque indéchiffrable : mais ils sont, l'un et l'autre, précédé d'une table analytique des principaux articles, faite en 1744, et M. Paul Marchegay, élève-pensionnaire de l'école des chartes, a transcrit quelques articles du premier.

Des extraits qui paraissent assez nombreux des registres des délibérations du 28 octobre 1572 au 26 janvier 1575 se trouvent dans le troisième volume des *Documents historiques relatifs à la Rochelle*, conservés à la bibliothèque nationale, Saint-Germain-Français, n° 1061, d'après la table de ces documents qui figure dans le manuscrit de M. Cholet, réunis sous la lettre P. Ils sont, en tout ou en partie, dans les manuscrits n°s 3113 et 3137 de la bibliothèque.

400. — Premier discours brief et véritable de ce qui s'est passé en la ville et gouvernement de la Rochelle, depuis l'an 1567 jusqu'en l'année 1568. — 1575, *petit in-4 de 47 p.*

Second discours brief et véritable de ce qui s'est passé en la ville et gouvernement de la Rochelle, depuis l'année 1568 jusqu'en l'année 1570. — 1575, *petit in-4 de 88 p.*

Bibl. de la Roch., n° 3192. — Lelong, n° 35756.

La Rochelle venait de se prononcer violemment pour les protestants contre la cour ; des prêtres avaient été massacrés, les modérés mêmes dévoués à la proscription. Elle protestait pourtant de son respect pour le Roi. Ces deux pamphlets dont le ton est énergique et les doctrines d'une singulière hardiesse, ont pour but de justifier ce qui s'était passé. Amos Barbot désigne positivement comme leur auteur l'avocat Lahaize. Chacun des deux discours est suivi de pièces en vers pleines d'une ardeur politico-religieuse. Des termes d'Amos Barbot et des mots : *nouvellement imprimé* qui précèdent ici la date, on peut conclure que c'est une seconde édition.

401. — Discours sur la rebellion de la Rochelle commis par les prétendus reformez depuis l'an 1567 jusques à présent, avec un petit sommaire de ce qui est advenu tant à Lusignan qu'aultres lieux de ce pays de Poictou. — *Poictiers, B. Noscereau, 1569, in-8, pièce.*

Bibl. nat.^e Lb³⁸, n° 221.

402. — Extrait des journaux manuscrits de M. Michel-le-Riche, avocat du Roy dans la ville de Saint-Maixent. — 1 *p. in-4.*

Bibl. de la Roch., n° 3137.

Note sur les dispositions des Rochelais à l'approche du siège qui suivit la Saint-Barthélemy. — A la suite se trouve, on ne sait comment, un fragment de sermon, probablement destiné au second dimanche de l'Avent.

403. — Table des matières contenues dans les ouvrages de ce volume. — *Mss. in-4, 98 p. et in-4, 48 p.*

Bibl. de la Roch., n°s 3071, 3145.

Dans son exacte recherche de tous les documents, le père Jaillot recueillit et fit copier cette *table d'un manuscrit qui est en Angleterre.* C'est ainsi qu'il le désigne. Ce manuscrit contenait donc la copie de livres imprimés. Car c'est ici la table détaillée et analytique de plusieurs livres, savoir : les *Recherches de Vincent* (n° 3182) ; *Journal des choses les plus mémorables qui se sont passées au dernier siège de la Rochelle,* imprimé avec privilège du Roi, donné par l'une de ces copies à un certain Jean Casim, qui m'est tout à fait inconnu, et dont l'autre copie de cette table omet le nom, et que je crois n'être autre que le journal de Mervault (n°s 3245 et 3246) ; l'*Histoire des réformés de la Rochelle de 1660 et 1685* (n° 3303) ; et en outre la table des mémoires de M. de Couvrelles, concernant sa députation en Angleterre ; et des particularités sur Guiton et sur sa mort ; deux parties inutilement recherchées par Arcère.

404. — Catalogue de pièces qui ont été envoyées à la chambre des comptes à Paris, ou mises au greffe de la Rochelle. — *In-4, 10 p.*

Bibl. de la Roch., nᵒˢ 3144, 3145.

Ces pièces sont presque toutes relatives aux troubles du protestantisme de 1561 à 1628 ; plusieurs ont été imprimées ou se retrouvent en copies manuscrites. Mais bien d'autres pièces , plus spéciales à la Rochelle , furent aussi portées à la chambre des comptes ; on en retrouve une partie analysée dans le livre d'E. P. Barreau.

405. — Registre de l'amirauté de Guyenne au siége de la Rochelle. 1569-1570. — Publié par M. BARDONNET, dans les *Archives historiques du Poitou,* 1878, *t.* VII, *p.* 191, *in-8, 80 p.*

406. — Déclaration du Roy obtenue par maistre Nicolas Baudouyn, juge ordinaire, prévôt et chastellain de la ville, banlieue et chastellenie de la Rochelle, portant attribution des causes civiles à lui appartenant en première instance, et dont les maire et eschevins de la dite ville prétendaient de connoistre. — *Poitiers, Blanchet,* 1596, *in-8,* et arrêts explicatifs de cette déclaration, *34 pages.*

Bibl. de la Roch., nᵒ 3126. — Lelong, nᵒ 35769.

« C'est une collection de divers actes émanés du Roi et du » Parlement, au sujet des débats que l'édit de Moulins avait » occasionnés entre le juge ordinaire, le corps de ville et le » présidial nouvellement établi. » FONTETTE. — Le premier de ces actes est la déclaration ; elle est suivie d'un arrêt donné au

conseil privé du Roy ; d'un arrêt de la cour de Parlement de
Paris transférée à Tours ; de deux arrêts de réglement. La déclaration est du 20 janvier 1572.

407. — Petri Martinii, Morentini, gratulatio ad
senatum civesque Rupellenses, de academia ab ipsis
instituta. — *Rupellæ, Hautin,* 1572, *in-8.*

Lelong, n° 45458.

« C'était alors un collège de calvinistes. » Fontette. — Il
loue leur indépendance, αὐτάρκειαν, la situation de la ville, l'esprit
des habitants *animosi* et *solertes,* l'importance de l'éducation.
Les villes à la fois maritimes et savantes : Athènes, Rhodes,
Alexandrie, Syracuse, Marseille, vont renaître en la Rochelle.

408. — Les amours de Henri de Navarre, depuis
Henri IV, à la Rochelle, par M. Jourdan. — 1868,
in-8, 20 *p.*

Bibl. de la Roch., n° 3200.

Extrait des mémoires lus à la Sorbonne en avril 1867.

409. — Histoire des massacres et cruautés com-
mises en la personne de l'amiral de Coligny.... plus....
la forme d'abjuration prescrite aux révoltés et la réponse
des Rochelais. — 1573, *in-8.*

Catal. Secousse, n° 2388.

410. — Philippi Caurianæ de obsidione Rupellæ
commentarius. — *Mss. in-f°.* — *Bibliothèque du roi, fonds
Colbert, n° 6211, p. 215 du catalogue des mss. latins.* —
La copie de la bibliothèque de la Rochelle a 80 pages
in-4 très bien écrites, mais pleines de fautes.

Bibl. de la Roch., n° 3196. — Lelong, n° 18205.

Cet opuscule de Philippe-Antoine de Cauriana, médecin de
Catherine de Médicis, est un des plus intéressants pour le siége

de 1573. Il faut le dégager de toute sa rhétorique, qui lui fait mettre dans la bouche de Lanoue un discours dans le genre de Quinte-Curce ; de ses expressions latines qui travestissent les choses comme les noms, et font du corps de ville un sénat, du maire un chef de république. Du reste il ne se borne pas aux détails militaires, il s'enquiert de ce qui se passe dans la ville. Catholique et dévoué à la reine mère, mais contemporain, il comprend les sentiments religieux et politiques des assiégés. Arcère (1, 571) établit assez bien que cet écrit a été employé par l'historien de Thou. — Dans la description du pays rochelais que fait Cauriana, on peut remarquer l'expression *salubrisaer*. — On sait qu'on trouve sur ce siège beaucoup de détails dans la *Vie de Lanoue*, et que M. Mérimée en a fait entrer dans son roman : *1572, Chroniques du règne de Charles IX*.

Du reste les *Mémoires de l'Etat de France sous Charles IX*, de S. Goulard, l'*Inventaire* etc., d'Amos Barbot, les *Histoires* de Lapopelinière, de de Thou, de d'Aubigné sont aussi étendues sur cette époque que les narrations spéciales.

411. — Philippi Caurianæ de obsidione Rupellæ commentarius. — Histoire du siége de la Rochelle en 1573, traduite du latin de Philippe Cauriana, publiée par la Société littéraire de la Rochelle. — *La Rochelle, Siret, 1856, in-8 de* XLIII *et* 160 *p. et 2 cartes*.

Bibl. de la Roch., n° 3196. — Bibl. nat.e, Lk⁷, n° 3476.

Publication et traduction du précédent. L'introduction est une comparaison des divers historiens de ce siège. L'introduction et la traduction sont de M. L. Delayant, les cartes de M. E. Jourdan.

412. — Brief discours sur ce qui s'est passé sur la mer près la Rochelle, entre l'armée du Roi étant sur mer et les Anglais venus pour secourir ceux de la Rochelle. — *Paris, Nicolas Chesneau, 1853*. — Copies mss. de la bibliothèque de la Rochelle. 5 *p. in-4*.

Bibl. de la Roch., n°s 3196, 3237. — Bibl. nate. Lb³³, n° 354.

Récit d'une vaine tentative faite le 19 avril par les Anglais pour introduire du blé à la Rochelle. On y trouve déjà contre les Rochelais l'accusation de vouloir se donner à l'Angleterre.

413. — Ordonnances pour le faict de la police et reiglement de l'armée, estant au siége de la Rochelle. 1573. — *In-8, 24 p.*

Bibl. de la Roch., nº 1920.

Ces ordonnances faites au camp de Nieul devant la Rochelle, le 15 février 1573, et signées Henry (depuis Henri III), témoignent peu en faveur de la piété et de la discipline de l'armée catholique. Les remèdes supposent beaucoup de désordres.

414. — Mandement du Roy par lequel est enjoint à tous chefs, etc., qu'ils aient à se rendre dans le 20ᵉ de juin en son camp devant la Rochelle. — 11 *mai* 1573.

Bibl. nat.ᵉ Lb³³, nº 354 *.

415. — Siége de la Rochelle en 1573. — *Mss.*

Manuscrit qui se trouve dans les portefeuilles de pièces de M. de Fontanieu, à la bibliothèque royale, selon la statistique de la Charente-Inférieure, page 71.

Voici quelques indications prises dans une inspection beaucoup trop hâtive de ces portefeuilles :

18 janvier 1573. — Notice sur un mémoire dressé par M. de Nevers au nom de M. le duc d'Anjou, pour exposer à S. M. que tout manquait pour le siège de la Rochelle.

21 mars 1573. — Notice sur un journal du siège de la Rochelle écrit sous les yeux de M. de Nevers. (Bibl. du Roy, mss. de Mesme, fº nº $\frac{8677}{2}$, nº actuel (1862) 3950 du fonds français). Journal tout militaire des ordres que donne, des renseignements que demande, des propositions que reçoit le duc de Nevers, p. 118 à 125 du volume.

10 avril 1573. — Lettre de M. de Tavannes au Roy sur le siège de la Rochelle.

Avril 1573. — Détails sur le siège de la Rochelle, donnés au Roi par le duc d'Anjou.

11 mai 1573. — Notice sur le discours sur le traité que Monsieur veut faire aux Rochelais pour pacifier les choses, lequel contient qu'il ne faut leur accorder la paix, ains le recevoir à mercy et à discrétion.

Notice sur le discours présenté aū Roy par le roy de Pologne, son frère, touchant sommairement son voyage de la Rochelle et autres choses concernant le bien et le repos du royaume. — Dans cette notice, Fontanieu trouve étrange les leçons faites au Roi par un frère qui n'était guère sorti à son honneur du siège de la Rochelle.

Ces différentes pièces m'ont paru ne rien contenir qui ne soit bien connu par ailleurs. On peut en rapprocher les indications données sous les nᵒˢ 8214, 8215, 8216, 8217 par le *Cahier historique, 1864, p. 81.*

416. — Relation abrégée du siège de la Rochelle en 1573, par MM. JAILLOT et ARCÈRE, de l'Oratoire. — *Recueil de pièces.... de l'Académie de la Rochelle, t. 1, p. 22 à 52.*

Bibl. de la Roch., nᵒ 3326.

Cette relation a été refondue, et souvent textuellement reproduite dans l'histoire de la Rochelle d'Arcère.

417. — Le vrai discours des rébellions de la ville de la Rochelle, en 1567 jusqu'à présent. — *Paris, Mallot, 1573, in-12.* — Copies manuscrites de la bibliothèque de la Rochelle. — *In-4 de 6 pages.*

Bibl. de la Roch., nᵒˢ 3137, 3196. — Lelong, nᵒ 18207. — Bibl. natᵉ. Lb³³, nᵒ 222.

Déclamation contre les Rochelais, pour engager tout bon français à prendre les armes contre eux. Le lendemain de la

Saint-Barthélemy on reproche aux protestants leur méfiance à l'égard du roi.

418. — La faction du cœur navré. Décembre 1573. — *Revue de l'Aunis*, 1865.

Bibl. de la Roch., n° 2986.

Discussion des faits de cette époque.

419. — Quelques pages inédites de Blaise de Monluc, publiées par Ph. Tamizey de Larroque. — 1863, *in*-8, 22 *p. (Extrait du recueil de la Société d'agriculture, sciences et arts d'Agen.)*

Bibl. de la Roch., n° 1996.

Elles contiennent des instructions pour le siège de la Rochelle.

420. — Histoire du siège de la Rochelle en 1572 et 1573. — *Maillé*, 1621, *in*-12, 160 *p.* — Un plan de la Rochelle y doit être joint ; rare. Cotée 50 fr. Catal. Chossonnery, 1876.

Bibl. de la Roch., n° 3197. — Lelong, n° 18208. — Bibl. nate. Lb³³, n° 352.

Sur l'indication du lieu d'impression, Fontette attribue cet ouvrage à d'Aubigné ; mais ces mots du titre même : *Les temps qu'elle changea de sa vraie religion,* comme l'avis au lecteur, comme le livre même, prouvent un zélé catholique. La relation du siège est précédée d'un résumé assez intéressant de l'histoire antérieure de la Rochelle. Elle est elle-même l'histoire de ce qui se passait à l'armée assiégeante, et s'occupe fort peu des mouvements intérieurs de la ville.

421. — Discours et recueil du siège de la Rochelle en l'année 1573. — *Lyon, J. Saugrain,* 1573, *in*-8, 31 *p.,* et dans les *Mémoires de l'Etat de France sous Charles IX,* *t.* II, *p.* 201.

Bibl. de la Roch., n° 1939. — Lelong, n° 18206. — Bibl. nate. Lb³³, n° 351.

Détails militaires du point de vue des assiégeants.

422. — Relation du siége de la Rochelle par le duc d'Anjou en 1573, par A. GENET, capitaine du génie. Extrait du *Spectateur militaire*. — *Paris, Martinet*, 1848, *in*-8, 123 *p.*, *2 plans*.

Bibl. de la Roch., n° 3198. — Bibl. nat⁰. Lb³³, n° 353.

Cette relation, écrite spécialement au point de vue militaire, suit jour par jour les opérations du siège, et ne s'occupe des sentiments religieux ou politiques qu'autant qu'ils influent sur celles-ci. Ces détails des combats suffisent pour exciter uu vif intérêt.

423. — Question à savoir s'il est licite sauver la vie aux massacreurs et boureaux prins en guerre par ceux de la religion assiégés en cette ville. — *In*-8, dans les *Mémoires de l'Etat de France sous Charles IX*, *t.* II, *p.* 177-190.

Bibl. de la Roch., n° 1937. — Lelong, n° 27131.

Cet écrit fut publié à la Rochelle pendant le siège de 1573. Des ecclésiastiques y prouvent, par des citations de la Bible, à des soldats que ni promesses, ni droit de guerre, ni pitié ne les excusent de ne pas massacrer leurs prisonniers. Il est vrai qu'ils écrivaient au bruit des *Te Deum* que l'autre parti chantait pour la Saint-Barthélemy.

424. — La Rochelléide, en vers, par JEAN LA GESSÉE, mauvesinois. — *Paris, mars* 1573, *in*-8.

Lelong, n° 18209. — Bibl. nat⁰. Lb³³, n° 353 *.

425. — Requête des habitants de la Rochelle au roi de Pologne. 1573. - *Copie du temps, de 9 p.* — Cabinet de Fontette.

Lelong, n° 18210.

426. — La harengue de ceux de la Rochelle au roy de Pologne. — *Imprimé par Jean Lefort en la ville de la Rochelle*, 1573, *in-8, pièce*.

Bibl. nat[e]. Lb[34], n° 30.

Eloge déclamatoire, mais qui ne semble pas ironique, de sa clémence. Rien de spécial à la Rochelle.

427. — Edict du Roy sur la pacification des troubles et esmotions advenues au royaume de France, depuis le 24 d'août dernier passé jusques à l'onzième de juillet 1573. — *In-8, 24 p.*

Bibl. de la Roch., n° 1920. — Bibl. nat[e]. Lk[33], n° 356 *.

Pacification qui suivit le siège de la Rochelle, publiée à son de trompe dans cette ville le samedi 11 juillet 1573.

428. — Partie des merveilles de l'église de Dieu recueillie en la Rochelle lorsqu'elle fut assiégée en l'an 1573, pour mémoire à la postérité. — *Coll. hist., t. II, p. 267.*

Bibl. de la Roch., n° 3133. — Lelong, n° 35760.

Copié sur une plaque de cuivre. Des vers religieux, mais non poétiques, terminent ce court résumé.

429. — Epitre présentée au très invincible roi de Pologne, fils et frère des rois de France, à sa bienvenue à Paris, au retour de la Rochelle, par Ant. Couillard. — *Paris*, 1573.

Lelong, n° 18212.

430. — Brief discours sur le très heureux advénement de N. T. C. roy Henry III.... avec les remonstrances à MM. de la Rochelle, Nismes.... par Claude

. DE Montiornal, seigneur de Cyndre. — *Lyon, Jove,* 1574, *in*-8.

Bibl. nat^e. Lb³⁴, n⁰ 56. — Lelong, n⁰ 18299.

431. — Ad Rupellam, de deditione facienda Henrico III e Polonia redeunti, mense octobri 1574, auctore Papirio Massono et a fratre ejus in lucem edita. — *Paris,* 1620, *in*-8.

Bibl. nat^e. Lb³⁴, n⁰ 78.

432. — Lettres de marques données par la ville de la Rochelle. — *In*-4, 1 *p.*

Bibl. de la Roch., n⁰ 3188.

Lettres délivrées au corsaire Guillen, le 12 décembre 1574, signées du général de l'armée protestante et du maire de la Rochelle.

433. — Acte fait en l'année 1575, par lequel appert de la nomination de quatre bourgeois de cette ville de la Rochelle pour assister au conseil qui se tiendra d'ordinaire en la maison commune d'icelle. — *Collect. hist.,* t. II, *p.* 132.

Bibl. de la Roch., n⁰ 3133. — Lelong, n⁰ 35760.

Copie d'un acte notarié, passé par Naudin ; document important sur le gouvernement communal de la Rochelle et les passions démocratiques qui luttaient contre le pouvoir municipal.

434. — Discours de la prinse de l'isle de Rhé par le seigneur de Landreau, et de l'incroyable et subite reprinse par le secours envoyé de la Rochelle ; ensemble les articles et instructions au s^r Landreau, touchant ses dessins et sa commission ; item, les lettres, tant de Sa Majesté que du comte du Lude, audit

Landreau. — 1575, *in*-8, 44 *p.. sans nom d'imprimeur.*
— *Copie manuscrite à la bibliothèque de la Rochelle, in*-4,
21 *p.*

Bibl. de la Roch., n⁰ 1922. — Lelong, n⁰ 18314. — Bibl.
nat⁰. Lb³⁴, n⁰ 116.

Violente satyre contre du Landreau, regardé comme un traître
par les protestants, écrite par un zélé religionnaire, ce qui se
reconnaît au fond des choses, et, soit dit sans épigramme, à la
mauvaise facture des vers qui y sont mêlés. On y trouve une
épitaphe du capitaine Bonnauld, rochelais, tué à la reprise de
l'île de Ré.

Un sonnet inédit, que je trouve sur les gardes de l'exemplaire
de la bibliothèque du traité de l'Eucharistie de Pierre Martyr,
exprime non moins vivement cette haine. Il demande qu'on
pende Landreau, avec passages de l'Évangile à l'appui.

435. — Protestation du sieur de Lorsanes contre
une harangue sous le nom des Rochelois. — 1575, *in*-8.

Lelong, n⁰ 18327 *.

436. --- Protestation de Pierre de La Jarne contre
une harangue imprimée sous le nom des Rochellois.
— *La Rochelle, sans date, in*-12.

Cat. Van Hippe, n⁰ 642. — Bibl. nat⁰. Lb³⁴, n⁰ 31.

Cette pièce, sans date, est rapportée par la bibliothèque nationale à l'année 1573, et semble une réponse au n⁰ 30 du
même dépôt (Voir plus haut n⁰ 426.) Le catalogue Bigillion
(1877), la date de 1573, par la veuve de Barthélemy Berton,
8 pages.

437. — Articles de la trève arrestée à Champigny,
le 22ᵉ jour de novembre 1575, publiée à la Rochelle
le 4 janvier 1576. — *La Rochelle, Jean Portau,* 1576,
in-8, 8 *p.*

Cat. Charles Lefebvre, décembre 1878, n⁰ 1066.

438. — Histoire et vray discours des guerres civilles ès pays de Poictou, Aulnis autrement dict Rochelois, Xaintonge et Angoumois, depuis l'année 1574 jusques à l'édict de pacification de l'année 1576. — *Paris, J. Dupuy, 1578, in-8, 232 p. non numérotées.* — Réimprimé en 1841, par M. de la Fontenelle de Vaudoré, dans ses *Chroniques fontenaisiennes, in-8.*

Bibl. de la Roch., n° 3199. — Lelong, n° 18337. — Bibl. nat^e. Lb³⁴, n° 83.

Cette histoire est écrite par Pierre Brisson, sénéchal de Fontenay-le-Comte, frère de Barnabé Brisson. Catholique, attaché à la cause royale, en tout homme du pouvoir et pourtant gardant de la sympathie pour les hommes au milieu desquels il a vécu, Brisson reçoit de ce double caractère une couleur particulière. Il ne faut pourtant pas le lire sans défiance. Il paraît en particulier peu juste envers Lanoue, l'une des grandes figures de ce temps.

439. — Discours de la défaicte qu'a fait M. le marquis du Mayne près la Rochelle.... ensemble les forces de M. Lansac le jeune et autres choses nouvelles. — *Lyon, B. Rigaud, 1577, in-8.*

Bibl. nat^e. Lb³⁴, n° 165.

440. — Copie d'une lettre missive envoyée aux gouverneurs de la Rochelle, par les capitaines des gallères de France, sur la victoire qu'ils ont obtenue contre les Mores et sauvages, faisant le voyage de l'isle de Floride et du Brésil. — *La Rochelle, Portau, 1583.* — Réimprimée dans les *Archives curieuses de l'histoire de France, Ire série, t. IX, in-8, p. 327-339.*

Bibl. de la Roch., n° 1807. — Bibl. nat^e. Lb³⁴, n° 223.

L'adresse de cette lettre m'avait fait y chercher quelques

renseignements sur l'histoire politique ou commerciale de la Rochelle, mais je n'y ai rien trouvé qui y ait trait.

441. — Discours sommaire des choses plus mémorables qui se sont passées ès sièges, surprises et reprises de l'isle de Maran en Onix, ès années 1585, 1586, 1587 et 1588. — *Mémoires de la Ligue*, 2me *édit.*, *t.* II, *p.* 74.

Bibl. de la Roch., n° 1952. — Lelong, n° 18639.

Détails militaires de faits où le Roi de Navarre, depuis Henri IV, joue le beau rôle : ils peignent bien l'état de désolation de ces malheureux pays pendant ces guerres civiles. Ils sont écrits dans l'esprit protestant et de ce ton un peu vantard qu'on attribue aux Gascons.

442. — Remonstrance première et seconde à ceux de la Rochelle avec un discours contenant les moyens pour congnoistre les erreurs autrement que par la dispute, par FRANÇOIS LE BRETON. — Dernier morceau du *Levez-vous, Monseigneur....* etc. — 1586, *in*-8.

Bibl. nat^e. Lb^{34}, n° 321.

443. — Advertissement faict à MM. de la Rochelle, Nymes, etc., sur la réunion d'icelles à l'obéissance et volontés de sa Majesté suivant son édict dernier. — *Paris, G. Blaise,* 1587, *in*-8.

Bibl. nat^e. Lb^{34}, n° 350.

444. — Dicours sur la remonstrance faite à MM. de la Rochelle, Nymes, etc., sur la réduction d'icelles à sa Majesté, par C. DE MONTIORNAL, seigneur de Cindre. — *Paris, G. Blaise,* 1587, *in*-8.

Bibl. nat^e. Lb^{34}, n° 351.

445. — Le discours de la defaicte des Rochelois par M. le duc de Ioyeuse. Faict le 1er jour d'aoust 1587. Ensemble le nombre des Rochellois qui y ont esté prins prisonniers et tués. — *Paris, v*ve* L. du Coudray, 1587, in-8.*

Bibl. nate. Lb34, no 364.

446. — Compte de la recepte et despances faictes pour la communaulté de la ville de la Rochelle, par Me Yves David, l'ung des pairs d'icelle, et trésorier de la dite ville, en la mairie de noble homme Jehan Thevenyn, escuyer, commançant le jeudy d'après Quasimodo 1580 et finissant à même jour 1581. — *Mss. petit in-f*o*, 150 feuillets.* — C'est un duplicata sur lequel ont été transcrites même les annotations faites au registre officiel.

Bibl. de la Roch., no 3201.

447. — Compte de la recepte, mises et despances faictes pour la communauté de la ville de la Rochelle, par Me Françoys Prévost, l'un des pairs d'icelle et trésorier en la mairie de Jehan Thevenyn, escuyer, sieur de Gourville, commençant le jeudy après Casimodo 98 et finissant à même jour 1599. — *Mss. grand in-f*o*, 76 feuillets parchemin.* — Le dernier manque. C'est le registre officiel, relié avec luxe.

Bibl. de la Roch., no 3203.

Ces deux registres, tout à fait analogues, échappés à l'enlèvement des archives municipales de la Rochelle, sont le compte rendu de la gestion annuelle du trésorier, nommé par le conseil de la ville, fait publiquement, après convocation à son de trompe et de cloche, devant cinq commissaires pris dans le corps de ville.

On y remarque comme principales sources de revenus, les impôts indirects donnés à bail, les droits sur la sortie des vins, les rentes dues pour servitudes de terrains, les droits payés par les bourgeois à leur réception comme tels, etc. — Comme principales dépenses, les gages des fonctions municipales, dont aucune n'est gratuite, les devoirs au Roy, l'entretien des bâtiments de la ville, l'intérêt de la dette publique, et dans la dernière année le collége et des fonds à distribuer aux pauvres (ch. VII.) Le titre des chapitres, témoin ce dernier, n'indique pas toujours suffisamment ce qui y est contenu.

448. — Le discours de la prinse subtille de la ville et chasteau de Maraine (Marans) à quate lieüe près la Rochelle, par M. de Laverdin. Ensemble le nombre des morts et prisonniers, qui fut le vingt cinquiesme jour du moys de mars de 1588. — *Paris, le Fèure*, 1588, *in*-8.

Bibl. nate. Lb³⁴, n° 452.

449. — Discours de la reprise de l'isle, forts et chasteau de Marans, faitte par le roy de Navarre, au mois de juin 1588. — *Mémoires de la Ligue*, t. II, p. 588-595.

Bibl. de la Roch., n° 1952.

450. — La prinse du fort de la Chesne, de la Rochelle, par M. de Laverdin, le 18 avril. — *Paris*, 1588, *in*-8.

Bibl. nate. Lb³⁴, n° 453.

451. — Brief discours de ce qui est advenu sur la mer entre l'armée du Roy et les Anglois venuz pour secourir ceux de la Rochelle, et du tumulte et trouble advenu en Paris, le jeudi 12 may. — *Paris, N. Vincret*, 1588, *in*-8.

Bibl. nate. Lb³⁴, n° 455.

452. — Discours merveilleux et espouvantable de nouveau advenu à la Rochelle. — *Paris, de Hubert velu,* 1588, *in*-8. — *Copie manuscrite in*-4, 3 *p.*

Bibl. de la Roch., nᵒ 3271. — Bibl. natᵉ. Lb³⁴, nᵒ 489.

Récit merveilleux. Deux corsaires Rochelais ayant pris des navires où étaient deux missionnaires Espagnols, pendant que le maire interroge ceux-ci, un orage épouvantable éclate, et il tombe dans la salle une pierre ovale pesant quinze livres, toute sanglante, portant gravée une croix, et de chaque côté une main armée d'un glaive, avec ces mots : *Pour la Foi.*

453. — Assemblée générale des églises réformées de France, convoquées par le roy de Navarre à la Rochelle, au moys de novembre 1588. — *Mémoires de la Ligue,* t. II, p. 821-829.

Bibl. de la Roch., nᵒ 1952.

454. — La lettre du roy de Navarre et de d'Espernon envoyée aux Rochelois, où sont contenus tous leurs desseins et entreprises, et comme elle a esté trouvée à un hérétique prins à Poitiers. Et comme elle a esté communiquée à M. le duc de Mayenne (7 septembre). — *Paris, H. Velu,* 1589, *in*-8. — Autre édition : *Lyon, J. Pillehotte,* 1589, *in*-8, 16 *p.* Citée dans le *Catalogue du bibliophile voyageur,* 6ᵉ année (1842), nᵒ 518, p. 59.

Bibl. natᵉ. Lb³⁵, nᵒ 111.

455. — Diaire de Bergier. — *Mss. in-fᵒ.*

Bibl. de la Roch., nᵒ 3112, fᵒˢ 92 à 150·

Journal personnel de Bergier, où se trouvent beaucoup de notes sur les personnes, naissances, mariages, morts, anecdotes, et quelques-unes sur les affaires politiques. Il va de 1592 à 1596.

456. — Papier mémorial de Me PIERRE SANSEAU,
praticien. — *Mss. in-f^o*, 16 *p.*

Bibl. de la Roch., n° 3137.

Ecrit tout à fait analogue au précédent. Il va de 1592 à 1599.

457. — Lettre patente de Henri IV, du 17 septembre
1595, portant demande aux Rochelois de subsides à
titre de don gratuit. — *Mss.*

Bibl. de la Roch., n° 3137.

458. — Hymne sur la très-florissante et très-fa-
meuse cité de la Rochelle, dédié à MM. les illustres
maires, etc.... par ALEXANDRE DE PONTAYMERY, sieur
de Focheron. — *La Rochelle, Hierosme Haultin*, 1594,
in-8, 14 *p.* — Réimprimé avec une notice préliminaire
et des notes, par M. PAUL GAUDIN. — *La Rochelle, Siret,*
1874, *in*-8, 32 *p.*

Bibl. de la Roch , n° 3266.

Saturne détrôné par Jupiter, après avoir parcouru le monde,
fonde la Rochelle. La mer, le ciel, la terre promettent à la
nouvelle ville prospérité et invincibilité. Sa résistance à Henri
d'Anjou en est la preuve. — Vers de l'école de Du Bartas. —
Communs contre la Rochelle, les poèmes en son honneur sont
rares.

459. — Diaire (de JACQUES MERLIN) ou recueil des
choses les plus mémorables qui se sont passées en cette
ville (la Rochelle), de 1589 à 1620. — *Mss. in-f^o.*

Bibl. de la Roch., n° 3204. — Lelong, n° 35757.

Copie du même. — *In*-4.

Bibl. de la Roch., n° 3205.

L'original, souvent difficile à lire, a 568 pages ; la copie,
fort bien écrite, en contient 286.

Le titre du manuscrit original, transcrit fidèlement par Fon-

tette, en donne une idée fausse. Il va en effet de 1607 à 1616 ;
mais là, page 349, commence la copie d'un diaire antérieur,
qui va de 1589 à 1607 ; puis, page 441, il reprend de 1616
jusqu'au 26 juillet 1620 (et non 1630, faute d'impression dans
Fontette). Ce manuscrit est de la main même de Merlin. La
copie est généralement fidèle. Il y a cependant un petit nombre
de mots mal lus, un petit nombre de lignes sautées, comme
insignifiantes et qui ne le sont pas toujours. Né à Alençon, le
15 février 1566, échappé aux massacres de la Saint-Barthélemy,
quoiqu'il fût alors à Paris, Merlin vint, comme pasteur, à la
Rochelle en 1589 ; mais il n'écrivit son diaire qu'en 1598, de
sorte que les neuf années antérieures ne sont retracées que sur
des souvenirs. Mais les années suivantes sont écrites au jour le
jour avec de grands détails. « En ce diaire, dit-il, page première
» je comprends autant que je puis me ressouvenir de ce qui se
» passe de mémorable, ecclesiastica, politica et œconomica ; et
» escri ces choses la par ordre conséquutif ; le temps et loysir
» ne me permettant d'y apporter plus de distinction. » — Outre
les faits de toute nature, même les morts ou mariages et les
phénomènes atmosphériques, qui se font remarquer à la Rochelle, Merlin recueille les pièces de vers, les pasquinades, les
anecdotes qui ont cours dans le parti réformé, et peut-être
ajouterait-il, à cet égard, quelque chose aux recueils du temps.
Merlin était un homme estimé dans sa religion et son parti, et
paraît avoir été un ministre zélé, mais aussi modéré que le
permettait le zèle dans ce temps. Son diaire est fort intéressant. Il prend juste la suite de l'histoire de Baudoin, en sorte
que Barbot, Baudoin, Merlin et Colin donnent de la Rochelle
une histoire non interrompue depuis les premiers temps jusqu'en 1643, écrite pour le dernier siècle, par des contemporains
et des acteurs.

N. E. — Ce diaire a été publié presque littérallement dans le tome v des
Archives historiques de la Saintonge et de l'Aunis. Les détails de la vie privée
ont seuls été laissés de côté. — Année 1878, page 63.

460. — Naissance et cours de la vie de moi Jacques

Merlin. — *Mss. autographe in-16 de 216 p. et plusieurs feuillets blancs.*

Bibl. de la Roch., n° 3492.

Cette autobiographie, où Merlin tient note de ce qu'il y a de plus intime dans sa vie privée, n'a rien d'un intérêt spécial pour la Rochelle.

M. Crottet l'a publiée en 1855, sous le titre de : *Diaire ou Journal du ministre Merlin. — Genève, Cherbuliez, in-8 de 65 p.*

Bibl. de la Roch., n° 3318.

M. Dunan a donné en 1866 une notice sur ces deux diaires.

Bibl. de la Roch., n° 3206.

On trouve dans le journal la *Charente-Inférieure*, 1835, n° 64, sous le titre *Françoise de Mellay*, un épisode tiré de cet écrit de Merlin.

461. — Inventaires des munitions de guerre, artillerie, pouldres et aultres choses appartenants au magasin de cette ville de la Rochelle. — *Mss. in-f°, pages 60 à 91.*

Bibl. de la Roch., n° 3112.

Inventaires faits en 1592, 1598 et 1607 ; ils sont suivis des signatures des commissaires.

462. — Sully à la Rochelle, à propos d'un album, par M. DE RICHEMOND. — *La Rochelle, Siret*, 1878, *in-8, 16 p.*

Bibl. de la Roch., n° 3209.

Visite de Sully à la Rochelle en 1604.

463. — Diaire de Pierre Guillaudeau, sr de Beaupreau. — *Mss. in-f°.*

Bibl. de la Roch., n° 3112.

Deux cahiers allant l'un de 1606 à 1632, l'autre de 1598 à 1637. Guillaudeau, avocat au siège présidial de la Rochelle, pair de la ville, échevin en 1620, y tient note surtout de ce qui intéresse ses affaires personnelles ; il y joint quelques anecdotes, mais les anecdotes de cette époque deviennent parfois dignes de l'histoire ; ainsi les démêlés de Guiton et de Colin, dans le second cahier.

464. — Différentes pièces concernant trois rétablissements de la religion catholique à la Rochelle depuis 1599 jusqu'en 1624. — *Pièces détachées manuscrites in-fo formant un assez fort volume.*

Bibl. de la Roch., no 3208.

L'Edit de Nantes, dont la publication rencontra de la part des protestants de la Rochelle tant de difficultés, n'en souffrit guère moins dans son exécution. Tous les troubles rejaillissaient sur les catholiques de cette ville, et l'autorité royale était forcée d'intervenir. C'est à ces débats que sont relatives ces pièces nombreuses, la plupart officielles, copies certifiées par le greffier, ou même originaux. On y trouve les signatures ou des lettres autographes de plusieurs personnages du temps, Langlois, Parabère, Duchastelier, Barbot, dont on a des mémoires. (Lelong, no 30579.)

465. — Le rétablissement et la célébration de la sainte messe à la Rochelle, par Mgr le révérendissime évêque de Saintes. — *Paris, Binet,* 1599. — Copie manuscrite de la bibliothèque, 4 pages.

Bibl. de la Roch., nos 3143, 3188. — Lelong, no 4953.

Récit officiel de la première messe célébrée à la Rochelle par suite de l'édit de Nantes. Il faut voir dans Merlin les difficultés que rencontra de la part des protestants l'acceptation de cet édit. (Cf. *Charente-Inférieure,* année 1835, art. de M. Delayant.)

466. — Les cautelles, finesses et subtiles inventions de volerie qu'a usé le capitaine Guillery et ses compa-

gnons. Ensemble la prinse et exécution du dit Guillery et la complainte qu'il a fait estant prest d'être exécuté à la Rochelle, le 11 décembre 1608. Augmenté de nouveau outre les précédentes impressions. — *A la Rochelle, par Jean Bernouset, 1609, petit in-8, 16 p. Portrait.*

Bibl. de la Roch., n° 1922. — Bibl. nat^e. Ln²⁷, n° 9354, avec un titre un peu différent.

C'est l'histoire d'un soldat distingué dans les guerres civiles, devenu voleur à la paix ou, comme dit l'auteur, *d'un généreux Theseus transformé en un Signis monstrueux et ravisseur.* Rien ne fait plus d'honneur à notre siècle que d'avoir vu une grande armée licenciée sans qu'il en soit résulté de brigandages. Dans ce petit livre, comme dans tous ceux de ce genre, à de nombreuses imprécations contre Guillery, se mêle une certaine admiration pour son audace. Le mot *complainte* du titre désigne les dernières paroles de Guillery repentant en face de la roue, et non pas ces chants burlesques où notre bon goût joue si gentiment avec le crime.

467. — L'antéchrist de Genève, où il est clairement montré que les ministres prédicans sont les vrais précurseurs de la beste prédite par Daniel, avec le récit de la sédition qui arriva à la Rochelle en août passé. — *Tournon, 1609, in-12, vélin.*

Cat. auth. Dinaux, n° 333.

468. — Visite des paroisses d'Aunis, de 1610 à 1657. — *Registre in-f° manuscrit de 5 à 600 p.*

Bibl. de la Roch., n° 3210.

Ce sont les procès-verbaux des visites des paroisses de l'archiprêtré de la Rochelle, soit lorsqu'il dépendait de l'évêché de Saintes, soit après, faites par les vicaires généraux Gastaud et Jousseaume. Outre l'intérêt spécial de ces visites, elles fournissent des traits de mœurs et des renseignements sur l'état des catholiques dans ces pays où dominaient les protestants. — Il n'y a pas de visite pour l'année 1628.

On trouve également au secrétariat de l'évêché de la Rochelle les procès-verbaux des visites diocésaines de plusieurs évêques, notamment de NN^{grs} Raoul de Laval, de la Frézelière, et de MM. les archidiacres et doyens ruraux. Ces procès-verbaux occupent quatre cartons.

469. — Copie de lettres concernant les affaires de la Rochelle, d'avril 1611 à avril 1612. — *Mss. in-f°,* 332 *p.*

Bibl. de la Roch., n° 3211. — Lelong, n° 35770.

Ces lettres recueillies par M. de Berrendy, maire cette année là, et peut-être de sa main, sont écrites ou reçues par lui, soit personnellement comme maire, soit au nom du corps de ville. Parmi les réponses il y a des lettres des ducs de Sully, de Rohan, de Soubise. Ecrites à une époque où le changement de règne inspirait tant d'inquiétudes aux réformés, et aux Rochelais en particulier, ces lettres sont d'un grand intérêt.

470. — Lettre du Roy écritte aux maire, échevins, conseillers, pairs de la ville de la Rochelle. — *Mss. in-4,* 1 *p.*

Bibl. de la Roch., n° 3145.

Lettre du 17 février 1612. Louis XIII les assure de sa bienveillance, et engage les protestants à lui soumettre leurs griefs.

471. — Difficultés sur le choix d'un maire de la Rochelle. — Mémoires et procès-verbaux sur les troubles de la Rochelle et assemblées politiques et religieuses tenues dans cette ville. 1612-1621. — *Mss.* *(Bulletin historique du protestantisme français,* 1878, *p.* 424.

Arch. nat^{es}. TT, n° 431.

472. — La guerre des singes et des marmousets, représentée par un discours véritable de ce qui s'est passé à la Rochelle le vendredi 11 jour de janvier 1613, sur le sanglant dessein des factieux contre leurs compatriotes. — *(S. l.), 1613, in-8.*

Bibl. de la Roch., n° 3212 — Bibl. nat^e. Lb^{36}, n° 185. — Lelong, n° 20106.

Le corps de ville s'opposait à ce que les protestants bravassent par une assemblée à la Rochelle, les ordres exprès du Roi. Ceux-ci firent, pour renverser le corps de ville et rester seuls maîtres, un complot qui fut déjoué. Ce pamphlet en est la relation. Il est écrit au nom des protestants amis de la paix, mais peut-être par un catholique.

473. — Briève déclaration des justes motifs qui ont porté les bourgeois jurés de commune, manans et habitans de la Rochelle, à supplier leurs majestés et nos seigneurs de leur conseil, de remédier par l'octroi de leurs très humbles requestes à la domination tyrannique des maire, eschevins et pairs de la dite ville, contre la fausseté de leurs callomnies. — *In-8, 11 p. Copie manuscrite de 7 p. in-4.*

Bibl. de la Roch., n°s 2066, 3137.

Cette déclaration n'est pas datée, mais elle se rapporte à l'année 1614. On peut voir dans le diaire de Merlin et dans le manuscrit Bruneau, l'histoire détaillée de ces dissensions intérieures.

474. — S'ensuivent les articles du réglement passé et accordé entre MM. les maire, échevins, conseillers et pairs, et les bourgeois jurés de commune, manants et habitants de la Rochelle, le 29ᵉ mars 1614. — *(S. l. n. d.), in-f°, plano.*

Bibl. nat^e Lk^7, n° 3459.

475. — Recueil de deux extraits du registre des conseils de la ville de la Rochelle, ensemble les articles du réglement passé et accordé entre les maire, échevins, conseillers et pairs, et les bourgeois jurés de commune, manans et habitants de la dite ville. — *In-4*, 13 *pages* (118 à 130). — Imprimé en 1615, il se trouverait, d'après le *Bulletin historique du protestantisme français*, 1828, page 424, aux Archives nationales TT, n⁰ 431.

Bibl. de la Roch., n⁰ 3145.

Pièces officielles relatives aux discussions de l'an 1614, détaillées dans Bruneau et Merlin.

476. — Copie de la harangue faite en la présence du roi à l'entrée des états par les députés de la Rochelle, pour les Églises réformées, au rapport de Mathault. — *(S. l.)*, 1615, *in-8*.

Bibl. nat⁰. Lb³⁶, n⁰ 375.

477. — Assemblée générale de ceux de la religion P. R., tenue à Grenoble en 1615, transférée à Nismes et puis à la Rochelle en 1616, avec plusieurs actes et pièces. (Bibliothèque de M. le chancelier Séguier, n⁰ 552, à Saint-Germain-des-Prés d'après Fontette). — *Mss. in-f⁰*.

Lelong, n⁰ 6231.

478. — Compte des recettes et dépenses, rendu par Jacques Razin, receveur des droits et domaines du Roi à la Rochelle, en 1615. — *Mss. in-f⁰ parchemin*, 111 *feuillets, dont les neuf premiers manquent*. Le manuscrit est par conséquent sans titre, le dos porte : *Recette*.

Bibl. de la Roch., n⁰ 3213.

Compte des deniers provenant des impôts, droits, amendes, etc., perçus au profit du roi, et des dépenses faites par son ordre, à la Rochelle et dans un rayon assez considérable, puisqu'il s'étend jusqu'à Saint-Jean-d'Angély. On lit au bas du dernier feuillet une approbation signée du chef de la ville.

479. — Lettres de MM. de l'assemblée de Grenoble envoyées au roi et à la reine par les députés, datées du.... d'août 1615. Plus la harangue de M. de la Haye, envoyée de la part de monseigneur le prince de Condé en l'assemblée générale de Grenoble, prononcée le 10 d'août 1615, avec la lettre du dit prince à MM. de la Rochelle et le serment de fidélité qu'il a fait faire à son armée. — 1615, in-8.

Bibl. nat^e. Lb³⁶, n° 506.

480. — Lettre envoyée à M. le prince de Condé par les maire et échevins de la Rochelle (8 novembre). — Paris, P. Des-Hayes, 1615, in-8.

Bibl. nat.^e Lb³⁶, n° 656.

481. — Réponse des maire, gouverneur et pairs de la ville de la Rochelle (19 novembre) à la lettre que M. le prince de Condé leur a envoyée par M. le baron de Saint-Sever, écrite à Tartas, le 13 novembre 1615. — In-8.

Bibl. de la Roch., n° 3214. — Bibl. nat^e. Lb³⁶, n° 674. — Lelong, n° 20416.

Ils refusent de s'associer à lui.

482. — Lettre de M. le maréchal Desdiguières, envoyée tant à MM. de la Rochelle qu'autres chefs de

la religion prétendue réformée, le 28 décembre dernier.
— *Paris, Dubrueil*, 1616, *in*-8.

Bibl. nat^e. Lb³⁸, n° 747.

483. — La descente des Anglais, pour le secours des Princes empeschez par le marquis de Spinola. Ensemble ce qui s'est passé à la Rochelle sur ce sujet. — *Paris, Du Brueil*, 1617, *in*-8, 13 *p., et Recueil* x, *p.* 172.

Bibl. de la Roch., n° 2066. — Bibl. nat^e. Lb³⁸, n° 951. —
Lelong, n° 20691.

Discussions intérieures à la Rochelle, qui montrent dans la majorité une mauvaise volonté, mais encore indécise, contre la cour.

484. — Articles accordés par M. le prince à ceux de la Rochelle. 11 décembre 1615. — *Mss. in*-4, 4 *p.* Copiés sur le manuscrit 1395 de la bibliothèque de Saint-Germain-des-Prés.

Bibl. de la Roch., n°s 3137, 3188.

Véritables conditions imposées par les Rochelais pour prix de leur alliance, que le prince de Condé accepte du ton d'un roi dont la bonté accorde.

485. — La protestation des Rochelois donnée à M. le duc de Sully pour être présentée à Sa Majesté. — *Paris, Du Brueil*, 1616, *in*-8, 7 *p.*

Bibl. de la Roch., n° 3214 a. — Bibl. nat^e. Lb³⁶, n° 804.

Protestation de fidélité, vague.

486. — Différends entre le duc d'Épernon et les Rochelois. — 1616, *in*-8, 29 *p.* — Réimprimé dans le *Mercure français*, t. IV, *p.* 188 à 209.

Bibl. de la Roch., n°s 2066, 3215, 2032, 3145, 2060. —
Bibl. nat^e. Lb³⁶ n°s 888, 889. — Lelong, n° 35779.

Débats et guerre au sujet des châteaux de Rochefort et de Surgères, terminés par l'intervention du Roi. Les faits sont d'abord racontés dans le *Discours véritable,* du duc d'Épernon ; vient ensuite la *réponse à certain discours* de la part des Rochelais. Les deux factums ont d'abord été imprimés séparément, puis réunis, puis insérés dans le *Mercure.*

487. — La lycophobie ou espouvente des Rochellois à qui la peur du loup gris a rabaissé le courage. Jointe la copie imprimée à Xainctes, par François Raton. — 1616, *in-8,* 16 *p.*

Catal. Villenave, n° 1344 bis.

488. — Déclaration des maire, eschevins, pairs et bourgeois de la ville de la Rochelle, avec la conférence faicte entre M. le duc d'Épernon et M. de Génouillé, député de la province de Saintonge, et une responce à certain livret imprimé à Saintes. — 1616, *in-8,* 16 *p.*

Bibl. de la Roch., n° 2060. — Bibl. nat^e. Lb³⁸, n°s 893, 894.

Protestation de fidélité au Roi de la part des Rochelais, tout en résistant au duc d'Épernon. La manière dont on fait parler celui-ci dans la conférence donne à cet écrit l'air d'une satire plus que d'une relation historique.

489. — Déclaration de Henri-Marc de Gouffier, marquis de Bonivet, faite au consistoire de la Rochelle, en présence des pasteurs et anciens de la dite ville, et encore des sieurs de la Violette et Thevenot, pasteurs des églises de Marans et Benet, le mercredi troisième août 1616. Et depuis a été faite la même protestation par le dit sieur marquis, en présence de toute l'église de la Rochelle, le dimanche 7 du dit mois, après le

prêche au matin, au grand temple. — *La Rochelle, imp.
de H. Haultin, par C. Hertman,* 1616, *in*-8.

Bibl. nat^e. Ld¹⁷⁶, n° 60.

490. — Actes de ce qui s'est passé en l'assemblée
des pasteurs députés par le Synode provincial de Xainctonge tenu à la Rochelle au mois de mai 1616 pour
examiner les écrits de Jean de Prantignac à Thors, le
28 février et suivants de 1617. — *La Rochelle,* 1618,
in-8.

Bibl. nat^e. Ld¹⁷⁶, n° 63.

491. — Constance, foi et résolution à la mort des
capitaines Blanquet et Gaillard. — 1617, *in*-8, 16 *p.*

Bibl. de la Roch., n° 3497. — Bibl. nat^e. Lb⁸⁶ n° 1072.

Compte-rendu de la mort ferme de deux protestants con-
damnés comme pirates.

492. — Actes du corps de ville, avril 1618 à 1619.
Mairie de Piguenyt. — *Mss. in-f^o sans titre, environ* 600 *p.*

Bibl. de la Roch., n° 3216.

493. — Actes du corps de ville, du 15 février 1622
au 28 janvier 1623. Mairie de Blandin et Prevost. —
Mss. in-f^o sans titre, environ 800 *p.*

Bibl. de la Roch., n° 3217.

494. — Cayers des affaires qui se sont faites en la
maison commune de cette ville de la Rochelle, en la
mairie de André Touppet ; avril 1624 à avril 1625. —
Mss. in-f^o, environ 1200 *p.* — Fontette porte par erreur
1614.

Bibl. de la Roch., n° 3218. — Lelong, n° 35771.

495. — Registre du greffe des conseils tenus en la maison commune de l'eschevinage de la Rochelle, au son de la cloche et maniére accoutumée par MM. les maire, eschevins, conseillers et pairs de la ditte ville, en la mairie de Jehan Godeffroy, escuier, sieur du Richard, eschevin de la ditte ville. Avril 1627 à mai 1628. — *Mss. in-f⁰, environ 800 p.*

Bibl. de la Roch., n⁰ 3240.

Ces quatre registres, malgré la différence de titre des deux derniers (car les deux premiers n'en ont pas, et l'appellation sous lesquels nous les désignons ici n'était pas même en usage dans leur temps), sont tout à fait analogues. Ce sont les procès-verbaux des délibérations du corps municipal, c'est-à-dire les registres officiels et authentiques des actes du vrai gouvernement de la Rochelle. Affaires intérieures et relations extérieures, tout s'y trouve traité ; c'est de l'histoire vivante, et si leur petit nombre fait qu'ils s'étendent à peu de faits, du moins suffisent-ils à donner une idée exacte de la manière dont les affaires se traitaient. Ils portent tous sur des années importantes ; mais le dernier qui comprend les premiers mois du siège et les relations des Rochelais avec le roi d'Angleterre, l'état de leurs munitions, le prix des vivres à diverses époques, offre un intérêt tout spécial, et que, pour l'histoire de la Rochelle, nul autre ne saurait surpasser. Le premier feuillet contient les prières qu'on prononçait à l'entrée et à la sortie du conseil.

Nous ne saurions dire par quelle cause les trois premiers de ces volumes ont échappé à l'enlèvement que Richelieu vainqueur fit faire des archives de la commune, de ces documents qui, en rappelant aux Rochelais leurs privilèges et presque leur autonomie, entretenaient leur orgueil et s'opposaient à une complète soumission. Quant au quatrième, un singulier hasard l'a fait recouvrer. Il paraît que les livres et papiers enlevés par Richelieu à la Rochelle ont été en partie dispersés. Le registre de la mairie de Godeffroy se trouvait parmi les livres de M. de

Courcelles, qui furent vendus en vente publique à Paris, en juin 1835. Le catalogue de cette bibliothèque, où ce manuscrit figure sous le n° 1476, fut envoyé à la bibliothèque de la Rochelle, et, sur la proposition d'un de ses membres, le conseil municipal vota pour l'acquisition de ce document une somme considérable. La constatation de rapports importants avec l'Angleterre fit que la ville de la Rochelle ne se montra pas seule curieuse de le posséder, et le prix en fut porté au-delà de 500 francs. Espérons dans quelque autre hasard pour faire retrouver le registre de la mairie de Guiton, qui contient les derniers mois du siège.

496. — Lettre des quatre ministres de la Rochelle envoyée au Roi, le 14 de mars 1619. — *In-8. Recueil Y, p.* 218-219.

Bibl. de la Roch., n° 12356. — Bibl. nat.e Lb[36], n° 156. — Lelong, n° 20756.

« Cette lettre est contre le duc d'Épernon qui voulait prendre » le gouvernement de la ville. » Fontette. — Ils protestent de leur obéissance, en suppliant le Roi de leur donner un autre gouverneur. Les noms des signataires ne sont pas ceux des ministres de la Rochelle en 1619.

497. — Procès-verbal de l'assemblée tenue à la Rochelle par ceux de la religion prétendue réformée. — *Manuscrit de Colbert,* 1573, *selon la statistique de la Charente-Inférieure, p.* 75.

498. — Histoire véritable de tout ce qui s'est fait et passé depuis le 1er janvier 1619 jusques à présent tant en Guyenne, Languedoc, Angoulmois, Rochelle, que Limosin et autres lieux circonvoisins, fidèlement rapportée par témoins qui ont vu et été sur les lieux,

où le lecteur verra choses rares et particulières des affaires du temps. — *Paris, N. Alexandre*, 1619, *in*-8.

Bibl. nat^e. Lb³⁶, n° 1237.

499. — Mémoires sur l'assemblée des églises réformées de France faite à la Rochelle en 1620. Bibliothèque de M. le marquis d'Aubais. (Fontette.) — *Mss.*

Lelong, n° 5921.

500. — Déclaration et protestation des habitants de la ville de la Rochelle au roi, sur les affaires de ce temps. — *Suivant la copie imprimée à Fontenay, chez J. Dantgicour,* 1620, *in*-8.

Bibl. nat.^e Lb³⁶, n^e 1475,

501. — La déclaration des catholiques Rochelois, faicte aux bourgeois, maire et eschevins de la ville, le 17 août. — *Paris,* 1620, *in*-8, 14 *p.*

Bibl. de la Roch., n° 3215. — Bibl. nat^e. Lb³⁶, n°s 1465, 1473.

Ils se plaignent des soupçons et des vexations dont ils sont l'objet, protestent de leur fidélité au Roi et à la ville.

502. — La réception faite à M. le comte de Bassompierre par les maire, échevins et bourgeois de la Rochelle et autres particularités. — *Paris, imp. de J. Bouillerot,* 1620, *in*-8.

Bibl. nat^e. Lb³⁶, n° 1490.

503. — Remontrance aux habitants de la Rochelle de la religion P. R. tant sur l'obéissance qu'ils doivent au roi que sur toutes les affaires de ce temps, par P. E. D. M. — *Paris, I. Mesnier, suivant la copie imp. à Poytiers, par A. Mesnier,* 1620, *in*-8.

Bibl. nat^e. Lb³⁶ n° 1491.

504. — Déclaration du Roi, par laquelle il défend à ses sujets de la religion prétendue réformée de s'assembler et à tous gouverneurs, lieutenans, maires et échevins des villes de son royaume de les recevoir et admettre, déclarant criminels de lèse-majesté tous ceux qui y contreviendront (22 octobre). Vérifiée en parlement le 14 novembre 1620. — *In*-8, 14 *p*.

Bibl. de la Roch., n° 2065. — Bibl. nat^e. Lb³⁶, n° 1506 *.

Cette déclaration avait pour but de prévenir l'assemblée de la Rochelle, qui n'en eut pas moins lieu deux mois après.

505. — Sommaire des plus importantes raisons qui font reconnaître la nécessité d'une assemblée générale des églises réformées en la ville de la Rochelle, pour le service du Roi et conservation des dites églises. — *In*-12. (Catal. de M. Baulot.)

Bibl. nat^e. Lb³⁶, n° 955.

506. — Extrait des actes de l'assemblée générale des Églises réformées de France et souveraineté de Béarn, tenant à la Rochelle, du 3ᵉ jour de juillet. — 1621, *in*-8.

Bibl. nat^e. Lb³⁶, n° 1700.

507. — Actes de l'assemblée générale des églises réformées de France et souveraineté de Béarn, tenue en la ville de la Rochelle, le 25 du mois de décembre 1620. — *Mss. in*-4 *de* 451 *p*. — La copie qui est à la bibliothèque de la Rochelle a été, d'après une note d'Arcère, faite sur le manuscrit de la dite assemblée conservé dans la bibliothèque de l'abbaye de Saint-Maixent. Lelong indique l'original comme étant dans la bibliothèque du Roi, n° 9341.

Bibl. de la Roch., n° 3219. — Lelong, n° 6241.

Ce sont proprement les procès-verbaux journaliers de cette assemblée. Malheureusement les pièces qui en émanent et la plupart des lettres qui lui sont adressées n'y sont qu'indiquées et non pas transcrites, mais presque toutes ont été imprimées séparément ou dans le *Mercure français*. Nul livre ne fait à beaucoup près aussi bien connaître cette espèce d'assemblée nationale qui, ne tirant son pouvoir que de l'assentiment de ses coréligionnaires, luttait à la fois contre le roi de France et contre presque tous les grands seigneurs de son propre parti, qui lui prodiguaient les expressions de respect tout en cherchant à s'en séparer ou à s'en faire un instrument. Outre ce grand intérêt général, cet ouvrage en a un tout spécial pour l'histoire de la Rochelle. Les rapports quotidiens qu'il constate entre les chefs de l'assemblée et les autorités ou le peuple de la Rochelle éclaircissent très bien, d'un côté, le jeu intérieur de ces autorités mêmes, de l'autre, la part que la Rochelle prit aux guerres de 1622 à 1628, époque de sa ruine. On a imprimé de nos jours une foule de documents à coup sûr moins importants que celui-là.

Il a été publié en 1876 par M. Anat. de Barthélemy et forme le vᵉ volume des *Archives historiques du Poitou*.

508. — Procès-verbal contre l'assemblée tenue à la Rochelle en novembre 1620 par ceux de la religion prétendue réformée, sans le consentement et permission du roy ; avec les articles et ordonnances des rois portant défense de la teneur des dites assemblées, sans l'expresse permission de Leurs Majestés. — *Paris, I. Mesnier, suivant la copye imp. à Poictyers par A. Mesnier, 1620, in-8.*

Bibl. natᵉ. Lb³⁸, nᵒ 1532.

509. — Exhortation à l'assemblée de la Rochelle. — 1620, *in-8.*

Bibl. natᵉ. Lb³⁶, nᵒ 1535.

510. — Avis de la part du roi d'Angleterre aux habitants de la Rochelle, sur les affaires de ce temps. — 1620, *in*-8.

Bibl. nat^e. Lb³⁶, n° 1536. — Cf. Affaire des protestants de la Rochelle, manuscrit Bacon, bibl. de Lambeth, n° 930, selon Pitra, arch. des missions, t. IV, p. 171.

511. — Sommation et commandement faits par M. le duc d'Épernon aux habitants de la Rochelle, et autres personnes de la religion prétendue réformée, assemblés en la dite ville, sans le consentement et permission du Roi, suivant l'exécution des commandements du Roi, et déclaration de Sa Majesté faite contre iceux, le 22 octobre dernier. — 1620, *in*-8.

Bibl. nat^e. Lb³⁶, n° 1534. — Lelong, n° 20893.

512. — Le grand désastre nouvellement arrivé en la ville de la Rochelle, au grand étonnement des Rochellois. — *Paris, Moreau,* 1621, *in*-8, 8 *p.*

Bibl. de la Roch., n° 3220. — Bibl. de M. Benjamin Fillon, de Fontenay. — Bibl. nat^e. Lb³⁶, n° 1623.

Chute subite d'une partie du boulevard en novembre 1620. On y voit un prodige et un présage.

513. — Très humbles remonstrances au Roy par les députez des églises réformées de France et souveraineté de Béarn, assemblez à la Rochelle. — *La Rochelle, Pierre Pié-de-Dieu,* 1621, *in*-8, 29 *p.* — *Mercure français, t.* VIe, 1621, *p.* 2-13.

Bibl. de la Roch., n°s 2032, 2066. — Bibl. nat^e. Lb³⁶, n° 1546. — Lelong, n° 5922.

Remontrances faites d'un ton de soumission, mais avec vivacité et parfois avec éloquence, sur l'inexécution des clauses des édits favorables aux protestants , qui , du reste , n'ont rien de spécial à la Rochelle.

514. — Protestation des habitants de la ville de la Rochelle au roy. — *La Rochelle, Pierre Pied-de-Dieu,* 1621, *in*-8, 8 *p.*

Catal. Villenave, nᵒ 1345. — Bibl. natᵉ. Lb³⁶, nᵒ 1572.

515. — Déclaration générale des premiers et principaux ministres de la religion prétendue réformée, envoyée à l'assemblée de la Rochelle, le 17 février 1621. — *Paris, suivant la copie imp. à Xaintes, par S. Crespon,* 1621, *in*-8, 14 *p.*

Catal. Villenave, nᵒ 1345 bis. — Bibl. natᵉ. Lb³⁶, nᵒ 1568.

516. — La résolution des gouverneurs de la religion Pr. R. contre la ligue de la Rochelle. — *Paris, Rocolet,* 1621, *in*-8, 8 *p.*

Bibl. de la Roch., nᵒ 3220. — Bibl. de M. Benjamin Fillon, de Fontenay. — Bibl. natᵉ. Lb³⁶, nᵒ 1654.

Protestation d'obéissance au Roi, contre MM. de la Rochelle, des chefs protestants de Saumur, Loudun, Thouars, Fontenay, Niort, Marans, Pons, etc.

517. — Avertissement à l'assemblée de la Rochelle. — 1621, *in*-8, 30 *p.*, et dans le *Mercure français, t.* vIIᵉ, *p.* 223-224.

Bibl. de la Roch., nᵒˢ 2032, 3215. — Bibl. natᵉ, Lb³⁶, nᵒ 1601. — Lelong , nᵒ 6242.

518. — Réglement dressé par l'assemblée de la Rochelle, le 10 mai 1621. — *Mercure français, t.* vII, *p.* 311-322.

Bibl. de la Roch., nᵒˢ 2030, 3188, 3220. — Lelong, nᵒ 6243. — Bibl. natᵉ. Lb³⁶, nᵒ 1634.

Cette pièce et la précédente, ainsi que beaucoup d'autres qu'on trouve dans le même recueil, offrent de l'intérêt pour l'histoire des derniers troubles du protestantisme, mais non pas pour l'histoire spéciale de la Rochelle.

519. — Discours des vrayes raisons pour lesquelles ceux de la Religion en France peuvent et doivent en bonne conscience résister par armes à la persécution ouverte que leur font les ennemis de leur religion et de l'Estat, où est respondu au libelle intitulé : *Advertissement à l'assemblée de la Rochelle*, par un des députez en la dite assemblée (Brachet de la Milletière). — *La Rochelle*, 1622, *in*-8, 96 *p.*

Bibl. de la Roch., nᵒ 2066. — Bibl. natᵉ. Lb³⁶, nᵒ 1810.

Cette virulente réplique à Tilenus, moitié théologique moitié politique, entre dans d'assez grands détails.

520. — Examen d'un écrit intitulé : « *Discours des vraies raisons....* (nᵒ 519) » fait par Daniel Tilenus. — *Paris, N. Buon*, 1622, *in*-8.

Bibl. natᵉ. Lb³⁶, nᵒ 1811.

521. — L'adieu de Perot le sage, ennuyé de l'excès, des insolences et concussions de l'assemblée rocheloise. — *Maillezay*, 1621, *in*-8.

522. — Lettre de MM. de l'assemblée à M. le duc de Lesdiguières. — *A la Rochelle, par Pierre Pié de Dieu*, 1621, *in*-8. — *Mercure français, t.* VII, *p.* 210.

Bibl. de la Roch., nᵒˢ 2032, 3220. — Bibl. natᵉ. Lb³⁶, nᵒ 1576. — Lelong, nᵒ 20977.

Ils s'y plaignent des contraventions faites aux édits qu'on leur avait accordés. La lettre est du 18 mars 1621.

523. — La réponse de M. le duc Desdiguières aux plaintes à lui envoyées par ceux de l'assemblée de la Rochelle (1er février). — *Paris, A. Vitray*, 1621, *in*-8, 13 *p.* — *Mercure français*, t. VI, *p.* 13 à 18.

Bibl. de la Roch., nos 2032, 2066. — Bibl. nate. Lb36, no 1564.

Il blâme leurs démarches, leur conseille de se dissoudre et de se soumettre au Roi. Sa lettre est du 1er février 1621.

524. — L'heureuse conversion des plus notables bourgeois et habitants de la ville de la Rochelle, convertis à la foi catholique, apostolique et romaine, par le R. P. Jean-Baptiste, prédicateur capucin, le dimanche 21 mars 1621. Ensemble ce qui s'est passé à ce sujet à Fontenay-le-Comte. — *Paris, Le Blanc*, 1621, *in*-8.

Bibl. nate. Lb36, no 1577.

525. — Harangue à MM. de la Rochelle, prononcée dans leur assemblée, le 9 de mai 1621, par M. le comte de la Cressonnière, leur président, touchant la réponse qu'ils ont eue de M. Desdiguières, par le sieur de Clairville, et ensemble les tumultes et séditions qui y arrivèrent. — *Mss.* 1621, 5 *p. in*-4, *ou* 12 *p. in*-8, *et (s. l.), in*-8.

Bibl. de la Roch., nos 3137, 3188, 3220. — Bibl. nate. Lb36, no 1633.

Il appuie les conseils de soumission donnés par le duc de Lesdiguière.

526. — Seconde lettre de l'assemblée de la Rochelle à M. le duc Desdiguières, 2 avril 1621. — *(S. l.), in*-8, 8 *p.* — *Mercure français.*

Bibl. de la Roch., no 3220. — Lelong, no 20978. — Bibl. nate. Lb36, no 1590.

527. — Dernier avis de Monsieur le mareschal Desdiguières, à MM. de la Rochelle, sur la dernière résolution du roy, du 5 mai mil huit cent vingt-un. — *Paris, A. Bacot, 1621, in-8, 12 p.*

Bibl. de la Roch., nos 2066, 3145, 3220. — Bibl. nat.e, Lk36, no 1630.

Il les engage à recevoir avec soumission le Roi à la Rochelle.

528. — Lettre de MM. l'assemblée au roy. — *La Rochelle, 1621, in-8, 5 p.*

Bibl. de la Roch., no 3220. — Bibl. de M. Benjamin Fillon, de Fontenay. — Lelong, no 5923. — Bibl. nate. Lb36, no 1560.

Lettre datée du 20 janvier 1621. Protestations de fidélité, signées Bessay, Clémenceau, Maleray, La Milletière.

529. -- A MM. de la religion P. R. sur la rébellion de ceux de la Rochelle, S. Jean Dangely, et leurs adhérents, de l'obéissance des sujets et inférieurs envers les rois.... suivant la parole de Dieu, par Me Jean Estienne.... — *(S. l.), 1621, in-8.*

Bibl. nate. Lb36, no 1605.

530. — Lettre et déclaration de l'assemblée nouvellement tenue en la ville de Niort en Poictou, avec la permission du roi, par MM. de la religion P. R. envoyée aux habitants de la Rochelle sur les affaires de ce temps. — *Paris, sur la copie imp. à Poictyers, par la ve J. de Marnef, 1621, in-8.*

Bibl. nate. Lb36, no 1639.

531. — Pouvoir et commissions de l'assemblée de la Rochelle décernées sur le département des provinces de France (14 mai). Plus un discours et avis d'Etat

sur ledit département. — *A Quevilli, 1621, in-8. — Copie manuscrite, in-4, 4 p.*

Bibl. de la Roch., nᵒˢ 3143, 3188, 3220. — Bibl. natᵉ. Lb³⁶, nᵒ 1638.

Pouvoir donné par l'assemblée, le 14 mai 1621, à M. de Mombrun, suivi de réflexions qui peignent l'assemblée comme une véritable république.

532. — Le pétard d'éloquence de maître Guillaume le jeune. A MM. les rebelles de la Rochelle.... — *Montauban, par J. d'Olivier (s. d.), ou 1621, in-8.*

Bibl. natᵉ. Lb³⁶, nᵒ 1747.

533. — L'innocence des jésuites, contre les calomnies et fausses imputations de l'assemblée de la Rochelle. — 1621, *in-8.*

Lelong, nᵒ 14313. — Bibl. natᵉ. Lb³⁶, nᵒ 1549 *.

534. — L'entreprise faite à la Rochelle avec MM. de l'assemblée, contre le service du Roy, avec les commissions, fortifications, levées et contraintes qu'ils font aux habitants ès lieux circonvoisins. — Extraict d'une lettre écrite à un commissaire des guerres, par un gentilhomme de qualité (C. B.), voisin de la Rochelle (2 février). — *Paris, in-8, 14 p. Vᵛᵉ Hubert, Le Court.... etc.*

Bibl. de la Roch., nᵒˢ 2066, 3145. — Bibl. natᵉ. Lk³⁶, nᵒ 1557.

Dans cette lettre, datée du 3 février 1621, on peint les protestants comme très disposés à la révolte, mais sans ressources. A la suite est un billet, qui impose aux paysans, au nom de l'assemblée, une fourniture de bois.

535. — Les larmes de Théognide, sur la désolation

des Églises réformées de France, à cause des procédures de l'assemblée de la Rochelle et ses adhérents. — *Bourdeaus, par S. Millanges, 1621, jouxte la copie imp. à Paris, in-8.*

Bibl. nat^e. Lb36, n° 1559.

536. — Lettres de M. de la Trimouille, deux au Roi, une à Mgr le Prince (23 février). Plus une autre de M. de la Force à Sa Majesté, sur le sujet de l'assemblée de la Rochelle. — *A la Rochelle, 1621, in-8, 14 p.* — *Mercure français, t.* VII.

Bibl. de la Roch., n°s 2032, 3220. — Lelong, n° 20979. — Bibl. nat^e. Lb36, n° 1569.

537. — Manifeste du Roi, adressé aux habitants de la Rochelle. — *1621, in-8.*

Lelong, n° 20979 *.

538. — Dernière sommation envoyée aux habitants de la Rochelle de mettre la ville entre les mains du Roi et de lui obéir..., par le marquis de Bergeville. — (18 *mai*) 1621, *in-8.*

539. — Récit véritable de tout ce qui s'est passé à Saumur, à l'arrivée du roi et pendant son séjour, et plusieurs autres nouvelles, tant de la Rochelle que de Poictou et ailleurs. — *Paris, C. Chappellain, 1621, in-8.*

Lelong, n° 20980. — Bibl. nat^e. Lb36, n° 1637.

540. — Troisième lettre de MM. de l'assemblée au roi (17 février). — *La Rochelle, Pié-de-Dieu, 1621, in-8.*

Bibl. nat^e. Lb36, n° 1565.

541. — Tableau votif offert à Dieu pour le roi tres chrestien de France et de Navarre Louis XIII, sur ses

guerres faites par lui et victoires gagnées en ses pays
d'Anjou, Poictou, Xainctonge, Gascongne et Béarn, ces
ans derniers 1620 et 1621, par Louis Richeome.... —
Bourdeaus, par J. Millanges et C. Mongiroud, 1622, *in-8*,
198 *p.*

Bibl. de la Roch., n° 2066. — Lelong, n° 21068. — Bibl. nat°.
Lb³⁶, n° 1812.

L'assemblée de la Rochelle tient une assez grande place au
milieu des événements de ces deux années, racontés ici sous la
forme d'une accusation contre les protestants.

542. — Les rebellions rocheloises contre les anciennes fidélitez protestées au roys de France. — *Paris,
Denys Langlois, ou Rouen, jouxte la copie imp. à Paris,*
1621, *in-8*, 6 *p.* ou 14 *p.*

Bibl. de la Roch., n°s 2066, 3215, 3220. — Bibl. nat°. Lb³⁶,
n° 1604.

Exhortation à la soumission, théologico-politique, où le grotesque s'allie au pédantisme.

543. — L'anti-Rochelle ou doux contrepoison à
l'insolent manifeste des Rochelois, où l'auteur dé-
couvre la malice invétérée des rebelles, soutient la
justice des armes du roi, défend la fidélité de ses bons
serviteurs, et publie la valeur des braves guerriers,....
par le sieur Guerson. — *Pont-à-Mousson, M. Bernard,*
1622, *in-8*.

Bibl. nat.° Lb³⁶, n° 1818.

544. — La prise et deffaicte des trouppes de la
Rochelle, par les chevaux-légers de Sa Majesté,
commandez par Monsieur le duc de Luxembourg.
Ensemble ce qui c'est passé aux dernières sorties de

Saint Jean d'Angély. — *Paris, P. Rocolet, ou Rouen,* 1621, *in*-8, 13 *p.*

Bibl. de la Roch., nᵒˢ 3215, 3220. — Bibl. natᵉ. Lb³⁶, nᵒ 1660.

Épisode du siège de Saint-Jean-d'Angély, où une diversion tentée par les Rochelais fut repoussée.

545. — L'écho du manifeste du roi adressé aux habitants de la Rochelle, depuis la réduction de la ville de Saint Jean d'Angély et de Caumont jusques à présent. — *Paris, J. Guerreau,* 1621.

Lelong, nᵒ 21000. — Bibl. natᵉ. Lb³⁶, nᵒ 1683.

546. — Lettre et advis de M. le comte de Beaurepère, de la religion P. R., envoyée aux habitans de la Rochelle, sur ce qui s'est passé à Saint Jean d'Angéli, et sur les résolutions du Roy, le 26 mai 1621. — *Paris, sur la copie imp. à Xaintes, chez Samuël Crespon, in*-8, 8 *p.*

Bibl. de la Roch., nᵒ 3220. — Bibl. de M. Benjamin Fillon, de Fontenay. — Bibl. natᵉ. Lb³⁶, nᵒ 1650.

Il les engage à la soumission.

547. — Déclaration de MM. de la religion P. R. de la ville de Paris, présentée au Roy, sur la résolution de son départ contre les rebelles de Montauban et autres villes désobéissantes à Sa Majesté. — *Paris, Bacot,* 1622, *in*-8, 15 *p.*

Bibl. de la Roch., nᵒ 2066. — Bibl, natᵉ. Lb³⁶, nᵒˢ 1851, 1909.

Non-seulement ils se séparent de leurs coréligionnaires révoltés, mais ils les blâment et les accusent en gens qui ont peur d'être compromis.

548. — Le fidéle Français des Églises réformées de France, contenant désaveu des résolutions prises à

l'assemblée de la Rochelle, en exécution des édits de
Sa Majesté. — *Grenoble, Arnaud de Saint-Bonnet,* 1621,
in-8.

Bibl. nat⁰. Lb³⁶, nᵒ 1748.

549. — Déclaration du roi, par laquelle tous les
habitants et autres personnes qui sont de présent ès
villes de la Rochelle et Saint Jean d'Angély, et tous
ceux qui les favoriseront, sont déclarés criminels de
lèse-majesté; avec injonction à tous ses sujets de la
prétendue religion réformée de faire protestation de
n'adhérer en aucune sorte à l'assemblée de la dite ville
de la Rochelle, ni à toutes autres qui se sont tenues
et tiennent sans expresse permission de Sa Majesté,
publiée en parlement le 7 juin 1621. — *In-8, 16 p., et
Mercure français, t.* VII, *p.* 354.

Bibl. de la Roch., nᵒˢ 2032, 2066. — Lelong, nᵒ 21001. —
Bibl. nat⁰. Lb³⁶, nᵒ 1650 *.

Donnée à Niort, le 27 mai 1621.

550. — La réduction de la ville de Pons en l'obéissance du Roi, avec la nouvelle défaite des compagnies
de la Rochelle et poursuite du sieur de Favas, par
MM. les duc de Luxembourg et maréchal de Praslin.
— *Paris, P. Rocolet,* 1621, *in-8.*

Bibl. nat⁰. Lb³⁶, nᵒ 1690.

551. — Lettre du Roi à M. le comte de Sault....
par laquelle Sa Majesté fait entendre ce qui se passe
en ses armées et particulièrement pour le siège de la
Rochelle. (3 juillet.) — *Paris, A. Saugrain,* 1621, *in-8.*

Bibl. nat⁰. Lb³⁶, nᵒ 1698.

552. — Sentence donnée par l'assemblée de la Rochelle, par laquelle se cognoist leur rébellion et le mespris qu'ils font de l'authorité du Roy. — *Paris, Rousset, in-8, 14 p.*

Bibl. de la Roch., nᵒˢ 2066, 3145. — Bibl. natᵉ. Lb³⁶, nᵒˢ 1661, 1708.

Sentence de l'amirauté, du 10 juillet 1621, qui déclare de bonne prise trois barques françaises enlevées par des corsaires rochelais.

553. — L'entrée royale et magnifique du roi en sa ville de Bergerac (9 juillet). Ensemble l'humble remontrance des députés de l'assemblée et bourgeois de la Rochelle à Sa Majesté. — *Paris, par E. de l'Oreille, 1621, in-8.*

Bibl. natᵉ. Lb³⁶, nᵒ 1705.

554. — Lettres patentes du roi par lesquelles le siège présidial et gouvernement de la ville de la Rochelle, ensemble les autres justices et juridictions d'icelle, sont transférées en la ville de Marans (1ᵉʳ juin). Registrées en parlement le 7 août 1621. — *In-8, 14 p., et copie manuscrite de la bibliothèque, in-4, 2 p.*

Bibl. de la Roch., nᵒˢ 2066, 3145, 3196. — Lelong, nᵒ 21012. — Bibl. natᵉ. Lb³⁶, nᵒ 1654 *.

Cette translation, ordonnée par le Roi, au camp devant Saint-Jean-d'Angély, est basée sur l'état de trouble et de rébellion de la ville de la Rochelle.

555. — La prise des advenues et passages de la Rochelle pour le bloquement d'icelle, par M. le duc

d'Epernon, suyvant le commandement du Roy. — *Paris, Mesnier, 1621, in-8, 16 p.*

Bibl. de la Roch., n° 3220. — Bibl. de M. Benjamin Fillon, de Fontenay. — Bibl. nat[e]. Lb[36], n°s 1702, 1703.

Détails militaires pleins de noms propres des assiégeants.

556. — Dernier avertissement du roi, envoyé aux habitants de la Rochelle par M. le duc d'Espernon, après la prise des avenues, passages et bloquement d'icelle. — 1621, *in-8.*

Bibl. nat[e]. Lb[36], n° 1704.

557. — La deffaicte de deux cents habitans sortis de la Rochelle et autres troupes étrangères, par M. le duc d'Espernon. — *Paris, Mesnier, 1621. — Copie manuscrite, in-4, 4 p.*

Bibl. de la Roch., n°s 3137, 3188, 3220. — Bibl. nat[e]. Lb[36], n° 1735.

Escarmouche du 14 août 1621, où quatre cents hommes sortis de la Rochelle tombèrent dans une embuscade.

558. — La défaite de 400 hommes sortis de la Rochelle.... par M. le duc d'Espernon. (17 août.) — 1621, *in-8.*

Bibl. nat[e]. Lb[36], n° 1737.

559. — Le brulement des moulins des Rochelois, la défaite de M. de Lanoue et la blessure de Montpouillan, arrivés les 29 et 30 août, avec un véritable récit de tout ce qui s'est passé en l'armée du roi, commandée par M. le duc d'Espernon, és pays de Xaintonge et Aulnix ; ensemble la conversion du ministre de Toüars et de son fils. — *Paris, A. Vitray,*

1621 , *in-8. — Copie manuscrite de la bibliothèque , in-4 ,
4 p.*

Bibl. de la Roch., nᵒˢ 3196, 3220. — Lelong, nᵒ 21014. —
Bibl. natᵉ. Lb³⁶, nᵒ 1746.

Épisode intéressant de cette guerre d'escarmouches , décrit
par un catholique.

560. — La rude charge faite l'onzième de ce mois
(de septembre), jusques aux portes de la Rochelle, par
l'armée du roi, commandée par M. le duc d'Epernon,
ès pays de Xainctonge et Aulnix, en laquelle est demeuré plus de 250 Rochelois sur la place, et presque
autant de blessés, prisonniers ou en déroute, parmi
lesquels il y avait beaucoup de leurs francs-bourgeois.
— *Jouxte la copie envoyée de l'armée aux officiers du roi à
Poitiers, 1621, in-8, 12 p.*

Bibl. de la Roch., nᵒˢ 2066, 3145, 3220. — Lelong, nᵒ 21016.
— Bibl. natᵉ. Lb³⁶, nᵒ 1752.

Petit combat livré le 11 septembre 1621, du côté de la pointe
de Coureilles, aujourd'hui des Minimes, entre 1500 hommes
de l'armée royale et 1200 rochelais.

561. — La prise et transport des blés et autres
provisions des habitants de la Rochelle par M. le duc
d'Epernon ; ensemble l'empêchement des eaux douces
de ladite ville et l'incommodité qu'elles apportent aux
habitants — les préparatifs des vendanges — les def-
faictes qui se sont faictes ès lieux circonvoisins et
généralement tout ce qui s'est passé à ce subject jusques à présent. — *Paris, Mesnier, 1621, in-8, 16 p.*

Bibl. de la Roch., nᵒ 3220. — Bibl. de M. Fillon, de Fontenay.
— Bibl. natᵉ. L³⁶, nᵒ 1740.

Faits militaires ; on dit qu'à la Rochelle on tenta, mais en vain, de dessaler l'eau de mer.

562. — Dernier combat faict par M. le duc d'Epernon aux portes de la Rochelle. — *Tolose*, 1621, *in*-8, 16 *p.*

Cat. Bachelin, 1869, n° 3138.

563. — La défaite de 600 Rochelois, par l'armée du Roi commandée par M. le duc d'Epernon ; avec la prise du maire désigné et 54 chefs des plus notables de la Rochelle. (Septembre.) — *Paris, P. Rocolet,* 1621, *in*-8, 14 *p.*

Bibl. de la Roch., n° 3220. — Lelong, n° 21025. — Bibl. nate. Lb36, n° 1753.

Épisode de guerre.

564. — La prise du secours allant par mer à la Rochelle ; ensemble le grand et furieux combat arrivé près de Brouage, contre leur admiral et armée navale, le 24 septembre 1621. — *Rouen, A. Orange, in*-8, 16 *p.*

Bibl. de la Roch., n° 3220. — Bibl. de M. Benjamin Fillon, de Fontenay. — Bibl. nate. Lb36, n° 1787.

N. E. — Le catalogue de la Bibliothèque nationale indique le 24 novembre au lieu du 24 septembre, et comme éditeur A. Saugrain, Paris.

Épisode de cette guerre de tous les jours. Les forces des Rochelais y sont détaillées : mais leurs officiers n'y sont pas nommés.

565. — La prise de l'isle de Ré sur les Rochelois, par M. le baron de Saint-Luc ; ensemble la nouvelle desroute desdits Rochelois au faux-bourg de La Fon, par l'armée du Roy, commandée de M. le duc d'Espernon, logé à présent audit faux-bourg de La Fon, et de 400

femmes prises et emmenées prisonnières en ce présent mois d'octobre. — *Paris, Ab. Saugrain,* 1621, *in-8,* 14 *p.*

Bibl. de la Roch., n° 3220. — Bibl. de M. Benjamin Fillon, de Fontenay. — Bibl. nat^e. Lb³⁶, n° 1773.

Détails militaires. On y note le courage et l'inimitié des Olonnois (Sables-d'Olonne) contre les Rochelois.

566. — Le bannissement des prestres de l'Oratoire hors de la Rochelle, avec la harangue que leur fit le maire, auparavant que de les en chasser, et généralement tout ce qui s'est passé en cette action ; avec un véritable récit des insolences et impiétez exercées dans des églises par les Rochelois et l'emprisonnement d'un gentilhomme et de son fils, après avoir pillé son chasteau, pour n'avoir pas voulu permettre que ses subjets allassent travailler aux fortifications de leur ville, au préjudice des déffenses du Roy. — *Paris, Ant. Vitré,* 1621, *in-8,* 16 *p.* — *Copie manuscrite, in-4,* 6 *p.*

Bibl. de la Roch., n°s 3196, 3220. — Bibl. nat^e. Lb³⁶, n° 1644.

C'est un curieux épisode des troubles. On y voit le maire obligé de tromper le peuple ameuté pour sauver les oratoriens en les bannissant. On dirait une scène de 1792.

567. — La mémorable défaite de l'armée rocheloise, par M. le marquis de la Valette et les sieurs de la Douerière et de Virsac, gouverneurs de Mornac et de Talmont. — *Paris, jouxte les mémoires imp. à Bourdeaux, par S. Millanges,* 1621, *in-8.*

Bibl. nat^e. Lb³⁶, n° 1791.

568. — Le plan de l'anarchie rocheloise, fondée sur les sablons de la mer. Dressé par François de

Fermineau, sieur de Beaulieu, conseiller et premier avocat du Roi au présidial de Nismes. — *Toulouse, J. Maffré,* 1621, *In-*8.

Lelong, n° 5933. — Bibl. nat^e. Lb³⁶, n° 1756.

« Satyre ou déclamation contre la rébellion des Rochelois, » remplie de mauvais jeux et de froides allusions sur la res- » semblance des mots. » Ménard, *Histoire de Nismes,* t. VII, p. 706, col. 2, cité par Fontette. Une seconde philippique est dirigée contre les protestants de Nîmes.

569. — Plan de l'anarchie rocheloise, par François de Frémineau. — *Toulouse,* 1621, *in-*8. — La suite : *Avignon,* 1622, *in-*4.

Lelong, n° 21036.

C'est sans doute une réimpression des morceaux précédents avec une faute dans le nom de l'auteur.

570. — La victoire remportée sur l'armée navale de la Rochelle par le grand galion du roi, commandé par M. le duc de Guise. (13 décembre.) — *Paris, jouxte les mémoires impr. à Bourdeaux, par S. Millanges,* 1621, *in-*8.

Bibl. nat. Lb³⁶, n° 1794.

571. — Les sept voix des sept trompettes saintes envoyées par les bons français devant les sept bastions de la Rochelle. — *Paris, J. Guerreau,* 1622, *in-*4.

Lelong, n° 21036 *. — Bibl. nat^e. Lb³⁶, n° 1887 *.

« En vers. » d'après Fontette.

572. — Les signes merveilleux et épouvantables apparus au ciel sur la ville de la Rochelle, le 28e jour d'avril dernier, le tout au grand étonnement des Ro-chellois ; ensemble le combat de deux hommes en

l'air, lesquels ont été veus en grande admiration par tous les habitants de ladite ville ; avec la résolution de leur assemblée tenue sur le sujet et évènement desdites apparitions. — *Paris, Champenois, 1621, in-8, 13 p.*

Cat. Villenave, n° 1388. — Bibl. nat^e. Lb^36, n° 1622.

573. — Juste jugement et mort du maire de la Rochelle, envoyée par un officier de la maison du roy. — *Paris, Pierre le Faucheur, 1621, in-8, 15 p.*

Bibl. de la Roch., n°s 3215, 3220. — Lelong, n° 21037. — Bibl. nat^e. Lb^36, n° 1738.

« C'est une singulière plaisanterie, où l'on suppose que le » diable, sous la forme d'un corbeau, enlève le maire de la » Rochelle, lorsqu'il donnait des ordres pour faire emprisonner » aucuns des bourgeois qui voulaient se soumettre au Roi, et le » laisse retomber, ayant le visage tourné vers le dos, l'estomac » ouvert, n'ayant plus ni foie, ni cœur, ni poumons, ni autres » entrailles. » Fontette. Ce beau miracle eut lieu le 25 mai, et fut, suivant le narrateur, suivi de grand nombre de conversions au catholicisme.

574. — L'exercice militaire fait à présent par les femmes de la Rochelle, avec les ordonnances à ce sujet ; ensemble les fortifications qu'elles ont faites, et tout ce qui s'est passé en la dite ville jusques à présent. — *Jouxte la copie imp. à Fontenay le Comte, Paris, M. Le Blanc, 1621, in-8.*

Bibl. nat^e. Lb^36, n° 1739.

575. — Le surveillant de Charenton aux citadins de la Rochelle, salut, et amendement de vie. — *1621, in-8, 16 p.*

Bibl. de la Roch., n°s 2066, 3155. — Lelong, n° 21049. — Bibl. nat^e. Lb^36, n° 1603.

« Il leur prédit tous les maux qui doivent leur arriver. Cette
» pièce est écrite dans le style de la halle, c'est-à-dire avec une
» grossière naïveté. » Fontette. — Grossier, oui, naïf, non.
C'est une mauvaise imitation de Rabelais, qui ne manque pourtant pas de finesse.

576. — Les remontrances des fidèles serviteurs du
roi, de la religion réformée, à MM. les députés en
l'assemblée de la Rochelle, pour la paix et l'obéissance
à S. M. contre les rebelles qui se disent de la même
religion et qui n'en sont point. — *(S. l.)*, 1622, *in*-8.

Bibl. nat^e. Lb36, n° 1869.

577. — Déclaration aux assemblées de la Rochelle
et Montauban, touchant l'obéissance due au roi pour
le bien de la paix, par le comte de La Tour, ci-devant
de la religion P. R. — *Paris, sur la copie imp. à Poictiers,
par P. Poirier,* 1622, *in*-8.

Lelong, n° 21096. — Bibl. nat^e. Lb36, n° 1866.

578. — La déclaration du roy d'Angleterre (Jacques Ier) contre les rebelles du royaume de France.
(24 décembre). — *Paris, Rocolet,* 1622.

Bibl. de la Roch., n° 3220. — Bibl. de M. Benjamin Fillon, de
Fontenay. — Bibl. nat^e. Lb36, n° 1808.

Déclaration du roi Jacques, du 24 décembre 1621.

579. — Lettre et dernier avis de M. le maréchal
Dédiguières aux rebelles et partialistes de Montauban,
Languedoc, Vivarets et la Rochelle, du 26 mars 1622.
— *Paris, G. Drouot,* 1622, *jouxte la copie imprimée à
Lyon, in*-8, *pièce.*

Bibl. nat^e. Lb36, n° 1915.

580. — Le torrent de la ligue rocheloise, sur le psalme 123. Très charitable remonstrance aux mutins et rebelles. — 1622, *in*-8, 8 *p.*

Bibl. de la Roch., n° 2066. — Lelong, n° 21104. — Bibl. nat°. Lb³⁰, n° 1887 **.

Imprécations et menaces contre les réformés, en stances de quatre vers de huit syllabes, dont chacune amène quelques mots latins qui, réunis, forment le psaume 123.

581. — Le portrait de la ligue rocheloise, sur le psalme CXXIII. — 1622, *in*-8.

Lelong, n° 21097.

Probablement le même que le précédent.

582. — Le confiteor aux rebelles, *in*-12 ; aux huguenots rebelles de ce temps, *Paris*, *in*-12 ; des parpaillots rebelles, avec le *de profundis* adressé au roi d'Angleterre par la ville de la Rochelle, *in*-12.

Lelong, n° 21098. — Bibl. nat°. Lb³⁰, n° 1887 *.

Ces quatre pièces, quoique sous des titres différents, sont les mêmes à l'exception de la dernière où est ajouté le *de profundis*. Ces pièces doivent avoir beaucoup d'analogie avec celle qui est comprise dans le numéro suivant.

583. — Le confiteor aux Rochelois. — *(S. l. n. d.)*, *in*-8, 13 *p.*

Bibl. de la Roch., n° 2066. — Bibl. nat°. Lb³⁶, n° 1887 *. — Lelong, n° 21527.

Pièce satirique en vers. Chaque stance de quatre vers, de huit syllabes, amène quelques mots latins dont l'ensemble forme le *Confiteor*. Cette espèce de jeu poétique fut très en vogue depuis la Ligue jusqu'à la Fronde.

584. — Les ordres observées par le roy en ses

armées tant par terre que par mer devant la Rochelle, ensemble la mort de Loudrière, gouverneur de ladite Rochelle, au grand estonnement des Rochelois. Avec leur misereatur, l'indulgentiam et l'immanus. — *Paris, v^{ve} Abr. Saugrain, 1628, in-8, 16 p.*

Bibl. de la Roch., n°s 2066, 3257. — Bibl. nat^{e}. Lb^{36}, n° 2605. — Lelong, n° 21501.

Pièce dont la première partie ne contient qu'un seul fait, la mort de Loudrière ; le reste déclamatoire et de même genre que le *Confiteor*.

585. — Le Misereatur aux Rochelois avec l'Ave et le Sancta Maria.

Bibl. nat^{e}., n° 2541 *.

586. — Le de Profundis de la Rochelle, envoyé à l'illustrissime roy d'Angleterre, par un courrier réformé. — *In-8, 13 p.*

Bibl. de la Roch., n° 2066, t. III. — Bibl. nat^{e}. Lb^{36}, n° 2517 *. — Lelong, n° 1530.

Pièce satirique en vers, du même genre que le *Confiteor*.

587. — Le de Profundis de la Rochelle. — *In-12.*

Lelong, n° 21105.

588. — La tragédie des rebelles, en cinq actes, en vers, sans distinction de scènes, où sous des noms feints on voit leurs conspirations.... etc. — *Paris, v^{ve} du Carroy, 1622, in-8.*

Lavallière, Bibl. du Théâtre français, t. Ier, p. 54.

589. — Antienne des psaumes pénitentiaux des fidèles de la Rochelle et de Montauban, pénitents ; ensemble la réponse de Sa Majesté à ces bons réformés.

Bibl. nat^{e}. Lb^{36}, n° 2096 *. — Lelong, n° 21109.

590. — Harangue superlative de Maistre Josse de la Fuye, cordonnier, et reformateur evangelique, aux ministres de France; ensemble ce qui a esté faict, conclud et arresté en la derniére assemblée de la Rochelle. — *Paris, Joseph Guerreau, 1622, in-8, 27 p.*

Bibl. de la Roch., n° 3221. — Bibl. nat°. Lb38, n° 1887.

591. — Evénements de l'année 1622 : défaite de M. de Soubise, siéges de Royan et de Négrepelisse; blocus de la Rochelle; combats de l'armée navale de Royan avec l'armée navale rocheloise, par P. Mervault. — *Mss. p. 133 à 169 du tome II des Collections historiques.*

Bibl. de la Roch., n° 3133. — Lelong, n° 35760.

Matériaux transcrits de diverses sources; plusieurs détails se retrouvent dans le recueil des *Collections historiques* et dans lé journal imprimé du siège.

592. — Récit véritable de ce qui s'est passé au départ de M. de Soubize, sortant d'Angleterre; ensemble le nombre de vaisseaux et gens de guerre dudit sieur de Soubize qui ont esté brisez, rompuz et noyez par l'orible foudre et tempeste arrivée sur lesdits vaisseaux au havre de Plemontz, qui descendoient à Cherebourg; avec la mort espouvantable d'un ingénieur nommé Nelloheman, du païs de Galle, qui estoit dans un desdits vaisseaux; le tout rapporté par le sieur de la Chesnaye, ayant commandement de monseigneur l'ambassadeur de France en Angleterre. — *Paris, J. Barbote, 1622, in-8, 16 p.*

Bibl. de la Roch., n°s 3220. — Bibl. nat°. Lb36, n° 2040.

Épisode de cette guerre, qui n'est pas spécial à la Rochelle.

593. — L'arrivée de la grande et puissante armée navalle du roy pour le bloquement de la Rochelle ; ensemble la teneur de l'édict du roy donné à Niort contre ceux qui ont suivy les trouppes du sieur de Soubize. — *Paris, N. Alexandre, 1622, in-8, 13 p.*

Bibl. de la Roch., n°s 3221. — Bibl. nat^e. Lb^36, n° 2038. — Lelong, n° 21099.

Liste des navires français et étrangers de la flotte du roi venue de la Méditerranée en avril et mai.

594. — Avis au roi pour facilement prendre Montauban, la Rochelle, et autres villes occupées par les rebelles. (Par FONTENAY.) — *Paris, imp. de N. Alexandre, 1622, jouxte la copie imp. à Rouen, in-8, pièce.*

Bibl. nat^e. Lb^36, n° 1876.

595. — Les inventions et machines admirables du sieur Pompée Targon, intendant des ingénieurs de France, dressées de nouveau contre la ville de la Rochelle ; ensemble l'arrivée de l'armée navalle dans le port de la dite ville et la prise d'un de leurs grands vaisseaux ; avec le nombre au vray de tous les seigneurs, capitaines, régimens et compagnies qui sont en l'armée de monseigneur le comte de Soissons. — *Paris, J. Martin, 1622, in-8, 13 p.*

Bibl. de la Roch., n° 3221. — Bibl. nat^e. Lb^36, n° 2037. — Lelong, n° 21101.

Ces inventions sont des estacades dans le chenal, qui furent l'origine de la digue.

596. — Les approches faites par l'armée du roy contre la ville de la Rochaille ; ensemble les forts que l'on a faits devant icelle par le commandement de

monseigneur le comte de Soissons ; avec la deffaicte de quelques mousquetaires sortis de la ville aux approches. — *Paris, P. Ramier, 1622, in-8, 7 p.*

Bibl. de la Roch., n° 3221. — Bibl. nat°. Lk³⁶, n° 2007.

Escarmouche du mois d'avril 1622.

597. — La deffaite mémorable de trente navires escossoises, venant au secours de la Rochelle, par monseigneur le prince de Condé ; le nombre des vaisseaux gaignez et des capitaines tant tuez que prisonniers ; avec un récit véritable de ce qui s'est passé en la bataille. — *Paris, J. Guerreau, 1622, in-8, 13 p.*

Bibl. de la Roch., n° 3221. — Bibl. nat°.Lb³⁶, n° 1984. — Lelong, n° 21102.

Combat naval près de Royan, le 12 mai 1622.

598. — La prise du comte de Marans, du sieur de la Motte et des principaux chefs et capitaines de l'armée de M. de Soubize ; avec un récit général de tout ce qui s'est passé en la bataille. — *Paris, G. Drouot, 1622, in-8, pièce.*

(A la fin : « De Challans, ce 17 avril 1622. Tiré des lettres envoyées au secrétaire de M. le cardinal de Rets. »)

Le même à *Rouen, D. Ferrant, jouxte la copie imprimée à Paris, in-8, pièce.*

Bibl. nat°. Lb³⁶, n° 1933.

599. — La fuite honteuse des huguenots ou parpaillaux et la confusion des Rochellois sur l'arrivée des gallères du roi à Bordeaux. — *Tolose, 1622, 14 p.*

Cat. Bachelin, 1869, n° 1404.

600. — La surprise du sieur de Soubise dans les sables d'Aulonne, investy tant par mer que par terre, avec la prise de son équipage et bagage, la deffaicte de tout son avant garde, la déroute de ses trouppes, et autres mémorables exploicts de guerre faits sur les ennemis du roy, par Messieurs le comte de la Rochefoucaut, marquis de la Valette et baron de Saint-Luc. — *Paris, P. Ramier,* 1622, *in*-8, 15 *p.*

Bibl. de la Roch., nᵒˢ 3226. — Bibl. natᵉ. Lb³⁶, nᵒ 1928.

Voir nᵒ 564 ci-dessus.

601. — La capilotade huguenote envoyée aux rebelles de la Rochelle et Montabanistes. — *(S. l. n. d.) in*-8, 16 *p.*

Bibl. de la Roch., nᵒ 2066, t. VIII. — Bibl. natᵉ. Lb³⁶, nᵒ 1732. — Lelong, nᵒ 21107.

« Cette pièce a pour but de leur faire voir le précipice où » ils sont engagés, et le moyen d'en sortir en se soumettant » promptement. » Fontette. — C'est un pamphlet semi-religieux dont le ton burlesque est du plus mauvais goût même pour ce temps.

602. — Lettre du roy envoyée à Messieurs les prévost des marchands et eschevins de la ville de Paris, touchant la deffaicte du sieur de Soubize. — *Paris, N. Alexandre,* 1622, *in*-8, 13 *p.*

Bibl. de la Roch., nᵒ 3221. — Bibl. natᵉ. Lb³⁶, nᵒ 1934.

Faits de guerre. Rien de spécial à la Rochelle.

603. — Lettre d'avis donné à tous les ministres de France et autres de la religion prétendue réformée par le sieur du Moulin, ci-devant ministre de Charanton,

sur la défaite des troupes des sieurs de Soubize et Favas. — *Paris, J. de Bordeaux, suivant la copie imp. à Sedan par J. Janon, 1622, in-8, pièce.*

Bibl. nat^e. Lb³⁶, n° 1937. — Lelong, n° 21109 *.

604. — Relation véritable apportée par le sieur du Buisson, envoyé par le roy, de la défaicte de l'armée du sieur de Soubize par Sa Majesté en personne; et de la prise du chasteau de la Chaume, dans les Sables-d'Olonne, le dix huictiesme de ce mois. — *Paris, F. Morel, 1622, in-8, 14 p.*

Bibl. de la Roch., n° 3221. — Bibl. nat^e. Lb³⁶, n° 1936.

Faits de guerre. Rien de spécial à la Rochelle.

605. — Récit véritable de la juste punition et vengeance exemplaire que le roy a prise et exécutée sur les prisonniers du chasteau de la Chaume, avec ce qui se passe de nouveau en l'armée. — *Paris, A. Saugrain, 1622, in-8, 14 p.*

Bibl. de la Roch., n° 3221. — Bibl. nat^e. Lb³⁶, n° 1950.

Les prisonniers furent pendus ou envoyés aux galères.

606. — La deffaite généralle de toutes les trouppes du sieur de Soubize par l'armée du roy, Sa Majesté y estant en personne; le nombre des soldats tant tuez que prisonniers, avec la prise de leur canon et quatorze de leurs vaisseaux, au port de Saint-Giles. — *Paris, P. Rocollet, 1622, in-8, 15 p.*

Bibl. de la Roch., n° 3221. — Bibl. nat^e. Lb³⁶, n° 1928.

Même genre de faits.

607. — La grande et merveilleuse sédition arrivée

à la Rochelle sur la deffaitte des trouppes des sieurs de Soubise et de Favas. — *Paris, jouxte la copie imprimée à Poictiers par la veufve Jean Blanchet,* 1622, *in-8,* 12 *p.*

> Bibl. de la Roch., n⁰ˢ 3137, 3188, 3221 (les deux premiers contenant des copies mss.). — Bibl. nate. Lb³⁶, n⁰ 1946.

Récit d'une émeute du peuple et surtout des femmes de la Rochelle, qui jetèrent des pierres à M. de Favas qui s'était fait battre en avril 1622.

608. — Relation véritable de ce qui s'est passé à la Rochelle en la réception de Monsieur de Soubize, au retour de Rié. — *Jouxte la copie imprimée à la Rochelle, chez le Libertin, imprimeur de la ville,* 1622, *in-8,* 16 *p.*

> Bibl. de la Roch., n⁰ 3221. — Bibl. nate. Lb³⁶, n⁰ 1945.

Une autre édition, in-8, qui se trouve à la Bibliothèque nationale sous le même numéro, indique Paris comme lieu d'impression.

Relation ironique du triomphe qui fut décerné à M. de Soubise.

609. — Divisions arrivées entre les sieurs de Soubize, Favas et Bessay, et la communauté des habitans de la Rochelle ; ensemble la dépossession de l'authorité du maire de ladite ville, par la communauté, et tout ce qui s'est passé à ce subject jusques à présent. — *Paris, J. de Bordeaux,* 1621, *in-8,* 16 *p.*

> Bibl. de la Roch., n⁰ 3220. — Bibl. nate. Lb³⁶, n⁰ 1744, qui possède une édition éditée à Rouen, chez J. Besongne, suivant la copie imprimée à Paris.

Ce récit est, quant au fond, absolument le même que celui du n⁰ 607. La date 1621 est sans doute une erreur, ou tient à la différente manière de compter les années.

610. — L'entreprise des Rochelois descouverte,

avec la deffaicte de quatre cens habitans, et prise de leurs canons, par Monsieur le duc d'Espernon ; ensemble tout ce qui s'est passé en la dite ville, à ce suject, entre les chefs et les habitans d'icelle, jusqu'à présent. — *Paris, J. Mesnier, 1621, in-8, 16 p.*

Bibl. de la Roch., n° 3220.

Détails de guerre et récit de l'émeute mentionnée au numéro précédent.

611. — Le bannissement de Monsieur de Soubize hors de la ville de la Rochelle par les rebelles habitans mesmes de la dite ville, avec les causes et motifs de cette résolution. — *Paris, J. Guerreau, in-8, 14 p.*

Bibl. de la Roch., n° 3221. — Bibl. nat^e. Lb³⁶, n° 1947.

Même sujet que les précédents.

612. — La lettre de plaincte et de desadveu des habitans de la Rochelle au sieur de Soubize, le 25 avril 1622. — *A Paris, pour A. Girardet, jouxte la copie imprimée à Poictiers, par Juilan Taureau, 1622, in-8, 12 p.* — Et une copie manuscrite de 3 p. in-4.

Bibl. de la Roch., n°ˢ 3137, 3188, 3221. — Bibl. nat^e. Lb³⁶, n° 1951.

Les Rochelais reprochent à Soubise sa témérité et lui recommandent une guerre de temporisation. Le « avec permission » ferait prendre cette lettre et le récit précédent (n°ˢ 607 et 609) pour des pamphlets catholiques; mais le ton de la lettre semble lui donner le cachet de la réalité.

613. — La description generalle et tres particulière des noms et qualitez de tous les chefs, et nombre des gens de guerre tant tuez que prisonniers en la deffaicte

du sieur de Soubise, avec l'ordre du combat et pour-
suitte des ennemis, extraict du mémoire envoyé à la
royne et autres lettres. — *Paris, N. Rousset, 1622, in-8,
13 p.*

Bibl. de la Roch., n° 3221. — Bibl, nat°. Lb³⁶, n° 1932.

Un seul Rochelais, le capitaine Lamorinière, est cité comme
fait prisonnier.

614. — Relation faitte par M. le mareschal de Vitry,
commandant de l'avant-garde, de tout ce qui s'est passé
en la victoire obtenue par le roy contre les rebelles
commandez par M. de Soubize. — *Paris, A. Estienne,
1622, in-8, 11 p.*

Bibl. nat°. Lb³⁶, n°ˢ 1926, 1927. — Lelong, n° 21112.

Mêmes faits qu'au n° 603. Cette relation existe encore sous
le titre : *La mémorable et glorieuse victoire.... Lettre de M. de
Vitry.* — *Paris, Blagear, 1622, in-8, 7 pages.*

615. — Le postillon d'Angleterre à Monsieur de
Soubize sur la deffaicte de ses trouppes. — *(S. l.), 1622,
in-8, 12 p.*

Bibl. de la Roch., n° 3220. — Bibl. nat°. Lb³⁶, n° 1940.

On se moque de lui, et on l'engage à se soumettre.

616. — La chasse royalle donnée aux rebelles du
bas Poictou et leur entreprise descouverte, déclarée au
roy par un député de la Rochelle ; ensemble tout ce
qui c'est passé en icelle, en la présence de Sa Majesté.
— *Paris, J. Guerreau, sur la coppie imprimée à Poictiers
par A. Mesnier, 1622, in-8, 13 p.*

Bibl. de la Roch., n° 3221. — Bibl. nat°. Lb³⁶, n° 1942.

Une autre brochure à peu près semblable a pour

titre : *La chasse royale des parpaillots en l'île de Rié en bas Poictou. — Tours, J. Oudot, 1622, in-8, 13 p., pièce.*

Déclamations ironiques sur la défaite de Soubise. Pas de détails. M. Fillon a réimprimé cette diatribe qu'il attribue à Pierre Gateau, sieur du Vignault.

617. — La lettre du ministre du Moulin, écrite à M. de Soubize, sur le sujet de sa retraite dans la ville de la Rochelle (10 juin). — *Paris, N. Quenet, 1622, in-8, pièce.*

Bibl. nate. Lb36, no 1977.

618. — De regis expeditione in insulam de Rie adversus Subisum, per N. P. D. C. H. R. (NIC. PROU DES CARNEAUX.) — *Parisiis, 1622, in-24, pièce.*

Bibl. nate. Lb36, nos 1931, 1931 *. — Lelong, no 21116.

619. — Le combat mémorable fait entre l'armée navalle du roy et l'armée des rebelles Rochellois ; ensemble la prise de trois grands vaisseaux et de vingt-cinq gentilshommes rebelles de Normandie, allant par mer à la Rochelle. — *Paris, P. Rocollet, 1622, in-8, 14 p.*

Bibl. de la Roch., no 3221. — Bibl. nate. Lb36, no 2003.

Faits de guerre navale de juin et juillet 1622.

620. — La notable rencontre nouvellement faite par les carabins et chevau-légers de M. le duc d'Epernon aux environs de la Rochelle (28 juin), avec tout ce qui s'est passé en icelle ; ensemble la prise et defaicte de quatre troupes de voleurs par les prévôts des maréchaux de Poictou, Angoulesme,.... et autres lieux. — *Paris, sur la copie imp. à Fonteuay-le-Conte, par P. Petit-Jean, 1622, in-8, pièce.*

Bibl. nate. Lb36, no 2993.

621. — Lettre écrite par un seigneur étant à l'armée du roi, commandée par Monseigneur le comte de Soissons, devant la Rochelle, en date du 23 septembre 1622. — *Bourdeaux, par S. Millanges, 1622, in-8, pièce.*

Lettre écrite à M. le premier président de Bordeaux, contenant au vrai tout ce qui se passe au siège royal de la Rochelle, par M. BARENTIN, conseiller d'Etat.... (24 septembre). — *Imp. à Bourdeaux, par S. Millanges, et à Paris, pour N. Denis, 1622, in-8, pièce.* — Même ouvrage.

Bibl. nat^e. Lb³⁶, n°s 2052, 2053. — Lelong, n° 21116.

622. — La prise de toutes les advenues de la ville de la Rochelle, du costé de la terre, par monseigneur le comte de Soissons ; ensemble l'arrivée de l'armée navalle au port de Meschè, près de la ville de Royan. — *Paris, Fleury Boürriquant, 1622, in-8, 8 p.*

Bibl. de la Roch., n° 3221. — Bibl. nat^e. Lb³⁶, n° 1986.

Faits de guerre du 15 juin 1622.

623. — La bravade faite aux Rochelois près de l'île d'Argenton, par l'armée navale du roi, le 18 de juin dernie. — *Paris, P. Ramier, 1622, in-8, pièce.*

Bibl. nat^e. Lb³⁶, n° 1987.

624. — Lettre envoyée à Monseigneur le comte de Soissons, par les maire et eschevins de la ville de la Rochelle ; ensemble les noms des députez, envoyez par Sa Majesté. — *Paris, A. Saugrain, 1622, in-8, 11 p.*

Bibl. de la Roch., n°s 3221, 3223. — Bibl. nat^e. Lb³⁶, n° 2099.
— Lelong, n° 21118 *.

Lettre de compliment du 16 novembre 1622. Réjouissance sur la paix.

625. — La nouvelle défaicte de trois compagnies rebelles sorties de la Rochelle, par les carabins de Monsieur le comte de Soissons, voulant empescher le transport des foins et autres provisions couppées aux environs de ladicte ville ; ensemble la prise de deux drappeaux et le nombre des prisonniers. — *Paris, N. Alexandre,* 1622, *in-*8, 14 *p.*

Bibl. de la Roch., n° 3221. — Bibl. nat°. Lb36, n° 1988.

Défaite des Rochelais conduits dans une sortie par Larozière, le 22 juin 1622.

626. — La prise du chasteau de La Fon prez la ville de la Rochelle avec quantité de poudres et munitions qu'on y a trouvées, par Monseigneur le comte de Soissons ; ensemble les particularitez qu'un soldat de la Rochelle a descouvert audit seigneur comte, au dernier article de la mort, estant sur l'eschelle, le 12 juillet 1622. — *Paris, M. Colombel,* 1622, *in-*8, 15 *p.*

Bibl. de la Roch., n° 3221. — Bibl. nat°. Lb36, n° 2006.

Les révélations sont relatives aux sources de Lafont, à l'aide desquelles on espérait priver d'eau les Rochelais.

627. — La furieuse charge donnée aux troupes sorties de la Rochelle sous le commandement de Monsieur de Beaulieu ; avec la défaite de quatre cens hommes desdites troupes et le nombre des prisonniers et tuez, par Monseigneur de Soissons. — *Paris, R. Bretet (s. d.), in-*8, 15 *p.*

Bibl. de la Roch., n° 3221. — Bibl. nat°. Lb36, n° 2017.

Combat du 16 juillet 1622.

628. — Histoire mémorable de tout ce qui s'est

faict et passé de jour en jour tant en la ville de la Rochelle qu'en l'armée de Monseigneur le comte de Soissons depuis le commencement de juillet jusques à présent ; ensemble les défaites, sorties, combats, escarmouches et batteries qui se sont faites devant la dite place tant par mer que par terre, avec les particu-laritez et les noms des soldats et capitaines tant tuez que prisonniers de part et d'autre. — *Paris, J. Martin,* 1622, *in*-8, 16 *p*.

Bibl. de la Roch., n°s 2066, 2067, 3145, 3220. — Bibl. nat^e.
Lb³⁶, n° 2031. — Lelong, n° 21118 *.

Histoire en forme de journal, intéressante en ce qu'elle donne sur l'état des forces rochelaises et sur leurs divisions des détails, suspects peut-être, mais qui représentent l'idée qu'on s'en faisait dans l'armée royale.

629. — La deffaicte des Anglois par Monseigneur le comte de Soissons soubs la conduite de Monsieur de la Molette avec les industries et inventions admi-rables de l'ingénieur Pompée, le tout fait et arrivé au camp de la Rochelle le 3, 4 et 6 de ce présent mois, 1622. — *Sur l'imprimé, à Paris, R. Bretet,* 1622, *in*-8, 7 *p.*

Bibl. de la Roch., n° 3220. — Bibl. nat^e. Lb³⁶, n° 2029.

Détail de deux rencontres où les Rochelais et leurs auxiliaires furent vaincus. On y voit qu'on songeait déjà à la digue exé-cutée en 1627.

630. — Harangue faite à Monseigneur le comte de Soissons, par les maire et échevins de la Rochelle. — *Paris, Binet,* 1622, *in*-8.

Lelong, n° 21126.

631. — La furieuse escarmouche faite sur les Ro-

chelois, par le sieur de Courbouzon, lieutenant de la compagnie de Monsieur le duc de Nemours, estant en l'armée du roy devant la Rochelle, commandée par Monseigneur le comte de Soissons. — *Paris, P. Ramier, 1622, in-8, 13 p.*

Bibl. de la Roch., nᵒ 3221. — Bibl. natᵉ. Lb³⁶, nᵒ 2048.

632. — La défaicte de plusieurs rebelles sortis en armes hors de la ville de la Rochelle par la compagnie de chevau-légers de M. le duc de Nemours, conduits par M. de Corbouzon, son lieutenant. (9 juillet.) — *Paris, P. Ramier, 1622, in-8, pièce.*

Bibl. natᵉ. Lb³⁶, nᵒ 2002.

633. — Les méditations d'un avocat de la Rochelle. — *(S. l.), 1622, in-8, 14 p.*

Bibl. de la Roch., nᵒˢ 2066, 3221. — Bibl. natᵉ. Lb³⁶, nᵒ 2058. — Lelong, nᵒ 21118 **.

« C'est une pièce fort platte. » Fontette. — C'est un pamphlet contre la Rochelle. L'avocat y repasse tous les maux, que, depuis son origine, elle a souffert pour ses rébellions, et lui conseille sa soumission.

634. — Lettre d'un avocat de la Rochelle (GODE-FROY) escrite à un sien amis de la religion prétendue réformée, de présent à Paris, contenant au vray tout ce qui s'est passé de plus remarquable tant dedans la dite ville qu'aux environs, depuis le 15 avril jusques à présent (28 avril). — *(S. l.), 1622, in-8, 7 p.*

Bibl. de la Roch., nᵒ 3224. — Bibl. natᵉ. Lb³⁶, nᵒ 1956.

635. — La réduction de huit grandes et fortes villes à l'obéissance du roi, prises sur les rebelles de

Sa Majesté en ses provinces de Guyenne et de Languedoc ; avec la submission rendue par MM. le duc de Sully, marquis de la Force, et leurs enfants.... ensemble l'ordre pour les sièges de la Rochelle et Montauban. — *Paris, par A. Estienne, 1622, in-8, pièce.* (Le titre de départ, page 3, porte : *Avis de la cour, sur les victoires et heureux succès des affaires du roi.*)

Bibl. nate. Lb³⁶, n° 2054.

636. — Harangue dernière des députez de la Rochelle faicte au roy avec cette épigraphe : *Unxit te Deus, Deus tuus, oleo lætitiæ præ consortibus tuis.* Psalm. 44. — *(Paris), J. Guerreau, 1621, in-8, 14 p.*

Bibl. de la Roch., n° 3220. — Bibl. nat.e Lb³⁶, n° 1571.

L'auteur de ce pamphlet, d'une emphase grotesque, a trouvé piquant de mettre sous cette forme de violentes imprécations contre Calvin et contre la Rochelle.

637. — La dernière demande (*alias :* la dernière requeste) des députez de la Rochelle présentée au roy ; ensemble la response de Sa Majesté faicte ausditz depputez. — *Paris, P. Colombel, 1622, in-8, 15 p.*

Bibl. de la Roch., n° 3225. — Bibl. nate. Lb³⁶, nos 1949, 1950. — Cf. mss. Bacon, bibl. de Lambeth, nos 667, 941, selon Pitra, Arch. des missions, t. IV, p. 171.

638. — L'expédition généreuse du parlement de Bourdeaux, envoyée contre les Rochelois chassés de Soulac et du pays de Médoc.... ensemble tout ce qui s'est passé en la haute et basse Guyenne et Quercy depuis la réduction de Sainte-Foy jusques à présent. (29 mai.) — *Paris, P. Ramier, jouxte la copie imprimée à Bordeaux, par S. Millanges, 1622, in-8, pièce.*

639. — Relation véritable de la bataille navale gaignée par Monsieur de Guise, général de la mer, sur les Rochelois, le 27 octobre 1622. — *Paris, Chappellain, 1622, in*-8, 16 *p.*

Bibl. de la Roch., n⁰ˢ 2066, 3145, 3221. — Bibl. nat⁰. L♭³⁶, n⁰ 2083. — Lelong, n⁰ 21127.

Détails d'un combat très vif, où le vaisseau amiral de la flotte royale faillit être brûlé. Pas de noms rochelais.

640. — La victoire emportée sur l'armée navale de la Rochelle, par le grand galion du roi, commandé par M. le duc de Guise. — *Rouen, J. Besongne, jouxte la copie imprimée à Paris; 1622, in*-8, *pièce.*

Bibl. nat. Lb³⁶, n⁰ 1962.

641. — Discours et récit véritable de l'ordre du combat et de la défaite des Rochelois, faite par Monseigneur le duc de Guyse, général de l'armée navale du roi. — *Bourdeaus, par S. Millanges,* 1622, in-8, *pièce.*

Bibl. nat⁰. Lb³⁶, n⁰ 2984.

642. — La victoire obtenue par Monseigneur le duc de Guise, sur la défaite de l'armée navale des rebelles de la Rochelle, composée de six vingts vaisseaux ; ensemble la prinse du secours envoyé par le comte Maurice auxdits rebelles. — *Aix, par J. Tholosan, in*-8, *pièce.*

Bibl. nat⁰. Lb³⁶, n⁰ 2985.

643. — Lettre de M. Guillaume de Montolieu, capitaine de la galère *Patronne*, à M. le chevalier de Montolieu, son frère. — *Copie manuscrite, in*-4, 9 *p.*

Bibl. de la Roch., n⁰ 3188.

Relation de ce même combat naval du 27 octobre. La lettre est du 4 novembre 1622. On y loue le courage des Rochelais, mais sans nommer aucun d'eux.

644. — La défaitte de dix navires de la flotte de la Rochelle par les galères de France et le grand galion de Venise, au port de Leria. — *Jouxte la coppie imprimée à Nantes, et se vend à Paris par G. Druot,* 1622, *in-8,* 7 *p.*

Bibl. de la Roch., n° 3227.

645. — La grande et mémorable victoire emportée par les navires de Monseigneur le duc de Guyse, sur les vaisseaux ennemis, avec le nombre des morts et prisonniers; le tout suivant la lettre véritable escrite par le sieur de Mantis, un des lieutenants dudit seigneur duc. — *Paris, P. Ramier,* 1622, *pièce.*

Bibl. de la Roch., n° 3221. — Bibl. nat^e. Lb36, n° 2086.

646. — Naumachia, seu descriptio navalis pugnæ habitæ xxvii octob. MDCXXII, in Oceano Aquitanico, circa Rupellanum littus, per S. PASCHASIUM. — *Parisiis, ex typ. J. Guerreau,* 1623, *in-4.*

Bibl. nat^e. Lb36, n° 2087.

647. — Lettres de Monseigneur le duc de GUYSE, général de l'armée navale du roy, écrites à Monseigneur le cardinal de Sourdis, et envoyées par un gentilhomme exprès, sur la défaite de l'armée navale des Rochelois, (26-30 octobre). — *Bourdeaus, par S. Millanges,* 1622, *in-8, pièce.*

Bibl. nat^e. Lb30, n° 2088.

648. — Lettre de M. le maréchal de Vitry, confirmant la déroute de l'armée navale de la Rochelle;

ensemble ce qui s'est passé en même temps contre les Rochelois, en l'armée du roi, commandée par M. le comte de Soissons, écrite du camp de Saint-Maurice devant la Rochelle, le 20 octobre 1622. — *Paris, C. Chapelain, 1622, in-8, pièce.*

Bibl. nat^e. Lb³⁶, n° 2089.

649. — Copie de la lettre du capitaine LA FLEUR à sa maîtresse, sur tout ce qui s'est passé en l'armée navale tant d'une part que d'autre. — *(S. l.), 1623, in-8, pièce.*

Bibl. nat^e. Lb³⁶, n° 2090.

650. — La seconde deffaite de l'armée navale des Rochellois par Monsieur le duc de Guise ; ensemble la députation des ennemis en l'armée royale, les submissions par eux faites, avec les pavillons, banieres et commissions rendues par les dits députez entre les mains de mondit sieur duc de Guise ; le mardi 15 novembre 1622. — *Paris, C. Chappellain, 1622, in-8, 16 p.*

Bibl. de la Roch., n°s 2066, 3145, 3221. — Bibl. nat^e. Lb^{3.1}, n° 2098. — Lelong, n° 21128.

On ne trouve dans cette relation aucun nom de Rochelais.

651. — La réduction de la ville de la Rochelle à l'obéissance du roy. — *Paris, J. Mestais, 1622, in-8, 13 p.*

Bibl. de la Roch., n° 3221. — Lelong, n° 21129.

Pure déclamation, sans faits aucuns.

652. — La publication de la paix envoyée par le roy en la ville de la Rochelle le 11 novembre 1622 ; avec la réduction et submission du corps de la ville et

habitans d'icelle ; ensemble la publication d'icelle en l'armée de Monseigneur le comte de Soissons et armée navalle. — *Paris, M. Mondiere,* 1622, *in*-8, 14 *p.*

Bibl. de la Roch., n°s 3221. — Bibl. nat°. Lb³⁶, n° 2097.

Coup-d'œil sur la Rochelle ; sa joie de la paix.

653. — Récit véritable de ce qui s'est passé en la réduction de la ville de la Rochelle à l'obéissance du roi par M. J. Belot, c. (curé) de Milemonts... — *Paris, F. Bourriquant,* 1622, *in*-8, *pièce.*

Bibl. nat°. Lb³⁶, n°. 2100.

654. — Harangue faite au roi par les députés à la Rochelle, sur l'obéissance qu'ils promettent rendre à Sa Majesté ; ensemble la réponse du roi auxdits députés de la Rochelle. — *Suivant la copie imprimée à Paris, N. Alexandre,* 1622, *in*-8, *pièce.*

Bibl. nat°. Lb³⁶, n° 2096.

655. — Factum plaintif, ou remontrance des Rochelais aux commissaires députés ci-devant par Sa Majesté pour le rétablissement des habitants catholiques et autres à la Rochelle. — *(S. l.),* 1624, *in*-8, *pièce.*

Bibl. nat°. Lb³⁶, n° 2214. — Lelong, n° 21129. — Une copie manuscrite datée de 1623 existe à la Bibl. de la Roch., n° 3143.

656. — Les réglements de MM. les commissaires pour l'exécution de la dernière déclaration de Sa Majesté sur les édits de pacification lesquels doivent être gardés ès diocèses de Maillezais et Xainctes, Aulnis et gouvernement de la Rochelle, et ès villes de Bourgueil,

Tours et Fontenay-le-Comte. (Recueillis par Et. Ri-
fauld. [19 août — 7 décembre.])

Bibl. nat^e. Lb³⁶, n⁰ 2117 *.

657. — Lettre de notre saint-père le pape Grégoire
quinziéme, envoyée à M. le duc de Guise, sur son
voyage de la Rochelle. (2 janvier.) — *(S. l.)*, 1623,
in-8, pièce en français-latin.

Bibl. nat^e. Lb³⁶, n⁰ 2131.

658. — Histoire générale de ce qui s'est passé entre
les armées navales de France et celles des Rochelois,
ès côtes de Poictou, rivières de Bordeaux et Charente,
ès combats de M. de Guyse, depuis le mois d'août de
l'année mil six cent vingt-un jusques à la publication
de la paix au mois de novembre mil six cent vingt-
deux. Extrait sur les journaux de l'amiral des vaisseaux
rochelois, par un discours plus étendu. — *(S. l.)*, 1624,
in-8, pièce.

Bibl. nat^e. Lb³⁶, n⁰ 2111. — Lelong, n⁰ 21130.

Je n'ai pas vu cet ouvrage, mais il doit être à peu près reproduit dans les extraits des manuscrits de la bibliothèque (n⁰
3196) notamment, relatifs aux mêmes faits et à la même
époque, tirés des édits, mémoires et traités touchant ceux de la
religion prétendue réformée depuis l'an 1621 jusqu'en l'année
1630, vol. iv, coté 100, mss. P. Dupuy. Ces extraits qui vont
de la page 92 à la page 132, contiennent des détails, des lettres,
des pamphlets intéressants. A la suite de la page 134 à la page
158, le même manuscrit contient des extrait des actes de l'assemblée de 1621, tirés des ouvrages déjà mentionnés. — Un
cahier du n⁰ 3113 contient en 26 pages une copie des mêmes
choses.

659. — La conversion faite à Rome du fils de Mon-

sieur de Favas, sorty de la Rochele en habit déguisé ; ensemble sa réception par le pape Grégoire XV, et sa confirmation faite en l'église de Saint-Louys par l'evesque d'Aire, avec son retour auprès du roy par le commandement de sa Saincteté. — *Paris, Toussaint de Gouy*, 1622, *in*-8, 15 *p.*

Bibl. de la Roch., nᵒˢ 3221.

2 août 1622. Rien pour la Rochelle.

660. — L'enfer de l'avocat de Montauban à tous les parlements de France.... Pièce en vers. — 1622, *in*-8.

Bibl. natᵉ. Lb³⁶, nᵒ 1857 **. — Lelong, nᵒ 21138.

« L'auteur veut qu'on épargne les protestants pacifiques, » mais il invite le Roi à faire passer la charrue sur les villes de » Montauban et de la Rochelle. » Fontette.

661. — Le retour du soleil à Paris, et remercîment de ladite ville au roi, de la paix que Sa Majesté a donné à ses sujets. (10 janvier.) Avec un avis salutaire à MM. de la Rochelle. — *Paris, Vᵉ P. Bertault*, 1623, *in*-8, *pièce.* — (La dédicace est signée : L. G.)

Bibl. natᵉ. Lb³⁶, nᵒ 2132.

662. — Le cour-bouillon des rebelles accommodé à la sauce des reistres d'Allemagne. — *(S. l.)*, 1622, *pièce in*-8 *de* 15 *p.*

Bibl. de la Roch., nᵒ 3215. — Bibl. natᵉ. Lb³⁶, nᵒ 2044. — Lelong, nᵒ 21142.

Bien que l'auteur de ce pamphlet l'adresse spécialement aux Rochelais et aux Montalbanistes, il n'y a rien de spécial aux deux villes. Il s'élève contre les huguenots et le comte de Bouillon à l'occasion de l'introduction des reîtres.

663. — La réformation de ce royaume. — *(S. l.)*, 1623, *in*-8, 30 *p.*

Bibl. de la Roch., n⁰ 3229. — Bibl. nat^e. Lb³⁶, n⁰ 2189. — Lelong, n⁰ 27250.

664. — L'heureuse conversion de noble homme Benoist Berault, escuyer, sieur du Fraisne, premier pair de la Rochelle, et premier trésorier des deniers de la ville, de Jacques Blamont,... de Paul Groüard,.... de Me Paul Aubry,.... instruits et absoults par le R P. Athanase Molé, capucin, prédicateur apostolique et gardien du couvent des capucins de l'hospice, aux marets du temple. — *Paris, Ramier,* 1623, *in*-8, 16 *p.*

Bibl. de la Roch., n⁰ 3221.

Dans une lettre au roy ici citée, M. Bérault fait entrer parmi les motifs de sa conversion les merveilleux succès du Roi et la chûte miraculeuse des murs de la Rochelle du côté du Fort-Louis signalée ici n⁰ 512.

665. — Estat général de la religion prétendue réformée de la ville de la Rochelle, actions et progrez des Rochelois, formant le livre x (tome iii) de l'histoire générale du progrès et décadence de l'hérésie moderne, par FLORIMOND DE RÆMOND, continuée par CLAUDE MALINGRE. — *In*-4, 102 *p.*

Cet ouvrage est fort loin de répondre à son titre : il ne prend le protestantisme à la Rochelle qu'en 1579, et, si la grossièreté même de l'erreur ne le rendait impossible, on croirait en lisant son premier chapitre que c'est seulement à cette date que ce schisme s'y est propagé. Ce n'est proprement que l'histoire de l'assemblée des églises réformées de 1620-1622. Mais dans ces limites le livre puise de l'intérêt dans les nombreuses pièces officielles qu'il cite textuellement. Cl. Malingre se montre du reste fort hostile au protestantisme soit comme secte , soit comme parti politique.

666. — Le manifeste de Monsieur ARNAULT, gouverneur pour le roy au Fort-Louis, prés la Rochelle, sur les plaintes des Rochelois, faites contre sa personne. — *(S. l.), 1622, 15 p.*

Bibl. de la Roch., no 3221. — Bibl. nat^e. Lb36, no 2150.

Adressé à MM. de Guron et Briet, conseillers d'Etat, commissaires ordonnés par le roi en Poitou et Saintonge. Il proteste de la discipline de son armée, de son amour de la paix et récrimine contre les Rochelais. Intéressant.

667. — Le véritable sujet des divisions nouvellement arrivées entre les habitants de la Rochelle et leurs troupes étrangères, avec tout ce qui s'y est passé à ce sujet. — *Paris, sur la copie imp. à Fontenay le Comte, par P. Petit-Jean, 1623, in-8, pièce.*

Bibl. nat^e. Lb36, no 2149.

668. — Le réveil du soldat français. Au roi, touchant les nouvelles entreprises des Rochelois et leurs adhérents. — *Rouen, J. Besongne, jouxte la copie imp. à Paris (s. d.), in-8, pièce.*

Bibl. nat^e. Lb36, no 2215.

669. — Entreprises qui se font à la Rochelle par ceux de la religion prétendue réformée. — *Ms. in-4, 19 p.*

Bibl. de la Roch., no 3137.

Pièces extraites des manuscrits de la bibliothèque de Saint-Germain-des-Prés, no 1410. Elles sont écrites dans le sens des catholiques. Elles accusent les protestants d'empiétements contraires aux édits ; on y voit que les réformés étaient alors les plus riches à la Rochelle. Il y a en outre des détails spéciaux à la famille Boutiron et à Pierre Pérez, neveu du célèbre Antoine Pérez.

670. — Histoire generale de ce qui s'est passé entre les armées navales de France et celles des Rochelois, ez costes de Poictou, rivière de Bordeaux et Charente. — 1624, in-8, 47 p.

Catalogue Villenave, no 1347.

671. — Arrêt de mort exécuté en la personne de Jean Guillot, Lyonnais, architecte duement convaincu de l'horrible calomnie par lui imposée à ceux de la Rochelle, ensuite de l'admirable découverte de tout ce funeste dessein contre ceux de la religion descrit par le sieur de Montmartin. — *Paris, Saugrain*, 1624, in-8, 16 p.

Bibl. de la Roch., no 1922. — Bibl. nat^e. Lb³⁶, no 2218. — Lelong, no 21295.

672. — Découverte admirable d'un odieux attentat calomnieusement imposé à ceux de la Rochelle, dépeint par une lettre du sieur de Montmartin au sieur de La Maison-Neuve-Montournois, son ami. — *(S. l.)*, 1624, in-8, 16 p.

Jean Guillot avait fait de fausses lettres à l'aide desquelles il imputait aux protestants de la Rochelle un projet de régicide. Il fut convaincu et puni de ce crime. Les lettres de M. de Montmartin ne rendent pas compte des motifs qui avaient poussé Guillot, mais il donne à entendre que l'excitation partait de très haut. Elles sont du 15 et du 18 février 1624. — D'après F. de Fontette, cet écrit a été traduit en allemand.

673. — Un mémoire inédit de Richelieu. — *Revue historique, janvier* 1876, *p.* 229–236.

Sous ce titre, cette Revue donne, d'après les archives d'Angleterre, un mémoire qu'elle attribue à Richelieu, en 1625, sur le parti à prendre contre la Rochelle. Il n'y paraît pas éloigné de consentir à la destruction du Fort-Louis.

674. — Harangue faicte par un ministre de Poictou, adressée à MM. de la Rochelle, touchant les affaires de ce temps, et du depuis envoyée en diligence au sieur de Soubise. -- *(S. l.)*, 1625, *in-8*, *pièce*.

Bibl. nat^e. Lb^36, n° 2278.

675. — Advis envoyé à Messieurs de la Rochelle, par le sieur de Civré. — *(S. l.)*, 1625, *in-8*, 8 *p.*

Bibl. de la Roch., n° 3215. — Bibl. nat^e. Lb^36, n° 2279.

Il les exhorte à l'obéissance envers le roi par les principes mêmes des ministres protestants.

676. — L'anti-huguenot, contre la cabale des habitants de la Rochelle et de Montauban. — *Paris, sur la copie imp. à Poictiers par J. Taureau*, 1625, *in-8*, *pièce*.

Bibl. nat^e. Lb^36, n° 3280.

677. — Récit de ce qui s'est passé aux embuscades contre les Rochelais. — *Paris*, 1625, *in-8*.

Lelong, n° 21312.

678. — L'entreprise des Rochelois découverte, avec la prise et défaite de plusieurs rebelles ; ensemble un récit véritable de ce qui s'est passé près la ville de Bourdeaux, à l'encontre de quelques Espagnols ; l'exécution à mort d'un marchand bourdelais...... le tout suivant le mémoire envoyé par le sieur DES MARETS à M. de la Tifardière, gentilhomme ordinaire de la

chambre de Sa Majesté, le 26 août 1625. — *Paris,*
Vᵉ du Carroy, 1625, in-8, pièce.

Bibl. natᵉ., n° 2356.

679. — Discours de ce qui s'est passé au combat
naval contre les rebelles et à la prise de l'isle de Ré et
du fort de Saint-Martin, les 15, 16 et 17 de septembre
1625. — *Paris, Morel, 1625, in-8, 16 p.*

Bibl. natᵉ. Lb³⁶, n° 2067. — Lelong, n° 21313.

Récit détaillé d'un avantage remporté par l'armée royale sur
les protestants commandés par Soubise.

680. — La défaite générale obtenue par M. l'amiral
de France, sur la défaite de l'armée de M. de Soubise ;
ensemble le nombre des vaisseaux qui ont esté pris et
mis à fond, avec le nombre de ceux qui ont esté tués
et blessés. — *Paris, par N. Michel, 1625, in-8, pièce.*

(Signé : Vanhyalcq.) — Le titre de départ, page 3,
porte : *La généreuse victoire obtenue par M. l'amiral de*
France.

Bibl. natᵉ. Lb³⁶, n° 2363.

681. — La défaite totale de l'armée du sieur de
Soubise par l'armée navale du roi commandée par
M. l'amiral ; ensemble la prise de l'isle de Ré par
M. de Thourax ; plus la défaite de cinq cents rebelles
de la garnison de l'isle de Ré. — *Paris, Bessin, 1625,*
in-8, pièce.

Bibl. natᵉ. Lb³⁶, n° 2364.

682. — Discours au roi sur ce qui s'est passé en la
défaite navale des rebelles. — *(S. l.), 1625, in-8, pièce.*

Bibl. natᵉ. Lb³⁶, n° 2366.

683. — Considération d'Etat sur la bataille navale gagnée par M. le duc de Montmorency, amiral de France, etc.; avec la lettre d'un ministre de Charanton aux sieurs de Rohan et de Soubise. — *Paris, 1625, in-8, pièce.*

Bibl. nat^e. Lb³⁶, n° 2367.

684. — La deffaite générale de l'armée navalle du sieur de Soubize, par Monseigneur de Montmorancy, admiral de France ; la prise de douze de leurs vaisseaux et de trois mille hommes ; ensemble la réduction de l'isle de Ré en l'obéissance du roy, et tout ce qui s'est passé de plus mémorable en ce combat, le lundy et mardy 15 de ce présent mois de septembre 1625. — *Paris, Rocolet, 1625, in-8, 16 p.*

Bibl. de la Roch., n° 3232. — Bibl. nat^e. Lb³⁶, n° 3262.

Récit déclamatoire très hostile à Soubise ; après ce combat M. de Soubise se retira à la Rochelle.

685. — Sommaire et vrai discours de ce qui s'est passé en l'île de Ré et aux combats donnés tant par mer que par terre, les 15, 16, 17 et 18 jours de septembre 1625 ; ensemble de la reddition de l'île et château d'Olleron. — *Fontenay, P. Petit-Jean, 1625, in-8, pièce.*

Bibl. nat^e. Lb³⁶, n° 2368.

686. — Histoire journalière de tout ce qui s'est fait et passé en l'armée navalle commandée par Monseigneur de Montmorency, amiral de France.... en la prise de l'île de Ré, et bourgs de la Flotte et Saint-

Martin, et du fief d'Ars et autres.... (12-20 septembre.)
— *Paris, imp. de J. Barbote, 1625, in-8, pièce.*

Bibl. nat^e. Lb³⁶, n° 2371.

687. — Relation véritable de la prise de l'île de
Ré ; ensemble la défaite de l'armée navale du sieur de
Soubize, rapportée au roi le 23 de ce mois de sep-
tembre 1625, avec la capitulation de ceux du fort de
Saint-Martin. — *Paris, par A. Estienne, 1625, in-8, pièce.*

Bibl. nat^e. Lb³⁶, n° 2377.

688. — Sommaire discours de ce qui s'est passé en
l'île de Ré, et en la bataille navale. — *Fontenay, P.
Petit-Jean, 1625, in-8, pièce.*

Bibl. nat^e. Lb³⁶, n° 2378.

689. — Apologie pour les églises réformées de
France où est amplement démontrée la justice des
armes prises par ceux de la religion pour leur nécessaire défense contre les ennemis de l'église qui les per-
sécute sous le nom du roi, par Théophile Misathée...
de l'impression de Timothée Philadelphe, 1625, in-8.

Lelong, n° 5950.

« Les principes en sont très séditieux ; il est rempli d'actes
authentiques de la ville de la Rochelle et paraît imprimé dans
cette ville. » Fontette.

690. — Harangue militaire de Soubize à ses soldats
sur le sujet de sa mauvaise fortune. — *(S. l.), 1625,
in-8, 16 p.*

Bibl. de la Roch., n° 3232. — Bibl. nat^e. Lb³⁸, n° 2369.

291. — Harangue des députez de Messieurs de

Rohan et de Soubize, et des habitans de la Rochelle, Montauban, Castres et Millau, le 16 juillet 1625 ; au roy. — (*S. l.*), 1625, *in*-8, 16 *p.*

Bibl. de la Roch., nᵒ 1936. — Bibl. natᵉ. Lb³⁶, nᵒ 2344.

Protestations de fidélité. — Lelong, sous le nᵒ 21351, donne le même opuscule avec le titre ci-dessus augmenté de la mention suivante « par le sieur de Courcelles, député de M. de Soubise ; avec la réponse de Sa Majesté, et ce qui fut adjousté ensuite par le sieur de Courcelles. »

692. — Response au manifeste du sieur de Soubize (par M. DU FERRIER). — *Paris, Estienne*, 1625, *in*-8, 40 *p.*

Bibl. de la Roch., nᵒ 3232. — Bibl. natᵉ. Lb³⁶, nᵒ 2277. — Lelong, nᵒ 5954.

Virulente réplique aux plaintes des protestants qui résume, du point de vue catholique, l'histoire des troubles et où la Rochelle et le Fort-Louis occupent une place notable.

693. — Supplications du sieur de Soubize, faite au.... prince Charles Iᵉʳ, roi d'Angleterre,.... avec la réponse auxdites supplications. — *Paris, Vᵉ du Carroy,* 1625, *in*-8, *pièce.*

Bibl. natᵉ. Lb³⁶, nᵒ 2370.

694. — L'entrée de M. de Soubize à la Rochelle, retournant victorieux de la mer et de l'isle de Ré. (16 juillet.) — *Paris,* 1625, *in*-8, *pièce.*

Bibl. de la Roch., nᵒ 2067. — Bibl. natᵉ. Lb³⁶, nᵒ 2349. — Lelong, nᵒ 21361.

695. — Lettre du sieur de La Bourgondière contenant le récit véritable de tout ce qui s'est passé en la fuite de M. de Soubize, et son arrivée à la Rochelle,

avec toutes les particularités qui se sont faites tant en ladite ville que sur mer, depuis leur défaite générale. — *In*-8.

Lelong, n° 21362.

« Cette lettre est datée du Fort-Louis près de la Rochelle, le 20 septembre 1625, et elle est adressée au baron de Mondonville. » Fontette.

696. — Etendard de la victoire de Monseigneur le duc de Montmorency, amiral de France. — Poésie.

Bibl. nat^e. Lb^36, n° 2367 *.

697. — Le désespoir ou malheureux succés de Soubize. — Poésie.

Bibl. nat^e. Lb^36, n° 2369 *.

698. — Articles particuliers pour la paix accordez à Fontainebleau au mois de juillet 1625, avec les favorables responses de Sa Majesté et la déclaration des députez de la Religion prétendue réformée. — *Paris,* 1626, *in*-8, 16 *p.*

Bibl. de la Roch., n° 3232. — Bibl. nat^e. Lb^36, n° 2440.

Les sept premiers articles sont spéciaux à la Rochelle ; les autres sont des explications de l'édit de Nantes.

699. — Harangue des députez généraux de ceux de la religion, présentée par Monsieur DE MANIALD, présentant au roy les députez envoyez pour l'acceptation de la paix générale cy-devant accordée par Sa Majesté ; avec la response du roy. — (*S. l.*), 1625, *in*-8, 14 *p,*

Bibl. de la Roch., n° 3232. — Bibl. nat.^e Lb^36, n° 2404.

Ils demandent avec insistance par un discours et par une note diplomatique que la Rochelle ne soit pas exceptée de la paix qui leur est accordée.

700. — Lettre des maire et échevins de la Rochelle à Monseigneur le duc de Montmorency, amiral de France, etc. (27 septembre 1625.) Avec la réponse dudit seigneur. (29 septembre 1625.) — *Paris, A Bacot, 1625, in-8, pièce.*

Bibl. nat[e]. Lb[36], n° 2380.

701. — Harangue des deputez de la Rochelle au roy prononcée par le sieur de La Goute l'un d'iceux à Saint-Germain-en-Laye, le 26 novembre 1625, ensemble la response de sa Majesté et le renvoy des députez à Monseigneur le Chancelier. — *(S. l.), 1625, in-8, 15 p.*

Bibl. de la Roch., n° 3232. — Bibl. nat[e]. Lb[36], n° 2400.

Ils demandent très humblement un pardon que le roi leur accorde d'un ton fort dur.

702. — Questiones quodlibeticæ tempori præsenti accomodæ, ad illustrissimum S. R. E. cardinalem de Rochelieu, seu de Rupella,.... disputabuntur in antiqua Parisiorum Sorbona, anno, mense, die, loco consuetis: præsidebit Mamotrectus junior, proponet Actius Sincerus, respondere multorum vice conabitur Clemens Marottus, le miroir du temps passé. (Par le P. Garasse.) — *(S. l.), 1626, editio ultima, in-4, pièce.*

Bibl. nat[e]. Lb[36], n° 2409.

703. — Discours sur plusieurs points importants de l'estat présent des affaires de France, au roi. — 1626,

*in-*8, 32 *p., et réimprimé dans le* Recueil de diverses pièces
pour servir à l'histoire, par HAY DU CHASTELET. —
1635, *in-f⁰, p.* 1 *à* 4.

Bibl. de la Roch., nᵒˢ 2066, 2069, 3145. — Bibl. natᵉ. Lb³⁶,
nᵒ 2475. — Lelong, nᵒ 21381.

Ce discours singulier commence par un résumé satirique et
serré de l'histoire de la Rochelle, sous la forme que les rhéteurs appellent prétermission, et en vient par cet exorde à
l'éloge de Richelieu. Etait-ce une recommandation au prince
pour le siège, dès lors prévu, de la Rochelle ?

704. — Lettres patentes de commission du roy
portant l'établissement des juges ordonnés pour infor-
·mer contre tous ceux qui adhèrent aux Anglois, à nos
subjects les rebelles, tant de la Rochelle, qu'autres, et
procéder à la confiscation des biens meubles et im-
meubles desdits rebelles ; ensemble les noms des dits
juges. — *Paris,* 1627, *in-*8, 12 *p.*

Catalogue Villenave, nᵒ 1349.

705. — Ordonnance de la cour présidiale siégeant
à Marans, sur la monnaie. — *Mss. in-*4, 12 *p.*

Bibl. natᵉ. Lb³⁶, nᵒ 3188.

Ordonnance qui proscrit la monnaie frappée à la Rochelle
par les rebelles, portant la lettre H, mais du reste conforme à
la monnaie des autres fabriques.

706. — Histoire véritable de tout ce qui s'est passé
à Montauban, durant et du depuis les derniers mouvements jusqu'à présent (11 mars 1626) ; avec les lettres
et réponses, tant des pasteurs et habitants de ladite
ville que de MM. de Rohan et de Soubize, et aussi de

MM. de la Rochelle ; ensemble les articles à eux accordés par le roi. — *(S. l.)*, 1627, *in*-8.

Bibl. nate. Lb36, no 2458.

707. — Récit de l'arrivée et réception des commissaires députés par le roi en sa ville de la Rochelle ; ensemble tout ce qui s'est passé de plus remarquable, tant pour le rétablissement de l'exercice de la religion catholique.... que pour la police, comme il était auparavant. (Mai.) — *Paris, par J. Bourriquant, 1626, in*-8, *pièce.*

Bibl. nate. Lb36, no 2471.

708. — La surprise du sieur de Soubize et la défaite de toute sa suite, mis et taillés en pièce par des vaisseaux de guerre commandés par Monseigneur le duc de Guise ; avec son séjour dans la dite ville. — *Paris, jouxte la copie imp. à Poictiers, par G. Louvet, 1627, in*-8, *pièce.*

Le titre de départ, page 3, porte : La déroute du sieur de Soubize et du sieur de Bouquinquan dans la ville de la Rochelle.

Bibl. nate. Lb36, no 2562. — Lelong, no 20426 **.

709. — Manifeste de Monseigneur le duc de Buckingham, général de l'armée de sérénissime roi de la Grande-Bretagne, contenant une déclaration des intentions de Sa Majesté, en ce présent armement. (21 juillet.) — *(S. l.)*, 1627, *in*-8, *pièce.*

Bibl. nate. Lb36, no 2519.

710. — Le fidelle françois au roi d'Angleterre, tou-

chant l'injustice de ses armes contre la France. — *Paris,
Ramier, 1627, in-8, 12 p.*

Bibl. nat^e. Lb36, n° 2523. — Lelong, n° 21431.

On y démontre l'injustice de son alliance avec les Rochelais.
— Une autre édition contient en outre les articles accordés aux
Rochelais le 6 février 1626.

711. — Ménipée de Francion ou response au manifeste anglais. Omne malum ab Aquilone. Il ne vint
jamais d'Angleterre, bon vent, bonne gens, bonne
guerre.... etc. — *A Rouen, D. du Petit-Val, 1627, in-8,
16 p.*

Bibl. de la Roch., n° 3232. — Bibl. nat^e. Lb36, n° 2521. —
Lelong, n° 21429.

Même objet que le précédent, mais sur le ton de la satire
burlesque, mêlée de vers et de prose. On y compare l'état
ancien et l'état actuel de la Rochelle. On y traite en plaisan-
tant la grande question du Fort-Louis.

712. — La complainte et doléance de la France sur
les misères et calamités du temps, avec la remontrance
au roi sur la rébellion des Rochelois et leurs adhérents.
P. A. P. N. D. Avec la perfidie des Rochelois découverte. — *Lyon, par C. Armand, dit Alphonse, jouxte la
copie imp. à Bordeaus, 1628, in-8, pièce.*

Bibl. nat^e. Lb36, n° 2624.

713. — Manifeste contenant les causes et raisons
qui ont obligé ceux de la ville de la Rochelle de
prendre les armes et se joindre à celles du sérénissime
roy de la Grande-Bretagne, avec la copie des lettres de
Sa Majesté à Monseigneur le duc d'Angoulême ; plus

le serment de fidélité de Louys XI avec la harangue de M. Bécher. — *La Rochelle, 1627, in-8, 24 p.*

Bibl. de la Roch., n° 3232.

Les Rochelais repoussent l'allégation de sentiment anti-français ; ils protestent de leur fidélité au roi, réclament le maintien de leurs priviléges, l'observation des édits et des traités surtout relativement au Fort-Louis. La lettre de Louis XIII au duc d'Angoulême, la harangue de Bécher à eux Rochelais, au nom de Buckingham, sont des pièces justificatives à l'appui de leur manifeste.

714. — Le courrier anglais aux rebelles de la Rochelle et leurs adhérents. — *Paris, imp de J. Barbotte, 1627, in-8, pièce.*

Bibl. nat°. Lb36, n° 2528.

715. — Bref d'avis contre la Rochelle. — *(S. l. n. d.), in-8, pièce.*

Bibl. nat°. Lb36, n° 2541.

716. — Le surveillant de Charenton au duc de Boukinghan, pour examen de son manifeste ou procès-verbal du 21 juillet dernier. — *(S. l.), 1627, in-8, 16 p.*

Bibl. de la Roch., n° 2066. — Bibl. nat°. Lb36, n° 2520. — Lelong, n° 21428.

Même objet que les numéros 710 et 711. Malgré son début et sa forme burlesque ce pamphlet tourne assez vite au sérieux. Il a pour but de prouver que les Anglais ne soutiennent pas seulement, mais excitent des troubles auxquels il s'en faut bien que les protestants prennent tous part.

717. — L'anti-anglais, ou réponse aux prétextes dont les Anglais veulent couvrir l'injustice de leurs armes ; avec une remontrance à MM. de la religion

prét. réf. de L., par M. L. TRINCANT, procureur du roi
aux sièges royaux de Loudun. — *Poictiers, par J. Tho-
reau,* 1628, *in-8, pièce.*

Bibl. nat^e. Lb³⁶, n° 2525. — Lelong, n° 21430.

718. — La honteuse fuite de l'armée du duc de
Bouquingham, devant le fort de la Prée, par M. de
Thorax ; avec les furieux combats, escarmouches et
rencontres faites par le dit sieur de Thorax et l'armée
navale des Anglais. — *Paris, suivant la copie imp. à
Sainctes, par J. Bichon,* 1627, *in-8, pièce.*

Bibl. nat^e. Lb³⁶, n° 2531.

719. — La bravade faite par nos Argonautes français à la tête de Bouquinquant et de ses troupes. (6-8
septembre.) Avec l'affliction des Rochelois, commandés
par les nouveaux forts de Bonne-Graine et de la Moli-
nette. — *Paris, J. Martin,* 1627, *in-8, pièce.*

Bibl. nat^e. Lb³⁶, n° 2533.

720. — Avis véritable de tout ce qui s'est passé au
siège du fort S. Martin de Ré, avec le rafraichissement
de treize pinasses arrivées le septième de septembre. —
Bourdeaux, par G. Millanges, 1627, *in-8, pièce.*

Bibl. nat^e. Lb³⁶, n° 2532.

721. — Lettre du baron de Saint-Surin à un sien
ami dans l'armée du roi, écrite de la citadelle de Sainct-
Martin de Ré, ce 10 septembre. — *Paris, J. Fusy,* 1627,
in-8, 16 *p.*

Bibl. de la Roch., n° 2067. — Bibl. nat^e. Lb³⁶, n° 2534. —
Lelong, n° 21439.

Le catalogue de la Bibliothèque nationale possède la même

lettre, mais avec un titre un peu différent qui indique que la
lettre est du 12 septembre, et a été adressée au sieur de La Motte.
Si cette lettre a été écrite, c'était sans doute pour tomber dans
les mains des Anglais. On y distingue soigneusement les Rochelais des huguenots. On y exagère les ressources des assiégés ;
le tout assaisonné de railleries contre le galant Buckingham.

722. — Etat par estimation des cens, rentes, re-
debvances, fermes et droits patrimoniaux ci-devant
appartenant à l'hôtel de ville de la Rochelle, réunis
au domaine de S. M. par ses lettres, etc..... fait par
CHARLES BAILLY, conseiller du roi, etc....., tant sur
les comptes rendus de la trésorerie des deniers com-
mungs de la dite ville en 1575, 1600, 1623, 1625,
que sur les titres de la dite ville et inventaires d'iceux,
dont doit être fait recepte des particuliers desnommés
es chapitres cy après, comme s'ensuit.

Collationné à l'original estant au greffe de la chambre
par Bourbon, greffier. — *Mss. in-fº de 65 feuillets.*

Arch. départ. de la Charente-Inférieure. E. 214.

Le titre de ce manuscrit en fait assez connaître l'importance
pour la connaissance des ressources financières de la ville avant
1628.

Il se trouve aux archives de la Préfecture dans une liasse
intitulée : *Communes et municipalités, ville de la Rochelle.* Ces
archives, peu riches, pour ce qui est antérieur à 1789, sont du
reste dans un très bon état, et l'archiviste en a dressé un ré-
pertoire aussi exact que facile à consulter. Outre les papiers
contenus dans la liasse ici citée et spéciaux à la Rochelle, on
trouve dans les papiers provenant de l'intendance la correspondance sur les travaux du port, sur l'établissement de la société
d'agriculture, de la chambre de commerce, d'une école de
chirurgie ; — dans ceux du bureau des finances des détails sur
les priviléges de la ville et banlieue de la Rochelle pour les

sels ; — sur les biens des religionnaires fugitifs ; — sur les
pêcheries ; — sur les lais et relais de mer ; — sur les dessè-
chements de marais ; — sur l'extinction de la mendicité ; —
dans les archives ecclésiastiques, ce qui regarde la construction
de la cathédrale de la Rochelle. — Il est évident qu'il y a aussi
des faits intéressants pour cette ville à extraire des documents
d'un intérêt plus général, soit des édits, lettres-patentes, ordonnances du roi, des arrêts du conseil d'État, du parlement, des
sénéchaussées, présidiaux, des cours des aydes, des monnaies ;
— soit des titres de famille, des renseignements sur les familles
émigrant pour Cayenne,... etc. — La discussion sur l'élection
d'un protestant comme échevin, faite à Rochefort au commencement du règne de Louis XVI, est un document que je ne
puis m'empêcher de citer, quoiqu'il ne regarde pas directement
la Rochelle.

Il y a aussi un chapitre des droits féodaux, mais il est bien
peu riche. En général ces archives ne remontent pas au-delà
du xviie siècle. Je n'ai rencontré que trois ou quatre pièces
antérieures, entre autres des lettres de fondation de l'abbaye de
Charron, par Richard cœur de lion, d'Angleterre, confirmées
par Aliénor.

V. *Annales de l'Académie de la Rochelle.* — Choix de pièces
lues aux séances, no 20 — 1875, pages 37-80 : — Les *Archives
de la Charente-Inférieure*, par M. de Richemond.

723. — Pour le roi allant châtier la rebellion des
Rochelois et chasser les Anglois qui en leur faveur
etoient descendus en l'isle de Ré ; ode par MALHERBE,
avec une épître en prose au Roi. — *In*-8, 20 *p.* — Il
y a une autre édition du temps in-4 ; avec l'ode se
trouve le sonnet de Malherbe sur la mort de son fils.

Bibl. de la Roch., no 10166. — Bibl. nate. Lb36, no 2540 *. —
Lelong, no 21450.

C'est l'avant-dernière et la plus belle ode de Malherbe. La
lettre en prose (édition du *Panthéon littéraire,* p, 127 à 129) a

pour but d'obtenir vengeance de la mort de son fils. En finissant, Malherbe attribue la prise de la Rochelle à la protection de Dieu et à la sainteté du roi.

724. — Lettre d'un catholique (ELÉAZAR DE LA GUICHETTE), habitant de la Rochelle, écrite à un sien ami. (2 juillet.) — *Paris, J. Mestais, 1627, in-8, pièce.*

Bibl. nat⁰. Lb³⁶, n⁰ 2518. — Lelong, n⁰ 21450 *.

725. — Histoire générale des exploits de guerre faits aux sièges de la Rochelle et de l'île de Ré, contenant la fuite des Anglais, et la division des habitants de la Rochelle ; avec les noms et surnoms des seigneurs.... et capitaines qui sont entrés dans la dite île avec leurs régiments. (12 novembre.) — *Paris, imp. de J. Barbote, 1627, in-8, pièce.*

Bibl. nat⁰., n⁰ 2575. — Lelong, n⁰ 21451.

726. — Relation du père PLACIDE DE BREMOND, bénédictin, chevalier de la Croisade, prieur de Torigny et de Guinguand, faite à Sa Majesté à son retour de l'île de Ré, au camp d'Estré devant la Rochelle, du passage miraculeux de vingt-neuf barques que M. le cardinal envoya à M. de Toiras en la citadelle de Saint-Martin de Ré ; ensemble les combats de mer et de terre rendus par les Anglais pour empêcher le convoi. (14 octobre.) — *Paris, J. Brunet et J. Martin, 1627, in-8, pièce.*

Bibl. nat⁰. Lb³⁶, n⁰ 2547. — Lelong, n⁰ 21452.

« L'auteur fait passer, sans fondement, le roi dans l'île de Ré, et il n'y eut rien de miraculeux dans ce qui concerne les vingt-neuf barques que M. le cardinal envoya à M. de Toiras. » Fontette.

727. — Relation au vrai de ce qui s'est fait en l'île de Ré, depuis le jour que le roi y fit passer les mille hommes de ses gardes jusques au départ des Anglais de la dite île. — *(S. l. n. d.), in-8, pièce.*

Bibl. nat^e. Lb³⁶, n° 2572. — Lelong, n° 21453.

728. — Histoire au vray de tout ce qui s'est passé depuis la descente des Anglois en l'isle de Ré, qui fut le 22 juillet, jusques à présent, envoyée par le roy à la royne, sa mère ; imprimé par le commandement de Sa Majesté. — *A Rouen, J. Besongne, 1627, in-8, 32 p.*

Bibl. de la Roch., n° 3235. — Lelong, n° 21454.

Cette relation écrite par Charles de Valois, duc d'Angoulême, n'a pas été jointe aux diverses éditions de ses mémoires. Elle est intéressante par les détails sur les personnes. C'est sans doute la même que celle qui figure sous le n° 2571 Lb³⁶ de la Bibliothèque nationale, avec le titre : *La générale et fidèle relation de tout ce qui s'est passé en l'île de Ré, envoyée par le roi à la reine sa mère, par le commandement de Sa Majesté. — Paris, T. du Bray, 1627, in-8, pièce.*

729. — Véritable récit des choses les plus mémorables arrivées en l'île de Ré dès le jour de la descente des Anglais jusqu'à celui de leur défaite ; par le s^r de LA MAGDELAINE. — *St-Jean-d'Angély, Boisset, 1628, in-4.*

Lelong, n° 21455.

730. — Récit véritable touchant l'état présent de l'île de Ré, et arrivée des flottes d'Espagne et de Dunquerque. (9 octobre.) Ensemble une lettre faisant récit de la défaite et honteuse mort du frère de Bouquingan, de cinq capitaines anglais, et grand nombre de soldats. — *Paris, J. Brunet, 1627, in-8, pièce.*

Bibl. nat^e. Lb³⁶, n° 2544. — Lelong, n° 21456.

731. — Le secours de la citadelle de Ré, envoyé la nuit du six au septiesme du présent mois. (Octobre.) — *Paris, D. Langlois,* 1626, *in*-8, *pièce.*

Bibl. nat^e. Lb³⁶, n° 2542.

732. — Récit véritable du secours entré en l'île de Ré, conduit par les seigneurs et capitaines ci-après nommés, le 8e et 9e du présent mois d'octobre 1627, et fête de Saint-Denis. — *Paris, C. Hulpeau,* 1627, *in*-8, *pièce.*

Bibl. nat^e. Lb³⁶, n° 2543.

733. — Relation véritable de ce qui s'est passé tant en l'île de Ré que devant et dans la Rochelle, depuis le lundi vingtième jour de septembre, jusqu'au samedi dernier neuvième d'octobre 1627 ; avec quelques nouvelles tant du Languedoc que de Lorraine. — *Rouen, J. Besongne,* 1627, *in*-8, *pièce.*

Bibl. de la Roch., n° 2545.

734. — Le vrai et assuré secours miraculeusement arrivé en l'île de Ré, avec le nom des chefs qui conduisaient le dit secours, du 20 de ce présent mois d'octobre. — *Paris, J. Bessin,* 1627, *in*-8, *pièce.*

Bibl. nat^e. Lb³⁶, n° 2549.

735. — L'ordre tenu en l'avant-garde, bataille et arrière-garde de l'armée de Sa Majesté, conduite par Monsieur le maréchal Schomberg, lors de la deffaicte des Anglois en l'isle de Ré. — *(S. l. n. d.), in*-8, 8 *p.*

Bibl. de la Roch., n° 12411.

Cette relation est terminée par une lettre du maréchal où il imite un peu le style de César.

736. — Lettre du roi, envoyée à MM. les prévôt des marchands, échevins et habitants de sa bonne ville de Paris, du camp devant la Rochelle, le vingt-cinquiesme d'octobre 1627. — *Paris, P. Rocolet (s. d.), in-8, pièce.*

Bibl. nat^e. Lb^36, n° 2550.

737. — Lettre à M. le maréchal Schonberg, envoyé à Sa Majesté, sur le rasement des fortifications et tranchées des Anglais, en l'île de Ré. (8 novembre.) — *Paris, J. Barbote, 1627, in-8, pièce.*

Bibl. nat^e. Lb^36, n° 2556. — Lelong, n° 21457.

738. — Relation de la défaite des Anglais dans l'île de Ré, le 8e jour de novembre 1627, par les troupes de l'armée du roi que monseigneur le maréchal de Schomberg y commandait ; avec la lettre écrite au roi par Monseigneur le maréchal de Schomberg. — *Bourdeaus, par G. Millanges, 1627, in-8, pièce.*

Bibl. nat^e. Lb^36, n° 2557.

739. — Lettre du sieur de la Miltière au jeune Monbrun, trouvée parmi ses papiers le jour qu'il a été mis à la Bastille. (22 juillet.) — *(S. l.), 1627, in-8, pièce.*

Bibl. de la Roch., n°s 2066, 3242. — Bibl. nat^e. Lb^36, n° 2529 — Lelong, n° 21457 *.

« Cette lettre est supposée écrite à Jean Monbrun. » Fontette. L'exemplaire que j'ai sous les yeux a pour titre : *Lettre du s^r de la Miletière au jeune Mombrun trouvée parmy les papiers le jour qu'il a été mis à la Rochelle. 1627.* L'auteur fait des vœux pour les Anglais et des épigrammes contre Richelieu. Ce pourrait pourtant bien être une lettre supposée par le parti catholique et désavouée par le parti protestant.

740. — Histoire au vray de tout ce qui s'est passé depuis la descente des Anglois en l'isle de Ré, qui fut le 22 juillet, jusques à présent ; envoyée par le roy à la royne, sa mère ; imprimé par le commandement de Sa Majesté. — *A Rouen, Jacques Besongne, 1627, in-8, 32 p. et un tableau.*

Bibl. de la Roch., nº 3235. — Lelong, nº 21457 *.

On voit dans un avis au lecteur que cette relation est du duc d'Angoulême.

741. — La descente du régiment des gardes du roi et celui du sieur de Beaumont en l'île de Ré. (30 octobre.) — *Paris, J. Martin, 1627, in-8, pièce.*

Bibl. natᵉ. Lb³⁶, nº 2552.

742. — La défaite entière des Anglais et retraite à l'île d'Aix par l'armée du roi. — *Paris, 1627, in-8.*

Lelong, nº 21457 *.

743. — La défaite entière des Anglais et leur hon-teuse fuite et retraite de l'île de Ré, par l'armée du roi, commandée par M. le maréchal de Schomberg..... ensemble le brûlement de trois vaisseaux, et la prise de vingt drapeaux et quatre pièces de canon : ces nou-velles, apportées aux reines par le sieur de Bellingant. — *Paris, J. Brunet, 1627, in-8, pièce.*

Bibl. natᵉ. Lb³⁶, nº 2558.

744. — Manifeste du capitaine Picard, envoyé au duc de Bouquingan, sur la déroute de son armée. — *Paris, imp. de J. Barbote, 1627, in-8, pièce.*

Bibl. natᵉ. Lb³⁶, nº 2567. — Lelong, nº 21457 *.

745. — La défaite générale de l'armée anglaise par l'armée du roi, avec la prise de vingt-deux drapeaux sur les dits Anglais ; ensemble le brûlement de plu-' sieurs de leurs vaisseaux,.... — *Paris, P. Ramier*, 1627, *in-8, pièce.*

Bibl. nat^e. Lb^36, n° 2559.

746. — La défaite des Anglais en l'île de Ré, par M. de Thorax et M. le comte de Schomberg. — *S. Malo, par J. Boullet, 1627, in-8, pièce.*

Bibl. nat. Lb^36, n° 2560.

747. — La déroute du sieur de Soubize et de Bouquinquan, hors de l'île de Ré ; ensemble la furieuse défaite des Anglais et lèvement du siège du fort de la Prée, et leur fuite dans la ville de la Rochelle, par des vaisseaux de guerre commandés par Monseigneur le duc de Guise. — *Sur la copie imp. à Poictiers, chez G. Louvet, 1627, in-8, pièce.*

Bibl. nat^e. Lb^36, n° 2561.

748. — Nouvelle relation véritable de ce qui s'est passé en l'île de Ré en la déroute des Anglais. — *Paris,* 1627, *in-8, pièce.*

Bibl. nat^e. Lb^36, n° 2563.

749. — Le vray journal de tout ce qui s'est passé dans l'isle de Ré, depuis la descente des Anglois jusques à leur rembarquement. — *(S. l. n. d.), in-8.*

(Le titre courant porte : *Histoire de la rébellion des Rochelois.*)

Bibl. de la Roch., n° 2066, tome 4. — Bibl. nat^e. Lb^36 n° 2573. — Lelong, n° 21458.

« Ce journal qui contient ce qui s'est passé depuis le 20 juillet 1627 jusqu'au 28 novembre suivant, est écrit avec soin.

Il s'y trouve plusieurs lettres écrites alors sur ce siège. » Lelong, qui indique Toulouse, 1628, comme lieu et date d'impression.

Ce récit est l'ouvrage d'un des assiégés et contient surtout des détails militaires. Peu de livres font mieux concevoir la difficulté de maintenir la discipline dans les armées de ce temps, composées d'éléments hétérogènes, les nobles et les non-nobles, les troupes réglées et les volontaires.

Le catalogue de la Bibliothèque nationale, sous le n° 2577 Lb³⁶, indique évidemment le même ouvrage sous ce titre un peu différent. « Journal.... rembarquement ; avec des lettres écrites sur ce sujet, et réponses. Mandé en forme de lettre à un notable personnage de France, par un gentilhomme de la citadelle S. Martin de la dite île de Ré. (14 novembre 1627.) Tolose, par R. Colomiez, 1628, in-8. — Le titre de départ, page 3, porte : *Lettre historique de tout ce qui s'est passé dans l'île de Ré.*

Il y a encore de ce journal une traduction italienne. Florence. 1628.

750. — Relation de la descente des Anglais en l'île de Ré, du siège mis par eux au fort ou citadelle de Sainct-Martin, et de tout ce qui s'est passé de jour en jour, tant dedans que dehors pour l'attaque, défense et retraite des dits Anglais. (30 novembre.) — *Paris, E. Martin,* 1628, *in-8.*

Bibl. de la Roch., n° 3236. — Bibl, nat^e. Lb³⁶, n° 2580. —
Lelong, n° 21459.

Cette relation, écrite par Michel de Marillac, garde des sceaux, dont le frère prit part à la délivrance de l'île de Ré, est intéressante. C'est un tableau animé, vivant d'une guerre dont les nôtres diffèrent déjà beaucoup, d'une guerre où l'on assassinait des femmes (p. 94) pour *ennuyer* les assiégés, et où les chefs s'échangeaient des présents de melons et d'eau de fleur d'oranger (p. 110). L'auteur s'attache surtout à établir la déloyauté des Anglais dont il rapporte et réfute le manifeste. A ses yeux c'est là une guerre toute politique, non une guerre de religion.

751. — Discours de ce qui s'est passé tant à la Rochelle qu'en l'île de Ré, extrait d'une lettre écrite de Lobardiére, le mois de septembre dernier. — *Paris, P. Ramier, 1627, in-8. pièce.*

Bibl. de la Roch., n° 2539.

752. — La retraite générale de l'armée angloise, avec les submissions du duc de Bouquingan faites à Sa Majesté, et la délivrance des prisonniers de part et d'autre. — *Paris, J. Brunet, 1627, in-8, pièce.*

Bibl. de la Roch., n° 2067. — Bibl. nat^e. Lb36, n° 2564.

Dernier épisode de l'attaque de l'île de Ré. Quelques noms de prisonniers échangés, du reste plus d'emphase que de faits.

753. — Seconde relation de ce qui s'est passé en l'armée du roi et île de Ré, depuis le dimanche vingt-quatrième octobre jusques au trentième dudit mois ; ensemble l'élection faite par le roi du sieur maréchal de Schomberg, pour la conduite de six mille hommes choisis par Sa Majesté en toutes ses troupes de cavalerie, mousquetons et infanterie, pour fondre en l'île de Ré, avec les noms des chefs, capitaines et conducteurs des dites troupes, et l'arrivée de douze barques à bon port. — *Paris, J. Martin, 1627, in-8, pièce.*

Bibl. nat^e. Lb36, n° 2551. — Lelong, n° 21460.

754. — Lettre de Mr de Netz, aumônier du roi, à Monseigneur le cardinal de La Rochefoucault, de tout ce qui s'est passé en l'armée depuis le trente-unième du mois d'octobre jusques au septième jour de novembre 1627. — *Paris, J. Tompère, 1627, in-8, 8 p.*

Bibl. de la Roch., n° 2067. — Bibl. nat^e. Lb36, n° 2555. — Lelong, n° 21460*.

755. — Première armée angloise arrivée dans la rade de Saint-Martin. — *Fragment manuscrit in-f° de 4 pages.*

Bibl. de la Roch., nᵒ 3112.

Ce sont quelques notes peu étendues d'un contemporain sur l'arrivée de l'armée anglaise et ses premières communications avec les Rochelais. Elles sont terminées par la copie d'une partie de lettre, sans signature et sans date, qui semble adressée à la reine pendant la minorité de Louis XIII et contient des plaintes contre ses ministres. C'est une seule page dont on ne peut rien tirer.

756. — Anglorum ad Rheam excensio et Rupella obsessa, auctore Petro de Boissat. — *Dans ses œuvres latines :* Petri de Boissat opera et operum fragmenta, historica et pœtica, 1649, *in-f°.*

Lelong, nᵒ 21461.

757. — Arcis Sam-Martinianæ obsidio et fuga anglorum a Rea insula, scriptore Jacobo Isnard, ex provincia Provinciæ, senatus Parisiensis advocatus. — *Parisiis, E. Martinus,* 1629, *in-4,* XVI-262 *p., avec deux plans.*

Bibl. de la Roch., nᵒ 3238. — Bibl. natᵉ. Lb³⁶, nᵒ 2581. —
Lelong, nᵒ 21462.

Ce n'est guère qu'une traduction latine de la relation de Marillac (nᵒ 750) ; il y a cependant plus de détails topographiques, plus de noms propres, plus de louanges pour Richelieu, et surtout beaucoup plus de déclamation chez l'avocat que chez l'homme d'État. Jacques Isnard, provençal, avocat au parlement de Paris, ne figure, que je sache, dans aucune biographie.

758. — Expeditio in Ream insulam, authore Edouardo domino Herbert, barone de Cherbury in

Anglia, et castri insulæ de Kerry in Hibernia et pare utriusque regni, anno 1630, quam publici juris fecit TIMOTHEUS BALDUINUS..... -- *Londini , Humphedus Moseley, 1656, in*-8, xxx–197 *p.*

Bibl. de la Roch., no 3239. — Bibl. nate. Lb36, no 2581 *. — Lelong, no 21463.

C'est une réponse à Monet et à Isnard ; le premier n'est nommé que dans la préface, le second est suivi pas à pas, chapitre à chapitre et réfuté avec grand renfort de citations grecques et latines, et d'injures. C'est un plaidoyer plus qu'une histoire ; mais dans l'histoire comme dans un procès, il faut entendre toutes les parties, et Herbert défend partout avec chaleur la bonne foi de la politique comme la bravoure et l'humanité des soldats de l'Angleterre.

759. — JOANNIS DE BUSSIERES e societate Jesu, de Rhea liberata poemation, in tres libros distinctum. — *Lugduni, J. B. Devenet, 1655, in*-12 *de* 98 *p.*

Bibl. de la Roch., no 3279. — Lelong, no 21464.

760. — Réjouissance de la France sur les bonnes nouvelles de la défaite et fuite des Anglais de l'île de Rhé. — *Paris, J. Mestais, 1627, in*-8, *pièce.*

Le titre de départ, page 3, porte : *La défaite et fuite des Anglais.*

Bibl. nate. Lb36, no 2565.

761. — Le triomphe de la France sur la fuite des Anglais. A la reine, mère du roi.

Bibl. nate. Lb36, no 2565 *.

762. — Ἀριστεία Βασιλέως ἐν τῇ νήσῳ Ρεάκῳ.... Regis strenuitas in insula Reaco, vulgo de Re.... Jo. BOURGUIGNON, Bellovacensis.

Bibl. nate. Lb36, no 2565 *.

763. — Vers alexandrins à la louange du roi et de Monseigneur le cardinal de Richelieu, contre la folle et pernicieuse entreprise des Anglais et des Rochelois.

Bibl. nat⁰. Lb³⁶, n⁰ 2565 *.

764. — L'hymne des Princes. (Par N. Frenicle.)

Bibl. nat⁰. Lb³⁶, n⁰ 2565 *.

765. — Les poules de mer prises en Ré, le bouc écorné, et les Rochelois en mue.

Bibl. nat⁰. Lb³⁶, n⁰ 2565 *.

766. — Prosopopée de l'île de Ré au duc Bouquinquan sur les diverses rébellions des Rochelois. — *Paris, J. Bessin, 1627, in-8, pièce.*

Bibl. nat⁰. Lb³⁶, n⁰ 2566.

767. — Joan. Grangerii, regii professoris orationes de Rupellana expeditione, habitæ in aula Cameracensi regia. — *Parisiis, J. Libert, 1629, in-4.*

Bibl. nat⁰. Lb³⁶, n⁰ 2719. — Lelong, n⁰ 21465.

La réserve de la Bibliothèque nationale possède un exemplaire de dédicace, rel. vel., aux armes de Louis XIII, contenant les pièces suivantes, ayant chacune un titre particulier :

1⁰ *Oratio in victoriam Ludovici XIII de Anglo-Britannis, habita….* V Kal. décembr. — 1627.

2⁰ *In deditionem Rupellæ oratio habita….* XVII Kal. decembr. MDCXXVIII.

3⁰ *In triumphum regis Ludovici oratio habita….* V Kal. januar., anno MDCXXIX.

768. — La pucelle d'Orléans apparue au duc de Boukingan pour le tancer de la folle entreprise et

attentat contre le roi. — *Jouxte la copie imp. à Paris,
par J. Primoult, 1627, in-8, pièce.*

Bibl. nat^e. Lb³⁶, n° 2568.

Par GEOFFROY GAY, d'après une note manuscrite.

769. — Consolation faite par le duc de Bouquingan aux Anglais, sur sa dernière déroute en l'île de
L'Oye. — *(S. l.), 1672, in-8, pièce.*

Bibl. nat^e. Lb³⁶, n° 2570.

Par GEOFFROY GAY, d'après une note manuscrite.

770. — Prosopopæia gementis Angliæ post Ræa-
nam insulam obsidione liberatam, cæsos Anglos, fu-
gatum Bouquinquam, victori Ludovico Justo, Galliæ
christianissimo regi et Navarræ.

Bibl. nat^e. Lb³⁶, n° 2569.

771. — Les Matelots avec la suite au nom des
Anglois. — *(S. l.), 1637, in-8, 12 p.*

Cat. Claudin, n° 783.

Pièce de vers à l'occasion de la descente des Anglais dans
l'île de Ré.

772. — Sonnet sur le soldat Lapierre qui passa à
la nage de l'île de Ré à la Rochelle en 1627.

Bibl. de la Roch., n° 2986. — Dans la *Revue de l'Aunis*, 2me
année, p. 53. — Voir également *Annales poétiques*, t. XXIV.

773. — Suite de l'histoire générale de ce qui s'est
fait et passé tant au camp de la Rochelle qu'à l'île de
Ré ; ensemble la quantité des forts qui sont bâtis à
l'entour de la dite ville pour le bloquement d'icelle ;

avec le nombre des régiments qui entrent en garde dans les dits forts. — *Paris, J. Barbote,* 1627, *in-*8, *pièce.*

774. — Oraison à Dieu faite par le révérend père SUFFRANT, lors qu'on est allé à l'isle de Ray. — *Paris, Bertrand, Martin, in-*32, 8 p.

Pièce rarissime, d'après le libraire Chossonery (Catal. 1876, n⁰ 116) qui la cote 8 fr. Rien de spécial.

775. — Les augustes et fidèles amours du haut et puissant cavalier le Fort-Louys, filleul du roi, avec la belle, riche et noble Rochelle ; ensemble les articles portant les conventions de leur contract de mariage. — *Fontenay, Petit-Jean,* 1625, *in-*16, XVI-245 *p.* — Les pages n'étant numérotées que sur le recto, la dernière porte le chiffre 123.

Les Rochelais réclamaient la démolition du Fort-Louis qu'on leur refusait. L'auteur inconnu de cette fiction allégorique essaie à l'aide de l'interprétation d'une vision de leur persuader qu'une transaction est de leur intérêt. Il peint en passant les divers partis, les divers intérêts qui s'agitaient à la Rochelle : les magistrats, le consistoire, le peuple. Il y a, ce semble, beaucoup d'allusions plus personnelles, mais moins transparentes et peut-être impossibles à reconnaître aujourd'hui.

776. — Suite des amours du brave cavalier le Fort-Louys et de la belle dame Rochelle, 1626. — *Nyort,* 1628, *in-*8, 252 *p.*

Cette suite qui est d'une tout autre main est une réfutation.

L'auteur, dans son argument, résume le livre qu'il va continuer, et déclare que titre de noces lui est suspect et lui rappelle trop les noces de 1572. Cette réflexion donne la mesure de l'esprit du livre. Il dissuade les Rochelais de toute concession. La plaisanterie, du reste, est beaucoup plus lourde et plus triviale que dans le premier ouvrage, et peut-être a-t-on pu dire dans le temps que l'un sentait le courtisan et l'autre le ministre protestant.

777. — Contract faict et passé entre le roy et le clergé de France assemblé par permission de Sa Majesté en la ville de Fontenay le Comte, le 17 jour de juin, 1628. — *Paris, Jean Martin, 1628, in-8, 16 p.*

Bibl. de la Roch., n° 3242. — Bibl. nate. Ld 5, n° 163.

Consentement par le clergé au payement de 3,600,000 livres pour aider au siège de la Rochelle. L'original se trouve dans un recueil de pièces sur Fontenay, ayant appartenu à M. Fillon et destiné par lui à cette ville.

778. — Ratification du contrat passé à Fontenay-le-Comte entre le roi et le clergé de France, le 17 jour de juin. (30 juin 1628.) — *(S. l. n. d.), in-4, pièce.*

Bibl. nate. Lb 5, n° 164.

779. — L'accomplissement de la prophétie de David sur la prise de Montauban et de la Rochelle, et discours sur le glorieux retour de Mgr l'illustrissime cardinal de Richelieu, par FRANÇOIS VÉRON, prédicateur du roi pour les controverses. — *Paris, Jacquin, 1629, in-8, 8 p.*

Bibl. de la Roch., n° 3215. — Bibl. nate. Lb36, n° 2756.

« Le prophète-roi David avait divinement prédit la prise ou submission forcée de Montauban et de la Rochelle. » La suite est le développement de cette première phrase. La dernière page s'intitule : « *Irrision des faux prophètes Dumoulin et Du-plessis-Mornay. La vraie chûte de Babylon.* » Pour F. Véron, Babylon n'est pas Rome, mais la Rochelle.

780. — Les mystères de l'octonaire, ou conjectures tirées tant de l'Ecriture sainte que des mathématiques et appuyées sur des raisons naturelles, qui montrent évidemment qu'en cette année 1628, pleine de bonheur, le mystère d'iniquité sera exilé, les rebelles Rochelois domptés, et les autres hérétiques factieux subjugués par les armes de notre grand Alcide Louis le Juste.... par M. PIERRE BONIN.... (15 mars.) — *(S. l.)*, Anno oCtonarII MysterIa e Verbo DeI erVta, ratIonI InnIXa, *in*-8, *pièce*.

Bibl. nat^e. Lb³⁶, n° 2617. — Lelong, n° 21481.

781. — La vérité des mystères de l'octonaire ou des conjectures tirées du nombre huit, selon qu'il a été prédit depuis huit mois en ça, sçavoir est dès le 15 mars dernier de cette même année, par PIERRE BONIN. — 1628, *in*-8.

Lelong, n° 21532.

Ces deux livres ont de l'intérêt pour les amateurs de la science de Nostradamus. Outre l'édition séparée de ces pamphlets, il y a une réimpression qui les contient toutes deux sous le titre du numéro suivant.

782. — La vérité des mystères de l'octonaire ou des conjectures tirées du nombre huit.... faisant foi qu'en cette année de bon augure 1628, La Rochelle serait domptée,.... selon qu'il a été prédit depuis huit mois ença, savoir est dès le 15e jour de mars dernier en cette même année.... par M. PIERRE BONIN,....

— *Imprimée derechef par permission, pour le manifester et publier le jour de l'entrée de S. M. à Paris, 1628, in-8, pièce.*

Bibl. de la Roch., nᵒ 2716.

Dans la première partie, l'auteur après avoir exalté les mérites du nombre 8, en déduit que l'année 1628 verra la chûte de la Rochelle, ce que prédit ce verset d'Ezechiel dont les lettres numérales donnent en effet 1628 : oMnes qVI VIDent te e gentIbVs obstVpesCent sVper te. Ezech. 28.

La seconde partie fait remarquer qu'en effet la prédiction s'est accomplie huit mois après avoir été faite.

On trouve une analyse de ces deux pamphlets dans le numéro du 28 novembre 1847 du journal la *Charente-Inférieure.*

Ces merveilles de l'octonaire sont encore célébrées dans deux lettres et une pièce de vers latins sur la *Prise de la Rochelle* d'OLIVE DU MESNIL. (Lett. 36 et 37.)

783. — Description des forts existants autour de la Rochelle en 1627, de la digue ; récit de ce que souffrirent les habitans de La Rochelle pendant le siège de l'an 1628 ; — notes sur les églises de la Rochelle, les bourgs et les paroisses de l'Aunis. — *Collections historiques manuscrites, in-f⁰, t. ᴵᵉʳ p. 347-367.*

Bibl. de la Roch., nᵒ 3133. — Lelong, nᵒ 35760.

Notes recueillies par M. E. Richard ; les dernières sont extraites des manuscrits de Masse. (Voir ci-dessus.)

784. — La prise du bourg de Lafons ; avec la défaite de cinq cents Rochelois, par M. le maréchal de Bassompierre. (22 novembre.) — *Paris, J. Barbote,* 1627, *in*-8, *pièce.*

Bibl. natᵉ. Lbᵗᵉ, nᵒ 2579.

785. — Journal du siége de la Rochelle. — *Mercure*

français, t. XIII, *p.* 772 *à la fin ; t.* XIV, *p.* 1 *à* 208, 407 *à* 424, 1 *à* 724.

Bibl. nat⁼. Lb³⁶, n⁰ 2032. — Lelong, n⁰ 21482.

Le *Mercure français* ne contient pas à proprement parler de journal du siège de la Rochelle, puisque les événements qui regardent cette ville y sont, comme dans le reste du livre, mêlés à tous les faits contemporains, seulement leur importance leur donne la première place. Le rôle que les Anglais jouent dans ces troubles y est soigneusement mis en relief dans des pages bonnes à méditer encore aujourd'hui. Du reste la collection entière du *Mercure français* est un recueil de documents importants pour l'histoire de la Rochelle. L'exemplaire de la bibliothèque, qui a appartenu à P. Mervault, ne contient malheureusement aucune note manuscrite.

Consultez également les *Lettres de Richelieu* en 1627 et 1628 ; — les extraits du *Journal d'Hérisson, médecin de Louis XIII,* dans la *Revue de l'Aunis,* année 1864.

786. — Relation envoyée de l'armée du Roi, de tout ce qui s'est passé au siège de La Rochelle, jour par jour ; mesmement l'on a pris un grand vaisseau chargé de femmes.... etc. — *Lyon,* 1628, in-8.

Lelong, n⁰ 21482 *.

787. — Relation du siège de la Rochelle en 1628 par le duc d'Angoulême.

Bibl. de la Roch., n⁰ 3235. (V. n⁰ 740 ci-dessus.) — Coll⁰ⁿ Conrard, tome XVI, p. 369. — Bibl. de l'Arsenal à Paris (Rapport de M. Macé, dans le *Journal de l'Instruction publique,* du 3 octobre 1846.)

On trouve au tome XI de la même collection, page 443 : « Pour satisfaire au billet de M. de Valois qui demande trois choses : Qui est-ce qui commandait dans la Rochelle durant le ·siège ? Qui est-ce qui porta la ville à se rendre ? Et enfin s'il est vrai qu'elle fut ceinte de triples murailles ?

788. — Lettre du duc de Guise ou du duc de Chevreuse en 1628.

Bibl. de la Roch., n⁰ 3235. — Coll⁰ⁿ Conrard, t. XVI, p. 365. Bibl. de l'Arsenal, à Paris. — (Rapport de M. Macé, sus-indiqué.)

789. — Journal des choses les plus mémorables qui se sont passées au dernier siège de la Rochelle, par PIERRE MERVAULT, Rochelois. — *(S. l. n. d.), in*-8, VI–338 *p.* — Autre édition à *Rouen*, 1671, *in*-12, XII–693 *pages.* — L'édition de 1628, indiquée par Langlet, Dufresnoy et l'édition de Rouen, 1640, in-8, indiquée par Lelong, sont sans doute supposées. Mervault, dans la préface de l'édition de 1671, appelée la seconde dans le privilège, dit lui-même qu'il y a, en 1668, 24 années qu'il a publié la première. Fontette dit à tort que sur cette seconde édition l'auteur est nommé Mernault.

Bibl. de la Roch., n⁰ˢ 3245, 3246. — Bibl. nat⁰. Lb³⁶, n⁰ 2679. — Lelong, n⁰ 21483.

Ce journal est celui d'un protestant Rochelais qui a souffert tous les maux du siège, dont « le père comme maistre de l'artillerie exerçait la seconde charge de l'artillerie. » Bien qu'il ait dû subir plus d'une altération à la rédaction primitive pour que l'intendant de la province n'y trouvât « rien qui puisse préjudicier à la religion apostolique et romaine, ni au gouvernement de l'Etat » (dans la permission), c'est pourtant encore, quoi qu'à demi étouffée, la voix d'un des vaincus. La seconde édition est plus ample de moitié, mais presque entièrement grossie par des pièces recouvrées depuis, et qui y ajoutent un grand intérêt. Elle est terminée par un catalogue des maires et de courts détails sur la mairie.

Il existe une édition qui se termine par ces mots : « Achevé d'imprimer le 8 jour d'avril 1648. » Après la préface de l'auteur, on lit : « L'autheur n'a pu mettre le présent journal en lumière plus tôt pour quelques raisons particulières, combien qu'il en avait la permission il y a plusieurs années. » Enfin un premier frontispice porte : « Histoire du dernier siège de la Rochelle où se voit plusieurs choses remarquables qui se sont passez en iceluy, par Pierre Mervault, Rochelois, à Rouen, chez Jean Berthelin et Jacques Cailloué dans la court du palais, 1648. » Elle n'a ni commission à la page 259 de l'édition que je donne pour être de 1644, ni ses fautes, ni son errata. Du reste elle la reproduit presque ligne pour ligne. L'édition sans date ni lieu est-elle une contrefaçon, est-elle la première ? La phrase de Mervault : « le journal que je fis imprimer il y a vingt-quatre ans » appuie la dernière hypothèse. J'en ai sous les yeux un exemplaire où le dernier feuillet, celui qui contient la permission d'imprimer et l'erratum, est remplacé par un feuillet contenant cette note : « Ce mémoire m'ayant esté fourni par le seigneur de Rivière, depuis l'impression achevée, je l'adjoute icy, m'estant informé du fait que si quelques-uns ont cognoissance d'autres particularités dignes d'y estre insérées et m'en envoyant les mémoires, je les mettrai en une seconde édition. — Faut mettre à la page 27 entre la première ligne et la seconde pour estre en son lieu : Le même jour le duc d'Angoulême... intercesseur. Le dit sieur de Rivière s'achemina par son ordre à la Rochelle, là où il fut honorablement reçu par le Maire, corps de ville et noblesse qui y estoit. Ayant exposé... de son voyage. » C'est-à-dire, avec une variante, le paragraphe de la page 60-61 de l'édition de 1671. Ce feuillet ne paraît pas avoir été ajouté, mais substitué au dernier de la dernière feuille, probablement pendant l'impression, et à une partie des exemplaires ; ce qui rend probable que cette première édition s'imprimait sous les yeux de Mervault et à la Rochelle. Cette addition ne figure pas dans l'édition de 1648.

790. — Le même en anglais. — *London,* 1630, *in*-8.

Lelong, n° 21483.

Si cette traduction existe à cette date, il faut qu'elle ait été faite sur le manuscrit qui n'a été imprimé en français qu'en 1644. Elle serait alors bien curieuse et bien intéressante.

791. — Mémoires pour servir à l'histoire des derniers troubles de la Rochelle, par PIERRE MERVAULT, Rochelois. — *Manuscrit à la Bibliothèque de la Rochelle, d'après Fontette.*

Lelong, n° 21483 *.

Ils sont sans doute compris dans les *Collections historiques* mentionnées plus haut.

792. — Journal du siège de la Rochelle depuis le mois de juillet 1627 jusqu'en octobre 1628. — *Mss. Fonds Dupuy, n° 633 ; Mss. de Garguières, à la bibliothèque du roi.*

Lelong, n° 21484.

« Copie de la première édition du journal de Mervault. » Fontette. — La Bibliothèque de la Rochelle possède aussi (n° 3243) une copie ou l'original de cette première édition. Elle y est presque absolument conforme. Seulement la préface manuscrite contient de plus une paraphrase du *Quorum pars magna fui.* Si l'expression de ce sentiment si naturel a été retranchée à l'impression, qu'a dû souffrir la rédaction première du journal, celle qui suivait le siège jour par jour ?

Une feuille manuscrite détachée, de 4 pages in-folio, écrite en 1679 par un protestant propriétaire de notre exemplaire, contient un amer rapprochement de la conduite envers les protestants de Richelieu vainqueur et de Louis XIV après une longue paix.

793. — Récit sommaire de la plus grande part des choses qui se sont passées au siège et rédition de la ville de la Rochelle à l'obéissance de Louis XIII, roi

de France et de Navarre, l'an 1628. — *Voir Collections historiques citées, p.* 193 *à* 245.

Bibl. de la Roch., n° 3133. — Lelong, n° 35760.

Sous la plume de Mervault, ce récit sommaire ne peut guère être qu'un abrégé de son journal imprimé. On y trouve pourtant quelques menus détails de plus. Il va plus loin aussi ; on trouve à la suite la relation de deux crimes étranges, le meurtre d'enfants par leur mère en délire, commis en 1631 et 1642.

794. — Siège de la Rochelle, journal contemporain, publié d'après le manuscrit original appartenant à M. E. Racaud, par L. de R. (LOUIS MESCHINET DE RICHEMOND.) — *La Rochelle, Thoreux,* 1872, *in-8 de* 92 *pages et de planches.*

Bibl. de la Roch., n° 3247.

Journal analogue à celui de Mervault moins développé.

795. — Histoire des deux derniers sièges de la Rochelle ; le premier sous le règne de Charles IX, en l'année 1573, et le second sous le roi Louis XIII à présent heureusement régnant ès années 1627 et 1628. — *Paris, F. Targa,* 1630, *in-8*, VIII-294 *p.*

Bibl. de la Roch., n° 3256. — Bibl. nat.e Lb30, nu 2676 *, Lk 7, n° 3460.

Les cent douze premières pages sont une réimpression du n° 420 avec une seule transposition ; la description de la Rochelle est placée avant le résumé de son histoire. La seconde partie est une histoire détaillée du siège de 1628, écrite dans le même esprit d'hostilité indignée contre les Rochelais. — Elle contient l'avertissement d'Abraham Tilenus à l'assemblée de 1621.

796. — Relation du siège de la Rochelle, 1628.

Sous ce titre les *Archives curieuses de l'Histoire de France*, 2e série, tome 3, ont reproduit le second des récits compris dans l'histoire des deux derniers règnes.

797. — Remonstrance faite au roy d'Angleterre en l'année 1628 par les députés de la Rochelle pour avoir du secours de luy. — *Trésor des harangues*, 1654, *in-4*, *p. 68 à 72*.

Bibl. de la Roch., n° 10658.

C'est la harangue de Vincent, le 24 juillet. — V. Mervault, p. 423.

798. — L'histoire des tenants au blocus de la ville de la Rochelle sous le très puissant et très redoutable monarque Louis XIIIe du nom, roi de France et de Navarre ; copiée par Mervault. — *Mss. Collect. histor.*, *tome* 2me, *p.* 171-191.

Bibl. de la Roch., n° 3133. — Lelong, n° 35760.

Copiée assurément, mais sur qui ? Je ne crois pas avoir vu ailleurs cette histoire citée. C'est le premier livre (« l'auteur en a demeuré là », dit Mervault) d'une histoire satirique de cette guerre ; il n'en contient que les préliminaires et il est assez difficile de deviner quel est l'esprit de l'auteur, qui semble toutefois un protestant assez indifférent. Ce pamphlet est écrit avec assez de verve pour faire regretter qu'il n'ait pas eu de suite.

799. — Lettre qui a été prinse à un espion de la Rochelle qui a été pendu à Aytré, le vingtième août mil six cent vingt-huit ; ensemble la lettre dudit maire de la Rochelle à Monseigneur le cardinal de Richelieu (22 août) ; avec la réponse de mondit seigneur de Richelieu au susdit maire (23 août). — *Nyort, par la Ve J. Moussat*, 1628, *in-8, pièce*.

Bibl. nat^e. Lb³⁶, n° 2643.

800. — Lettre des merc et eschevins de la ville de La Rochelle envoyée au roy d'Angleterre ; avec l'exécution de l'espion. — *Paris, jouxte la copie imp. à Niort chez la vefve J. Moussat, 1628, in-8, 3 p.*

Bibl. de la Roch., n° 2066. — Bibl. nat^e. Lb^{36}, n° 2644. — Lelong, n° 21482 * (2).

Le titre porte : *avec l'exécution de l'espion,* mais on n'y trouve que la lettre, signée Guyton, par laquelle les Rochelais demandent des secours et indiquent le moyen de les leur donner. Du reste cette lettre n'a pu, d'après son texte même, être adressée au roi d'Angleterre. Elle ne se trouve pas dans Mervault et est sans doute apocryphe.

801. — Traité et accord passé entre le roi d'Angleterre et les maire et échevins, pairs, bourgeois et habitants de la ville de la Rochelle, par le moyen de leurs députés, en l'année 1628. — *Lyon, Armand, 1628, in-8, 12 p.*

Catalogue Scalini, n° 2651.

802. — La trahison découverte des rebelles du Vendosmois, sur la levée des deniers qu'ils faisaient pour soldoyer les soldats de la Rochelle ; avec l'emprisonnement de celui qui était député pour faire la levée des dits deniers,.... — *Nyort, par la Ve J. Moussat, 1628, in-8, pièce.*

Bibl. nat. Lb^{36}, n° 2647.

803. — Actes de l'assemblée de la province des Cévennes et Gévaudan, tenue en la ville d'Allez, en l'an 1628, pendant le siège de la Rochelle. — *Mss. 18 p.*

Bibl. nat^e., manuscrits, fonds Béthume, n° 9344.

Indiqué dans le *Cabinet historique,* année 1864, catalogue, p. 84.

804. — Apparition de Jeanne d'Arc, surnommée la Pucelle d'Orléans, au roi d'Angleterre, dans son palais de Londres.... etc.; avec la remontrance qu'elle lui a faite sur le secours qu'il a voulu donner aux habitants de la Rochelle. — *Lyon*, 1628, *in-8*.

Lelong, n° 21482 * (3).

805. — La descente de la flotte d'Espagne, jointe à l'armée navale du roy, commandée par M. le duc de Guise ; ensemble les nouveaux retranchements faits au camp royal ; avec le détournement des eaux douces qui allaient dans la Rochelle. (30 novembre.) — *Paris, J. Barbote,* 1627, *in-8, pièce.*

Bibl. de la Roch., n° 2067. — Bibl. nat^e. Lb³⁶, n° 2582.

Relation de la prise du bourg de Lafond, d'où la Rochelle tire son eau douce, de l'arrivée des vaisseaux espagnols auxiliaires de la flotte royale, en décembre 1627. — Cf. n° 784.

806. — Lettre du sieur de Matel au roy ou sont représentez les moyens de réduire doucement la Rochelle à son obéyssance et de la prendre à force ouverte dans peu de temps. (17 octobre 1627.) — *Imprimée à Lyon, Louis Muguet,* 1628, *in-8,* 16 *p.*

Bibl. de la Roch., n° 2066.

Cette lettre datée du 17 octobre 1627, contient le plan d'une levée ou digue, plus facile à exécuter, plus économique et plus efficace que toute autre. Cette digue devait isoler et en même temps inonder la Rochelle. Suivent quelques détails où l'on voit remonter à 1607, sous Henri IV, les projets contre la Rochelle. Le sieur de Matel semble avoir présenté d'autres projets qui n'ont pas été plus suivis que celui-ci.

807. — Relation véritable et journaliére de tout ce

qui s'est fait et passé en la réduction de la ville de la
Rochelle à l'obéissance du Roi. (26-30 octobre.) —
Paris, imp. de J. Barbote, 1628, *in-8, pièce.*

Bibl. nat^e. Lb³⁰, n° 2661. — Lelong, n° 21486.

808. — Récit véritable de ce qui s'est fait et passé
au siège de la Rochelle, depuis que les Anglais sont
venus attaquer la digue jusques au quinzième de ce
présent mois ; ensemble les propositions faites au roi
par le milord Montaigu ; avec la réponse que sa Majesté lui a faite. (3-15 octobre.) — *Paris, jouxte la copie
imp. à Rouen par N. Courant,* 1628, *in-8, pièce.*

Bibl. nat^e. Lb³⁶, n° 2652.

809. — Récit de la honteuse retraite des Anglais
de la rade de la Rochelle. — *In-8.*

Catalogue Techener, n° 4701.

810. — La réduction de la Rochelle, avec l'entrée
du Roi, le sermon du père Souffren, jésuite, à l'ordre
de la procession générale. — *Nyort, Bureau,* 1628, *in-8.*

Lelong, n° 21488.

811. — La fuite des Anglais et le véritable récit de
tout ce qui s'est passé au combat, suivant le mémoire
envoyé aux reines et à monseigneur, frère unique du
roi, du 18 de ce présent mois de mai 1628. — *Paris,
J. Bessin,* 1628, *in-8, pièce.*

Bibl. nat^e. Lb³⁶, n° 2629. — Lelong, n° 21489.

812. — La victoire du roi sur la flotte anglaise
arrivée au secours des Rochelois rebelles à sa Majesté.
— *(S. l.),* 1628, *in-8, pièce.*

Bibl. nat^e. Lb³⁶, n° 2632.

813. — Récit véritable fait aux reines, par M. de Camp-Remy, envoyé à Leurs Majestés de la part du roi, de la honteuse retraite des Anglais, et de tout ce qui s'est fait et passé pendant les huit jours qu'ils ont été à la rade de l'embouchure du canal de la Rochelle. — *Paris, imp. de J. Barbote, 1628, in-8, pièce.*

Bibl. nat^e. Lb³⁶, n⁰ 2631. — Lelong, n⁰ 21490.

814. — Remontrance aux Rochelois sur l'obéissance qu'ils doivent au roi,.... (Par RUELLE.) — *Paris, imp. de N. Alexandre, 1628, in-8, pièce.*

Bibl. de la Roch., n⁰ 2066. — Bibl. nat^e. Lb³⁶, n⁰ 2623. — Lelong, n⁰ 21491.

L'ouvrage est mieux indiqué par son second titre : *Histoire de l'admirable fidélité et obéissance des anciens habitants de la Rochelle, au service du roi Jean et Charles V, qui fait voir aux Rochelais par la gloire de leurs prédécesseurs, l'ignominie de leur infidélité et désobéissance.* » Cette histoire est suivie de pièces de vers à l'éloge du roi, de la reine.... etc. La dédicace à la reine est signée de l'auteur, Ruelle.

815. — Avis à ceux de la Rochelle sur l'état présent de leur fortune qui les doit porter à se soumettre au Roi ; avec les remontrances des Rochellois du 23 juillet 1628 au roi d'Angleterre, pour qu'il leur porte secours, précédé d'un discours de deux députés rochellois au cardinal de Richelieu et de sa réponse.

Bibl. nat^e., section des manuscrits, fonds Gaign., n⁰ 788.
Indiqué par le *Cabinet historique,* 1864, p. 83.

816. — Lettre de notre saint père le pape Urbain VIII, envoyée au comte de Chomberg, sur la victoire

obtenue contre les Anglois en l'île de Ré. — *Paris*, 1628, *in-8, 6 p.*

Bibl. de la Roch., nᵒ 2066. — Bibl. natᵉ. Lb³⁶, nᵒ 2584. — Lelong, nᵒ 21495.

Lettre de félicitation et d'éloge. Elle est signée JOANNES CIAMPOLI. Il me semble que son authenticité pourrait bien être révoquée en doute.

817. — La prise de toutes les avenues de la ville de la Rochelle. — *In-8, 8 p.*

Bibliophile voyageur, xiᵉ année, nᵒ 434.

818. — L'heureuse arrivée des vaisseaux de guerre du Havre de Grâce au canal de la Rochelle, conduits par des chevaliers de Malte ; ensemble le bâtiment et travail des digues faites à l'entour dudit canal ; avec la prise de plusieurs navires chargés de blé et autres munitions qui venaient à la Rochelle ; et la rude charge faite sur ceux qui sortaient de la ville. (19-21 décembre 1627.) — *Paris, imp. de J. Barbote, 1628, in-8, pièce.*

Bibl. de la Roch., nᵒ 2066. — Bibl. natᵉ. Lb³⁶, nᵒ 2587. — Lelong, nᵒ 21496.

Plus de déclamations que de détails. L'auteur voit le doigt de Dieu dans tous les revers des Rochelais.

819. — Rebellis Rupellæ ruina, oraculum IANI-CÆCILI FREY, ex caninis literis. — *Parisiis, excudeb. D. Langlæus, 1608 (1628), in-8, pièce.*

Bibl. natᵉ. Lb³⁶, nᵒ 2619.

820. — La victoire du roi contre les Anglois au siège de la Rochelle du 18 mai 1628 ; l'état de l'armée navale, la mort du général et autres chefs anglois, la

perte de dix de leurs vaisseaux tant échoués que brûlés et la retraite des autres en pleine mer. — *Paris, 1628, in-8, 15 p.*

Bibl. de la Roch., n° 2066. — Bibl, nate. Lb³⁶, n° 2630. — Lelong, n° 21497.

La première phrase donnera idée du ton de ce récit : « Enfin nos âmes altérées depuis cinq jours de savoir l'événement de la plus importante affaire qui ait jamais paru en cet état sont aujourd'hui rassasiées dans le fleuve des bonnes nouvelles de l'heureux succès des armes du Roy. »

821. — Calendar of state papers, domestic series, of the reign of Charles I, preserved in the state paper department of her Majesty's public record office, edited by John Bruce, tomes II et III, 1627-1629. — *London, 1859, 2 vol. in-8 de 694 et 714 p.*

Bibl. de la Roch., n° 1338.

Le second de ces volumes, dit l'éditeur, a pour principal objet l'expédition de l'île de Ré ; le troisième la pétition des droits, l'expédition à la Rochelle, l'assassinat de Buckingham, la dissolution du parlement de 1629. C'est dire assez combien ces volumes ont d'intérêt pour l'histoire de la Rochelle. Et en effet la table donne à ce nom plus de 400 renvois. Toutefois je ne vois pas que ces nombreuses mentions ajoutent ou changent beaucoup à ce qu'on sait. Mais ce n'est ici que l'indication des pièces avec de courtes analyses ; il est probable que les pièces elles-mêmes donneraient de bien d'autres renseignements. Le journal de Becker chargé de demander la coopération des Rochelais pour le siège de l'île de Ré (I. 279) ne saurait être de peu d'intérêt. Mais les pièces sont toutes manuscrites aux archives d'Angleterre ; il faudrait aller les y chercher, avec une médiocre probabilité d'un profit répondant à la peine.

822. — Relation du grand combat naval fait devant

la Rochelle, le troisiéme octobre mil six cent vingt-huit, envoyée par le roi à la reine, mére de Sa Majesté. — *Paris, A. Vitray, 1628, in-8, pièce.*

Bibl. de la Roch., n⁰ 2066. — Bibl. nat⁰. Lb³⁶, n⁰ 2649. —
Lelong, n⁰ 21498.

Relation très détaillée et d'un ton très simple ; on y peint les Rochelais comme fort abattus. C'est le mois de leur reddition.

823. — Le naufrage et débris de la flotte anglaise, et le nombre des capitaines et soldats qui ont été arrêtés à Quimper-Corentin et autres côtes de Bretagne. (3-12 novembre.) — *Jouxte la copie imp. à Rennes par J. Hardy, Paris, J. Dugast, 1628, in-8, pièce.*

Bibl. de la Roch., n⁰ 2066. — Bibl. nat⁰. Lb³⁶ n⁰ 2701. —
Lelong, n⁰ 21499.

Épisode de la retraite de la flotte anglaise qui était venue assister à la prise de la Rochelle. Ce petit récit est assez curieux par l'idée qu'il donne des rapports qui existaient alors de peuple à peuple, et des idées qui les séparaient si profondément.

824. — Lettre d'un solitaire au roi, princes et seigneurs faisant la guerre aux rebelles ; avec un remerciement à la noblesse de l'affection qu'elle a témoignée au service du roi, à l'abord des Anglais devant la Rochelle ; et un traité de la vaillance. (Par le P. ANDRÉ CHAUVINEAU.) — *Poictiers, Vᵉ A. Mesnier, 1628, in-8, pièce.*

Bibl. nat⁰. Lb³⁶, n⁰ 2615.

825. — Relation des fortifications et choses plus remarquables qui sont à présent au camp et armées du roi devant La Rochelle, tant sur mer que sur terre, autour et dedans la dite ville ; ensemble le nombre des

seigneurs, chefs et capitaines qui commandent èsdits armées et vaisseaux de Sa Majesté. Ecrit par un des gendarmes du roi. — *Jouxte la copie imp. à Angers, Paris, Vᵉ A. Saugrain, 1628, in-8, pièce.*

826. — Lettre du roi à M. du Bellay, touchant les particularités des camps de devant La Rochelle et de l'armée angloise. (1628) — *In-8.*

Lelong, nº 21502.

827. — Mémoire véritable du prix excessif des vivres de la Rochelle pendant le siège, envoyé à la reine-mère. — *Paris, par N. Callemont, 1628, in-8, pièce.*

Bibl. de la Roch., nº 2066. — Bibl. natᵉ. Lb³⁶, nº 2670. — Lelong, nº 21503.

« Un biscuit de demy-livre se vendait 25 livres ; — la livre de bœuf ou vache, 12 livres ; — un œuf, 8 livres..... etc. » Des détails analogues et plus authentiques se trouvent dans le journal de Mervault et surtout dans le registre du conseil de la commune (nº 495). Ils sont ici précédés de trois pages déclamatoires.

828. — Mémoire très particulier de la dépense qui a été faite dans la ville de la Rochelle ; avec le prix et la qualité des viandes qui ont été excessivement vendues en ladite ville, depuis le commencement du mois d'octobre jusqu'à sa réduction. — *Paris, C. Hulpeau, 1628, in-8, pièce.*

Bibl. de la Roch., nº 3249. — Bibl. natᵉ. Lb³⁶, nº 2669. — Lelong, nº 21504.

Le même que le précédent, sauf les pages d'introduction.

829. — La sommation faite aux Rochelois par un des hérauts d'armes de Sa Majesté, ensemble la prise

et la mort du capitaine Papaux, exécuté à la pointe de Coureil, proche la Digue, à la veüe des Rochelois. — *Poitiers, 1628, in-8, 7 p.*

Catal. Villenave, n° 1351.

830. — Récit véritable de ce qui s'est passé et fait en la prise et exécution de mort d'un espion sorti de la Rochelle, chargé d'une boîte où étoient lettres adressantes au duc de Rohan. (8 octobre.) — *Paris, jouxte la copie imp. à Niort chez la Ve J. Moussat, 1628, in-8, pièce.* (Signé : S. D. L. G.)

Bibl. nat^e. Lb³⁶, n° 2650. — Lelong, n° 21507.

831. — Les grandes divisions nouvellement arrivées entre les maire, soldats et habitants de la ville de La Rochelle, et le sujet pourquoi ; ensemble tout ce qui nouvellement passé en l'armée du roi.... (12 mars.) — *Suivant la copie imp. à Poictiers, par F. Toreau, 1628, in-8, pièce.*

Bibl. de la Roch., n° 2066. — Bibl. nat^e. Lb³⁶, n° 2616.

Tableau tracé par une main ennemie, mais pourtant assez fidèle des divisions entre les Rochelais et leurs chefs dans les derniers jours de résistance de la ville. On en conclut déjà, au mois d'avril, la prochaine reddition de la ville.

832. — Relation de ce qui s'est passé en la réduction de la ville de La Rochelle à l'obéissance du roi. — *Paris, 1628, in-8.*

Lelong, n° 21508.

Peut-être le même que le suivant.

833. — Relation véritable de tout ce qui s'est passé dans la Rochelle, tant devant qu'après que le roi y a fait son entrée, le jour de la Toussaint ; la harangue

et submission des maire et habitants de la dite ville, avec la réponse que leur fit le roi, l'ordre qui fut gardé pour les conduire à Sa Majesté, et autres particularités. (1er novembre.) — *Paris, A. Vitray, 1628, in-8, pièce.*

Bibl. de la Roch., no 2066. — Bibl. nate. Lb36, no 2667. — Lelong, no 21487.

On y porte à plus de 15,000 le nombre des personnes mortes de faim. Le ton en est simple.

834. — La réduction de La Rochelle à l'obéissance du roi, le 28 octobre 1628, et les accords faits entre le roi et les Rochelois. — *Langres, 1628, in-8, 14 p., ou Rouen, 1628, in-8, 12 p.*

Bibl. de la Roch., no 3257. — Lelong, no 21509.

Détails de l'entrée. — Articles de la paîx.

835. — Harangue faite au roi par Daniel de la Goutte, député de La Rochelle, pour lui demander pardon. — Réponse du roi ; articles du pardon ; déclaration de Sa Majesté contenant l'ordre et la police qu'il veut être établis en la ville de La Rochelle. — *Mss.*

Bibl. de Fevret de Fontette, citée par Lelong, no 21510.

Cet article a sans doute été porté ici par Lelong par une erreur née du titre et n'est qu'une copie du no 701. Cependant Daniel de la Goutte était aussi du nombre des députés envoyés au roi en 1628, et ce pourrait être une copie du numéro suivant.

836. — Harangue faite au roi par les députés de la Rochelle ; avec la réponse de Sa Majesté. (1er novembre.) — *La Rochelle, par P. Froment, 1628, in-8, pièce.*

L'exemplaire de la Bibliothèque de la Rochelle est de : *Paris, Mestais, 1628, in-8, 8 p.*

Le catalogue de la Bibliothèque nationale indique une autre édition à *Aix, E. David, jouxte la copie imp. à la Rochelle, in-8, pièce.*

Bibl. de la Roch., n° 1936. — Bibl. nat^e. Lb[36], n° 2666.

Harangue de soumission qui se retrouve dans les relations de la reddition de la Rochelle et notamment celle du n° 808.

837. — Lettre du roi à MM. les prévôt des marchands et échevins de la ville de Paris, sur la réduction de la ville de la Rochelle, apportée par M. de S. Simon. (30 octobre.) — *Paris, P. Rocolet, 1628, in-8, pièce.*

Bibl. de la Roch., n° 2066. — Bibl. nat^e. Lb[36], n° 2662. — Lelong, n° 21517.

Le roi y commande des réjouissances publiques.

838. — Lettre au roi envoyée à Nosseigneurs de la cour de parlement de Provence, sur la réduction de la Rochelle à son obéissance. (30 octobre.) — *Aix, par E. David, 1628, in-8, pièce.*

Bibl. nat^e. Lb[36], n° 2663.

839. — Lettre du roi escrite à Messieurs de la cour du Parlement de Bourdeaux, sur la réduction de la ville de la Rochelle à son obéissance ; avec les articles accordez par sadite magesté à ses subjects de la dite ville de la Rochelle. — *Bourdeaux, G. Millanges, 1628.*

Bibl. de la Roch., n° 12438.

Il leur recommande de rendre grâce au ciel d'une victoire aussi importante.

840. — Lettre au roi envoyée à M. le comte de

Saint-Georges, gouverneur pour Sa Majesté en la ville de Poitiers, avec les articles de ce qui s'est fait et passé en la prise et réduction de la ville de la Rochelle. (30 octobre.) — *Poitiers, 1628, in-8.*

841. — Lettre du roi, écrite de sa propre main à monseigneur l'archevêque de Paris, avec remercîment des prières extraordinaires qui ont été faites par son clergé. (31 octobre.) — *Paris, imp. de R. Estienne, 1628, in-8, pièce.*

Bibl. nate. Lb³⁶, no 2665. — Lelong, no 21519.

842. — L'entrée du roi à la Rochelle.... etc.; avec l'emprisonnement de Mme de Rohan. — *Rouen, 1628, in-8.*

Lelong, no 21511.

843. — Entrée victorieuse et en armes du Roi dans La Rochelle en 1828. — *Mercure français, t.* XIV, *p.* 709.

Bibl. de la Roch., no 2032. — Lelong, no 26371.

844. — Remarques de ce qui s'est passé à la réduction de La Rochelle et les cérémonies observées au rétablissement de la Religion catholique.... etc. — *Paris, 1628, in-8.*

Lelong, no 21512.

Peut-être le même que le no 978 ci-après.

845. — Articles accordés par le roi à ses sujets de la ville de La Rochelle sur le pardon par eux demandé à sa Majesté à cause de leur rébellion. — 1628, *in-8, ou in-*16.

Bibl. de la Roch., nos 2066, 3126.

Le même avec des titres un peu différents à *La*

Rochelle, ou *Paris*, *par A. Estienne, P. Mettayer et C. Prevost, in-8, pièce,* ou encore *Paris, A. Vitray,* 1628.

Bibl. nat^e. Lb³⁶, nᵒˢ 2658, 2659, 2660. — Lelong, nᵒ 21513.

Pièce officielle et importante, citée dans la plupart des histoires du siège, soit en français, soit traduite en latin. Un nouveau réglement fut fait peu après. Voir nᵒ 984. Ces articles sont au nombre de onze et datés de la Sausaye le 28 octobre 1628.

846. — Explication des articles xxii et xxiii de la déclaration du roi sur la réduction de La Rochelle à son obéissance.... etc. — *Paris, Bornier,* 1628, in-8.

Lelong, nᵒ 21514.

847. — Résultat du conseil à La Rochelle, du 15 novembre 1628. — *Mss. indiqué par le recueil Conrart, tome v, p.* 467.

Bibl. de l'Arsenal.

848. — Remontrance au roi d'Angleterre sur la misérable condition des catholiques ses sujets, en comparaison du favorable traitement que les huguenots reçoivent en France. — *Paris, Brisson,* 1628, *in-8,* 32 *p.*

Bibl. de la Roch.. nᵒ 2066.

Ce pamphlet, écrit pendant le siège de la Rochelle et à son occasion, est écrit d'un ton ferme et modéré. Sa conclusion est que le roi d'Angleterre devrait conseiller la soumission aux Rochelais et non les seconder dans leur révolte. Il est intéressant.

849. — Les lamentations du Jérémie rochelois. — *Paris, Bason (s. d.), in-12 — et Jacquin, in-8,* 15 *p.*

Bibl. de la Roch., nᵒ 2066. — Bibl. nat^e. Lb³⁶, nᵒ 2619 *. — Lelong, nᵒ 21492.

Satire en vers alexandrins ; plaisanterie dévote où l'on rit surtout du jeûne forcé des calvinistes, où l'on vit, selon le poète : « les mères dévorer leurs enfants et entrailles. »

850. — Le Miserere mei des Rochelois, sur la fin de leur misère. (En vers.)

Bibl. nat^e. Lb36, no 2682 *.

851. — Prophétie de la Martingale en cour, sur la réduction de La Rochelle. (En vers.) — *Paris*, 1628, *in*-8.

Bibl. nat^e. Lb36, no 2618 **. — Lelong, no 21493.

852. — Le songe admirable de la Martingale sur la réduction infaillible de La Rochelle. (En vers.) — *Paris,* 1628, *in*-8.

Bibl. nat^e. Lb36, no 2618 *. — Lelong, no 21294.

853. — Le pescheur ou la prophétie de Neptune sur la ruine de La Rochelle ; au roi ; par MAIRET. — 1631, *in*-4 *en vers*, 13 *p.*

Bibl. de la Roch., no 10215.

Je ne sais pas la date de cette ode que je trouve dans les autres œuvres lyriques du sieur Mairet. Mais la prophétie en est trop précise pour être antérieure à l'évènement.

854. — Apostrophe à La Rochelle rendue à l'obéissance du roi. — *Paris, J. Petit-Pan*, 1628, *in*-8, *pièce.*

Bibl. nat^e. Lb36, no 2682. — Lelong, no 21515.

855. — La Rochelle aux pieds du Roy. (Signé : DE LA GROZE.) — *Paris, Barbotte*, 1628, *in*-8, 12 *p.*

Bibl. de la Roch., no 2066. — Bibl. nat^e. Lb36, no 2700 **.

Douze stances de six vers chacune. La Rochelle y loue le courage et la clémence de Louis XIII.

856. — Prosopopée de la Rochelle, et la fièvre continue des Rochelois. — *Paris, J. Guillemot*, 1628, *in*-8, *pièce*.

Bibl. nat^e. Lb³⁶, n⁰ 2648. — Lelong, n⁰ 21505.

857. — Paraphrase faicte en vers français de la Prosopopée de la ville de la Rochelle faite en latin par le s. GAUMIN. — *Troyes*, 1628, *in*-8.

Catal. Guillemot, septembre 1843, n⁰ 326.

858. — La prosopopée de la Rochelle. (En vers, signé : BORDIER.) — *In*-4, 7 *p*.

Bibl. de la Roch., n⁰ 3268. — Bibl. nat^e. Lb³⁶, n⁰ 2648 *.

Pièces de trente-neuf stances de quatre vers. La Rochelle affamée y déplore son sort et en reconnaît la justice.

859. — La Rochelle aux abois, ayant désespéré du secours des Anglais. (En vers.) — *Paris*, 1628, *in*-8.

Bibl. nat^e. Lb³⁶, n⁰ 2633 **. — Lelong, n⁰ 21506.

860. — Le triomphe du roi, ensemble la réjouissance de la France sur la réduction de la ville de la Rochelle, par JEAN SAIGEOT, troyen. (En vers.) — *Paris,* 1628, *in*-8, 14 *p*.

Bibl. de la Roch., n⁰ 2066. — Bibl. nat^e. Lb³⁶, n⁰ 2688 *7 — Lelong, n⁰ 21516.

Une ode, une élégie, un sonnet à la louange de Louis XIII et de Richelieu.

861. — Chant de resjouyssance sur le retour du roy en la ville de Paris. — *Paris, Martin*, 1628, *in*-8, 7 *p*.

Bibl. de la Roch., n⁰ 2066. — Bibl. nat^e. Lb³⁶, n⁰ 2716 *.

Dix-sept stances de quatre vers alexandrins sur la prise de la Rochelle.

862. — Chant de victoire sur la réduction de la Rochelle en l'obéissance du roy, par le s^r Colletet. — *Paris, Hénault,* 1628, *in*-8, 16 *p.*

Bibl. de la Roch. n⁰ 2066. — Bibl. nat⁰. Lb³⁶, n⁰ 2688 *.

Mauvaise ode flanquée de trois sonnets à Louis XIII et à Richelieu.

863. — Actions de grâce et allégresse de la France sur la réduction de la Rochelle à l'obéissance du roi ; ensemble les cérémonies observées en la ville de Paris, le 4 de novembre, tant au Te Deum chanté en l'église Notre-Dame qu'aux feux de joie et artifices qui se sont faits par toute la ville. — *Paris, Jacquin,* 1628, *in*-8, 15 *p.*

Bibl. de la Roch., n⁰ 2066. — Bibl. nat⁰ Lb³⁶, n⁰ 2698.

864. — Ludovico XIII, Francorum et Navarræ regi christianissimo.... e Rupellane expeditione redeunti, panegyricus, de FRANCISCO MENARD,.... — *Parisiis, C. Cramoisy,* 1628, *in*-8, *pièce.*

Bibl. nat⁰. Lb³⁶, n⁰ 2710.

865. — Pompa triumphalis christianissimi regis Ludovici XIII, a Rupella capta et fugatis Anglis revertentis.... (Auctore JOAN. BERAULT.) (En vers.)

Bibl. nat⁰. Lb³⁶, n⁰ 2710 *.

866. — Ludovico Justo ubique triumphatori magnifico post subactam Rupellam Lutetiam repetenti, carmen regium. (Auctore CL. MARTIN.) (En vers.)

Bibl. nat⁰. Lb³⁶, n⁰ 2710 **.

867. — Le génie de la France au roi, sur l'entrée

de Sa Majesté en sa ville de Paris, après la réduction de la Rochelle, par P. Le Comte. (En vers.)

Bibl. nat[e]. Lb[36], n° 2710 ***.

868. — Sujet du feu d'artifice sur la prise de la Rochelle, que Morel doit faire pour l'arrivée du roi sur la Seine, devant le Louvre. Au roi. — *Paris, C. Son et P. Bail*, 1628, *in-8, pièce.*

Bibl. nat[e]. Lb[36], n° 2713. — Lelong, n°s 21518, 21534.

869. — Sujet du feu d'artifice fait à l'entrée du roi dans sa ville de Paris ; ensemble le ballet représenté sur la rivière de Seine devant le Louvre. Au roi. (Par Morel.) — *Nantes, H. Mauclerc, jouxte la copie imp. à Paris*, 1629, *in-8, pièce.*

Bibl. nat[e]. Lb[36], n° 2714.

870. — Le charriot triomphant du roi, à son retour de La Rochelle, dans sa ville de Paris. — *Paris, J. Guillemot*, 1628, *in-8, pièce.*

Une épigramme finale est signée : de Maillevaud.

Bibl. de la Roch., n° 2066. — Bibl. nat[e]. Lb[36], n° 2715. — Lelong, n° 21520.

Déclamation allégorique et emphatique, une de celles qui prouve le mieux que ce n'est pas aux avocats seulement que s'adressait la spirituelle parodie de Petit-Jean. A la suite on lit une épigramme de Mallevaud, *Les navires français.*

871. — Le roi victorieux. Dédié à la reine-mère. — *Paris, imp. de R. Estienne*, 1628, *in-8, 16 p.*

Bibl. de la Roch., n° 2066. — Bibl. nat[e]. Lb[36], n° 2683. — Lelong, n° 21531.

Déclamation en prose où Louis XIII est mis au-dessus d'Alexandre, d'Annibal, d'Henri IV et où le retour du siècle d'or est prédit. Le tout à cause de la prise de la Rochelle.

872. — La Théoclée sur les victoires du Roy et prise de La Rochelle, par Mr Jean Heudon, advocat en la cour. — *Paris, Ninville, 1628, in-8, 15 p.*

Bibl. de la Roch., n⁰ 2066. — Bibl. nat⁰. Lb36, n⁰ 2688 * 6.

873. — La sibylle françoise, sur la victoire des armes du Roy aux habitants de la Rochelle. — *Paris, 1628, in-8.*

Bibl. nat⁰. Lb36, n⁰ 2541 *. — Lelong, n⁰ 21522.

874. — Le désespoir d'un advocat Rochelois ayant mesdit de sa Majesté avec son enfert furieux. Dédié à tous les parlements de France, par un célèbre homme de ce temps.

> A vous tuteurs des Rois, oracles de Thémis,
> Inflexibles sénats, l'effroy des ennemis,
> Pour mon Prince offensé, je demande vengeance,
> Contre le plus meschant qui soit en l'Univers,
> Qui fuyant les esclairs des juges de la France,
> N'eschapera jamais le foudre de mes vers.

Suit : Epitaphe de l'advocat de la Rochelle et autres médisants de sa cabale. — *Troyes, J. Oudot, 1628, in-8, 15 p.*

Bibl. de la Roch., n⁰ 2066. — Lelong, n⁰ 21523.

Satire en vers alexandrins de la plus grande violence. On y trouve que le seul tort de la Saint-Barthélemy a été d'être incomplète.

875. — Bref de N. S. père le pape au roy, sur la prise de La Rochelle ; avec la traduction en françois. — *Paris, E. Martin, 1629, in-8, 14 p.*

Bibl. de la Roch., n⁰ 2066. — Bibl. nat⁰. Lb36, n⁰ 2705. — Lelong, n⁰ 21504.

Brefs de félicitations du 28 novembre 1624. Les rhéteurs du

temps recevaient de haut l'exemple de la déclamation louangeuse.

876. — Récit très véritable des actions de grâces et réjouissances publiques faites à Rome pour la réduction de La Rochelle. (18 décembre.) — *Paris, N. Touzart, 1629, in-8, pièce.*

Bibl. de la Roch., n° 2066. — Bibl. nat⁰. Lb³⁶, n° 2708.

Ce récit prouve l'importance que le chef de la catholicité attachait à la ruine de la Rochelle. Il est suivi de stances à Urbain VIII que termine un acrostiche et d'un sixain sur M. de la Rivière qui eût l'honneur d'annoncer à Rome la prise du boulevard du protestantisme.

877. — Urbano octavo, pontifici maximo, primogeniti Ecclesiæ filii Ludovici Justi, christianissimi regis, expeditiones Reana et Rupellana, ad summam ecclesiæ et regni dignitatem, susceptæ perfectæque, heroico versu descriptæ a P. DAULBEROCHE. (En vers.) — 1629.

Bibl. nat⁰. Lb³⁶, n° 2697 *10.

878. — Le secrétaire de Pibrac. (En vers.) — *In-8.*

Bibl. nat⁰. Lb³⁶, n° 2626 **.

879. — Protestations d'obéissance des maire et habitants de la ville de La Rochelle au roi. — Extrait de la copie envoyée aux reynes par le commandement de Sa Majesté. — *Paris, 1628, in-8, 8 p.*

Bibl. de la Roch., n° 2066. — Lelong, n° 21526.

Il est impossible que cette harangue déclamatoire jusqu'au grotesque ait été prononcée par les Rochelais en 1628; il n'y a pas une allusion au siège; ou elle est d'une autre époque, ou

elle est un exercice d'un rhéteur maladroit. A rapprocher du
n° 636.

880. — La fièvre des huguenots de France, par
PIERRE BERTHEAU, apothicaire à Châtelleraud. — *In*-8.

Lelong, n° 21528.

881. — Les équivoques et vers faits sur la prise de
La Rochelle par toute la noblesse de la cour du roy, le
2 novembre 1628. — *Petit manuscrit de 6 pages.*

Bibl. de la Roch., n° 3329.

Vingt-et-une stances de six vers. Satire assez fine où l'on
raille les vainqueurs qui, en remettant la Rochelle, ont mis
Richelieu sur leur tête. C'est un commentaire du mot connu :
« Vous verrez que nous serons assez fous pour prendre la
Rochelle. »

882. — Sire Benoît, ferreur d'aiguillettes, sur les
affaires en France au roi et aux Rochelois. — *In*-8.

Lelong, n° 21529.

883. — Dialogue de la Digue et de La Rochelle.
(Par DU RYER, 1629.) (En vers.) — *Paris*, 1629, *in*-8,
13 *p.*

Bibl. de la Roch., n° 2066. — Bibl. nat°. Lb38, n° 2697 ***.

Auparavant : *Prosopopée de la Digue au Roi.* Sonnet. A la fin :
Prosopopée de la Rochelle aux mutins du royaume. Sonnet. Le
tout, ou peut-être le dernier sonnet seul, signé Duryer. On y
loue surtout la clémence du roi. Malgré le nom de l'auteur,
ces pièces ne sont guère supérieures aux autres.

884. — Dialogue d'entre le diable et la diablesse,
chassé de La Rochelle, et comment le diable se plaint

à eux. — *Paris, B. Proté, 1628, petit in-8, 7 p.; fig. sur bois au titre.*

Bibl. de la Roch., nº 3241. — Cat. Tross, pour 1869, nº 553.

Courte satire, sans faits. Le titre est ce qu'il y a de plus piquant.

885. — Anagramme de la ville de la Rochelle. (En vers.) — 1628, *in*-8.

Lelong, nº 21530 *.

886. — Les miracles de Louis le Juste pour la conversion de La Rochelle. (En vers.) — *In*-8.

Lelong, nº 21531.

887. — Description prophétique du roi David, de la prise de La Rochelle, et avis du saint au roi, en étrennes. Présentée par F. VÉRON,.... — *Paris, J. Mestais,* 1629, *in*-8, *pièce.*

Bibl. nat⁰. Lb³⁸, nº 2720.

888. — Récit complet de ce qu'un saint homme milanais a eu en révélation touchant le bonheur et avancement des armes de France. — *Paris, P. Targa,* (1628), *in*-8, *pièce.*
(Signé : P. M. B.)

Bibl. nat⁰. Lb³⁶, nº 2618.

889. — Rebellis Rupellæ ruina, oraculum JANI-CÆCILI FREY, ex caninis literis. — *Parisiis, exudeb. D. Langlæus,* 1608 (1628), *in*-8, *pièce.*

Bibl. nat⁰. Lb³⁶, nº 2619.

890. — Oracle sur la Rochelle. (En vers.)

Bibl. nat⁰. Lb³⁶, nº 2639 *.

891. — Vaticinium virgilianum de expugnatione Rupellæ. Ad illustris.... cardinalem de Richelieu. (Auctore F. Sam.) (En vers.)

Bibl. de la Roch., nº 3270. — Bibl. natᵉ. Lb³⁶, nº 2688 *23.

892. — Centuries de Nostradamus avec l'interprétation. — (S. l. n. d.), in-8, 5 p.

Bibl. de la Roch., nº 2066.

Nostradamus se trouve avoir prédit la prise de la Rochelle, ni plus ni moins que David. Pourquoi pas ? Dans l'interprétation on voit que « l'an tournoyant trois fois sept et puis six » veut dire 1627. Il y a beaucoup de choses plus contestables dans la langue mystique des nombres.

893. — La conversion de M. le duc de la Trémouille, faite en l'armée devant la Rochelle, le 18 juillet 1628. — *Paris, Dubray,* 1628, *in-8.*

Lelong, nº 21533.

894. — La triomphante entrée du très chrétien, clément, magnanime et victorieux Louis XIII dit le Juste, roi de France et de Navarre, en sa ville de La Rochelle, le 13 novembre 1628. — *Paris, de Mathonière, in-4.*

Lelong, nº 21534.

895. — Les magnificences de Paris, faites au roi pour la prise de La Rochelle, l'ordre des gens de guerre et l'interprétation des figures, en vers, par Jourdan. — *Paris, Mathonière,* 1628, *in-fº.* — « Grande feuille avec figures. » Fontette.

Lelong, nº 26372.

896. — Eloges et discours sur la triomphante ré-

ception du roi en sa ville de Paris, après la réduction
de La Rochelle. (23 décembre.) Accompagnés des
figures tant des arcs de triomphes que des autres préparatifs. (Gravées par MELCH. TAVERNIER et PIERRE
FIRENS.) — *Paris, P. Rocolet, 1629, in-f°.*

Bibl. de la Roch., n° 3263. — Bibl. nat^e. Lb³⁶, n° 2711. —
Lelong, n° 26373.

« Ce discours est de Jean Baptiste Machaud, jésuite, et les
figures ont été gravées par Melchior Tavernier et Pierre Firens. »
Fontette. — « Le conseil privé, sans doute pour donner une
preuve de la terreur dont il a été frappé, a décidé que nous
ferions une entrée triomphale. » Walter Scott, dans les *Puri-
tains.* — Du reste il peut être assez curieux de comparer l'emphase officielle et le luxe des fêtes de ce temps et du nôtre.
Les douze dernières pages, pour lesquelles la pagination recommence, contiennent une ode : *La Rochelle aux pieds du roi.* On
y trouve la description des armoiries de la Rochelle.

897. — Traduction française des inscriptions et
devises faites pour l'entrée du roi. — *(S. l. n. d.), in-4,
pièce.*

Bibl. nat^e. Lb³⁶, n° 2712.

898. — Les arcs triomphaux érigés à l'honneur du
roi dans sa ville de Dijon, où ont été représentées la
défaite des Anglais et la réduction de La Rochelle, etc.
— *Paris, J. Dugast, 1629, in-8, pièce.*

Bibl. nat^e. Lb³⁶, n° 2725.

899. — JACOBI CUSINOTI, regii medici, et medicinæ
professoris, oratio de fælici Rupellæ deditione, habita
solenni prefatione Lutetiæ Parisiorum, VII id. dec., in
aula regia cameracensi. — *Parisiis, apud J. Libert, 1628,
in-4, pièce.*

Bibl. nat^e. Lb³⁶, n° 2706. — Lelong, n° 21535.

900. — Panegyrici Flexienses Ludovico XIII Francorum et Navarræ regi christianissimo, dicti a P. LUDOVICO CELLOTIO.... — *Flexiæ, G. Laboe et M. Guyot,* 1629. — Musæ Flexienses Ludovico XIII, regi christianissimo.... de rebellione et perfidia triumphanti canunt epinicium. — *Flexiæ, G. Laboe, etc.,* 1629. — *Le tout en* 1 *vol. in*-8.

(On trouve imprimé après la page 120 : Διάλογοι νεκρῶν τῶν Ρουπελλάνων.)

Bibl. natᵉ. Lb³⁶, nᵒ 2691.

901. — Ludovico XIII, Francorum et Navarræ regi, justo, martio, victori ac triumphanti de hæretica et Rupellam panegyrici tres, auctore JOANNE CHEVALIER. — *Flexiæ, G. Griveau,* 1633.

Bibl. natᵉ. Lb³⁶, nᵒ 2697 * 6. — Cat. Luzarche, nᵒ 5017.

Probablement le même que le nᵒ 951.

902. — Ludovici XIII, Franciæ et Navarræ regis, triumphus de Rupella capta, ab alumnis Claromontani collegii societatis Jesu vario carminum genere celebratus. — *Parisiis, S. Cramoisy,* 1628, *in*-4.

Bibl. de la Roch., nᵒ 3274. — Bibl. natᵉ. Lb³⁶, nᵒ 2687. — Lelong, nᵒ 21536.

La pagination recommence six fois. Vers latins, VIII-68 pages. — Vers grecs, 20 pages. — Vers français, 26 pages. — Prose française, 16 pages. — Prose latine, 32-42 pages. Total, 212 pages. Portrait de Louis XIII.

Ce recueil polyglotte contient très peu de faits, peu d'idées, beaucoup de déclamations. La sainteté de Louis XIII et la protection visible du ciel en sont le texte retourné en toutes façons; mais il fait honneur aux études du collége de Clermont. On y trouve sur le caractère de Louis XIII des détails assez intéressants, mais très connus. Il est étrange qu'il n'y ait pas dans ces 212 pages un seul nom propre des Rochelais ; du reste les noms propres y sont assez rares. Ces pièces sont anonymes, une seule excepté, l'avant dernière : *Panegyricus a nobili et ingenuo adolescente P. F. de Gondy dictus*. C'est sans doute le cardinal de Retz, Jean-François-Paul de Gondy. Si je ne me trompe pas en cela, il est piquant de voir ce fameux chef de parti débuter à 14 ans par célébrer la défaite des partis. Il est à remarquer aussi que ce discours que nous attribuons à celui qui se vantait que son père, son frère et lui, avaient seuls refusé de plier sous Richelieu, ne contient pas même une allusion à ce grand ministre. On pourrait même sans prévention voir en certains endroits un parti pris d'éviter de le rappeler, et peut-être, page 20, une dénégation de sa haute part de gloire dans cette conquête. Du reste si ce discours est réellement de l'écolier, il faisait déjà plus que promettre un bon latiniste.

903. — Echo Rupellana Iani-Cæli Frey. — *Parisiis, excudeb. D. Langlois, 1628, in-8, pièce.*

Bibl. nat. Lb³⁶, n° 2688.

904. — Cantique royal sur la réduction de la Rochelle.... par Honorat du Meynier. (En vers.)

Bibl. natᵉ. Lb³⁶, n° 2688 * 3.

905. — Au roi sur la prise de la Rochelle par le marquis de Breval. (En vers.) — *In-4, avec une inscription latine.*

Bibl. de la Roch., n° 3270. — Bibl. natᵉ. Lb³⁷, n° 2688 * 4.

906. — Le triomphe de justice, au roi, sur la réduction de la ville de La Rochelle, par P. Thomas.... (En vers.)

Bibl. de la Roch., n° 2688 * 5.

907. — Ode à la puissance de Dieu, sur les victoires du Roi. (Par C. Cotin.) (En vers.)

Bibl. nate. Lb36, no 2688 * 7.

908. — Rupella expugnata. I. B. D. M. (En vers.)

Bibl. nate. Lb36, no 2688 * 11.

909. — Perfida Carthaginis , seu Rupellæ justa expugnatio a Ludovico Justo, christianissimo Francorum rege facta.... dicatum carmen a N. Sorello ,.... (En vers.)

Bibl. nate. Lb36, no 2688 * 12.

910. — La Roccella espugnata , canzone heroica del signor Christoforo Ferrari.... (En vers.)

Bibl. nate. Lb36, no 2688 * 13.

911. — Pro felici reditu regis Pæan. (Par Machault.) (En vers.) — *Parisiis, excud. Dionysius Langlæus,* 1628, *in*-4, 24 *p.*

Bibl. de la Roch., no 3270.

912. — Rupella capta ad illustrissimum Armandum cardinalem de Richelieu , per S. A. G. M. (Scipio a Grandi-Monte.) (En vers.) — *Parisiis, A. Etienne,* 1628, *in*-4, 10 *p.*

Bibl. de la Roch., no 3270.

913. — Iselasticon seu triumphus rupellanus Ludovici Justi, Emerico Cruceo authore. (En vers.) — *Parisiis, Joan. Libert,* 1629, *in*-8, 8 *p.*

Bibl. de la Roch., no 3270.

914. — Rupella a Ludovico XIII Gallarium et Navarræ rege invicto triumphatore , semper Augusto,

capta et expugnata, anno 1628. — *Burdigalæ, Milanguis,* 1628, *in*-4.

Lelong, n° 21537.

« Poème de Jean Olivier Dusault, avocat-général au parlement de Bordeaux, en 800 vers hexamètres et pentamètres, suivi de 42 vers élégiaques sur la levée du siège de l'île de Ré, et de plusieurs autres petites pièces du même, puis d'un poème de Jean Maurès, professeur en médecine dans la faculté de Bordeaux : *Rupellæ captæ prosopopeia.* » Fontette.

915. — L'assedio della Rocella felicemente intrapreso con la resa di essa piaza dalla Maesta.... di Luigi XIII.... canzone del cavalier MICHEL SAGRAMOSO.... (En vers.)

Bibl. nat°. Lb36, n° 2688 * 14.

916. — Ode au Roi, sur la réduction de la Rochelle. (Par A. DU BOIS.) (En vers.)

Bibl. nat°. Lb36, n° 2688 * 15.

917. — Rupella. (Auctore I. H.) (En vers.)

Bibl. de la Roch., n° 3270. — Bibl. nat°. Lb36, n° 2688 * 17.

918. — Rupella. (Auctore C. R. in M. R. C. C.) (En vers.)

Bibl. nat°. Lb36, n° 2688 * 18.

919. — Rupella subacta. (Auctore P. BLANCOBY.) (En vers.)

Bibl. nat°. Lb36, n° 2688 * 19.

920, — A monseigneur le cardinal de Richelieu, sur la réduction de la Rochelle, par le sieur Geuffrin.... (En vers.)

Bibl. nat°. Lb36, n° 2688 * 20.

921. — Ludovico XIII, rebellis Rupellæ donatori, gratiarum actio, Galliæ charites, chronogrammata, Rupellanæ diræ, antidiræ, authore JAC. ISNARD ,... — *Parisiis, ex offic. typ. E. Martini, 1629, in-4, pièce.*

Bibl. nat^e. Lb³⁶, n° 2696. — Lelong, n° 21538.

922. — Genio Galliæ sospitali Armando cardinali, duci de Richelieu, Retiam ab Anglo, liberatam, Rupellam captam, HECTOR-ANTONIUS DE GAILLARD, de Sainct-Tyr, D. D. D. 1629. (En vers.)

Bibl. nat^e. Lb³⁶, n° 2697 * 14,

923. — Epinicium Ludovico francorum regi christianissimo, ob receptam Rupellam repulsamque Anglorum classem; J. BAPT. DONI (campræfatione in laudem ejusdem victoriæ habita in academia humoristarum ab eadem ante recitationem odæ.) — *Romæ, 1629, in-4.*

Bibl. nat^e. Lb³⁶, n° 2697 * 5. — Lelong, n° 21540.

924. — Panegyris triumphalis a IANO-CÆCILIO FREY obeliscum hieroglyphicis regii et cardinalitii nominis litteris depictum dedicante dicta.... tumulus Rupellæ epigraphæ parallelæ. — *Parisiis, excud. D. Langlæus, 1629, in-4.*

Bibl. de la Roch., n° 3270. — Bibl. nat^e. Lb³⁶, n° 2692.

925. — De fatali machina Rupellæ.

Bibl. de la Roch., n° 3276? — Lelong, n° 21541.

« Leo Allatius, *Apes urbanæ*, p. 127, cite cet ouvrage comme étant de Grégoire Portius. Il s'agit de la digue. » Fontette.

926. — Gregorii Portii epigrammata pro Rupella debellata Romæ. — *Mascardii, 1629, in-4.*

Bibl. de la Roch., n° 3276. — Lelong, n° 21542.

Je suppose que ce morceau et le précédent sont les pièces de 30 et de 3 distiques réunies sous ce titre : *Gallicus Alcides de Rupella perdomita triumphans celebratur carminibus Gregorii Portii.* — In-4 de 8 pages.

927. — Récit des incidents secrets qui firent que l'Angleterre ne secourut point La Rochelle, et que le roi Louis XIII se rendit maître de cette ville pendant le ministère du cardinal de Richelieu, par M. le maréchal de Tessé. — *Recueil A. Fontenay,* 1745, *in-12, p.* 1 *à* 29.

Bibl. de la Roch., n° 12356. — Lelong, n° 21543.

D'après ce récit, spirituel et piquant, une lettre écrite sur la proposition de Bautru qui était presque le fou de la cour, par la reine, sur l'ordre de son mari et de Richelieu, son amant dédaigné, à Buckingham, son amant aimé, moins heureux, aurait été cause de la singulière inaction de la flotte anglaise, et par suite de la prise de la Rochelle. A. Richer, dans l'*Essai sur les grands événements par les petites causes,* tome Ier, p. 307, fait jouer à Buckingham un tout autre rôle, et veut que, dans son dépit, il ait contribué à allumer une guerre qu'il soutint si mal. Il semble que ce soit dans cet écrit que M. Alexandre Dumas a puisé ce qu'il a fait entrer de relatif au siège de la Rochelle dans son roman des *Trois Mousquetaires.* — On lit dans le *Magasin Encyclopédique,* novembre 1806, p. 209, que cette pièce attribuée à M. de Tessé est de l'abbé de Choisi.

928. — Relazione di quanto a seguito nella presa della Rocella. — *Roma,* 1628, *in-8,* et *Macerata, in-4.*

Bibl. de la Roch., n° 3258. — Lelong, n° 21544.

Relation détaillée des derniers jours du siège, où le cérémonial surtout est détaillé, mais l'impression de ce livre, qui n'apprend rien, à Rome et dans une autre ville des États de l'Église, a elle-même sa portée.

929. — Histoire Rocheloise, ou la prise de la Rochelle, par FRANÇOIS GERSON. — *Grenoble*, 1629, *in*-8.

Lelong, n° 21545.

930. — La Digue, ou le siège et prinse de la Rochelle : Livre premier dédié au roi, par maistre JEAN DE GAUFRETEAU, ci-devant conseiller du roy et commissaire aux requestes du palais de la cour du parlement de Bordeaux, et à présent prêtre et curé de l'église de Libourne. — *Bourdeaux, P. Delacourt*, 1629, *in*-8, XVI-420 *pages*.

Bibl. de la Roch., n° 3261. — Bibl. nat°. Lb36, n° 2674. — Lelong, n° 21546.

Il n'y a pas d'autre livre que ce livre premier. L'ouvrage est singulier et curieux. Dans un style emphatique, mêlé de prose et de vers, procédant le plus souvent par apostrophe au roi, au cardinal et surtout à la Rochelle, le crédule prêtre veut montrer comment une prophétie faite par Satan aux Rochelais, et qui leur faisait croire que leur ville était invincible, s'est réellement accomplie par leur défaite : il en poursuit la vérification de point en point dans quatorze chapitres qu'il appelle *remontrances*. Malgré ses fréquentes digressions, ses déclamations, sa bizarrerie, ce livre est précieux pour l'histoire de la Rochelle. Il donne sur les mœurs de ses habitants, des détails calomnieux peut-être, bons à discuter, mais à connaître. Seul, il raconte ces traditions merveilleuses qui durent courir dans le peuple, causer son courage et son abattement. Ni l'historien, ni le romancier, qui voudraient traiter ce sujet, ne doivent négliger le livre de Gaufreteau. Ils y trouveront plus de vie que dans bien des histoires plus exactes.

Il y a une analyse de ce livre (par M. Delayant,) dans la *Revue organique des départements de l'Ouest*. — *La Rochelle, Caillaud,* 1845, in-8. (V. *Bibliothèque de la Rochelle*, n° 2985.)

931. — La chasse aux Anglais en l'île de Ré et au siége de La Rochelle, et la réduction de cette ville en 1628 avec la victoire de Sa Majesté contre les Anglais ; par Marc Lescarbot, seigneur de Saint-Audebert, de Presle-la-Commune, en Soissonnais. — *Paris, 1629, in-8, 68 p.*

Bibl. de la Roch., n° 2066. — Bibl. nat°. Lb36, n° 2697 *. — Lelong, n° 21547.

Ce sont deux poèmes séparés, tous deux en vers alexandrins. Ils sont suivis d'un cantique au roi en petits vers. Dans la dédicace, Lescarbot rappelle les services rendus par ses parents et sollicite les faveurs du roi. Les poèmes contiennent, soit dans leur texte, soit à la marge, beaucoup de noms propres et de détails.

932. — Les lauriers du roy et histoire panégyrique sur la deffaicte des Anglois et réduction des rebelles, par M. Gaultier, advocat en parlement. — *(S. l.), 1629, in-8, 152 p.*

Bibl. de la Roch., n° 3265. — Lelong, n° 21548.

Pure déclamation où l'histoire de la Rochelle n'a rien à prendre.

933. — In lauros regis, D. M. Gaultierii, in supremo Galliarum senatu patroni, poema de excidio Rupellæ, per Martinum Gaultierium. (1629.) (En vers.)

Bibl. nat°. Lb36, n° 2697 * 9.

934. — Le devoir des Muses, sur la réduction de La Rochelle. Au roi. — *Paris, Martin, 1628, in-8, 22 p.*

Bibl. de la Roch., n° 2066. — Bibl. nat°. Lb36, n° 2688 **.

Six odes et plusieurs sonnets, au roi et à Richelieu, par Poncet, Bazin, Bridard, Dubail, C. C. et Duryer.

935. — Expeditio Rupellana, auspiciis et armis Ludovici justi regis christianissimi et invictissimi confecta, authore ABELIO SAMMARTHANO, Scævolæ filio. — *Parisiis, 1629, in-8*, VIII-110 *p., et dans les œuvres latines de l'auteur.* — *Paris, 1633, in-4.*

Bibl. de la Roch., nos 3259, 12411. — Bibl. nate. Lb36, no 2675. — Lelong, no 21549.

Cette description, d'après Lenglet du Fresnoy et Lelong, est la meilleure des relations contemporaines. Il y en a pourtant de plus instructives, et le *Mercure français* contient bien plus de détails. Ils ne manquent pourtant pas dans l'écrit de Sainte-Marthe, non plus que les noms propres qu'on reconnaîtrait malaisément sous leur déguisement latin, sans la traduction contemporaine. Du reste ces détails concernent tous les assié-geants. L'œil de l'historien ne pénètre pas au-delà des murs de la Rochelle, et les rebelles ne s'animent un peu dans son récit que pour louer la clémence du vainqueur. L'ouvrage est dédié à Richelieu ; la traduction, au roi, à la reine.

936. — Histoire de la rébellion des Rochelois et de leur réduction à l'obéissance du roi, tirée du latin du sieur de SAINTE-MARTHE l'aîné, par J. BAUDOUIN. — *Paris, 1629, in-8*, XXX-160 *p.*

Bibl. de la Roch., no 3260. — Bibl. nate. Lb36, no 2676.

937. — Harangue prononcée en latin par l'illustre et révérend prince M. HENRI DE LORRAINE, archevêque, duc de Rheims,.... sur l'heureuse victoire remportée des Anglais par le roi, l'an 1628, et remise en français par L. DE LA CROZE. — *Paris, 1630, in-4.*

938. — Discours sur l'heureux succès des armes du roi et à la prise de la Rochelle, par B. P. CHARLES

Hersent, chancelier de l'église cathédrale de Metz et prédicateur. — *Paris, 1629, in-8, XVI-156 p.*

Bibl. de la Roch., n° 3264. — Bibl. nat°. Lb36, n° 2672. — Lelong, n° 21550*.

« Je l'ai fait plus ecclésiastique que politique, » dit l'auteur, et il dit vrai. Il n'en est que plus intéressant. Il montre quelle idée le clergé avait des protestants, à quelles impulsions Richelieu devait résister, pour maintenir la répression contre les protestants dans le domaine politique. Les ultra ne sont pas de nos jours. Hersent ne manque d'ailleurs ni de chaleur ni d'élévation. Ce discours n'est pas mentionné dans l'article Hersent de la *Biographie universelle.*

939. — Le panégyrique de Louis XIII.... sur la prise de la Rochelle, et victoire obtenue contre les Anglais.... par Jean Berault,.... — *Paris, F. Targa, 1628, in-4, pièce.*

Bibl. nat°. Lb30, n° 2684.

940. — Panégyrique du roi.... par Pierre-Antoine Mascaron. — *Avignon, imp. de J. Bramereau, 1728, in-8.*

Bibl. nat°. Lb36, n° 2685.

941. — Eloge du roi victorieux et triomphant de la Rochelle. — *(S. l. n. d.), in-4, pièce.* — Autre édition : *Paris, S. Cramoisy, 1629, in-8, pièce.*

Bibl. nat°. Lb36, n° 2689.

942. — Joannis Perreau, philosophiæ professoris regii,.... in regis christianiss. Ludovici XIII, vere Θαυματούργου principis, egregiis facinoribus τὸ Θεῖον seu illud Apostoli, quod stultum Dei, sapientius hominibus, excelluisse, oratio apodeictica, historica, et christiana....

(Anno MDXVIX ineunte.) — *Parisiis, excudeb. D. Lan-glæus,* 1629, *in-4, pièce.*

Bibl. nat^e. Lb³⁶, n° 2721. — Lelong, n° 21550.

943. — Ludovici XIII.... panegyricus de Rupella recepta, per JOANNEM BACHOT,.... — *Parisiis, ex typ. J. Tompere,* 1629, *in-8, pièce.*

Bibl. nat^e. Lb³⁶, n° 2693.

944. — Elogia æternæ memoriæ Ludovici XIII.... PETRUS VALEUS.... regiæ majestati.... consecrat.... ob captam Rupellam, ob auctum conservatumque franci-cum imperium. — *Parisiis, ex officina R. Stephani,* 1629, *in-8.*

Bibl. nat^e. Lb³⁶, n° 2694.

945. — JOAN. DARTIS,.... de expeditione regia in Anglos et deditione Rupellæ, oratio.... — *Parisiis, excudeb. D. Langlæus,* 1629, *in-4, pièce.*

Bibl. nat^e. Lb³⁶, n° 2697.

946. — Πανηγυριχοὶ λόγοι δύο.... Panégyrique du roi Louis le Juste sur le suject de la victoire que Dieu luy a donné sur les Anglois, en la journée de l'isle de Ré; faict et prononcé par M. PIERRE BERTRAND DE MÉRI-GON, par la libéralité du roy, professeur et orateur grec, les 11 et 26 du mois de novembre 1628, au collége de Harcour à Paris. — *Paris, chez Laurens Saulnier,* 1629, *in-8,* VIII-47 *p.*

Traduction françoise du panégyrique grec du roy Louis le Juste sur le sujet de la victoire que Dieu lui a donné sur les Anglois, en la journée de l'isle de Ré. Faict et prononcé par le sieur de Mérigon, par la libé-ralité du roy, professeur et orateur en langue grec, les

11 et 26 du mois de novembre 1628, au collége de Harcour. — *Paris, L. Saulnier, 1629, in-8.*

Bibl. de la Roch., n° 21244. — Bibl. nat°. Lb36, n°s 2703, 2704.

947. — Ὁ ἐπὶ Δοδοίκῳ ἐν μίᾳ Ρουπέλλη Θριάμβους πολλοὺς θριαμβεύσαντε πανηγυρικὸς λόγος, ὅν εἶπε ΠΕΤΡΟΣ-ΒΕΡΤΡΑΝΔΟΣ ΜΕΡΙΓΟΝΟΣ.... τῇ πεμπτῇ ἡμέρᾳ ἀχρομένου μηνὸς Σκιροφοριῶνος, ἐν τῷ γυμνασίῳ Ἀρχουριανῳ ἔτει αχκθ΄.
— *Lutetiæ, ex officina R. Stephani, apud D. Saulnier, 1629.*
— Traduction française du panégyrique grec du roi Louis le Juste, sur le sujet des triomphes de sa Majesté par la prise de La Rochelle, fait et prononcé par le sieur DE MÉRIGON,.... le 5 du mois de mai 1629, en l'Université de Paris, au collége de Harcourt. — *Paris, imp. de R. Estienne, chez L. Saulnier, 1629. — Le tout en 1 vol. in-8.*

Bibl. nat°. Lb36, n° 2739.

948. — Rupellæ captæ, sive de felici Ludovici XIII adversus perduelles hæreticos expeditione, ad Armandum, cardinalem Richelium, libri duo. (Auctore JOAN. SIRMONDO, 1629.) (En vers.)

Bibl. nat°. Lb36, n° 2697 * 11. — Lelong, n° 21551.

949. — Epinicia Ludovico Justo, Francorum et Navarreorum regi,.... ob expugnatos fortiter fæliciterque Rupellanos, Rheam insulam strenue propugnatam, auxiliares Britannos terre marique profligatos, SCIPIO GUILLIETUS, CONSILIARIUS REGIUS,.... epodico et amobæo carmine concinebat. Ad illustrissimum cardinalem de Richelieu. (En vers.)

Bibl. nat°. Lb36, n° 2688 * 9.

950. — Panegyricus Ludovico XIII, vindici rebellionis, domitori elementorum, æterno triumphatori,

pro fracta Brittania, pro subjugato oceano, pro trium-
phata Rupella, dictus in collegio Burdigalensi societatis
Jesu, a STEPH. PETIOT. — *Burdigalæ, P. de la Court,*
1628, *in*-8. — Autre édition : *Parisiis, A. Stephanus,*
1629, *in*-8, 86 *p.*

Bibl. de la Roch., n° 2066. — Bibl. nat°. Lb36, n° 2686.

Dans aucune de ces déclamations, les hérétiques ne sont
peints plus en noir que dans celle-ci. Auprès de leur barbarie
ce n'est rien, selon le P. Petiot, que celle des Huns, des Turcs,
des Ostrogoths, des Visigoths, des Sarrazins. L'histoire de la
Rochelle y est reprise depuis le siége de 1573.

951. — Le triomphe de Louis le Juste en la réduction des Rochelois et des autres rebelles de son
royaume ; dédié à Sa Majesté par un religieux de la
compagnie de Jésus du collége de Reims. (Signé :
PHILANTE, 1629.) (En vers.)

Bibl. nat°. Lb36, n° 2697 * 4.

Cet ouvrage me paraît bien celui porté ci-dessous n° 961 ;
cependant je n'y retrouve pas la signature *Philante* qui semble
la traduction grecque de Florent.

952. — Ludovico XIII, Francorum et Navarræ
regi.... justo, martio, victori ac triumphanti, de hæretica et Rupellana rebellione, panegyrici tres. (1629.)
(En vers.)

Bibl. nat°. Lb36, n° 2697 * 6.

953. — Justissimis christianissimi regis Galliæ et
Navarræ et Justi Ludovici XIII Borbonii armis expugnata Rupella, asserti fœderati, et ab impiissimis,
impurissimis, immaniterque hiantibus devicti rebellionis, monstri faucibus vindicata Gallia, pantathlon. ipsi

Justo Ludovico regi dedicatum a JOANNE GARNIER,
presbytero,.... (1629.) (En vers.)

Bibl. nat^e. Lb³⁶, n° 2697 * 7.

954. — LUDOVICI CHAILLY, cong. orat. D. Jesu
presb. epigrammatum lib. 1, carminum lib. alter, in
victorias Ludovici Justi, Galliæ et Navarræ regis,....
(1629.) (En vers.)

Bibl. nat^e. Lb³⁶, n° 2697 * 8.

955. — Rupella capta, auctore PETRO DE BOISSAT.
— Œuvres latines, 1649, in-f°.

Lelong, n° 21552.

956. — Anarchiæ Rupellanæ excidium, auctore
CLAUDIO GUERINO. (En vers.) — Catalogue de M.
Baulot.

Bibl. de la Roch., n° 3270.

Claude Guérin a donné un commentaire latin sur la coutume
de Paris en 1634.

957. — Fata Rupulana, poema ad amplissimum et
illustrissimum virum, D. D. NICOLAUM LE JAY, summi
ac sancti Galliarum senatus supremum præsidem, per
PHILIB. PATENATIUM,.... (1629.) (En vers.)

Bibl. nat^e. Lb³⁶, n° 2697 * 14.

958. — Rupella rupta, ad illust. et reverend. D.
Armandum cardinalem de Richelieu. (J. GUTHERIUS
patricius romanus canebat, in solitudine Britachii.) —
Parisiis, Cramoisy, 1628, in-4, 16 p.

Bibl. de la Roch., n° 3275. — Bibl. nat^e. Lb³⁶, n° 2688 * 10. —
Lelong, n° 21553.

M. Castaigne y remarque ce vers bizarre :

..... Et tu Armande,
Deum fatis, Armandus in hostes cælicolum.

959. — Le paranymphe de la cour où sont dépeintes les vertus héroïques du roi, de plusieurs princes.... etc., et quelques particularités de ce qui s'est passé tant en l'île de Ré que devant La Rochelle, par le sieur ELIE DE FALAISE. — *Rouen, Cailloué,* 1628, *in*-8. (En vers.) — Catalogue de M. Baulot.

Bibl. de la Roch.. n° 3272.

960. — Ludovicus triumphans, sub Urbano VIII, summo pontifice, per F. BON, presbyterum ; una cum selectissimo ac elegantissimo epigrammate ad illustrissimum cardinalem de Richelieu. — *Parisiis, M. Collet,* 1629, *in*-8, *pièce.*

Bibl. nat. Lb36, n° 2695.

961. — Les triomphes de Louis le Juste et le Victorieux, heureusement découverts dans l'Ecriture Sainte, en un psaume que l'Eglise chantait publiquement au jour même de la réduction de La Rochelle à son obéissance, dédiés et présentés à Sa Majesté, par F. BON, prêtre.... — *Paris,* 1629, *in*-8, *pièce.* — Une édition chez M. Colet.

Bibl. de la Roch., n° 3271. — Bibl. nat. Lb36, n° 2734. — Lelong, n° 21554.

Celui-ci déclame en vers français. Le bon jésuite peint dans une série d'odes, tous les dieux de la mythologie occupés à faire triompher Louis XIII des hérétiques ; puis viennent des élégies, des églogues.... etc., et jusqu'à des vers pour le ballet que les écoliers du collége des jésuites de Reims dansèrent en réjouissance de la prise de la Rochelle. Des vers latins et grecs, d'une autre main, terminent le volume.

962. — De Ludovici XIII rebus ad Rupellam gestis

panegyricum carmen. Εἰς τὸν τοῦ Βασιλέως Λοδοίκου Θρίαμβον καὶ τῆς Ρουπελλης ἄλωσιν, πανηγυρικὸν ἔπος. (En vers.)

Bibl. nat^e. Lb³⁶, n° 2688 * 21.

963. — Subiza et Rupellenses bello domiti, carmen. (Auctore YVONE DUCHATIO.) (En vers.) — *Parisiis (s. d.), in*-4.

Bibl. nat^e. Lb³⁶, n° 2688 * 20. — Lelong, n° 21554 *.

964. — Vers grecs avec la traduction française sur ce qui s'est passé depuis la guérison du roi jusques à la réduction de La Rochelle, dédiés au roi par YVES DUCHAT, historiographe et poète grec de Sa Majesté. (1629.) (En vers.)

Bibl. nat^e. Lb³⁶, n° 2697 **.

965. — P. BERTII, geograp. et profess. regii de aggeribus et pontibus hactenus ad mare exstructis digestum novum. — *Parisiis, Joan. Libert*, 1629, *in*-8, XVI-252 *p*. — *On le trouve également dans le* Thesaurus antiquitatum romanarum de SALLENGRE.

Bibl. de la Roch., n° 9375. — Lelong, n° 21555.

A propos de la prise de la Rochelle et de la digue qui en fut l'instrument, Bertius décrit tous les travaux analogues antérieurs. Le chapitre XVIII, p. 168 à 199, est spécialement consacré à la construction de la digue de la Rochelle, et est intéressant. Le chapitre suivant ajoute des détails sur la marine française aux différentes époques, mais sans mention spéciale de celle des Rochelais. Le dernier chapitre est tout consacré à la louange de Richelieu. Bertius y propose diverses inscriptions pour immortaliser la mémoire du siège de la Rochelle et donne le dessin d'une médaille consacrée au même usage. Dans l'inscription d'une des faces de la médaille : oMnes qVI te VIDent e gentIbus, obstVpesCent sVper te. Ezech. 28, il trouve par une certaine combinaison de lettres numériques la date 1628 du siège de la Rochelle. Il y a eu en effet une médaille frappée pour ce siège, mais j'ignore si c'est celle-là. Une lettre de remerciements de Richelieu termine l'ouvrage.

966. — Lettre envoyée et présentée au roi sur le rapport du siége de la Rochelle avec celui de la ville de Tyr assiégée et prise par Alexandre le Grand, roi de Macédoine, par Me Louis Le Jau, sieur de Bois-minard,.... (26 janvier.) — *Paris, 1628, in-8, pièce.*

Bibl. nat^e. Lb^36, n° 2606.

967. — De obsidione urbis Rupellæ libri quatuor, per Nicolaum Descarneaux, regis historiographum. — *Parisiis, sumptibus authoris, Mondiere, 1631, in-8,* xiv-254 p.

Bibl. de la Roch., n° 3255. — Bibl. nat^e. Lb^36, n° 2678. — Lelong, n° 21556.

Encore une histoire des assiégeants au siège de la Rochelle. Quoiqu'elle soit en latin, les noms propres y sont conservés en français. Quant aux assiégés, pour ces historiens courtisans, ils ressemblent à ces soldats fantastiques créés par les enchanteurs des romans de chevalerie qui, sortant tout à coup de leurs murailles, fournissent un noble exercice à la valeur des chevaliers, mais qui, le combat suspendu, s'évanouissent sans laisser voir leurs traces.

968. — Capta Rupecula, cracina servata, auspiciis ac ductu christianissimi regis et heroi invictissimi Ludovici XIII, descripta utraque ab P. Philiberto Moneto, de societate Jesus. — *Lugdumi, 1630, in-12,* xii-348 p. — Plan de la Rochelle et des lignes des assiégeants.

Bibl. de la Roch., n° 3254. — Bibl, nat^e. Lb^36, n° 2677. — Lelong, n° 21557.

Cracina est le nom de l'île de Ré. La *Biographie universelle* appelle à tort *Carmen* cette histoire en prose. C'est un récit complet du siège de la Rochelle et de celui de l'île de Ré qui n'en est qu'un grand épisode. Il commence par un précis assez étendu de l'histoire antérieure de la Rochelle. Ce livre est très inférieur à la plupart des précédents ; l'auteur donne les noms et les caractères des chefs des Rochelais ; il cherche à faire connaître les mobiles, les passions, les souffrances, les dissensions des assiégés. Pour lui, du moins, les Rochelais sont des êtres animés. Monnet est connu d'ailleurs pour un excellent latiniste.

969. — La Rocella expugnata (poema) di FRANCESCO BACCIONI DELL'API ; all. christianiss. Re di Francia, Lodovico il giusto con gl' argomenti a ciascum canto del sig. DESIDERIO MONTEMAGNI. (1630.) — *In Roma, Mascardi, 1630, in-8.*

Bibl. nat^e. Lb³⁶, n° 2695 * 15. — Lelong, n° 21558.

970. — Rupella obsessa et expeditio in Italiam, ad Ludovicum XIII, authore BALTHAZAR DE VIAS. (En vers.) — *Aquis-Sextiis et Parisiis, 1630, in-8.*

Lelong, n° 21558 *.

971. — PAULI THOMÆ, Engolismensis, Rupellandos sive de rebus gestis Ludovici XIII Franc. et Navarr. regis invictissimis libris VI. — *Paris, Morel, 1630, in-4,* VIII-132 *p.*

Bibl. de la Roch., n° 3277. — Bibl. nat^e. Lb³⁶, n° 2697 * 14. — Lelong, n°s 21559, 35759.

Ceci n'est rien moins qu'un poème en six chants, qui contient plus de trois mille six cents vers hexamètres, avec merveilleux et épisodes. Il abonde en énumérations, en descriptions, et n'a point d'action. C'est qu'il fait de la Rochelle personnifiée un espèce d'être moral singulièrement froid. Les histoires et les poèmes du parti triomphant ont tous le même défaut ; ils ne connaissent pas les assiégés. Or le vrai drame est tout en dedans des murs.

972. — La Rochelle. Au roi très-chrétien Louis le Juste, 13e de ce nom, par MARTIN. — *Paris, 1632, in-f⁰, II-76 p.*

Bibl. de la Roch., n⁰ 3278. — Bibl. nat⁰. Lb³⁶, n⁰ 2688 * 16.

Poème en vers français alexandrins en cinq chants ; environ deux mille trois cents vers. Point d'action, point de détails, point de vie. Du merveilleux, où Alecton et Mégère jouent leur rôle à côté du Dieu des chrétiens. Quelquefois des tournures poétiques, plus souvent de la prose plate. La *Statistique de la Charente-Inférieure*, page 73, indique sous le même titre, *1634, in-12 de 89 pages*, un poème en six chants qui est une seconde édition augmentée et entièrement refondue.

973. — La prise de la Rochelle, poème dédié à Monseigneur le cardinal de Richelieu. (Signé : P. E. D. M. 1631.)

Bibl. nat⁰. Lb³⁶, n⁰ 2697 * 16.

974. — Assedio e presa della Rocella, per ALESSANDRO ZELIOLO. « Au livre 1er de la 3e partie des *Histoires mémorables de son temps.* » Fontette. *(En italien.)* — *Venise, 1642, in-4.*

Lelong, n⁰ 21560.

975. — GEORGII REVELLI, Nannetensis, in præfecturea Rupellensi et electumvirali curia consilarii et advocati fisci, de Rupella ter obsessa, dedita demum, capta subacta libri tres, gratæ et φιλαληθει posteritati. — *Amsterdam, J. Janssonius, 1649, in-12, 429 p.*

Bibl. de la Roch., n⁰ 3253. — Bibl. nat⁰. Lb³⁶, n⁰ 2680. — Lelong, n⁰ 21561.

Georges Reveau a la prétention d'être l'historien politique de
de cette guerre dont Mervault est le chroniqueur ; car c'est à
celui-ci sans doute qu'il fait allusion dans sa préface. Il justifie
à beaucoup d'égards ses prétentions et son livre est un des plus
importants pour l'histoire de la Rochelle. Il était admirable-
ment placé pour savoir et pour dire la vérité. Protestant, mais
non pasteur, il a du zèle sans emportement. Demeurant à la
Rochelle depuis l'enfance, mais sans y être né, il a l'amour de
la patrie sans son orgueil traditionnel. Il écrit près de vingt ans
après l'événement, lorsque les plaies, vives encore, commencent
pourtant à se cicatriser. Tout son livre, plein de noms et de
faits, est empreint d'une gravité triste qui convient très bien au
sujet. Il est fâcheux qu'il soit écrit en latin, mais son livre n'é-
tait pas fait seulement pour les Français.

976. — Tableaux des victoires du Roi : 1o La défaite des Anglois en l'île de Ré ; 2o La prise de la
Rochelle ; 3o La prise de Suze ; 4o La réduction du
Languedoc. — Par M. Julien Collardeau, procureur
de Sa Majesté à Fontenay. — *Paris, Quesnel,* 1630,
in-8, XVI-115 *p.*

> Bibl. de la Roch., nos 3272, 3273. — Bibl. nate. Lb36, no 2762.
> — Lelong, no 21562.

Déclamations et flatteries poétiques. — Les deux premiers
tableaux ont l'un, quarante-quatre, et l'autre, trente-sept stances
de dix vers et occupent 70 pages.

977. — La Rochelaise, tragédie en quatre actes et
en vers, où se voit les heureux succès et glorieuses
victoires du roi très chrétien Louis XIII, depuis l'avè-
nement de S. M. à la couronne de France jusques à
présent, par P. M. — *Troyes, Jean Jacquard, jouxte la
copie imp. à Rouen,* 1629, *in*-8, 22 *p.*

Attribué à P. Mathieu dans le catalogue Soleinne, no 1038,

ce qui paraît fort hasardé à l'auteur du *Manuel du libraire*, 5me édition, tome IV, 1343. — Voir également Barbier, *Dictionnaire des ouvrages anonymes*, tome IV, col. 372.

978. — Les remarques particulières de tout ce qui s'est passé en la réduction de La Rochelle, et depuis l'entrée du Roi en icelle ; ensemble les cérémonies observées au rétablissement de la religion catholique, apostolique et romaine, avec la conversion de plusieurs habitants de la dite ville. (1er novembre.) — *Paris, N. Rousset (s. d.), in-8, 16 p.*

Bibl. de la Roch., n° 2066. — Bibl. nat^e. Lb³⁶, n° 2668. — Lelong, n° 21563.

Relation emphatique. On y porte à 13,000 le nombre des morts pendant le siège.

979. — Siège de la Rochelle. — *In-f°.* — « Bibliothèque du Roi sortant de celle de M. de Fontanieu. » Fontette.

Lelong, n° 21564.

Voir le n° 415. Ce pourrait bien être une faute et un même ouvrage cité deux fois.

980. — Le siège de la Rochelle, poème, par PIERRE ANDRÉ ANGLÈS. — *Marseille, Favet, 1786, in-8, 16 p.* — *D'après la Statistique de la Charente-Inférieure, p. 73.*

Ce poème n'est pas mentionné dans la *France littéraire* de M. Quérard.

981. — Cento Virgilianus de obsidione Rupellæ, auctore FRANCISCI REBATU. — *Paris, 1629, in-4.*

Bibl. nat^e. Lb³⁶, n° 2688 * 22. — Catal. Bigot, format in-4, n° 2548.

982. — Discours d'état sur les plus importants succès des affaires jusques à la prise de La Rochelle, envoyé à un grand. — *(S. l.)*, 1628, *in*-8, 32 *p.*

Bibl. de la Roch., n° 3261. — Bibl. nat^e. Lb³⁶, n° 2671.

Le siège de la Rochelle y est compris ; mais ce n'est qu'une déclamation ampoulée à la louange de Richelieu dont l'histoire n'a rien à tirer.

983. — L'homme d'Etat catholique présenté au roi. — *(S. l.)*, 1629, *in*-8, *pièce.* (Signé : L. L. L.)

Bibl. nat^e. Lb³⁶, n° 3690.

984. — Déclaration du roi sur la réduction de la ville de La Rochelle en son obéissance contenant l'ordre et la police que Sa Majesté veut y être établi. (10 novembre.) — Vérifiée en Parlement, le 15 janvier 1629. — *La Rochelle*, 1628 *et* 1629. — Deux éditions.

Bibl. de la Roch., n°ˢ 2066, 3126, 3261. — Bibl. nat^e. Lb³⁶, n° 2700 *. — Lelong, n° 21565.

Pièce officielle et importante, différente du n° 844 et postérieure.

985. — La medesima Dichiaratione, tradotta del francese. — *In Modena,* 1629, *in*-4.

Lelong, n° 21565.

986. — Déclaration du roi, en suite de la prise de La Rochelle, envers ses sujets de la religion prétendue réformée ; donnée à Paris, le 15 décembre 1628. — *Paris, A. Estienne,* 1644, *in*-12, 6 *p.*

Cat. du marquis de M., n° 3645.

987. — Harangue prononcée devant la sérénissime

seigneurie de Venise et l'ambassadeur du roi , par
RÉMOND VIDAL, gentilhomme français, sur l'heureux
succès des armes de Sa Majesté, traduite d'italien en
français, par le sieur de Marcilly, dijonnais. — *Paris,
Martin, 1629, in-8, 14 p.*

Bibl. de la Roch., n° 2066. — Bibl. nat^e. Lb³⁶ n° 2673. —
Lelong, n° 21606.

Cette harangue a pour objet la prise de la Rochelle dont on
fait un triomphe pour toute la chrétienté.

988. — La remontrance des ministres de Montoban
à tous leurs frères en Christ, suivant la réduction de
La Rochelle, où il leur déclare tout ce qui s'est fait et
passé en la dite ville jusques à présent ; avec trente-
deux anagrammes tirés du sacré nom de Sa Majesté....
— *Troyes, par C. Berthier, 1628, in-8, pièce.*

Bibl. nat^e. Lb³⁶, n° 2681.

989. — La fille du temps , c'est-à-dire la vérité ,
récitant les maux faits à la France par les huguenots ,
depuis l'édit de pacification ; les mauvais desseins et
pernicieuses délibérations des Rochelois, les progrès
du roi.... etc. — *Lyon, 1630, in-8.*

Lelong , n° 21638.

« Recueil d'assez mauvaises pièces de vers. » Fontette.

990. — Traité des assemblées politiques de ceux
de la R. P. R., de leurs cercles, moiens et caballes ; de
l'estat et composition de la ville de la Rochelle, auparavant sa réduction , des principaux chefs de ce parti,
de ses intelligences étrangères , des provinces qui en
dépendent , de leur mauvaise façon de procéder et
autres circonstances qui en dépendent.

Bibl. nat^e., sect. des manuscrits, fonds Beth., n° 9344.

Citation empruntée au *Cabinet historique,* année 1864, p. 82.
— Je pense que ces divers traités sont manuscrits. Ils paraissent
peu étendus.

991. — Traduction en vers français de trois inscriptions latines, par M. ARCÈRE. — *Recueil des pièces
de l'Académie de la Rochelle,* 1752, *p.* 117 à 120.

Bibl. de la Roch., nº 3326.

Inscriptions sur la Digue ; — pour le pont de la Quillerie
sur le canal Maubec ; — épitaphe du maréchal de Toiras. Je
ne retrouve que la première de ces inscriptions dans l'*Histoire
de la Rochelle.* Les originaux sont tirés du *Théâtre de la noblesse
française,* par le P. Dinet, récollet rochelais.

992. — Le Parnasse royal où les immortelles
actions du très chrétien et très victorieux monarque
Louis XIII sont publiées par les plus célèbres esprits
de ce temps. — *Paris, Cramoisy,* 1635, *in-4,* 124 *p.* —
Recueil formé par BOIS-ROBERT.

II. Palmæ regiæ invictissimo Ludovico XIII, regi
christianissimo a præcipuis nostri ævi poetis in tro-
phœum erectæ. — *Parisiis, Cramoisy,* 1634, *in-4,* 138 *p.*
— Recueilli par Sc. D. Gr. (SCIPION DE GRAMMONT.)

III. Le sacrifice des muses au grand cardinal de
Richelieu. — *Paris, Cramoisy,* 1635, *in-4,* XII-211 *p.*

IV. Epinicia musarum eminentissimo cardinali duci
de Richelieu. — *Parisiis, Cramoisy,* 1634, *in-4,* XXIV-
284 *p.*

V. Les triomphes de Louis-le-Juste par JEAN VALDOR.
— *Paris, imp. roy.,* 1649, *in-fº.* — Au bas des planches
sont des vers du grand CORNEILLE.

VI. Les triomphes de Louis le Juste, par F. Desva-
rennes. — *Paris*, 1634, *in-4, pièce.*

Bibl. de la Roch., n° 3267. — Bibl. nat^e. Lb³⁶, n°s 3047*, 3073*.

La prise de la Rochelle occupe une grande place dans ces
quatre recueils de vers louangeurs, faits par Bois-Robert et
Scipion de Grammont. On dit que Louis XIII ne pouvait souffrir des éloges, et prétendait que ses cheveux avaient blanchi
de bonne heure par suite des harangues qu'il avait dû subir.
Alors la Rochelle fut bien vengée. Les poètes du siècle de
Louis XIV ont peut-être mieux, on peut douter qu'ils aient
plus flatté que leurs devanciers immédiats.

993. — Les triomphes de Louis le Juste, sur son
heureux retour de La Rochelle en sa ville de Paris,
par M. Louis Gaberot.... (En vers.)

Bibl. nat^e. Lb³⁶, n° 2716 * 2.

994. — Les trophées de la victoire du roi et les
pompes de son entrée à Paris, par le sieur du Bail.
(En vers.)

Bibl. nat^e. Lb³⁶, n° 2716 * 3.

995. — Au Roi, sur la prise de La Rochelle et
triomphe de Paris, par Delavau.... (En vers.)

Bibl. nat^e. Lb³⁶, n° 2716 * 4.

996. — Le paranymphe des muses au roi, à son
retour de La Rochelle dans sa ville de Paris, par J. S. T.
(En vers.)

Bibl. nat^e. Lb³⁶, n° 2716 * 5.

997. — Fleurons de réjouissances sur la prise de
La Rochelle et heureux retour du roi à Paris, dédiés
à sa Majesté, par Pietrequin.... (En vers.)

Bibl. nat^e. Lb³⁶, n° 2716 * 6.

998. — La solitude au roi, se réjouissant de ses adorables triomphes, et le remerciant de ses travaux, par F. R. D. C..., cap. (En vers.)

Bibl. nat^e. Lb36, n° 2716 * 7.

999. — Ode au roi, présentée à Sa Majesté, sur les merveilles de son voyage, par le sieur DE BRESSILLAC. (En vers.)

Bibl. nat^e. Lb36, n° 2716 * 8.

1000. — Illustrissimo D. D. de Richelieu, S. S. R. cardinali e capta devictaque Rupella reduci, gratulatur JOANNES MORELLUS.... (En vers.)

Bibl. nat^e. Lb36, n° 2716 * 11.

1001. — La réjouissance des argotiers sur la prise de La Rochelle. — *Bulletin religieux de la Rochelle*, 1868, 29 *février*.

Bibl. de la Roch., n° 3005.

Je trouve, dans le numéro du bulletin cité, trente vers sous ce titre, donnés comme copie d'une plaquette très rare appartenant à M. Julien Travers. Je doute fort de son authenticité, l'argot est dans les mots, il n'est pas dans les idées.

1002. — Rupellæ obsidio. Le siège de la Rochelle en 1628, par CALLOT, en six feuilles. — Plusieurs exemplaires portent les détails de la construction de la digue.

Bibl. de la Roch., n° 3099.

Cette gravure plus intéressante sous le rapport de l'art que sous celui de l'histoire, offre simultanément plusieurs actions successives. Elle donne un plan de la ville, très imparfait, et le plan des lignes de circonvallation.

1003. — Plan du siège de La Rochelle d'après la

grande carte de Callot, par LACURIE, 1836. — Le même a publié séparément le plan de la ville et des lignes de circonvallation, extrait de cette carte.

Bibl. de la Roch., n° 3099.

C'est une réduction de la précédente, sur une échelle d'un peu plus d'un tiers.

1004. — Procès-verbal, du 29 juillet 1636, de la livraison faite au duc de Saint-Simon, de l'emplacement des fortifications de La Rochelle, sous le nom de fief Saint-Louis, à lui donné par Louis XIII, par lettres de janvier 1629. — (S. l. n. d.), in-8, 96 p.

Bibl. de la Roch. n° 3262.

Cet imprimé ne porte pas de titre. Il commence de suite : L'an 1636, le mercredi neuvième jour de juillet... etc. Il mentionne toutes les oppositions soulevées par la prise de possession de ce don immense, qui n'est que très incomplètement indiqué par ces mots : « l'emplacement des fortifications. » Il peut servir à fixer l'emplacement de beaucoup d'anciennes propriétés.

1005. — Mémoire pour le duc de Saint-Simon contre R. de Lauzeré sur la propriété du fief Saint-Louis de La Rochelle. — 1684, in-f°, 9 p.

Catal. Menu, mai 1876, n° 465.

1006. — Le siège de La Rochelle, ou malheur et conscience, par Mme de Genlis. — 1808, 2 vol. in-12.

Bibl. de la Roch., n° 3281.

Il n'y a d'historique dans ce roman que le titre. Il est néanmoins plaisant que Chenier et après lui M. Durosier, un professeur d'histoire (V. Biographie universelle, t. 65), aient reproché à Mme de Genlis de n'avoir pas fait figurer Lanoue dans le siège de la Rochelle en 1628. Du reste ce héros joue un rôle assez important dans le roman de Mérimée : 1572, *Chronique du règne de Charles IX*, auquel le siège de la Rochelle en 1573 a fourni des épisodes intéressants.

1007. — De val van het laatste bolwerk der protestanten in Frankrijk ; La Rochelle in 1627, door Chonia (M. Kindermann). — *Hertogenbosch, Muller,* 1853. — La chûte du dernier boulevard du protestantisme en France, La Rochelle en 1637.

Bibl. de la Roch., n° 3282.

Ce livre hollandais est aussi une sorte de roman historique. Mais ici l'histoire domine. L'auteur, M. Kindermann, pasteur à Doetinchem, est venu en septembre 1852 à la Rochelle pour étudier les faits et les lieux qu'il voulait décrire. On trouve une analyse de l'ouvrage par M. L.-E. Meyer fils, dans le *Choix de pièces lues aux séances de la section de littérature de l'Académie de la Rochelle,* n° 1, 1855.

1008. — Catherine Guiton, par Félix Fleury. — Publié dans l'*Ere nouvelle*, journal de la Charente-Inférieure, d'*avril à juin* 1857.

Bibl. de la Roch., n° 3411.

Roman où il y a presque autant de noms historiques, beaucoup moins de vérité que dans le précédent.

1009. — Le siège de La Rochelle, drame en 3 actes, par M. L. P. G. Béraud. — 1802, *in*-8.

J'ignore auquel des sièges de la Rochelle a rapport le drame dont j'emprunte le titre à M. Quérard.

1010. — Le maire de La Rochelle, tragédie en 3 actes et en vers, (par M. Deshayes-Pollet.) — *Paris, Cailleau,* 1792, *in*-12.

Dict. des Anonymes, n° 10692.

Je ne sais si c'est Guiton ou un autre maire qui est le héros de cette pièce que je cite d'après Barbier.

1011. — Jean Guiton, dernier maire de l'ancienne commune de La Rochelle, 1628. Sa famille ; sa naissance ; ses actions comme citoyen et comme amiral des Rochelais ; sa mairie ; siège de la Rochelle ; ce qu'il devint après la reddition de la ville ; sa mort ; ses descendants. Par P. S. CALLOT, ex-maire de la Rochelle. — *La Rochelle, Mareschal*, 1847, *in*-8, VIII-140 *p., et Siret*, 1872, *in*-8.

Bibl. de la Roch., n° 3493. — Bibl. nate. Ln27, n° 9436.

L'auteur de l'*Histoire de la Saintonge et de l'Aunis* ayant publié, dans le journal la *Charente-Inférieure* du 7 et du 11 août 1836, des extraits d'un manuscrit d'un certain M. de Clinchamp qui fait naître Guiton en Normandie, M. Callot publia à cet égard quelques observations dans le numéro du 25 août du même journal et fut conduit à des recherches d'une grande étendue et d'une grande exactitude qu'il a consignées dans cette notice, et dont il résulte que Guiton né, domicilié, deux fois marié à la Rochelle, y est venu mourir après la mort de Richelieu et de Louis XIII. — Voir aussi *Revue de l'Aunis, 1864,* note rectificative de M. Callot, et même *Revue, 1867,* testament de Suzanne Guiton. — L. de Richemond. — *Jean Guiton (Marins Rochelais. 1870)* et une monographie publiée en 1878. — *Paris, Sandoz et Fischbacher, 32 pages in-8,* sous ce titre : *Marguerite d'Orléans, Henry d'Albret, Jean Guiton, Madame de la Fite,* d'après des documents inédits.

1012. — Notice sur Jean Guiton, maire de la Rochelle, par M. CASSANY MAZET, maire de Villeneuve-sur-Lot. — *Mss. in*-4, 8 *p.* — Imprimé dans le volume *Histoire, Archéologie, etc., des marches de la Saintonge,* par R. P. LESSON, p. 6 à 18.

Bibl. de la Roch., n° 3486.

Il y a là plusieurs faits que je n'ai vu nulle part ailleurs.
L'auteur n'allègue aucune autorité, et je suis fort disposé à ne
voir dans cette notice qu'un petit roman fait pour le feuilleton
d'un journal.

1013. — Quelques notes sur Jean Guiton, maire
de La Rochelle, par M. TH. TAMIZEY DE LARROQUE.
— *Bordeaux*, 1863, *in-8, (Extrait de la Revue de l'Aquitaine.)*

Bibl. de la Roch., n° 3495. — Bibl. nat°. Lb²⁷, n° 9437.

Notes où la notice de M. Cassany Mazet et de M. de Clinchamp sont réfutées par celle de M. Callot.

1014. — Quiproquo ou erreur d'état au sujet de la
réduction de La Rochelle. — *Cologne*, 1676, *in-16*.

Lelong, n° 24108.

1015. — Harangue faite au roy à Saint-Germain-
en-Laye, par les députés de la ville de la Rochelle,
prononcée par JULIEN ROBERT. — *(S. l.)*, 1630, *in-4*,
4 *p.*

Arch. Claudin, 1875, n° 8624.

1016. — Introduction des Péres Augustins réformés en la ville de La Rochelle. (Août 1630.) — *(S. l.,
n. d.), in-4*.

Bibl. nat°. Lk 7, n° 3461.

Voir ci-dessous n° 1020.

1017. — Récit au vray de ce qui s'est passé au
changement de religion fait par M. le marquis de la
Ville-Dieu. Item en l'abouchement qu'ont eu à ce
sujet le Sʳ Tranquille, supérieur des capucins, de La
Rochelle, et Philippe Vincent, l'un des pasteurs de

l'Eglise réformée en ladite ville, par ledit PHILIPPE VINCENT. — *Niort, Bureau, 1631, in-8, plus de 164 p.* — L'exemplaire de la bibliothèque est déchiré à la fin, à dessein, ce semble.

Bibl. de la Roch., n° 3183.

Le marquis de la Ville-Dieu s'était fait de protestant catholique et avait déclaré se convertir après avoir assisté à une discussion entre le père Tranquille, capucin, et Philippe Vincent. Les catholiques en triomphaient ; Vincent publie, aussi lui, son récit de cette affaire, et cherche à établir que la conversion de M. de la Ville-Dieu a eu de tous autres motifs, sur lesquels il insiste peu, que cette controverse dans laquelle lui, Vincent, dit ne pas avoir eu le désavantage. De là la reproduction de la discussion théologique.

1018. — Le baillon de la calomnie, ou lettre de M. VINCENT, l'un des pasteurs de l'église réformée de La Rochelle, à M. Desmarthes, conseiller du roy au siège présidial de la même ville, de présent à Poictiers, responsive à celle d'un qui se nomme le Catholique Rochelois, contre le dit sieur Vincent. — *Manuscrit daté du 14 mars 1634.*

Bibl. de la Roch., n° 3182.

Cette discussion a trait à un sermon imprimé avec d'autres pièces y relatives dans le *Procès des danses débattu avec quelques jésuites ;* mais la lettre de M. Desmarthes ne figure pas dans ce volume et ne paraît pas avoir jamais été imprimé. Bien que le *Procès des danses* et en général les controverses de cette époque puissent fournir des documents à l'histoire, ces livres n'y appartiennent pas et ne sauraient figurer ici. Le *Baillon de la calomnie* est un pur récit ; les renseignements qu'il fournit se résument presque en ces mots de Vincent : « La dispute aboutiroit à de l'aigreur et à des débats personnels dont le blâme et le dommage, sans doute, tomberait toujours sur nous. »

1019. — Articles accordés par Sa Majesté à ceux de la religion de la ville de La Rochelle, le 10 février 1630. — *(S. l.)*, 1643, *in-8, pièce.*

Bibl. de la Roch., n° 2066. — Bibl. nat^e. Lb³⁶, n° 2763.

Décisions favorables aux protestants de la Rochelle relativement au temple de cette ville et à leur droit d'habitation. Le roi y rappelle aux édits des agents trop zélés. La réimpression de ces articles en 1643 est elle-même significative.

1020. — Arrêt du conseil privé pour le rétablissement des Augustins réformés en leur couvent de Saint-Yon, en la ville de la Rochelle. — *Mss. dans les Collect. histor., tome 1ᵉʳ, p. 368.*

Bibl. de la Roch., n° 3133.

Arrêt donné en août 1630, par suite du rétablissement des catholiques à la Rochelle.

1021. — Notice sur l'église et le couvent des Augustins à La Rochelle. (M. l'abbé MAURICE SAVINEAU.) — *La Rochelle, J. Deslandes,* 1858, *in-8.*

Bibl. de la Roch., n° 3289. — Bibl. nat^e. Lk, n° 3478.

Réimpression annotée du n° 1062.

1022. — Récit de ce qui s'est passé entre la canonisation de la Rochelle, et M. Amyraut au sujet de son apologie pour les églises. — *Mss.* 1647, *in-f° et in-4,* 20 *cahiers.*

Bibl. de la Roch., n° 3182.

Dans son apologie pour ceux de la religion, Moyse Amyraut avait rejeté les dernières guerres sur l'ambition de quelques seigneurs et sur *la mutine et criminelle pensée d'une ville de secouer l'authorité de la monarchie.* Le consistoire de la Rochelle et en particulier le ministre Ph. Vincent, qui avait pris une grande part aux événements de 1628, se trouvèrent offensés. De là une explication plus que vive entre ces ministres de la parole de Dieu. Le récit est court et sommaire ; mais il a pour pièces justificatives dix-neuf lettres d'Amyraut, de Vincent, de plusieurs autres pasteurs, les unes copiées, les autres autographes, très propres à jeter du jour sur les faits et surtout sur les opinions, les mœurs et le ton du clergé protestant, dans un temps, où cette église avait cessé d'être un parti politique.

1023. — Mémorial des controverses contenant les cahiers qui seront envoyés au nom des églises prétendues réformées de France au prochain synode national.... par le P. VICTORIN POULIHOT, récollet. — *La Rochelle, E. Durome, 1639, in-24.*

Bibl. de la Roch., nº 3302.

Ce titre cache une satire réelle des protestants.

1024. — Relation de ce qui s'est passé à l'entrée de la Reyne en la ville de La Rochelle, au mois de novembre 1632. (Par DAVID DEFOS, avocat.) — *La Rochelle, Charruyer, 1633, in-4.*

Bibl. de la Roch., nº 3283. — Bibl. natᵉ. Lb³⁶, nº 2911. —
Lelong, nᵒˢ 26384*, 26389.

Relation emphatique des fêtes splendides, des flatteries pédantesques, par lesquelles la cité rebelle s'efforçait de complaire à ses maîtres vainqueurs. On représente l'image du combat qui aurait empêché les Anglais de secourir la Rochelle. Du reste Richelieu, plus que les Rochelais, dirigeait les fêtes. Mais David Defos, l'auteur de la relation, avait pris part à la résistance des assiégés et avait fait partie des députés qui s'étaient abouché avec Bassompierre. (V. Revellius, Rupella ter obsessa.... etc. p. 300.)

1025. — Harangue faite à la royne à son entrée

dans la Rochelle, par M. DE L'ESCALE, commis par le roy à l'exercice de la police de la Rochelle. — *(S. l.)*, 1632, *in*-8, 8 *p.*

Bibl. de la Roch., n° 12418.

Harangue reproduite dans l'ouvrage précédent.

1026. — Réception royale faite à l'entrée de la reine dans la ville de La Rochelle ; avec la harangue faite par le s^r DE L'ESCALE, lieutenant criminel et juge de la police de la dite ville. (20 novembre.) — *Paris, J. Guillemot*, 1632, *in*-8, *pièce*. — Autre à *Rouen, T. Mallard, jouxte la copie imprimée à Paris par J. Guillemot, in*-8, *pièce*.

Bibl. nat^e. Lb^{36}, n° 2910.

1027. — Registre des résultats des affaires de la ville de La Rochelle, commencé le mardy 29 novembre 1633 à 1641. — *Mss. petit in-f°*, 100 *p.* — *Provenant de la Bibliothèque de l'Oratoire.*

Bibl. de la Roch., n° 3285.

Tout dans ce petit cahier semble contraster avec les registres analogues portés aux n°s 492 et suivants, et antérieurs de cinq années. Ceux-ci ont chacun leur année distincte, sont volumineux, écrits d'une écriture soignée et presque solennelle, bien reliés. Celui-là est d'une main de papier de petit format, écrit négligemment. Du reste le contraste est plus grand encore pour le fond des choses. Il y a cependant quelques actes intéressants d'administration intérieure. La plupart des procès-verbaux sont signés des assistants.

1028. — Jugement de M. de Villemontée, en interprétation de l'arrêt, du 6 juin 1631, qui défendait aux ministres de prêcher hors le lieu de leur demeure.

(Fait à La Rochelle, le 22 juin 1635.) — *(S. l.), 1635, in-8, pièce.*

Bibl. nat^e. Ld¹⁷⁶, n° 117.

Lettre du roi à M. de Villemontée, conseiller en nos conseils, maître des requêtes ordinaire de mon hôtel, intendant de la justice, police, et des finances.... etc., donnée en faveur de MM. de la religion. (17 avril 1638.) — *Paris, jouxte la copie imprimée à Fontenay par B. Blanchet, 1638, in-8, pièce.*

Bibl. nat^e. Ld¹⁷⁶, n° 123.

1029. — Edict du roy portant création et establissement d'une cour souveraine des Salins de Ponant en la ville de la Rochelle, avec autres siéges particuliers pour les dits salins et autres officiers. — *(S. l.), 1640, in-4, 20 p.*

Bibl. de la Roch., n° 3072.

Edit de décembre 1639.

1030. — Oppositions faites à l'établissement de la cour nouvelle des Salins du Ponant dans la ville de la Rochelle. — *(S. l.), in-fo, 4 p.*

Bibl. de la Roch., n° 3072.

Parmi les motifs allégués par les juridictions dépouillées, on trouve l'intérêt de Paris qu'enrichit l'affluence des plaideurs, et celui de la Rochelle où la nouvelle cour cause des rivalités et des divisions.

1031. — Edit du roi portant révocation et suppression de la cour souveraine des salins du Ponant, ci-devant établie en la ville de La Rochelle. — *(S. l.), 1643, in-4, 7 p.*

Bibl. de la Roch., n° 3072.

Edit de la minorité de Louis XIV. Ces deux édits rendus à quatre ans de distance et dont l'un casse l'autre, portent, comme de raison, cette formule : « afin que ce soit chose ferme et stable a toujours. »

1032. — Malignantis remember Rochel. — *London, 1645, in-4.*

Catal. Van Hippe, n° 847.

1033. — Réjouissance de tous les bons français sur le rabais du blé en France, contenant la trahison découverte de ceux qui l'enlevaient pour le transporter en Espagne et autres pays étrangers. Ensemble les noms de ceux qui ont été pendus et étranglés pour ce sujet tant dans les villes de La Rochelle que Riom en Auvergne et autres lieux. — *Jouxte la copie imprimée à la Rochelle, 1644, in-8.*

(*Revue des bibliophiles*, par Jean Cholet, d'Aubeterre, mai 1879, n° 350.)

1034. — Recueil des priviléges vrais et réels qui sont octroyés par le roi Louis XIV à ceux de la R. P. R. en faveur des Rochellois, par le P. VICTORIN POULIHOT. — *La Rochelle, de Gouy, 1644, in-8.*

Lelong, n° 6168 *.

1035. — I. La conversion de M. Jarrige, ci-devant jésuite, confesseur et père spirituel de la maison des jésuites à La Rochelle, admoniteur du recteur et prédicateur ordinaire. (24 novembre 1647 - 16 mai 1648.) — *Jouxte la copie imprimée à Saumur et se vend à Charenton par L. Vendosme, 1648, in-8, pièce.*

II. La réponse aux calomnies de Jacques Beaufiés, par P. JARRIGE, ci-devant jésuite. — *(S. l. n. d.), in*-8.

Bibl. de la Roch., n° 5969. — Bibl. nat^e. Ld¹⁷⁶, n°s 132, 133. — Ln²⁷, n°s 10216 à 10220.

La première de ces brochures contient plusieurs pièces : 1° page 3 à 12, Lettre de M. Vincent à M. Drelincourt ; — 2° p. 12 à 13, Ecrit de Jarrige attestant la spontanéité de sa conversion ; — 3° p. 14 à 16, Acte de la profession de foi de M. Jarrige, extrait des actes du consistoire de la Rochelle ; — 4° p. 16 à 25, Lettres de Jarrige à deux jésuites ; — 5° p. 25 à 31, Réponse de Drelincourt à Vincent ; — 6° p. 33, Lettre de Jarrige au consistoire et à Drelincourt. — Ces pièces tendent toutes à montrer que la conversion de Jarrige est un pur effet de sa conviction et de la grâce.

La seconde, publiée en Hollande, ouvrage de Jarrige, est une violente récrimination.

III. Lettre de PIERRE JARRIGE, apostat, à son provincial, lorsqu'il le destine pour La Rochelle ; du 11 septembre 1647. — *A Saumur, A. Hernault,* 1648, *in*-8, 8 *pages.*

IV. Déclaration du s. PIERRE JARRIGE, ci-devant jésuite.... prononcée dans le temple de l'église française de Leide, le 25 mars 1648. — *Leide,* 1648, *in*-8.

V. Les impiétés et sacrilèges du P. Jarrige.... avec les faussetées que le s^r Vincent.... a publiées sur ce sujet (par JACQUES BEAUFIÉS). — *La Rochelle, Toussaint de Gouy,* 1648.

VI. Dissertatio parænetica catholici modestini ad Jarrigium, novitium calvinistam. — *(S. l.),* 1648, *in*-8.

VII. Le ministre Vincent, convaincu de cent impostures en la défense de l'apostasie de Jarrige. — *La Rochelle, Toussaint de Gouy,* 1648, *in*-8, 99 *p.*

VIII. Les vraies causes pour lesquelles P. Jarrige a apostasié. — *Toussaint de Gouy,* 1648, *in*-8, 8 *p.*

IX. Les moyens qui ont été pratiqués en la conversion de Mme Delatouche à la foi catholique, contenu dans une lettre.... — *La Rochelle, Toussaint de Gouy,* 1649, *in*-8, 56 *p.*

X. Jugement contradictoire.... contre le s^r Vincent.... pour l'exhibition et vérification des lettres écrites par P. JARRIGE.... — *La Rochelle, Toussaint de Gouy,* 1648, *in*-8, 21 *p.*

XI. Les vraies causes pour lesquelles le P. Jarrige a été condamné, avec sentence de la cour présidiale de La Rochelle contre ledit Jarrige, par laquelle il est déclaré atteint et convaincu d'imposture, d'impiété, de profanation et sacrilège, et pour réparation condamné à faire amende honorable, être pendu et étranglé, son corps brûlé et ses cendres jetées au vent.... — *La Rochelle, T. de Gouy,* 1648, *in*-8, 32 *p.*

XII. — Lettre d'un ecclésiastique à un sien amy touchant les libelles diffamatoires écrits contre les P. Jésuites, par P. JARRIGE, apostat de sa profession religieuse et de la foi catholique, déclaré duement atteint et convaincu des crimes d'imposture.... etc., et pour ce condamné à être pendu et étranglé, son corps réduit en cendres, le 17 juin 1648 ; le tout exécuté par effigie à La Rochelle, dans la place publique du château, le 11 juillet de la même année 1648. — Beati estis cum dixerint omne malum adversum vos, mentientes propter me. » Math. 5. (Sous le pseudonyme de Théodule.) — *La Rochelle, T. de Gouy, 1648, in-8, 16 p.*

XIII. Rétractation du R. P. Jarrige. — *Anvers, 1650, in-8.*

XIV. La merveilleuse conversion du R. P. Jarrige.... aux ministres de Charenton. — *(S. l.), 1650, in-4.*

XV. Notice sur Pierre Jarrige, auteur des Jésuites mis sur l'échafaud, par B. FILLON. — *Fontenay, Robichon, 1849, in-8, 16 p.*

XVI. Remarques sur la rétractation du P. Jarrige réjésuitisé, par EZÉCHIEL DAUNOIS. — *Leide, 1651, in-12.*

M. Benjamin Fillon possédait les lettres de Jarrige ; six de la Rochelle à M. Gilles, le médecin ; — dix de Leyde à Philippe Vincent ; — une sans nom (peut-être Drelincourt) à Vincent, relative à cette affaire. — Elles montrent la bonne foi des pasteurs protestants et l'importance qu'ils attachaient à cette conversion.

1036. — Annales ab anno 1648. — *Mss. petit in-f°, 122 p.*

Bibl. de la Roch., n° 3290.

Compilation faite par Jaillot et qui s'étend jusqu'en 1721. Il y a des extraits d'un manuscrit de M. Desmas, dont je n'ai pas vu trace ailleurs et quelques anecdotes négligées par l'historien et qui peuvent avoir quelque intérêt. Tout, hors le titre, est en français.

1037. — Series et historia episcoporum Rupellensium. — *Gallia Christiana, t. II, p. 1377-1379.*

Bibl. de la Roch., n° 1742.

Biographie des quatre premiers évêques de la Rochelle. Arcère a relevé la faute que contient une note de l'article de M. de Laval, note inintelligible pour moi. Les évêques postérieurs à M. de Champflour, sont Jean de Brancas, 1725-1729 ; — A. R. de Menou de Charnizay, 1730-1767 ; — P. J. T. de Crussol d'Uzès, 1768-1789 ; — de Coucy, 1789 ; — de Lorri Joubert, 1801 ; — de Mandolx, 1801-1804 ; — Paillou, 1804-1826 ; — Bernet, 1826-1837 ; — Villecourt, 1837-1855 ; — Landriot, 1855-1867 ; — Thomas, 1867.

1038. — Bulles, lettres patentes, et arrêts pour l'établissement du chapitre de l'église cathédrale de la Rochelle, sécularisation et transaction du chapitre de l'église cathédrale de Maillezais, ordre de Saint-Benoît. — Sécularisation et union de l'abbaye et chapitre de Niœil-sur-l'Autise, ordre de Saint–Augustin, depuis 1631 jusqu'en 1721. — *La Rochelle, P. Mesnier*, 1721, *in*-4, 194 *p*. — Armes du chapitre.

Bibl. de la Roch., nos 3292, 3293. — Lelong, no 4952.

Pièces officielles de la fondation de l'évêché de la Rochelle, savoir : Bulle de sécularisation du chapitre de Maillezais et translation à Fontenay-le-Comte, de 1631, en latin, donnée par Urbain VIII ; — Bulle d'Innocent X, de mai 1648, pour la translation de l'évêché de Maillezais à la Rochelle au lieu de Fontenay, en latin ; — Lettres patentes de Louis XIV, en août 1648 ; — Arrêt d'enregistrement du Parlement, septembre 1650 ; Lettres patentes confirmatives de Louis XIV, en mai 1664 ; — Arrêt du Parlement contre les opposants à l'enregistrement des bulles, de mars 1665 ; — Arrêt d'enregistrement, du 4 mai 1665 ; — Bulle de Clément XI, d'avril 1715, unissant l'abbaye de Niœil-sur-l'Autise au chapitre de la Rochelle, en latin ; — Lettres patentes de Louis XV, de juillet 1717 ; — Arrêt d'avril 1720 qui lève les oppositions du chapelain à Niœil, du sindic de Coulonges ; — Arrêt d'enregistrement de mai 1721 avec homologation des concordats et transactions. — Dans les exemplaires du n° 3293, on trouve les pièces ci-dessus dénommées antérieures à 1700, mais séparées ; plus un manuscrit des notes recueillies de divers historiens sur l'évêché de Maillezais ; une note sur quelques doyens de la cathédrale, la traduction française de la bulle d'Urbain VIII, les statuts du chapitre et le cérémonial de l'église cathédrale de la Rochelle.

1039. — Pièces concernant l'érection de l'évêché de Maillezais et sa translation à La Rochelle. — *Mémoires du clergé de France, in-f°, tome 2, p. 1 à 45.*

Bibl. de la Roch., n° 6459. — Lelong, n° 8335*.

. Pièces officielles, déjà réunies dans le numéro précédent.

1040. — Transaction entre Monseigneur l'évêque de La Rochelle et son chapitre, et Monseigneur de Xaintes et son chapitre. — *Mss. 1650, in-4, 84 p.*

Bibl. de la Roch., n° 3178.

L'établissement de l'évêché de la Rochelle lésait dans ses intérêts l'évêque de Saintes ; de là opposition, terminée par cette transaction à laquelle est joint un pouillé par ordre alphabétique de l'évêché de Saintes et des parties qu'en détache le nouvel évêché.

1041. — Factum par Michel Bauldri, religieux de la congrégation de Saint-Maur, grand prieur de l'église collégiale et régulière de Maillezais, les religieux dudit Maillezais et supérieurs et religieux de la dite congrégation de Saint-Maur, appelant comme d'abus de l'exécution de la bulle de sécularisation de la dite église, du 14 janvier 1632, et de la translation de la même église, à La Rochelle, du 12 mai 1648, contre Jacques Raoul, évêque dudit Maillezais. — *(S. l.), 1648, in-f°.*

Lelong, n° 8337.

« L'auteur de ce factum est Jacques Guichon, avocat. »
Fontette.

1042. — Raisons et moyens des habitants catholiques de la ville de La Rochelle contre l'arrêt surpris
au conseil par les habitants faisant profession de la
Religion P. R., le 19 janvier 1650. — (S. l.), in-4, 10 p.

Bibl. de la Roch., n° 3072. — Lelong, n° 35767.

C'est une discussion à l'occasion de l'assiette et de la perception des impôts ; les catholiques parlent de la protection
nécessaire à leur moindre nombre et à leur moindre condition ;
— il est pourtant probable que l'influence s'était déplacée de
1628 à 1650.

1043. — Mémoire pour servir à l'histoire des derniers troubles de La Rochelle depuis 1650 jusqu'en
1652, par Pierre Mervault, Rochelois. — *Collect. histor.*,
t. 2, p. 247 à 260.

Bibl. de la Roch., n° 3133. — Lelong, n° 35760.

C'est le récit de la tentative avortée du comte du Doignon
pour se rendre maître de la Rochelle, pendant les troubles de
la Fronde. Mais ce récit n'est que commencé et ne fournit des
renseignements que sur les travaux de fortifications faits par les
ordres du comte. Il ne va pas jusqu'à la catastrophe de Besse.

1044. — Le Mercure rochelois, première partie. —
La Rochelle, Blanchet, 1650, *in-4,* 124 *p.*

Bibl. de la Roch., n° 3294.

Il n'y a pas de seconde partie.

1045. — L'espion de la Rochelle. — (S. l.), in-4,
124 p.

Bibl. de la Roch., n° 3295.

Arcère (*Histoire de la Rochelle,* tome II, p. IX) cite une édition de l'*Espion* en 95 pages in-8. Ses propres citations semblent pourtant empruntées à l'édition in-4. Celle-ci ne diffère du *Mercure rochelois* que par deux lignes de plus, page 4, et un intitulé *A qui lit* de moins. Du reste les deux livres sont identiques, même typographiquement. C'est l'histoire de la mort de de Besse, commandant pour le comte du Doignon dans la tour de Saint-Nicolas pendant la Fronde, battu par l'armée royale et les milices rochelaises. On y trouve beaucoup de détails et de noms rochelais. L'auteur, rochelais sans doute, quoique dans son cadre il dise le contraire, fait ressortir la fidélité des Rochelais au roi, et en demande la récompense.

1046. — Lettre du roi, écrite à MM. les prévôt des marchands et échevins de sa bonne ville de Paris, sur la défaite des troupes de M. le prince de Condé devant la ville de Coignac et la prise d'une des tours de La Rochelle ; du 17 novembre 1651. — *Paris, P. Rocolet, 1651, in-4.*

Bibl. nat^e. Lb³⁷, n° 2053.

1047. — Extrait des registres du conseil d'Etat. — *(S. l.), 1654, in-4, 3 p.*

Bibl. de la Roch., n°s 3189, 3295, 12367.

C'est la décharge, pour la Rochelle, des subsistances, demandée par une mauvaise pointe en mauvais vers, à la fin de l'*Espion de la Rochelle*, et accordée en récompense de sa fidélité au roi contre le parti des princes.

1048. — Relation véritable de ce qui s'est passé à la prise de la tour de Saint-Nicolas à La Rochelle, par l'armée du roy, commandée par M. le comte d'Harcourt. — *Paris, 1651, in-8.* — *Copie manuscrite à la bibliothèque de la Rochelle, in-4, 3 p.*

Bibl. de la Roch., n° 3137. — Bibl. nat^e. Lb³⁷, n° 2057.

Relation écrite par le parti royaliste. A la suite se trouve la copie d'un fragment relatif à la marche de l'armée du comte d'Harcourt.

1049. — Relation de la bataille navale donnée entre les armées de France et d'Espagne sur les mers d'Oleron et de Ré, le 9 août 1652. — *Paris, Lacoste,* 1652, *in-4.*

Bibl. nat^e. Lb³⁷, n° 2905.

1050. — Le manifeste de La Rochelle contenant ce qui s'est passé depuis les troubles jusqu'à présent 1652. — *Mss. in-4,* 6 *p.*

Bibl. de la Roch., n° 3137.

Ce manifeste est une réclamation contre les relations du siège de la tour de Saint-Nicolas où les Rochelais étaient trop oubliés. Il a un rapport immédiat avec les prétentions à l'anoblissement manifestées par quelques citoyens à cette occasion.

Dans le même carton se trouve un cahier de 62 pages in-4, contenant la copie du *Mercure rochelais,* n° 1044, et du *Factum des Rochelais,* n° 1053.

1051. — Le manifeste des Rochelais sur ce qu'ils ont fait dans les troubles présents, et quelques circonstances de leurs affaires obmises dans les récits qui ont esté donnez, avec ce qui s'est passé de plus nouveau dans la Rochelle. — *(S. l.),* 1652, *petit in-4,* 8 *p.*

Bibl. de la Roch., n° 3295.

Ce manifeste a pour but de faire connaître les motifs qui déterminèrent la conduite des Rochelais en cette occasion.

1052. — Discours faict au roy en la ville de Poitiers par le lieutenant criminel de La Rochelle et l'assesseur en l'élection, députez, sur la demande du razement des tours de la Chaîne. — *(S. l.),* 1652, *in-4,* 4 *p.*

Les Rochelais demandaient comme récompense le rasement de ces tours ; elles subsistent encore. Les députés se nommaient Voyneau et Groyer.

1053. — Factum pour les syndics et habitants de La Rochelle deffendeurs et opposants à la vérification et entérinement de huit prétendues lettres de noblesse contre les nommés Pandin, Habert.... etc. — *Mss. in*-4, *30 p.*

Factum de l'opposition formée par des habitants de La Rochelle à l'entherimement des lettres de noblesse obtenues par leurs députez. — (*S. l. n. d.*), *in*-4, 7 *p.*

Bibl. de la Roch., nᵒˢ 3137, 3295.

A la suite de leur lutte contre le comte du Doignon, les Rochelais avaient envoyé Corné et Véronneau solliciter pour eux à la cour ; ceux-ci en profitèrent pour obtenir des lettres de noblesse pour eux et leurs proches. Les Rochelais s'y opposèrent par ce factum. A la suite est la copie de huit lettres de noblesse.

1054. — La Burle de l'Escaille à la noblesse ridicule. (Signé : L'ESCAILLE, Rochelois.) — (*S. l. n. d.*), *in*-4, 20 *p.*

Bibl. de la Roch., nᵒ 3295.

Satire en vers de huit syllabes contre les députés ci-dessus. On y trouve une scène tout à fait semblable à celle des deux procureurs du *Mercure Galant.*

1055. — Les vérités de l'ermite de l'île d'Oleron présentées au roi à Poitiers. (Signé : C. D. C. D.) — *Paris,* 1652, *in*-4.

Bibl. natᵉ. Lb³⁷, nᵒ 2201.

1056. — Ordonnances pour le diocèse de La Rochelle publiées en divers synodes tenus à La Rochelle et au Bas-Poitou depuis l'année 1650 jusques à 1658, par Monseigneur le premier évêque dudit diocèse de La Rochelle. (Jacques Raoul.) — Pouillé des bénéfices de l'évêché de Maillezais. — *La Rochelle, Gouy, 1650; — ou Fontenay, Blanchet, 1658, in-8, 254-44 p.*

Bibl. de la Roch., n° 3296. — Lelong, n° 6695.

Ces diverses ordonnances donnent une idée singulière des mœurs du clergé dans un pays plein de protestants contre la critique desquels il devait se tenir en garde. On ne trouve du reste nul indice de la conduite du clergé envers les hérétiques encore si récemment vaincus ; il n'est question d'eux que relativement aux mariages entre catholiques et protestants que l'évêque blâme fortement, et pour les formules d'abjuration.

1057. — Testament de Jacques Raoul de la Guibourgère, premier évêque de La Rochelle. — (*S. l.*), 1856, *in-8, 7 p.*

Bibl. de la Roch., n° 3499.

Testament daté du 21 avril 1660, publié par M. Fillon. Quelques notes à prendre sur l'état financier de l'évêché à cette époque.

1058. — Response aux deux presches faits dans le temple de la religion P. R. de la ville de la Rochelle, les 23 et 28es jours du mois de mars dernier par le sieur Drelincourt, ministre.... par le sr BOMIER, conseiller et advocat du roy au siège présidial de la dite ville et gouvernement. — *La Rochelle, Blanchet, 1656, in-8, XII-168 p.*

Bibl. de la Roch., n° 3183.

Cette discussion porte « sur le sujet de la communion sous les deux espèces et transsubstantiation. » L'intervention d'un

laïque dans une telle question serait à peine remarquable à cette
époque, mais Bomier est de ceux que les protestants rochelais
accusent le plus des persécutions qui précédèrent la révocation
de l'Edit de Nantes, et cette circonstance tire son livre de la
masse des controverses. Il faut voir, en particulier, sa réponse
à ces mots du ministre : « Seigneur, nous te prions d'avoir
pitié de ton pauvre peuple affligé, persécuté, froissé et brisé
par les ennemis de ton saint nom. »

On trouve, dans la *Revue de l'Aunis*, en 1868, une notice
de M. Delayant, sur Bomier, et en 1869, une notice de M. de
Richemond, sur Laurent Drelincourt.

1059. — Factum pour les syndics des habitants
de la ville de la Rochelle, intimés et défendeurs, contre
JACQUES CHARRON.... etc. — (*S. l.*), 1658, *in*-4, 3 *p.*

Bibl. de la Roch., nº 3189.

Affaire de finances : « Il s'agit au procès d'un droict de car-
teau pour charge ou boisseau par tonneau que le demandeur
veut étendre au-delà des termes de la pancarte ou du réglement
fait pour le droict de minage en l'an 1490. »

1060. — Histoire des réformés de La Rochelle,
depuis l'année 1660 jusqu'à l'année 1685, en laquelle
l'édit de Nantes a été révoqué. (Par A. TESSEREAU.) —
Leyden, Jordan ; Amsterdam, Savouret, 1688, 315 *p.*
in-12. — Il y a une édition 1708, *in*-8, *Louis Renard
à Amsterdam*.

Bibl. de la Roch., nº 3303. —Lelong, nº 6050.

Ce petit livre contient une histoire détaillée des persécutions
exercées contre les réformés du pays d'Aunis dans les vingt-cinq
années qui précédèrent et amenèrent la révocation de l'Edit de
Nantes. Ecrit par un des protestants proscrits, imprimé à
l'étranger, il serait facilement taxé d'exagération, si les mémoires des agents de cette persécution, publié depuis, n'en

disaient bien plus encore. Il écrit avec une haine franche, mais plutôt dédaigneuse qu'emportée, contre le clergé; du reste avec un certain ton de modération, sans une apparence d'injure contre Louis XIV, sans déclamation, avec une simplicité qui descend à la familiarité. Ce semble certainement l'ouvrage d'un homme attaché à son culte, mais plus occupé des affaires que de querelles religieuses. Il offre de l'intérêt pour l'histoire générale de la réforme en France et encore plus pour l'histoire intérieure de la Rochelle. Arcère (tome II, p. VIII,) indique Louis Renard comme auteur de ce livre ; c'est une erreur dans laquelle l'a jeté cette note inscrite à la main par Jaillot sur l'exemplaire dont il s'est servi : « Louis Renard a imprimé l'histoire des réformés de la Rochelle.... etc. » Ce passage du *Journal de Trévoux*, février 1709, p. 364, nomme le libraire et non l'auteur. Lelong nomme Tessereau, peut-être d'après l'édition de 1708. Du reste tout ce que l'auteur dit de lui-même dans l'avis au lecteur convient très bien à Tessereau, et le style n'offre pas de différence notable avec celui de l'*Histoire de la grande chancellerie*, ouvrage de ce Rochelais. Je trouve pourtant (n° du catalogue 3189) l'indication d'une lettre de Tessereau à l'auteur de ce livre, ce qui ne permettrait pas d'admettre qu'il en fût lui-même l'auteur. — Barbier, *Dictionnaire des anonymes*, *n° 7932*, a fait deux éditions d'une seule.

1061. — Discours sur le sujet de la paix, fait par BOMIER, conseiller du roi et son avocat au présidial de la ville et gouvernement de La Rochelle, prononcé en la cour ordinaire de la dite ville, le quatrième de mars mil six cent soixante, dédié à Monseigneur l'éminentissime cardinal Mazarini. — *La Rochelle, par B. Blanchet, 1630, in-4, pièce.*

Bibl. nat⁰. Lb³⁷, n° 3337.

1062. — Récit de ce qui s'est passé en la ville de La Rochelle, pour la feste de la canonization de

Saint-Thomas de Villeneuve, archevêque de Valence, et religieux de l'ordre des Ermites de Saint-Augustin ; présenté à monseigneur l'évesque. — Cette solemnité commença le 17 du mois de may 1660, et dura 8 jours, suivant la Bulle de N. S. Père le Pape Alexandre VII, qui le canoniza à Rome, le 1er novembre 1658. — *La Rochelle, Barthélemy Blanchet, 1660, in-8, 35 p.*

Bibl. de la Roch., nos 3295, 12393.

Cette description de procession et de fêtes peut servir à connaître les corps et surtout les congrégations religieuses qui existaient alors à la Rochelle, et même le rang qu'elles gardaient entre elles. — Réimprimé au n° 1021 ci-dessus.

1063. — Observations sommaires pour les religieux réformés de l'ordre de Saint-François de la province de Touraine-Pictavienne, des couvents réformés de Cliçon, Amboise, Précigné, Sully, Meung et La Rochelle, contre le P. Provincial et les autres religieux non réformés de la même province. — (*S. l. n. d.*), *in-4.*

Arrêt contradictoire du conseil privé du roi sur ces différents. — 2 avril 1661.

Procès-verbal de Monseigneur l'évêque de La Rochelle (Henri de Laval), de l'érection d'une custodie réformée en la province de Touraine-Pictavienne, 17 mars 1673.

Bibl. nat^e. Ld²⁴, nos 86, 86 *, 101.

1064. — Ordonnance de M. Colbert du Terron, intendant de la justice en Brouage, Aunix, ville et gouvernement de La Rochelle, pour l'exécution de la déclaration du feu roi, du mois de novembre 1628,

faite sur la réduction de la ville en son obéissance. —
La Rochelle, Blanchet, 1661, *in*-12, 24 *p.*

Lelong, n° 35772.

1065. — Ordonnance de M. Colbert du Terron,
intendant...., commissaire pour l'exécution de la déclaration du feu roi, du mois de novembre 1628,
faite sur la réduction de la ville sous son obéissance.
Ensemble l'explication des articles 22 et 23 d'icelle
déclaration, par M. Bomier, conseiller et avocat du roi
au siège présidial d'icelle ville. — *La Rochelle, Blanchet,*
1661.

1066. — Arrêt du conseil d'état sur l'ordonnance
de M. Colbert du Terron.... ensemble le plaidoyer de
M. Bomier.... sur le sujet de la publication d'icelui
arrêt fait en la cour de la police, le 26 novembre 1661.
— *La Rochelle, Blanchet.*

1067. — Factum concernant le droict de commune
ou le droict de mairie et d'eschevinage de la ville de
La Rochelle ; pour servir au procez d'entre Mr le procureur du roy en la cour des Aydes, poursuite et
diligence de maistre Thomas Rousseau, chargé de
l'exécution de la déclaration faite par Sa Majesté pour
la recherche des usurpations de noblesse, contre Me
Paul Vacher, sieur de la Case, advocat, et autres qui
se disent nobles à cause des maires et eschevins de la
même ville, par M. Pierre Groyer de Boisereau,
advocat en parlement. — (*S. l.*), 1662, *in*-4, 22 *p.*

Bibl. de la Roch., n° 3295.

Dans ce factum dirigé spécialement contre un Rochelais dont le nom a été illustre depuis dans la marine, mais d'un intérêt plus général, on soutient que le droit de noblesse des maires et échevins de la Rochelle n'était pas fondé sur un titre légitime, que, dans tous les cas, leurs descendants avaient perdu ce privilège. Ce factum a un véritable intérêt historique. On y trouve entre autres choses (p. 20) que le maire de 1628 était fils d'un échevin de la Rochelle, ce qui a été nié par M. Massiou, dans son *Histoire de la Saintonge et de l'Aunis*.

C'est le fils ou le frère de ce Vacher de la Case qui se distinguait par les armes à Madagascar, quand on objectait à sa famille qu'elle ne portait pas les armes.

En 1788, l'Académie de la Rochelle reçut et elle a dans ses archives un assez mauvais petit poème à la gloire de ce marin, intitulé le *Héros Rochelais*.

1068. — Défense de la noblesse des maires et eschevins de la ville de La Rochelle contre les prétentions et le libelle au factum de Thomas Rousseau, sur le droit de commune, mairie et eschevinage de la même ville, par GABRIEL BERNARDEAU, avocat à la Rochelle. — (S. l.), 1663, *in*-4, 23 *p.*

Bibl. de la Roch., n° 3189. — Lelong, n° 35766.

Réponse au numéro précédent fort violente de ton. La discussion embrasse les premiers et les derniers temps de l'histoire de la commune rochelaise, et elle n'est pas sans intérêt.

1069. — De l'exécution de l'édit de Nantes dans les provinces de Guyenne, Poitou, Angoumois, Xaintonge et Aunis, et dans les isles de Marennes, d'Oleron et de Ré, par le R. P. MEYNIER, de la compagnie de Jésus. — 2ᵉ édition revue et augmentée par l'auteur. — *Poictiers, Fleuricau,* 1665, *in*-8, 100 *p.*

Les discussions sur l'Edit de Nantes, entre les catholiques et les protestants, portaient surtout sur le nombre de lieux d'exercice de la religion réformée. Le P. Meynier prétend établir ici deux vérités, dont la dernière seule est une concession aux prétentions des protestants. Fontette n'a mentionné cet ouvrage qu'en latin. La rédaction française doit être antérieure.

Consultez la correspondance administrative sous Louis XIV, publiée par Depping, t. II, p. 713, 724, 766.

1070. — Factum pour les syndics du diocèse de Poictiers, Luçon et La Rochelle, au détroit de Maillezais, contre les desputés généraux de ceux de la religion P. R. de la généralité de Poictiers. — (S. l. n. d.), in-4.

Bibl. nat^e. Ld^176, n° 293.

Observations sur le procès-verbal de MM. de Parabère et Langlois, commissaires exécuteurs de l'édit de Nantes en 1659. — (S. l. n. d.), in-4.

Bibl. nat^e. Ld^176, n° 294.

1071. — Registres des délibérations du conseil municipal de 1667 à l'époque actuelle. — Mss.

Archives de la mairie de la Rochelle.

Ces registres datent du rétablissement de la mairie ; ils sont tenus avec soin, et s'ils offrent peu d'intérêt pour l'histoire générale, ils en offrent beaucoup pour celle de la ville. J'ai plusieurs fois dans ce catalogue indiqué les archives de l'Hôtel-de-Ville. Bien qu'elles contiennent peu de documents historiques proprement dits, les nombreuses pièces administratives qu'elles renferment et qui remontent jusque vers 1630 et se multiplient surtout depuis 1667, et qui proviennent soit de la mairie même soit que quelques autres dépôts qui y ont été fondus en 1789, abondent encore en renseignements pleins d'intérêt.

1072. — Plaintes générales de ceux de la religion sur lesquelles on a à implorer la justice et la bonté de Sa Majesté. — *Mss. in-f°, 1670, 2 cahiers, ensemble 14 p.*

Bibl. de la Roch., n° 3182.

Les protestants énumèrent leurs griefs en alléguant les articles de l'Edit de Nantes ou de la déclaration de 1669. Rien ne montre mieux la laideur de l'injustice que les soins que ceux mêmes, qui ont pour eux la force, prennent pour la couvrir du voile de la légalité.

1073. — Ignatii Azebedii et sociorum mors, in Brasilia, anno 1670. — *Collect. hist., t. 2, p. 487 à 495.*

Bibl. de la Roch., n° 3133. — Lelong, n° 35760.

Extrait du troisième livre de la troisième partie de l'*Histoire de la Société de Jésus,* p. 311, n° 210. — Ce meurtre est attribué à des matelots protestants, partis de la Rochelle sous la conduite de Jacques Soria, et revenus ensuite à la Rochelle.

1074. — Factums sur chacun des partages intervenus sur le fait de l'exercice de la religion P. R. du païs d'Aulnix entre MM. les commissaires députez par le roy, pour informer des contraventions faites à l'Edit de Nantes audit païs d'Aulnix. — (*S. l.*), 1671, *in-4,* 72 *p.*

Bibl. de la Roch., n° 3189.

Ces factums sont au nombre de seize, la pagination recommence pour chacun d'eux. Attaquées par des chicanes judiciaires, préludes de plus vives persécutions dans l'exercice de leur religion, les différentes localités de l'Aunis se défendent brièvement en montrant que l'Edit de Nantes fonde leur droit.

1075. — Extrait des registres du conseil d'Etat, du 3 mars 1671.

On assure la préséance des dignitaires ecclésiastiques sur tous les autres magistrats, dans le pays d'Aunis, comme moyen d'affermir la vraie religion.

1076. — Titres et pièces qui justifient que les habitants de la R. P. R. de La Rochelle, ont droit de faire l'exercice public de leur religion dans la dite ville, et notamment dans le temple qu'ils y ont bâti à cet effet par les ordres exprès de Sa Majesté. — (*S. l. n. d.*), *in*-4, 64 *p.*

En 1671, quatorze ans avant la révocation de l'Edit de Nantes, le clergé, par la voie de son syndic, voulut interdire aux protestants l'exercice public de leur religion à la Rochelle. De là cet écrit. Il contient : 1° « Production que les habitants de la R. P. R. de la Rochelle ont faite au mois de novembre 1663 devant les sieurs commissaires nommés par Sa Majesté pour informer, au païs d'Aunix, des contraventions faites à l'Edit de Nantes ; et déclarations du roy données en conséquence. » — C'est une liste de pièces citées et indiquées qui établissent clairement l'exercice public du culte réformé à la Rochelle de 1559 à 1663. — 2° « Dire des habitants de la R. P. R. de la Rochelle, défendeurs, contre le syndic du clergé d'Aunis, demandeurs. » — Les défendeurs établissent sur les pièces précédentes que leur temple n'est pas *pour tenir le premier lieu de baillage,* mais *de droit réel de possession ;* c'est-à-dire non un de ceux octroyés, mais un de ceux reconnus, ce qui était une question de vie ou de mort. — 3° « Production nouvelle que les habitants de la R. P. R. de la Rochelle ont faite devant le roy et nosseigneurs de son conseil. » — C'est la reproduction à peu près textuelle du n° 1er. Les pièces citées peuvent servir à établir plusieurs faits, mais tous connus d'ailleurs, de l'histoire du protestantisme à la Rochelle. — 4° « Deffenses des habitants de la R. P. R. de la Rochelle, contre les nouvelles écritures du syndic du clergé d'Aunix. »

— Le syndic du clergé, par un écrit du 5 septembre 1671, voulait chasser les protestants de la Rochelle ; cette défense vigoureuse et parfois éloquente s'appuie sur l'Edit de Nantes pour réfuter toutes ses prétentions. Malgré les circonstances, les droits des protestants furent reconnus assez hautement pour que l'évêque, dit un écrivain protestant, prétendît que ce jour là le conseil avait été huguenot.

1077. — Réglements faits par M. Henri de Laval, évêque de La Rochelle, extraits de plusieurs synodes tenus en son diocèse. — *La Rochelle, Blanchet*, 1672, *in*-8.

Lelong, n°s 6695 *, 8338.

1078. — Ordonnances de Henri de Laval pour les droits curiaux, 1672.

Lelong, n° 6695 *.

1079. — Conférences ecclésiastiques du diocèse de La Rochelle. — *La Rochelle, Ve Blanchet*, 1676, *in*-12, 472 *p*. — L'édition ici indiquée est la seconde.

Bibl. de la Roch., n° 3297.

Ces conférences, suivant Barbier, *Dictionnaire des anonymes*, n° 2662, ont été rédigées par P. de la Brosse. Elles traitent du sacrifice et de l'office divin.

1080. — I. Un parlement au petit pied. Le présidial de la Rochelle, par G. Musset. — *Tours, Bouserez*, (*s. d.*), *in*-8, 51 *p*. — 57 *p. et portrait*.

Bibl. de la Roch., n° 3318 a.

Notice donnant le récit d'un épisode de l'histoire du présidial (1764).

II. Du présidial de la Rochelle, par L. Delayant. — *La Rochelle, Siret*, 1878, *in*-8, 44 *p*.

Bibl. de la Roch., n° 3318 a.

N. E. — « Le nom seul de l'auteur suffit à recommander la spirituelle et
savante brochure intitulée : *Le Présidial de la Rochelle* , par M. L. Delayant.
L'histoire de cette importante juridiction avait été effleurée jusqu'ici par le
P. Arcère, M. Jourdan et M. Musset. Un travail définitif et magistral existera
désormais. » (Journal la *Charente-Inférieure*, du 3 octobre 1878.)

Division de la brochure : Chap. I (p. 4 à 8) : Du jugement du 10 mai
1552 (a-t-il ou n'a-t-il pas été rendu par le présidial installé le 1er juin 1552 ?
M. Delayant se prononce pour l'affirmative). — Chap. II (p. 8 à 24) : La
cour souveraine des salins du Ponant établie à la Rochelle , 1640 à 1643. —
Chap. III (p. 24 à la fin) : Des juridictions que remplaçait le présidial.

1081. — Edit de l'élection d'un juge et deux consuls des marchands établis en la ville de La Rochelle,
avec le réglement pour ce qui concerne les greffiers,
sergens et autres de la dite élection. — *La Rochelle,
Barthélemy Blanchet*, 1667, in-8, 67 p. — *Mesnier*, 1725,
in-8, 94 p.

Bibl. de la Roch., no 3126. — Lelong, no 35774.

« Cet édit est de Charles IX et fut donné à Châteaubriand
en novembre 1565. » Fontette. — Il est suivi de plusieurs
déclarations du roi et extraits des registres du parlement de
1610 à 1667, relatifs à son exécution et à sa portée. — Voyez
aussi un *Mémoire pour les officiers de la sénéchaussée contre les
consuls de la Rochelle.* (Bibl. de la Roch., no 12379.)

1082. — Notice sur l'origine du tribunal de commerce de la ville de La Rochelle (novembre 1565),
suivie de la nomenclature des membres de cette
juridiction de 1567 à 1862, par ANTOINE-GUSTAVE
MÉNEAU. — *La Rochelle, Mareschal*, 1862, in-8, 120 p.

Bibl. de la Roch., no 3319.

C'est une histoire complète de ce tribunal.

1083. — Sentence de l'official de la Rochelle contre
quelques cordeliers, en 1671. — (S. l. n. d.), in-12.

Bibliotheca Bultelliana, no 513.

1084. — Mémoires de la vie et aventures de Nicolas GARGOT, capitaine de marine. — *Paris, 1663,
in-4, 156 p.*

> Bibl. de la Roch., n⁰ 3500. — Bibl. natᵉ. Ln²⁷, n⁰ 8206. —
> Lelong, n⁰ 31948.

« Gargot était rochelais et mourut en *1664.* Ces mémoires
sont une espèce de factum sur lequel intervint arrêt du conseil
en 1667. » Fontette. — Voir Arcère, t. ii, p. 378. — C'est
une biographie, peut-être un peu romanesque qui donne idée
de l'oppression des Rochelais sous le gouvernement du maréchal du Daugnon.

1085. — Ratuit, comte de Souches, né à La Rochelle (par M. E. HIVERT, un de ses descendants). —
Revue de l'Aunis, 1865.

> Bibl. de la Roch., n⁰ 2986.

1086. — Histoire de la vie et des ouvrages de
Paul Colomiez, mort en 1692, par le P. NICERON.

> Lelong, n⁰ˢ 46702, 47043.

« Dans ses mémoires... etc., t. viii, p. 196, et t. x, part. 2,
p. 235. » Fontette.

1087. — Défense du droit d'habitation des originaires de la Rochelle et de leurs descendants, pour
M. Gabriel Bernardeau, avocat en parlement, et Louis
Bernardeau, son frère, assignés par devant Mʳ de Muin,
intendant au gouvernement de La Rochelle, commissaire en cette partie, pour rapporter les titres justificatifs
de leur droit d'habitation dans la dite ville, par le dit
sieur BERNARDEAU. — (*S. l.*), 1677, *in-4, 18 p.*

La capitulation de 1628 avait réglé que les habitants pourraient rester à la Rochelle ; un arrêt de 1661 régla quels y
pourraient revenir après l'avoir quittée. C'est sur l'interprétation

de ces arrêts que Bernardeau plaide pour lui-même contre Pierre Bomier, procureur du roi. Descendant de Pierre et de Louis Buffet, maires de la Rochelle en 1356 et 1360, Bernardeau aime les vieux souvenirs du patriotisme local. Son plaidoyer se rattache directement à l'histoire de la Rochelle et à celle de la révocation de l'Edit de Nantes.

1088. — (Sentence du présidial de La Rochelle, rendue contre plusieurs convertis relaps, datée du 9 septembre 1682, et commençant par ces mots :) HONORÉ-LUCAS, chevalier, seigneur de Demuin et de Courselles.... (*S. l. n. d.*), *in-fº, pièce.*

Bibl. nat^e. Ld¹⁷⁸, nº 451.

1089. — Le temple de La Rochelle, basti l'an 1630 et desmoli le jeudi premier de mars l'an 1685. — *Quatre vues manuscrites coloriées sur une même feuille.*

Bibl. de la Roch., nº 3099.

Il s'agit ici d'un temple du culte réformé, celui de la ville neuve, et non de la commanderie des Templiers, qui paraît avoir donné à une rue de la Rochelle le nom encore conservé de rue du Temple.

1090. — Poursuites contre les ministres protestants de La Rochelle, 1685. — *Liasse de dix pièces, dont sept manuscrites et trois imprimées.*

Bibl. de la Roch., nº 3182.

Relatives aux premières persécutions exercées en vertu de la révocation de l'Edit de Nantes contre quatre ministres protestants de la Rochelle, et à la démolition de leur temple.

1091. — L'ordinaire de la Messe, avec l'explication des cérémonies à l'usage des nouveaux convertis de La Rochelle. — *Paris*, 1685, *in-8*, — 1686, *in-12.*

Catal. d'Estrées, nº 698. — Catal. Boissier, nº 493.

1092. — Papier des conversions. — *Mss., cahiers et feuilles volantes, in-f⁰.*

Bibl. de la Roch., n⁰ 3308.

C'est le registre officiel, analogue aux actes de baptême, de décès.... etc., tenu et signé par les ecclésiastiques, des abjurations du protestantisme faites en leurs mains, d'octobre 1628 à la fin de 1686. Les actes antérieurs à 1630 forment un seul cahier. Les autres sont de petits cahiers et des feuilles détachées, et il en manque évidemment beaucoup. Il y a cependant en tout plus de 150 feuillets contenant plus de 1200 abjurations. On trouve dans la formule de quelques-uns de ces actes que l'abjuration est faite *volontairement et de plein gré*. Ces mots ne sont presque jamais omis dans les actes postérieurs à la révocation de l'Edit de Nantes. Ces abjurations sont seulement celles reçues à la Rochelle par des prêtres de l'Oratoire.

1093. — Noms de ceux et celles qui ont fait abjuration de l'hérésie, au pays d'Aunix, diocèse de la Rochelle, ès années 1680, 1681, 1682 et 1683. Extrait du secrétariat de l'évêché de La Rochelle. — *(S. l. n. d.), in-f⁰, pièce.*

Bibl. de la Roch., n⁰ 3309. — Bibl. nat⁰. Ld⁴⁷⁶, n⁰ 491 *.

C'est une simple liste nominale, et les 56 pages contiennent plus de 2,000 noms. Il s'agit ici de tout l'Aunis.

1094. — Lettres inédites de FÉNELON, publiées par l'abbé VERLAQUE. — *1874, in-8, 100 p.*

Bibl. de la Roch., n⁰ 2992.

Sur la conversion de la Saintonge. Voir d'autres lettres dans la correspondance de Fénelon, publiée par la *Revue politique et littéraire*, du 31 octobre 1874, et celles publiées par M. O. DOUEN, dans l'*intolérance de Fénelon, études historiques....* 1875, in-18, Paris, Sandoz et Fischbacher (p. 284-299, 315-338).

1095. — Liste des religionnaires fugitifs, des biens qu'ils laissèrent en France, de la valeur de ces biens et de leur produit réel. — *Mss. gros in-fº.* — Indiqué dans le *Bulletin du Protestantisme français*, 1878, *p.* 425.

Arch. nat. TT 445.

1096. — Extrait d'une lettre de M. DESMAHIS, ci-devant ministre de la R. P. R. sur le schisme des protestants, écrite à un de ses amis de la R. P. R. — *La Rochelle, Coquerel,* 1685, *in-*4, 22 *p.*

Bibl. de la Roch., nº 12371.

Marin Groteste, sieur des Mahis, ministre protestant à Orléans, s'étant converti rend compte de ses motifs dans cette lettre. Elle est ici précédée et suivie d'une note qui la recommande à l'attention des gens de la Rochelle.

1097. — Etablissement d'un hôpital général dans la ville de La Rochelle. — (*S. l.*), 1673, *in-*4, 16 *p.*

Bibl. de la Roch., nºs 3189, 3292.

Lettres patentes de Louis XIV. Cet établissement a déjà pour but l'extinction de la mendicité. On trouve d'autres renseignements sur les efforts faits antérieurement dans ce but aux archives de la préfecture : *Papiers du bureau des finances,* série C.

1098. — Lettre pastorale de Henri de Laval aux prieurs, curés, vicaires.... etc., sur la manière dont ils doivent se comporter à l'égard des nouveaux catholiques. — *La Rochelle, Blanchet,* 1686, *in-*12.

Lelong, nº 6695 *.

1099. — Lettres patentes et commission du roi pour l'établissement d'une chambre souveraine et la réformation de la justice dans le Limousin,.... La

Rochelle et le pays d'Aunis, avec les arrêts de cette chambre. — *Paris, 1688, in-4.*

Cat. Secousse, n° 506.

1100. — Rituel du diocèse de La Rochelle, publié par l'autorité d'illust. et révér. Monseigneur Messire Henri de Laval, évêque de La Rochelle. — *La Rochelle, Mesnier, 1689, in-4, 644 p.*

Bibl. de la Roch., n° 3299.

Rien de spécial à la Rochelle, ni aux hérétiques nombreux dans ce diocèse.

1101. — Histoire de la vie et des ouvrages de Françoise Tallemant, par J. P. NICERON.

Lelong, n° 11466.

« Mémoires, t. XXII, p. 157-1660. » Fontette.

1102. — Notice sur Tallemant des Réaux, sur sa famille et sur ses mémoires, par M. DE MONMERQUÉ. — *(S. l.), 1836, in-8, 72 p.*

Bibl. de la Roch., n° 2229.

On sait que la publication posthume des *Historiettes de Tallemant des Réaux,* faite par MM. de Monmerqué, de Châteaugiron et Taschereau, a jeté un assez vif éclat sur ce Rochelais jusque-là presque inconnu.

1103. — Commentaire sur la coutume de La Rochelle et pays d'Aunis, composé par Me ESTIENNE HUET, escuyer, etc., lieutenant particulier, assesseur civil et criminel en la sénéchaussée et siège présidial de la ville et gouvernement de la Rochelle. — *La Rochelle, Arnauld de Nancel, 1688, in-4, 820 p.*

Bibl. de la Roch., n° 3122.

21

Ce commentaire complet et recommandé par les fonctions de son auteur, est, d'après les continuateurs de Vigier, d'une composition antérieure à sa date. Il n'en a que plus de valeur comme document historique. Un catalogue de A. Durand (mars 1862) indique une édition de Paris, 1699.

1104. — L'île de Ré avec ses environs, où est représenté le bombardement de Saint-Martin et d'Olonne par l'armée navale de S. M. Britannique, les 15 et 16 juillet 1696, par CHARLES ALLARD. — *Amsterdam, une feuille grand in-f°*. — Vignette dans le bas représentant le bombardement d'Olonne.

Catal. Liepmannssohn, 1852.

1105. — Ordonnances de MM. du corps de ville à l'occasion du bombardement de l'île de Ré, en juillet 1696. — *Mss.*

Arch. de la Mairie de la Rochelle,

Ordonnances rendues dans la prévision du bombardement de la Rochelle.

1106. — Réglemens et offices de la confrairie de Jésus agonisant. — *La Rochelle, Mesnier, 1697, petit in-f°, 110 p.*

Bibl. de la Roch., n° 3310.

La suite du titre donne presque l'histoire de cette confrérie « établie, dit-il, par monseigneur l'illustrissime et révérentissime messire Jacques Raoul, premier évêque de la Rochelle, en l'église Saint-Sauveur ; approuvée par monseigneur l'illustrissime et révérentissime Henri de Laval et confirmée par monseigneur l'illustrissime et révérentissime Charles-Madeleine de la Frezelière, évêque de la Rochelle. »

1107. — Questiones medicæ (duæ) quæ agitabantur (Deo favente) Rupellæ in aula sacræ Themidis, die 28 , mensis novembris anni 1698 , propugnante Joanne Cochon Dupuy, Niortensi,... Rupellensis nosocomii medico. — *Rupellæ, Mesnier,* 1698, *in*-4, 16 *p.*

Bibl. de la Roch., n° 12364.

Les questions n'ont rien de spécial à la Rochelle ; mais le fait de leur discussion publique, n'est-il rien ?

1108. — Arrêt du conseil d'Etat du roy (du 14 janvier 1698) qui accepte les offres faites par le s. Jean Guérain , pour l'acquisition des offices des jurés priseurs , vendeurs de biens meubles.... etc., créés par édit du mois d'octobre 1696 , et de ceux des contrôleurs des bans de mariage , créés par autre édit de septembre dernier , des généralités de Limoges et de La Rochelle. — *(S. l. n. d.), in*-4, 4 *p.*

Bibl. de la Roch., n° 3072. — Lelong , n° 35768.

1109. — Mémoires sur La Rochelle en 1699. — *Mss.* — Cité dans les *Archives des missions scientifiques, tome* v, *p.* 376.

Bibl. d'Upsal, n° 76.

1110. — Eloge de M. Richard , docteur en médecine. — *La Rochelle,* 1706 , *sans nom d'imprimeur, in*-8 , 18 *p.*

Bibl. de la Roch., n° 12404.

Cette biographie d'un médecin protestant contient des détails intéressants et qui éclairent les mœurs du temps.

1111. — Arrest du conseil d'Estat du roy qui ordonne l'exécution du réglement ou tarif pour la perception des droits de poids-le-roy de la ville de La Rochelle, du 7 octobre 1702. — *La Rochelle, Mesnier,* 1723, *in*-4, 14 p.

Bibl. de la Roch., n° 3189.

Tarif rendu à la requête de la maison de l'Oratoire et autres
créanciers du roi, à qui ce droit aurait été concédé.

1112. — Domaines et droits du roy en la généralité de La Rochelle, extraits des mémoriaux, anciens
comptes.... etc., par M. ELIE-PIERRE BARREAU, avocat
en parlement, écuyer, conseiller et procureur du roy
au bureau des finances de la généralité de La Rochelle.
— *Mss. in-f°*, 101 p. — *Copie manuscrite in-4*, 84 p.

Bibl. de la Roch., nᵒˢ 3145, 3147.

Cet état des domaines et droits du roi qui paraît avoir été
fait en 1715 ou 1716, est précédé d'une histoire abrégée de la
Rochelle et d'un dépouillement d'une partie des titres de la ville,
portés en 1628 à la chambre des comptes, qui est d'un grand
intérêt, surtout pour la connaissance des ressources financières
de la commune de la Rochelle. E. P. Barreau a été omis par
Arcère dans la liste des procureurs du roi au bureau des finances.
(V. *Histoire de la Rochelle,* t. II, p. 555.)

1113. — Ancien censif, nᵒ 6. 1717. — *Mss.*

Arch. de la Mairie de la Rochelle.

Liste des cens dus sur les maisons de la Rochelle, relevés
par rues. Ici beaucoup de noms de lieux et d'hommes. La couverture en parchemin porte 1628, je ne sais pourquoi, puisque
dans le premier feuillet on trouve relaté des actes de 1680.

1114. — Etat général des droits et domaines qui
ont appartenu ou qui appartiennent au roi dans la province d'Aunis, avec les noms de ceux dont les terres,
maisons et domaines ,sont chargés desdits droits. —
*Copie manuscrite faite en 1742 d'un manuscrit de 1719 ;
in-f°,* 94 p.

Bibl. de la Roch., nᵒˢ 3088, 3148.

Censif qui embrasse tout l'Aunis, mais qui n'a rien d'analogue aux précieuses notes historiques que contient le précédent (n° 1112). Il est terminé par un aveu rendu, en 1650, par Pierre Yvon, de la seigneurie de Laleu.

1115. — Etat général de la régie des Aydes et formules de l'élection de La Rochelle, telle qu'elle se trouve établie aujourd'hui x^e jour de septembre 1725. — *Mss. sur parchemin, in-f°, 118 p. — La fin manque et il y a une lacune de la page 8 à la page 17.*

Arch. de la Mairie de la Rochelle.

Ce registre, document destiné à rester secret, puisqu'il contient des notes personnelles sur les officiers de l'élection et sur leurs dispositions envers la régie, offre une espèce de statistique fort intéressante de la richesse et des ressources du pays à cette époque. Il constate les différentes branches de commerce, les diverses natures d'armement On y voit que dix-sept raffineries produisaient annuellement de quinze à seize mille livres de sucre. On y trouve surtout des détails curieux sur les accroissements que prenait chaque jour la culture de la vigne, un état par paroisse des quartiers de vigne, de leur production, par une moyenne prise sur les années 1719, 1720, 1721, 1722 et des débouchés que trouvaient les vins et les eaux-de-vie. Les lacunes qui s'y trouvent sont fâcheuses. Les archives de la ville encore inexplorées contiennent beaucoup d'autres documents venus de la même source, et qui sans contredit compléteraient celui-là. C'est dans l'introduction de ce titre que se trouverait mentionnée une arcade joignant les deux tours du port.

1116. — Lettre pastorale adressée aux fidèles des provinces de Saintonge et d'Aunix sur leur relèvement. — *(S. l.)*, 1698, *in*-4, 1-12 *p.*

Bibl. de la Roch., n° 3293.

Ecrit anonyme, émané du Refuge. On y félicite les protestants restés en France de leur refus d'aller à la messe, et on les engage à persister dans la foi.

1117. — Vie de Marie de Cardozo de Mont-Carmel, dite de la Conception, supérieure du tiers ordre de Saint-Augustin de La Rochelle, décédée en odeur de sainteté le 18 juillet 1700. — *La Rochelle, P. Mesnier, imprimeur libraire de Monseigneur l'évêque et du clergé,* 1707, *in*-12, XXVI-72 *p.*

Bibl. de la Roch., n° 3491.

Pieux récit des visions d'une extatique portugaise, où il n'y a absolument rien à apprendre sur l'histoire locale. Cette vie est dédiée à la maréchale de Chamilly.

1118. — Lettre à Monseigneur Fréseau de la Frézelière, évêque de La Rochelle, par M. PONTIER, protonotaire du saint-siège apostolique. — *Paris, G. Cavalier,* 1694, *in*-12.

Cité dans le *Journal des Savants*, du 24 mai 1694.

On y loue son zèle à éteindre l'hérésie.

1119. — Prière à Dieu sur la maladie de M. Charles-Magdelaine de la Frézelière, évêque de La Rochelle, et actions de grâces pour sa guérison, par un professeur de son séminaire. — *La Rochelle, P. Mesnier,* 1700, *in*-4, 16 *p.*

Bibl. de la Roch., n° 3293.

Témoignage d'amour ou de flatterie envers cet évêque.

1120. — Eloge sur Charles-Madeleine de Frézeau de la Frézelière, par M. TARDIF. — *Paris, Mercier,* 1703, *in*-4.

Bibl. nate. Ln27, n° 8030. — Lelong, n° 8539.

1121. — Oraison funèbre de Monseigneur Charles-Magdelaine de Frézeau de la Frézelière, évêque de La Rochelle, prononcée le 10 janvier 1703, dans l'église

de Marans, par Messire François Ragot, prêtre, curé
de paroisse, syndic du clergé de La Rochelle. — *La
Rochelle, P. Mesnier, 1703, in-4, 28 p.*

Bibl. de la Roch., n° 12369. — Bibl. nat°. Ln²⁷, n° 8029. —
Lelong, n° 8340.

Eloge officiel, dont toutefois on peut tirer quelques renseignements intéressants pour la vie de monseigneur de la Frézelière
et pour l'histoire de quelques établissements de son diocèse.

1122. — Michel Bégon, intendant de La Rochelle,
1638-1710. (Par M. le baron DE LA MORINERIE.) —
Paris, juin 1855, in-8, 24 p.

Notice détaillée sur un personnage dont l'histoire est plus
liée à celle de Rochefort qu'à celle de la Rochelle.

1123. — Mémoires et règlements touchant le département de La Rochelle et l'union des départements
de Xaintonge et Poitou à celui-cy, par le sr Vaverin.
— *(S. l.), 1711, in-f°.*

Partie d'un recueil considérable et d'un intérêt plus général.
On y trouve des renseignements intéressants sur l'administration maritime et les intérêts qui s'y rattachent.

1124. — Le vénérable père de Montfort et ses
missions à La Rochelle, 1711. — *Bulletin religieux du
diocèse de la Rochelle, 9 octobre 1869.*

Voir sur cette mission, outre les différentes vies du P. Grignon
de Montfort, les notes de M. Jourdan, notes et gravures.

1125. — Ordonnances et règlements synodaux du

diocèse de La Rochelle, par Monseigneur Etienne de Champflour. — *La Rochelle, Mesnier,* 1711. — *Réimprimé par ordre de Monseigneur François-Joseph-Emmanuel de Crussol d'Uzès.* — *Paris, Simon,* 1780, *in-*12, 404 *p.*

Bibl. de la Roch., n° 3314. — Lelong, n° 6696.

Guide complet de la conduite des prêtres, mais sans rien de spécial au pays. Les mariages avec des protestants y sont proscrits (p. 256), et l'intervention de l'autorité séculière dans les conversions approuvée (p. 176). Le style du reste est infiniment plus grave et moins naïf que celui de M. Raoul (n° 1056).

1126. — Relation du différend entre M. le cardinal de Noailles, archevêque de Paris, et MM. les évêques de Luçon, de La Rochelle et de Gap. — *(S. l.),* 1712, *in-*12.

Bibl. nat°. Ld 3, n° 221.

On peut rapporter, à cette même question, étrangère à l'histoire de la Rochelle, les numéros de cette même section de la Bibliothèque nationale, 611***, 658, 659, 665, 673, 679. — (V. *Mémoires de l'abbé Legendre,* livre VI, p. 278.)

1127. — Catéchisme du diocèse de La Rochelle. — *(S. l.),* 1716, *in-*12, 424 *p.*

Bibl. de la Roch., n° 3298.

Catéchisme rédigé par M. Etienne de Champflour; dans le mandement qui le précède on lit : « Nous avons dû avoir aussi en vue l'instruction et le salut de plusieurs nouveaux convertis qui sont dans notre diocèse. »

1128. — Lettre et instruction pastorale de Monseigneur l'évêque de La Rochelle, au clergé de son diocèse, touchant la manière dont il doit travailler à l'instruction des personnes qui ont été élevées dans la religion protestante. — *La Rochelle, P. Mesnier,* 1715, *in*-12, 390 *p.*

Bibl. de la Roch., n° 3311.

En forme de catéchisme. La lettre recommande la charité, la douceur, la sévérité de mœurs comme les meilleures préparations à la controverse.

1129. — Arrêt du conseil d'Etat du roi, portant réglement pour l'établissement d'une chambre de commerce dans la ville de La Rochelle, du 15 juillet 1719. — *La Rochelle, Mesnier,* 1728, *in*-4, 9 *p.*

Bibl. de la Roch., n° 3320. — Lelong, n° 35773.

1130. — Saintonge et Aunis. — Mémoire sur l'émigration des matelots, les meilleurs de l'Europe, religionnaires ou nouveaux convertis qui ne veulent pas se marier à l'église, parce qu'on exige qu'ils y communient, ce qui les force à se borner au mariage civil. Inconvénients pour la reconnaissance de leurs enfants. Améliorations proposées par le commandant de Brouage. (1723.) — *Mss.* indiqué par le *Bulletin du protestantisme français,* 1878, p. 360.

Arch. nat^es., série TT, n° 248.

1131. — Oraison funèbre de Monseigneur Etienne de Champflour, évêque de la Rochelle, prononcée à la Rochelle, le 17 janvier 1755, par M. Léon d'Arger, chanoine, Jean-Baptiste-Antoine de Brancas, nouvel évêque. — *La Rochelle, Ve François Courçon,* 1726, *in*-4, x-57 *p.*

Bibl. de la Roch., n° 12373. — Lelong, n° 8340*.

Malgré l'épaisse couche de glace dont un respect cérémonieux pour la dignité officielle du genre, enveloppe ce discours, on y trouve des anecdotes intéressantes pour la vie du prélat, et des renseignements heureusement éclaircis et précisés par des notes marginales, sur plusieurs établissements de la ville. On peut aussi en tirer des inductions assez positives sur l'état des mœurs et de la civilisation. Il est impossible de ne pas remarquer que dans cet éloge d'un évêque de la Rochelle, il y a à peine un mot sur les protestants et plusieurs pages sur le jansénisme. — M. d'Arger mourut le 26 novembre 1756. — On trouve dans les ouvrages réunis sous les n°s 12363, 12369, 12373, 12387 du catalogue de la bibliothèque de la ville, plusieurs écrits de M. de Champflour sur les querelles théologiques de son temps, tous très orthodoxes. On y trouve aussi des mandements de plusieurs autres évêques de la Rochelle, M. de Brancas, M. de Crussol.... etc., sur les affaires contemporaines.

1132. — Arrêt de la cour de parlement qui fait défense aux Juifs de s'établir à la Rochelle à perpétuité ou pour un temps ; du 22 août 1729. — *(S. l. n. d.)*, 1732, *in*-4.

Bibl. nat°. Ld184, n° 6**.

1133. — Ordonnance de Monseigneur l'évêque de la Rochelle pour le renouvellement et le réglement des conférences ecclésiastiques de son diocèse.—*(S.l.)*, *in*-4, 22 *p.*

Bibl. de la Roch., n° 3268.

Cet évêque est A.-R. de Menou. L'ordonnance et le réglement sont suivis de l'état des lieux où se tiendront les conférences, avec pagination séparée.

1134. — Déclaration du roy servant de réglement pour l'hôtel de ville de la Rochelle, donnée à Paris le cinquième février 1718. — *(S. l. n. d.)*, *in*-4, 8 *p.*

Bibl. de la Roch., n°s 3072, 3189. — Lelong., n° 35765.

Rétablissement de la mairie élective. Un édit de juin 1717

avait remis par toute la France les corps de ville sur le pied où ils étaient avant 1690 ; mais à cette époque, il n'y en avait plus à la Rochelle depuis 1628, ce qui rendit nécessaire une déclaration spéciale. Celle-ci est du régent.

1135. — Oraison funèbre de très haut.... Ch. Aug. de Matignon, comte de Gacé, maréchal de France,.... gouverneur des pays d'Aunis, ville et gouvernement de la Rochelle, le 15 février 1730, par Messire Léon d'Arger, chanoine de la dite église. — *(S. l.)*, 1731, *in-4, 40 p.*

Bibl. de la Roch., nº 12369. — Lelong, nº 31653.

Au milieu de beaucoup de faits étrangers à la Rochelle, on en trouve rappelés quelques-uns qui lui sont spéciaux.

1136. — Devis des ouvrages de maçonnerie, fouilles de terre, charpenterie, etc.... à faire pour la construction d'une église cathédrale dans la ville de la Rochelle, ordonnée par arrêt du conseil d'Etat du roy, du 23 septembre 1741, suivant les plans, profils, coupes et élévations tant extérieures qu'intérieures, dressés par M. Gabriel, chevalier.... etc.... premier architecte de Sa Majesté. — *La Rochelle, veuve Mesnier, 1742, in-f°, 35 p.*

Bibl. de la Roch., nº 3315.

Simple devis sans dessins. On sait que les plans alors conçus n'ont pu être entièrement réalisés.

1137. — Jugement contre Touzineau accusé d'avoir prêché, son supplice à la Rochelle, décembre 1738. — *Mss.* cité par le *Bulletin du protestantisme français*, 1878, *p.* 367.

Arch. nat^{es}., TT, nº 350.

1138. — Condamnation au bannissement de Pierre Gaillot et Pierre Manceau, menuisiers, accusés d'avoir construit une chaire à la Rochelle. (1746.) — *Mss.* cité par le *Bulletin du protestantisme français,* 1878, *p.* 367.

Arch. nates., TT, n⁰ 350.

1139. — La coutume du pays et duché d'Angoumois, Aunis et gouvernement de la Rochelle, avec les commentaires de JEAN VIGIER, écuyer, ancien avocat au parlement de Paris. 2e édition. — *Angoulême, Rozé,* 1720, *in-fº,* 702 *p.*

Bibl. de la Roch., n⁰ 3123.

La coutume de la Rochelle figure dans les *Coutumes générales* de Dumoulin, tome II, p. 635-643 ; dans le *Nouveau coutumier général* de Richebourg, 1724, 4 vol. in-fº, tome Iᵉʳ, p. 253. — Elle commence à la page 541 du livre de Vigier, celui-ci n'avait pas eu dessein d'en faire un commentaire spécial, mais de la rapprocher de la coutume d'Angoumois. — Les éditeurs de la deuxième édition ont complété ce travail par des extraits de Huet et par leurs propres additions. La première édition est de 1650 : *Paris, Alliot, in-fº.*

1140. — Réglement général fait par M. de Matignon, pour le service de la milice bourgeoise. (7 juillet 1730.) — *(S. l. n. d.), in-4,* 10 *p.*

Titres Jourdan, Bibl. de la Roch., n⁰ 3424.

1141. — Nouveau commentaire sur la coutume de la Rochelle et du pays d'Aunis, où l'on a réuni tout ce qui a paru nécessaire pour l'intelligence de la coutume, en recueillant exactement les divers point d'usage de la province, et où l'on a.... etc., par M. RENÉ-JOSUÉ VALIN, ancien avocat au présidial de la Rochelle. —

(S. l.), 1756-1768, *in*-4 , 3 *vol.* — Il y a plusieurs autres éditions.

Bibl. de la Roch., nᵒˢ 3124, 3125.

Ce travail d'un jurisconsulte célèbre avait fait disparaître tous les travaux antérieurs, et a conservé jusqu'à nos jours, malgré le changement de législation , une certaine importance. Ce changement même lui en a donné une plus grande pour l'histoire.

1142. — Arrêt du conseil d'Etat du roi, concernant la fabrication de l'eau-de-vie dans la province d'Aunis, du 28 mai 1753. — Arrêt portant réglement pour la fabrication des futailles ; du 17 août 1743. — *(S. l. n. d.), in*-8, 21 *p.*

Bibl. de la Roch., nᵒ 3320.

1143. — Histoire de Jean-Théophile Desaguliers, par A. SAVÉRIEN. — *Histoire des philosophes modernes, in*-12, *t.* VI, *p.* 249 *à* 287.

Bibl. de la Roch., nᵒ 3802. — Lelong, nᵒ 46424.

1144. — Histoire de l'académie royale des belles-lettres, sciences et arts de la Rochelle, par M. DE CHASSIRON. — Recueil de pièces en prose et en vers... de l'académie de la Rochelle. — *(S. l.),* 1747, *p.* 1 *à* 7.

Bibl. de la Roch., nᵒ 3226. — Lelong, nᵒ 45600.

C'est une lettre à M. de Bologne sur l'origine, les statuts et les occupations de cette académie. Ce recueil de pièces a eu trois volumes, publiés en 1747, 1752, 1763. On peut y joindre les *Annales de l'Académie de la Rochelle,* publiées annuellement de 1854 à 1867 et *Notices historiques sur les Sociétés des lettres, sciences et arts de la Rochelle. — La Rochelle, Siret, 1873, in*-8. — Les morceaux relatifs à l'histoire de la Rochelle ont été indiqués ici chacun en leur lieu.

1145. — Description des fêtes qui se donnèrent dans la ville de la Rochelle à l'occasion de la paix, les 8 et 9 mars 1749. — *La Rochelle, Mesnier, (s. d.), in-8*, 8 p.

Bibl. de la Roch., nº 12391.

Il peut être piquant de comparer ces fêtes à celles de nos jours qui ne gagneraient pas à la comparaison.

1146. — Liste des navires partis de la Rochelle le 18 octobre 1747, sous le convoi de M. de Létenduère. — *La Rochelle, Mesnier, 1747, in-fº, 4 p.*

Bibl. de la Roch., nº 3422.

1147. — Inventaire général des pièces d'artillerie et des munitions de guerre existant dans les magasins et sur les remparts de la ville de la Rochelle, le 1ᵉʳ janvier 1748. — *Mss. in-fº, 12 p.*

Bibl. de la Roch., nº 3137.

Ce n'est plus ici de l'artillerie rochelaise, mais on peut y puiser une idée de l'importance qu'avait alors la Rochelle comme place de guerre.

1148. — Eloge historique du P. Jaillot, de l'Oratoire, par le P. L.-Et. Arcère, de la même congrégation. — 1750, *in-4*, et dans le second *Recueil de l'Académie de la Rochelle*, 1752, *in-8*, p. 103-110.

Jaillot avait préparé l'histoire de la Rochelle que continua et publia Arcère. Cet éloge est simple et sans aucune exagération. Il se trouve en manuscrit dans un volume de la Bibliothèque (nº 12360).

1149. — Discours sur les bibliothèques publiques prononcé dans l'académie royale de la Rochelle, par le

R. P. Valois, de la compagnie de Jésus, 1751. — *(S. l. n. d.), in-8, 36 p.*

La Rochelle n'avait pas de bibliothèque publique depuis que Richelieu avait fait enlever celle qui s'était formée pendant la splendeur du protestantisme ; en 1750, M. Richard Desherbiers, en donnant ses livres à la ville, jeta les fondements de celle qui existe aujourd'hui. C'est à l'occasion de cet événement que fut prononcé ce discours qui le consacre.

1150. — Mémoire pour le corps de ville de la Rochelle, sur la fabrication et le commerce des eaux-de-vie de sirop, connues dans nos îles sous le nom de taffia et guildives, par M. Gastumeau. — *(S. l.), 1752, in-4, 15 p.*

M. Gastumeau, auteur de ce mémoire, y réclame, au nom des pays vignobles, l'interdiction de la fabrication des guildives. Ni l'antagonisme des intérêts, ni leurs arguments ne sont de nos jours. Il pourrait être piquant de rapprocher ce mémoire de ceux qu'a fait naître la question actuelle des sucres.

1151. — Mémoire de la chambre de commerce de la Rochelle sur le projet d'introduction des guildives en France, et celui du commerce des sirops que nos colonies proposent de faire directement avec l'étranger. — *La Rochelle, Mesnier, (s. d.), in-4, 24 p.*

Mémoire sur la même question et dans le même sens que le précédent. Il cite une lettre de 1763.

1152. — Relation des fêtes données le 1er et le 11 d'août 1756, dans la ville de la Rochelle, à l'occasion

de la prise de Minorque. (p. M. Arcère.) — (*S. l. n. d.*),
in-4, 4 *p.*

Bibl. de la Roch., n° 12371.

Cette relation, un peu emphatique, avait certainement pour
but de faire valoir le patriotisme d'une ville encore en disgrâce
et qui tenait à faire enlever les inscriptions insultantes apposées
à la porte de l'église des Minimes.

1153. — Relation d'un combat soutenu par un navire de la Rochelle, du port de 150 tonneaux, nommé
la Rochelle, capitaine Charles Desanglois, contre un
corsaire anglais de 90 à 100 hommes d'équipage, le
27 novembre 1756. — (*S. l. n. d.*), *in*-4, 4 *p.*

Bibl. de la Roch., n° 12371.

Copie du journal du bord. Le navire rochelais força le corsaire anglais à s'éloigner. (V. de Richemond, *Marins Rochelais.*)

1154. — Extrait du journal historique au sujet de
la tentative d'une flotte anglaise sur les côtes du pays
d'Aunis (en 1757,) par le P. Arcère. — *La Rochelle*,
1757, *in*-4, 4 *p.*

Bibl. de la Roch., n°s 3077, 3422, 12371. — Lelong, n° 24762.

Cet extrait devait figurer et ne figure pas dans le journal
historique qui termine l'histoire de la Rochelle. C'est un véritable article de journal sur une apparition d'une flotte anglaise,
importante, devant la Rochelle, qui excita beaucoup d'alarmes,
donna lieu à manifester de courageuses' intentions, mais n'a-
mena pas le moindre engagement. Cette relation assez emphatique n'a pas même été rendue publique.

1155. — Journal de ce qui s'est passé sur la côte
depuis la Rochelle jusqu'à Rochefort pendant le temps

que la flotte y a été. (20 septembre au 1er octobre 1757.) — *Mss. in*-4, 11 *p.*

Bibl. de la Roch. n° 12371.

Relation d'un capitaine au régiment de Béarn ; aussi les troupes réglées y font-elles tout.

1156. — Journal de ce qui s'est passé à la Rochelle depuis que l'escadre anglaise y a paru jusqu'à son départ. (20 septembre au 1er octobre 1757.) — *Mss. in*-4, 3 *p.*, XVIIIe S.

Bibl. de la Roch., n° 12371.

Relation de M. Couillaudeau, négociant, navigateur expérimenté. Les bourgeois y jouent un beau rôle.

1157. — Disposition de M. le comte de Langeron, commandant le corps de troupe assemblé sous Fouras. (Octobre 1757.) — *Mss. in*-4, 3 *p.*, XVIIIe S.

Bibl. de la Roch., n° 12371.

Note de M. Pieiron, ingénieur. Ces trois pièces sont des documents demandés par Arcère, et prouvent au moins le soin qu'il apportait aux plus petites choses.

1158. — L'Aixiade, ou l'île d'Aix conquise par les Anglais, poème héroïque en 24 chants.—*Mss.*, XVIIIe S.

Bibl. de la Roch., n°s 3327, 3422.

Pièce ironique en vingt-quatre vers, sur cette attaque. Il y a aussi sur cet événement, dans le n° 3422 cité, deux chansons en style complainte : *Chansons nouvelles* et le *Trompeur trompé.*

1159. — Eloge historique de René-Antoine Ferchault de Réaumur, physicien, par M. DE FOUCHY. — Mémoires de l'Académie des sciences. — Année 1767, in-4, p. 201 à 216.

Bibl. de la Roch., n° 3683. — Lelong, n° 46568.

1160. — Histoire de René-Antoine de Réaumur, par Savérien.

Lelong, n° 46569 *.

Dans son histoire des *Philosophes modernes*, tome VIII, in-12.

1161. — Notice sur Bourgeois, par M. DE LA FONTENELLE DE VAUDORÉ. — *Revue anglo-française, tome* II, 1re *série, p.* 218-220, *in*-8.

Bibl. de la Roch., n°s 274, 1811.

Insérée dans le supplément à la *Biographie universelle*. Il y a quelques omissions dans la liste de ses ouvrages. Une notice de M. Dugast-Matifeux, dans la *Revue de l'Ouest*, a moins d'inexactitude. Il y en a une autre dans la *Revue de l'Aunis*, 1864.

1162. — Confession de foy faitte à la Rochelle par une femme.... — Les peines, interrogations et confession de foy de Jean-François Mesnard, de Marennes. — *Mss.* 1758, 18 *et* 38 *pièces in*-8.

Bibl. de la Roch., n° 3305.

Témoignages de la persécution des protestants de 1685 à 1787. — Imprimé dans le *Bulletin de la Société de l'histoire du protestantisme français,* de 1870, avec notice de M. Jourdan.

1163. — Vers à l'occasion d'une ordonnance du roi, adressée à M. le maréchal de Senectère, commandant à la Rochelle, pour faire enlever deux inscriptions de la porte de l'église des Minimes de cette ville. (Par M. MARIOCHEAU DE BONNEMORT.) — (*S. l. n. d.*), *in-f°,* 1 *p.* — Et *Recueil de l'Académie de la Rochelle,* 1763, *p.* 207 *à* 210.

Bibl. de la Roch., n°s 3326, 3422.

Des inscriptions reprochant aux Rochelais leurs anciennes révoltes furent enlevées après leur démonstration de 1757. De

là ces vers non datés, et dont il y a deux éditions avec variantes. Leur auteur était receveur des fermes.

Des vers d'Arcère sur le même sujet, dans le troisième
recueil de l'Académie de la Rochelle, sont suivis du texte de
l'ordonnance. On trouve aux archives de la mairie le procès-
verbal de l'enlèvement des plaques et la note des dépenses faites
à cette occasion, y compris le menu du dîner qui fut donné.

1164. — Mémoire pour la ville de la Rochelle servant de réponse à celui de Saint-Malo, au sujet de la
franchise de son port (par M. J. B. GASTUMEAU, procureur du roi aux traites, secrétaire perpétuel de
l'Académie de la Rochelle. — *La Rochelle, Mesnier,*
1759, *in-4, 30 p.*

Bibl. de la Roch., no 12367. — Lelong, no 35778.

On y présente la franchise des ports comme funeste à l'Etat
et aux ports non privilégiés. On y déplore déjà la cherté de
notre navigation comparée à celle des étrangers.

Nous ne pourrions affirmer que le mémoire cité par Lelong,
d'après Arcère, fut le même que celui qui figure dans la bibliothèque de la Rochelle sous le no 12367. — Celui de Lelong
n'aurait en effet que 14 pages au lieu de 30. — Il en existe
encore un autre de 4 pages, daté 1758.

1165. — Statuts et règlements de la communauté
des conseillers du roi, gardes scel, notaires apostoliques
de la ville et gouvernement de la Rochelle, faits le 3
septembre 1761.... — *La Rochelle, imp. J. Légier,* 1762,
in-4, pièce.

Bibl. nate. Lf⁴¹, no 20.

1166. — Compte-rendu aux chambres assemblées,
par M. de l'Averdy, concernant le collége et le séminaire que les ci-devant soi-disant jésuites occupaient à

la Rochelle ; du 22 juillet 1763. — XVIIIe *partie du tome* 1er *des comptes-rendus au Parlement de Paris, p. 467 à 482.*

Bibl. de la Roch., n° 2302. — Lelong, n° 45459.

On y rend compte de la fondation des terrains, bâtiments et mobiliers, des biens et revenus, de la régie et de l'administration de ces deux établissements. Les archives de la mairie renferment des registres relatifs à l'établissement du collége à cette époque et à son administration depuis ce temps jusqu'à la révolution de 1789. — Voir sur l'instruction publique de la Rochelle les *Annales de l'Académie, année 1867* (par M. DELAYANT) ; — *Revue de l'Aunis, 1868*, et un discours de distribution de prix au collége en 1865 (également par M. DELAYANT). (V. Archiv. du département, D 1 à 4. Collége des PP. Jésuites à la Rochelle.)

1167. — Lettres patentes qui confirment le collége de la Rochelle et l'union qui y a été faite du prieuré de Dieu-Lidon, du 21 octobre 1763. — (*S. l. n. d.*), *in-4.*

Lelong, n° 45460.

1168. — Priviléges des officiers, prévôts, leurs lieutenants, ouvriers et monnayeurs du serment de France, établis en la province d'Aunis et servant en la monnaye de la Rochelle. — *La Rochelle, J. Légier, 1765, in-4, 14 p.*

Application de l'ordonnance antérieure. Rien de spécial à la Rochelle si ce n'est les noms des intéressés.

1169. — Lettre pastorale adressée aux protestants du pays d'Aunis.... etc. — (*S. l.*), 1766, *in-4, 10 p.*

On les invite à célébrer un jeûne solennel à cause de leur état temporel et spirituel. Leur malheur temporel est fondé sur la stagnation du commerce et l'incertitude de la paix.

1170. — Prières pour le jour du dimanche, à l'usage des protestants du pays d'Aunis. — (*S. l.*), 1768, *in*-4, 56 *p.*

Bibl. de la Roch., n° 3304.

On n'y remarque de spécial qu'une prière fervente pour le gouverneur d'Aunis, M. de Sénectère. Cette pièce se retrouve dans un volume des *Psaumes de David en vers français*, *1768*, *in-12*. — Cf. sur l'état des protestants en Aunis, un petit roman historique de M. E. Pelletan : *Le Pasteur du désert*, *1855* (n° 11272 de la bibliothèque de la Rochelle).

1171. — Au roi et à nosseigneurs de son conseil, pour les curé, marguilliers et commissaires de la paroisse de Saint-Sauveur de la Rochelle, contre les PP. Récollets de la même ville. — *La Rochelle, Mesnier*, 1767, *in*-4, 24 *p.*

Bibl. de la Roch., n° 3322.

Ce mémoire de M. Bernon de Salins, pour réclamer contre les Récollets la cession d'un terrain nécessaire au cimetière de la paroisse de Saint-Sauveur, écrit d'un ton modéré, garde un intérêt général par l'expression d'idées, alors incontestées, aujourd'hui assez étranges, sur les inhumations et les cimetières ; un intérêt local, par des renseignements encore utiles aux droits communaux de la ville de la Rochelle sur l'emplacement et l'étendue de la prée Maubecq, des anciens fossés de la ville, de la tour de Moureilles, de l'égoût de la fontaine du Pilori, du jardin du sieur Colomiés, des terrains concédés en 1628 au duc de Saint-Simon.

1172. — Epitaphe de Monseigneur A. R. de Menou de Charnisay. (1767.) — (*S. l. n. d.*), *in-f°.*

Bibl. de la Roch., n° 12367.

On y voit qu'il fonda l'église cathédrale de la Rochelle, qu'il fit les pauvres ses héritiers et se fit enterrer dans le cimetière commun.

1173. — Ode à la mémoire de M. l'abbé Saint-Estève, mort à la Rochelle, le 24 novembre 1766, avec une note et une épitaphe. — Eloge de M. Macé, supérieur du séminaire de la Rochelle, mort à Rochefort, le 9 décembre 1768 (par M. DE LAVILLEMARAIS.) A la suite de la traduction en vers français de quelques hymnes choisies de Coffin et autres. — (S. l.), 1776, in-8, p. 84 à 116.

Bibl. de la Roch., nº 9962.

La première pièce contient des regrets sur la mort d'un jeune abbé. La seconde un éloge senti de M. Macé, mais on n'y peut trouver que des détails personnels sur les héros de ces morceaux. L'auteur est M. de Lavillemarais. Il était alors au séminaire et pourtant le style de l'éloge de M. Macé, fort étranger au ton des séminaires, paraît celui d'un homme fait et annoncer au moins 30 ans.

1174. — Eloge historique de MM. Valin, de Chassiron et Dupaty, prononcé dans l'assemblée publique de l'Académie de la Rochelle, le 6 mai 1767, par M. BERNON DE SALINS. — La Rochelle, Légier, 1769, in-8, 26 p.

Bibl. de la Roch., nº 3506. — Lelong, nᵒˢ 46009, 46543.

Ce sont de simples notices écrites avec bienveillance, mais sans l'exagération louangeuse trop commune dans les morceaux de ce genre. M. de Chassiron est le père de l'agriculteur, M. Dupaty le père du président.

1175. — Eloge de René-Josué Valin, par M. GILLET-LEPELLETIER. — Poitiers, 1843, in-8, 39 p.

Bibl. de la Roch., nº 3318.

Appréciation et éloge de Valin au point de vue de la science moderne.

1176. — Notice de l'Académie des belles-lettres de la Rochelle, avec la liste de ses académiciens, en 1768. — *France littéraire, de* 1769, *p.* 127.

Bibl. de la Roch., nº 12221. — Lelong, nº 45601.

Cette notice paraît avoir été rédigée sur des notes fournies par l'Académie elle-même.

1177. — Eloge de Jean-Charles, marquis de Sénectère, maréchal de France, par l'abbé GERVAUD, professeur de rhétorique au collége de la Rochelle. — (*S. l.*), *in*-4, 73 *p.*

Bibl. de la Roch., nº 3503.

Ce discours fut prononcé à la distribution des prix du collége, en 1773. Le marquis de Sénectère était gouverneur de l'Aunis ; c'est lui qui obtint, après que les Rochelais eurent contribué, en 1757, à repousser une descente des Anglais, l'enlèvement des inscriptions injurieuses placées en 1675 à la porte de la chapelle des Minimes.

1178. — Eloge du maréchal de Sénectère, par P. Gervaud. — *La Rochelle, Siret,* 1855, *in*-12. — Publié par la section de littérature de l'Académie de la Rochelle.

Bibl. de la Roch., nº 3504.

1179. — Epître d'un rochelais à ses concitoyens, sur le projet nouveau d'un port de la Rochelle. — *Mss.,* 1769, *in*-4, 10 *p.*

Bibl. de la Roch., nº 3329.

Epitre en vers de huit syllabes. Quelques notes apprennent que la chambre de commerce fit pour ces travaux, dirigés par M. Hue, un emprunt de 150,000 livres. Cette épitre est anonyme. La date et le style permettraient de l'imputer à M. Croiszetière, à moins que ce ne soit une pièce de M. Le Lorrain, lue à l'académie de la Rochelle, le 29 novembre 1769.

1180. — Affiches de la Rochelle, comme il n'en paraît pas toutes les semaines. — (*S. l.*), 11 *février* 1771, *in*-4, 4 *p*.

Bibl. de la Roch., n° 12370.

Pièce de M. le vicomte de Puységur, colonel du régiment de Vivarrais, sur un déjeuner, avec beaucoup de prétentions à la galanterie et à l'esprit.

1181. — Arrêt du conseil d'Etat du roi qui ordonne l'établissement d'une société d'agriculture dans la généralité de la Rochelle, du 15 février 1762. — (*S. l. n. d.*), *in*-4, 3 *p*.

Bibl. de la Roch., n° 12367.

Cet arrêt est suivi de la liste des premiers membres.

1182. — Recueil des lettres et mémoires au nom de la société royale d'agriculture de la généralité de la Rochelle, par M. L. Et. Arcère, prêtre de l'oratoire, secrétaire perpétuel de la dite Société. — *Mss. in*-4, 136 *p*., xviiie S.

Bibl. de la Roch., n° 3334.

Ce recueil est une véritable histoire des travaux de la Société d'agriculture de 1762 à 1777. On y trouve traitées des questions du plus haut intérêt, non seulement pour l'agriculture mais aussi pour l'industrie et le commerce du pays.

1183. — Notice historique sur la société d'agriculture de la Rochelle, de 1760 à 1788, par J. P. C. Godineau. — *La Rochelle, imp. Siret*, 1854, *in*-8, 128 *p*.

Bibl. de la Roch., n° 3333.

Cette notice, tirée en grande partie du recueil précédent, est écrite avec une verve qui ajoute à son intérêt, mais qui lui donne un peu le ton d'un pamphlet contre le fisc.

1184. — Breviarium Rupellense, D. D. de Crussol d'Uzès consensu editum. — (S. l.), 1773, 4 in-12. — Ensemble plus de 2500 pages.

Bibl. de la Roch., n⁰ 3300.

Appendix breviarii Rupellensis. — La Rochelle, Mesnier, 1773, in-12, 251 p.

Bibl. de la Roch., n⁰ 3301.

L'avis préliminaire aux ecclésiastiques porte qu'aux offices spéciaux au diocèse on a joint le culte des saints particulièrement honorés dans les diocèses de Bordeaux, de Saintes et de Poitiers.

1185. — Missale Rupellense, ill. et rev. D. Josephi Bernet, Rupellensis episcopi auctoritate editum. — Parisiis, 1835, in-f⁰.

Bibl. de la Roch., n⁰ 3366.

On y a introduit le culte de quelques saints spéciaux au diocèse.

1186. — Lettres-patentes du roi portant règlement pour la constitution municipale de la ville de la Rochelle. 3 décembre 1774. — (S. l.), 1776, in-4, 7 p.

Bibl. de la Roch., n⁰ 3342.

1187. — Mémoire pour les curés de Notre–Dame et de Saint-Sauveur de la Rochelle contre les chanoines et le chapitre, par M. RAOULT, avocat. — La Rochelle, Mesnier, 1776, in-4, 31 p.

Bibl. de la Roch., n⁰ 12374.

Misérable querelle sur cette question : Est-on obligé d'offrir de l'eau bénite aux chanoines de la cathédrale de la Rochelle, lorsqu'ils entrent processionnellement dans quelque église du diocèse ? On ne trouve dans ce mémoire que des détails sur la constitution de l'évêché de la Rochelle qu'on peut trouver partout ailleurs.

1188. — Fragment d'une correspondance flamande et rochelloise, au sujet de la translation des cimetières hors de l'enceinte de la ville. — *Au sépulchre, chez fossoyeur, imprimeur des trépassés, 1779, in-8, 72 p., de 161 à 232*, par suite de la fiction qui suppose le retranchement de sept lettres.

La première de ces lettres (lettre VIII) n'est qu'un mémoire pour prouver que les cimetières sont mieux situés dans les villes que hors des villes. La seconde, datée de la Rochelle, contient les raisons par lesquelles on repoussait le dessein adopté depuis, de n'avoir qu'un cimetière hors des murs, et le plan qu'on y opposait. On y trouve des détails sur la salubrité de la ville et sur l'emplacement de cinq cimetières qu'elle avait alors. On mentionne dans cet écrit une requête des curé et marguilliers de la paroisse Notre-Dame contre la translation du cimetière et une réponse par un médecin de la Rochelle ; celle-ci publiée dans la *Gazette d'agriculture d'avril 1779*. Je n'ai vu ni l'une ni l'autre.

1189. — Requête au nom des citoyens de la Rochelle à Monseigneur le prince de Condé à son passage en cette ville, le 23 juin 1780. — *La Rochelle, J. Légier, in-4, 16 p. dont 4 de notes.*

Assez mauvais vers de M. Grée, avocat. Ils constatent les effets désastreux qu'avait produits à la Rochelle la perte du Canada, et, entre autres, l'embarras qu'elle avait amené dans la vente des vins. Une des notes parle de lettres de Henri IV aux Rochelais, conservées dans les archives. Il est étrange qu'elles ne se retrouvent pas. Peut-être M. Grée n'a-t-il parlé que d'après un bruit public qui lui a paru motiver suffisamment une assertion poétique.

1190. — Les regrets des brebis fidèles de la paroisse de Notre-Dame de Cougnes, de la ville de la Rochelle, sur l'exil et le départ du pasteur. — *Utrecht,* 1787, *in*-8.

Catal. Luzarche, n° 5019.

1191. — Réquisitoire de M. ALQUIER, avocat du roi contre un mandement de M. de Crussol, évêque de la Rochelle. — *Mss. petit in*-8, 111 *p.*

Bibl. de la Roch., n° 3317.

M. de Crussol ayant publié un mandement contre l'édit de novembre 1787, en faveur des non-catholiques, M. Alquier prononça un réquisitoire contre le mandement de l'évêque qui fut supprimé par arrêt du conseil d'Etat du 3 avril 1788. Ces trois pièces sont ici réunies à la copie de plusieurs pièces imprimées, l'édit même de novembre 1787 et des pièces qui s'y rapportent, et la discussion qui eut lieu en 1789 à l'assemblée nationale sur le même sujet. Ni le mandement ni le réquisitoire n'ont d'allusion spéciale à la Rochelle.

1192. — Lettre d'un théologien à MM. les curés de la R.... (par TABARAUD.) — (*S. l. n. d.*), *in*-8, 16 p.

Seconde lettre d'un théologien à M. l'évêque de la R...., sur l'ordonnance de ce prélat, du 26 février 1788 (par TABARAUD.) — (*S. l. n. d.*), *in*-8, 34 *p.*

Bibl. de la Roch., n° 3318.

Ces deux lettres, dont la seconde est de beaucoup la plus vive, ont pour but de combattre la conduite dictée aux curés par le mandement précédent. On y lit que : « Les protestants de la Rochelle s'étaient empressés de s'adresser par préférence à leurs curés respectifs pour faire la déclaration de leurs mariages. » — Elles sont de Tabaraud, alors supérieur de l'Oratoire à la Rochelle.

1193. — Lettre pastorale de M. l'évêque de la Rochelle. (Jean-Charles de Coucy.) 27 juillet 1710.

Bibl. nat⁰. Ld 4, nᵒ 3080. (Et dans Briand, *Histoire de l'Eglise Santone.*)

1194. — Déclaration de M. l'évêque de la Rochelle à MM. les administrateurs du directoire du district de la Rochelle, lorsqu'ils lui ont signifié les décrets sur l'organisation civile du clergé, le 12 novembre 1790. — (*S. l. n. d.*), *in*-12.

Bibl. nat⁰. Ld 4, nᵒ 3103.

1195. — Lettre pastorale de M. l'évêque de la Rochelle au clergé de son diocèse. — 9 mars 1791.

Bibl. de la Roch., nᵒ 2571. — Bibl. nat⁰. Ld 4, nᵒ 3394 *.

Ordonnance de M. l'évêque de la Rochelle portant diverses dispositions pour prévenir le schisme qui menace l'Eglise et le diocèse de la Rochelle. — 12 mai 1791.

Bibl. nat⁰. Ld 4, nᵒ 3574 * 4.

Lettre pastorale de M. l'évêque de la Rochelle aux fidèles de son diocèse. — 3 janvier 1792.

Bibl. nat⁰. Ld 4, nᵒ 3808 **.

Première, deuxième, troisième lettres de M. l'évêque de la Rochelle aux religieuses et communautés séculières de son diocèse. — 26 avril, 24 décembre 1791, 18 avril 1792. — *In*-12.

Bibl. nat⁰. Ld 4, nᵒˢ 3545, 3779, 3883.

1196. — Lettre et mémoire intéressants, à l'occasion d'une question concernant le commerce de l'eau-de-vie dans le pays d'Aunis. — *La Rochelle, Mesnier,* 1770, *in*-12, 54 *p.*

Bibl. de la Roch., n° 12406.

On avait demandé dans les *Petites Affiches* comment les eaux-de-vie se vendaient 20 livres de plus à trois lieues de la Rochelle qu'à la Rochelle même. En répondant à cette question, l'ano-nyme en aborde beaucoup, les unes résolues, les autres encore pendantes aujourd'hui.

1197. — Recueil des mémoires de Me BERNON DE SALINS, avocat du parlement, membre de l'Académie royale des belles-lettres de la Rochelle. — (*S. l.*), 1768, *in*-4, 384 *p.*

Bibl. de la Roch., n° 3322.

Ce recueil est formé de mémoires imprimés en différents temps, et ayant chacun leur pagination séparée. Plusieurs sont faits au nom de la chambre de commerce ; ils portent sur le commerce des guildives, sur la pêche de la morue, sur les rapports commerciaux avec les colonies et offrant de l'intérêt ; d'autres ont rapport à des discussions particulières, mais ils fournissent des documents sur les successions des protestants réfugiés, sur les droits des corporations de marchands, sur plu-sieurs points intéressants du commerce ou de police.

1198. — Généalogie de la famille de Bernon à la Rochelle, avec ses alliances et ses différentes branches, par CRASSOUS père. — (*S. l.*), 1782, *in-f°*, 10 *p.*

Bibl. de la Roch., n° 3498.

1199. — Mémoires et factums. — *Recueils factices in-f° et in*-4.

Bibl. de la Roch., n°s 3323, 3324.

On a conservé à la bibliothèque de la Rochelle, soit réunis ensemble, soit mêlés à d'autres morceaux du même genre, mais étrangers à la localité, soit encore séparés, un grand nombre de factums et mémoires publiés dans des procès d'intérêt privé. Les convenances, bien plus que ce qu'il y aurait de long et de fastidieux, en interdisent ici l'énumération détaillée. Ce sera assez d'indiquer qu'on y trouve des renseignements sur la position de plusieurs lieux, notamment dans les mémoires assez nombreux relatifs aux intérêts ecclésiastiques ; sur les travaux du port (mémoire pour le maire contre la veuve Emériaud), sur les travaux des grands chemins en 1790 ; sur la police municipale et les rapports des magistrats avec les différentes classes de citoyens ou de fonctionnaires ; sur l'état des réformés ; des éclaircissements sur la coutume de la Rochelle ; sur les rapports commerciaux ; enfin une foule de détails sur beaucoup d'affaires et de personnes, à l'égard desquels toutefois le ton propre à la haine et l'acharnement des intérêts rivaux avertissent de se tenir sur ses gardes. Ces mémoires embrassent toute l'étendue du XVIIIe siècle et les premières années de celui-ci.

1200. — Expressions populaires à la Rochelle, en 1780. — *Mss. in-4, 30 p.*

Bibl. de la Roch., n° 3385.

Recueil fait par un étranger de fautes qui l'ont frappé à la Rochelle, mais où il y a beaucoup d'expressions qui ne sont pas spéciales à la Rochelle, et où il en manque beaucoup qui le sont.

C'est ce recueil qui est le fond d'un livre publié en 1861 chez Didot : *Glossaire des patois Rochelais, suivi d'une liste des expressions vicieuses usitées à la Rochelle, recueillies en 1780 par M[r] ***. — Montpellier, in-4.*

1201. — Glossaire de l'Aunis, par M. L. E. Meyer. — *La Rochelle, Z. Drouineau, 1870, in-8, 112 p.*

Bibl. de la Roch., n° 3386.

Glossaire recueilli surtout dans les campagnes par un homme du pays. L'Aunis a sa part aussi dans le *Glossaire du Poitou, de la Saintonge et de l'Aunis* de M. FAVRE. — *Niort, 1868, in-8.* — Et *Revue de l'Aunis, 1868, octobre.*

1202. — Actes de notaire, registres du présidial....
etc., sur les intérêts des propriétés ecclésiastiques. —
Mss., 124 volumes in-f⁰.

Cette désignation, qui n'est pas un titre, indique suffisamment l'objet indubitable de cette volumineuse collection. Tout en montre le but, le choix des pièces, la nature des indications données dans les tables, les annotations faites sur les volumes. Si, assez souvent, l'annotateur a fait remarquer des faits entièrement étrangers aux intérêts des propriétés ecclésiastiques, c'est évidemment le soin d'un esprit éclairé qui, tout en s'occupant spécialement de ses affaires, tient note de ce que ses recherches lui font rencontrer d'intéressant pour l'histoire. Mais ces volumes étant devenus l'occasion d'une erreur qui, du catalogue de la ville de la Rochelle donné en 1805, par M. J. Gaudin, a passé dans le catalogue des manuscrits publiés par M. Hœnel, il y a nécessité d'entrer dans plus de détail.

Dans la notice des manuscrits qui termine le catalogue de M. Gaudin, on lit : « La première classe (des manuscrits relatifs à l'histoire de la Rochelle) comprend les anciens registres de la maison de ville, appelés alors *actes du gouvernement*. Ils commencent vers l'an 1300 et se suivent jusqu'à la prise de la Rochelle. Je ne puis dire s'il y a des lacunes, n'ayant eu ni le temps ni la faculté de me livrer à cet examen qui, à cause des différents caractères d'écriture, suivant chaque siècle, serait très long et très pénible. Ils comprennent plus de 30 volumes in-folio. »

Je n'ai pas à ma disposition le catalogue d'Hœnel ; mais je crois me souvenir qu'il s'est borné à transcrire les deux premières phrases de ce passage, laissant à cette assertion tout ce qu'elle a de faux, et retranchant tout ce qui pouvait éveiller le doute.

L'enlèvement des papiers de la ville après la prise de la Rochelle, par le cardinal de Richelieu, est un fait hors de conteste, et qui suffisait pour faire douter fortement du fait avancé par M. Gaudin ; aussi ne fus-je nullement surpris de ne pas retrouver les volumes annoncés ; et comme rien se s'était passé depuis 1805 qui rendit possible la soustraction présumée de 30 volumes in-folio, et qui, si elle eût été réelle, en eût formé plus de 300, je ne doute point de l'erreur.

Voici ce qui me paraît l'expliquer.

Parmi les registres, objet de cet article, il s'en trouve 29 qui portent sur le dos le mot *gouvernement*, avec leur date. Ce sont des registres du greffe de la cour présidiale du gouvernement de la Rochelle, où il se trouve nombre de pièces relatives aux litiges nés des richesses ou des prétentions de diverses maisons religieuses. Je ne doute pas que ce titre n'ait été ce qui a trompé M. Gaudin. Ces livres n'embrassent que les années 1539 à 1590 avec des lacunes. (Registres de table, nos 37 à 75.) Mais un chiffre mal fait aura bien suffi pour achever l'erreur dans un examen aussi superficiel que l'auteur du catalogue déclare que le fut le sien.

Outre ces registres du greffe du présidial de la Rochelle, on en trouve ici quatre du greffe « de la chatellanye d'Esnandes » (nos des registres de tables 103 et 112,) sur le premier feuillet de l'un desquels on lit et, ce semble, de la même main qui a écrit le reste, cette espèce d'adage satirique :

Le juge vendange ,
Le lieutenant grappe ,
Le procureur prend ,
Le sergent happe ,
Le greffier n'a rien ;
S'il ne leur échappe
Happe tout.

Il faut y ajouter six registres des insinuations de la court de la Rochelle (nos 76 à 81,) un registre des consignations et causes contestées sujettes à consignation (n° 83 ,) un registre de la prévôté (n° 84,) et les pièces relatives à un assassinat (n° 104,) par lequel le fils de la victime demande la jouissance des biens de l'assassin ; un registre (n° 82) provenant d'une juridiction ecclésiastique et un registre de la cour de la baronnie de Pau-

léon (n° 85) ; un registre (n° 100) et description sommaire
des « rentes, charges et debours tant féodaux que fonciers non
racheptables deubs chacun an sur les maisons, jardins et places
estant au dedans de cette ville de la Rochelle et faulbourgs
d'icelle, fait en 1553 », et un registre (n° 101), de la commission esmanée de MM. les présidents et trésoriers généraux de
France.... etc., contenant des procès-verbaux d'adjudication de
domaines et places cédées à cens et à rente au nom du roi, à
l'extinction des feux ; et enfin six registres de paroisses contenant les baptêmes, mariages et enterrements de 1598 à 1627,
fort singulièrement placés là, mais qui s'y trouvent probablement parce que pendant ce laps de temps, il n'y avait à la
Rochelle qu'une église catholique Sainte-Marguerite, desservie
par des Oratoriens. Il y a aussi des actes analogues aux archives
de l'évêché. Nous parlons ailleurs de ceux qui se trouvent à
l'état-civil, leur place naturelle.

Les autres volumes sont des registres de praticiens et surtout
de notaires ou des notes sur les procès soutenus et à soutenir.
On y trouve mêlés (n° 90) un assez grand nombre de pièces
fugitives, imprimées, étrangères à ces litiges, mais toutes relatives à l'Oratoire.

Parmi les 124 volumes ici indiqués, j'en ai compté 10 que
formeraient, à peu près, si elles étaient réunies, plus de 500
pièces détachées, actes notariés ou autres, lettres, factures
quittances, comptes-rendus et feuilles volantes ou en cahier,
sur papier ou sur parchemin.

Un grand nombre d'entre elles sont relatives à un procès
entre des moines de la Rochelle et des moines du Poitou, pour
le prieuré du Plomb, à Lhoumeau, dont on niait jusqu'à l'existence. Ce procès se rattache aux guerres de religion. Plusieurs
terres étaient réclamés comme ayant été usurpées sur l'église
par des huguenots. Quelques pièces arrêtent un instant et
rappellent des usages féodaux devenus singuliers à nos yeux,
d'autres frappent par des noms illustres. Comme elles s'étendent des premières années du xve siècle à la fin de la première
moitié du xviiie siècle, on y trouve nécessairement beaucoup

de détails sur les localités qui environnent la Rochelle, et sur les familles qui y ont joué un rôle ; mais, je le répète, la seule unité dans laquelle elles se réunissent, c'est d'avoir toutes trait aux intérêts temporels des congrégations religieuses.

On trouve l'indication de pièces ou chartes du même genre que celles ici signalées dans la table des vingt-sept premiers volumes de la collection de dom Fonteneau, publiés par la Société des Antiquaires de l'Ouest. Mais je crois que la plupart de celles qui proviennent de la Rochelle se trouvent copiées dans les manuscrits de la Bibliothèque ; — dans les tomes 32, 34 et 46 de la même collection de dom Fonteneau ; — dans le catalogue imprimé des manuscrits de la bibliothèque de la Société des Antiquaires de l'Ouest, je trouve dix-huit pièces de 1262 à 1792 se rattachant à la Rochelle et aux lieux les plus voisins.

1203. — Tables d'actes de notaires. — *Manuscrits 2 volumes in-f°, 478-94 p.*

Bibl. de la Roch., n° 3337.

Ces tables donnent, avec le nom du notaire, la date et le folio du registre, l'indication d'un grand nombre de faits qu'on trouve constatés dans des registres de notaires, dans quelques registres d'insinuations de la court du gouvernement de la ville de la Rochelle et dans ceux du greffe au siège présidial. — Des faits indiqués, beaucoup ne sont relatifs qu'aux intérêts temporels des oratoriens ou d'autres maisons religieuses. Plusieurs aussi sont précieux pour l'histoire. Les registres mentionnés dans le plus gros des deux volumes de tables se retrouveraient probablement dans les études des divers notaires. Ceux qui font l'objet du volume de tables le plus mince, sont déposés à la bibliothèque de la Rochelle.

1204. — Notaires. — *(S. l.), 1839, in-f°.* — Archives des notaires du département. (Par M. L. M. Meschinet de Richemond.) — *(S. l.), 1867, in-8.*

Bibl. de la Roch., n° 3339.

Le premier contient des listes de notaires de l'arrondissement de la Rochelle, en 1839, avec le détail des minutes déposées dans leurs études et remontant jusqu'en 1521.

1205. — Affiches et ordonnances imprimées. — *Feuilles volantes de tout format.*

Bibl. de la Roch., n° 3422.

On a réuni dans ce carton des ordonnances et arrêts destinés à être placardés en public. Plusieurs montrent mieux que le récit, les faits et les hommes en action. Ils sont relatifs les uns à l'exécution de l'édit de Nantes et de celui qui le révoque ; on y suit les progrès de la persécution ; — d'autres à des dispositions financières ; d'autres à des mesures de police, quelques-unes spéciales à la ville, la plupart qui ne sont que l'application de réglements plus généraux. On y a joint quelques pièces de très mince volume relatives aux intérêts de maisons ecclésiastiques ; quelques factums sur le même sujet et un sur la responsabilité du maire dans l'administration des finances de la ville ; les réglements de deux associations récentes de charité.

1206. — Extraits de protocoles de notaires. — *Mss. in-4, 128 p.*

Bibl. de la Roch., n° 3338.

Petit registre de nul intérêt. Il contient des formules et des notes tirées du dépouillement d'actes de notaires, biffées et reportées ailleurs.

1207. — Recueil de pièces fugitives concernant la Rochelle. — *Pièces manuscrites de divers format.*

Bibl. de la Roch., n°s 3137, 3178, 3293, 3331.

Quelque minutieusement détaillée que soit cette bibliographie, on n'y saurait exposer une à une les feuilles réunies dans un carton. Ce sont des notes éparses, des ordonnances de police relatives à l'habitation des protestants, à la tenture de leurs maisons le jour de la Fête-Dieu, à des contraventions des deux partis à l'édit de Nantes, des commissions individuelles, des lettres de bourgeoisie rochelaise.... etc., documents où l'on trouve parfois des renseignements que ne donnent pas les livres.

1208. — Extrait des registres de délibérations du corps de ville de la Rochelle (30 décembre 1788;) suivi d'une demande des citoyens à MM. les maire et échevins de la ville de la Rochelle (12 décembre 1788.) — *La Rochelle, Chauvet, 1789, in-4, 19 p.*

Bibl. de la Roch., n° 3331.

Témoignage intéressant des idées qui animaient le pays; de l'état du Tiers-Etat dans l'Aunis; — des désirs des commerçants; — de la lutte qui existait déjà entre l'Aunis et la Saintonge. — La Rochelle demande que l'Aunis ait ses états provinciaux particuliers, et redoute dans des états communs aux deux provinces, ces luttes et cette infériorité numérique qu'on trouve en effet dans le conseil général du département de la Charente-Inférieure. — On trouve dans les archives de l'académie un *Mémoire manuscrit à présenter au Tiers-Etat sur l'éducation et la liberté de la presse;* — dans la *Revue de l'Aunis, 1864,* le *Cahier des plaintes.... etc. du Tiers-Etat de la Rochelle,* publié par M. Jourdan et dont l'original est aux Archives départementales, C. 267.

1209. — Lettre de MM. les députés des communes des provinces d'Aunis à Messieurs du comité permanent des électeurs des communes de la même province. — *(S. l.), 15 août 1789, 1 p.*

Bibl. de la Roch., n° 3522.

En adressant à ce comité des décrets de l'Assemblée nationale, les députés mentionnent un *Mémoire relatif à l'impôt qui représente les corvées,* comme mis sous les yeux de M. Necker.

1210. — Copie de la lettre écrite par M. ALQUIER,

maire de la ville de la Rochelle, député du Tiers-Etat
à l'assemblée des Etats-Généraux, à MM. les officiers
municipaux de la dite ville. — *La Rochelle, Ve Cappon*,
*in-*4, 4 *p.*

Coll^{on}. Caillaud.

On y constate l'enthousiasme des Rochelais pour M. Necker
dont une place avait reçu le nom.

1211. — Eloge de M. le président Dupaty, suivi
de notes sur plusieurs points importants de l'ordre
public. — *A Naples,* 1789, *in-*8, 88 *p.*

Bibl. de la Roch., no 3506. — Bibl. nate. Ln27, no 6722.

Barbier attribue cet éloge à Diannyère *(Dictionnaire des ano-*
nymes, 2me *édit., n° 4916.)* L'auteur connaissait peu la personne
de Dupaty. Une note manuscrite mise par M. Seignette à la fin
de l'exemplaire de la bibliothèque de la Rochelle relève une
erreur relativement au testament et au caractère de son père.

1212. — Eloge de Messire Charles-Marguerite-
Jean-Baptiste Mercier-Dupaty, président à mortier au
présidial de Bordeaux, par M. R...., avocat au parlement. — *(S. l.),* 1789, in-8, 46 *p.*

Bibl. de la Roch., no 3506.

Cet éloge renferme plus de détails que le précédent sur la personne de Dupaty. On l'attribue à Robespierre. Dans un des
éloges manuscrits dont je parlerai tout à l'heure, je lis cette
note : « au moment que j'écris ce discours, il n'a paru qu'un
seul éloge à la gloire de M. Dupaty. Cet ouvrage est à la fois
l'éloge de celui qui l'a fait et de celui qu'il célèbre. Il est de
M. Réaud, avocat au parlement. » Je ne connais pas d'autre
éloge de Dupaty, ce M. Réaud serait-il dont le véritable auteur
du discours attribué à Robespierre, dont l'épigraphe et les notes

supposent une assez grande et ancienne intimité avec l'auteur loué ?

En cette même année 1789, l'Académie de la Rochelle avait mis au concours l'éloge de Dupaty, l'un des plus distingués de ses membres. On conserve, dans les archives de ce corps, quatre discours restés manuscrits. Le prix renvoyé à l'année suivante, ne fut pas donné par suite des événements politiques. M. de Baussay, directeur de l'Académie, avait lui-même prononcé un court éloge de son collègue. On peut recueillir de ces écrits un assez grand nombre de notes biographiques. Il y a en outre de courtes notices sur Dupaty à la tête de diverses éditions des lettres sur l'Italie, et une notice sur cette famille dans les *Annales de l'Académie de la Rochelle, pour 1857.*

1213. — IVAN DE SAINT-PIERRE. — Le président Dupaty, sa vie et son temps. Discours de rentrée à la conférence de l'ordre des avocats de Bordeaux. (19 décembre 1861.) — *Bordeaux, 19 décembre 1862, in-8,* 36 *p.*

Bibl. de la Roch., n° 3507. — Bibl. nat[e]. Ln[27], n° 6723.

La vie de Dupaty donnée comme modèle. Peu de détails biographiques.

1214. — La mort de M. le président Dupaty, élégie par M. MESSENT. (Vers et prose.) — *Paris, 1789, in-8.*

Bibl. nat[e]. Ln[37], n° 6721.

1215. — ANTONIN PROUST. Archives de l'Ouest, recueil de documents concernant l'histoire de la révolution. (1789-1800.) — Aunis, Saintonge, Angoumois. — *Paris, Lacroix, 1867-1869, in-8.*

Bibl. de la Roch., n° 2975.

La Rochelle a une petite part, mais enfin une part dans ces documents d'intérêt général.

1216. — Réglement pour la formation, constitution, administration et service du corps des volontaires
nationaux de la Rochelle. — *La Rochelle, Chauvet,* 1789,
in-8, 38 p.

Bibl. de la Roch., n° 3422.

Réglement dont le chapitre le plus curieux est le titre IV,
« Dépense et masse », par le soin avec lequel on évite de faire
connaître ceux qui ont volontairement plus contribué que les
autres. (Collect. Caillaud.)

1217. — Procès-verbal de l'assemblée du clergé de
la province d'Aunis, le 9 septembre 1789. — *(S. l.
n. d.), in-8, 16 p.*

Bibl. de la Roch., n° 3422.

Réunions occupées uniquement d'étiquettes, racontée de
telle manière que je ne sais si c'est une pièce officielle ou un
pamphlet.

1218. — Réflexions de M. ORCEAU, avocat du roi
et son procureur au baillage de Rochefort sur le jugement rendu contre lui, le 18 du mois de mars 1789
par M. le sénéchal de la Rochelle. — *Saintes, Destain,
in-4.*

Bibl. de la Roch., n° 3422.

1219. — Arrêt du conseil d'Etat du roi qui casse
et annule une ordonnance du sénéchal de la Rochelle
portant que le sr Orceau sera tenu et sa qualité de
subdélégué de s'abstenir de l'assemblée de la sénéchaussée du 28 mars 1789. — *La Rochelle, Mesnier,
in-4, 4 p.*

Bibl. de la Roch., n° 3331.

· 1220. — Observations d'un citoyen sur le mémoire du sr Orceau. (17 avril 1789. — *(S. l. n. d.),* in-4, 13 *p.*

Bibl. de la Roch., nº 3331.

1221. — A nosseigneurs de l'assemblée nationale. (13 mai 1790.) — *(S. l. n. d.), in-4,* 3 *p.*

Bibl. de la Roch., nº 3342.

Adhésion à la constitution précédée d'une lettre de M. Alquier au comité permanent d'Aunis.

1222. — Procès-verbal des séances de l'assemblée électorale du district de la Rochelle. — *La Rochelle, Chauvet,* 1790, *in-4,* 72 *p.*

Bibl. de la Roch., nºs 3331, 3342.

Organisation du district. M. Despéroux était secrétaire-greffier.

1223. — Mémoire présenté au comité de constitution pour la division du royaume en départements, par les députés du pays d'Aunis. (Par PINNELIÈRE, MALARTIC, GRIFFON, ALQUIER.) — *La Rochelle, Chauvet,* 15 *décembre* 1789.

Bibl. de la Roch. (Collon Caillaud), nº 3331.

On y demande que l'Aunis forme un département et ne soit pas absorbé par la Saintonge.

1224. — Adresse de la ville de la Rochelle et du comité permanent de la province d'Aunis à nosseigneurs de l'assemblée nationale. — *La Rochelle, Ve Cappon,* 1790, *in-4,* 7 *p.*

Bibl. de la Roch.. nº 3331.

Sur le débat entre Saintes et la Rochelle, relativement au siège de la préfecture de la Charente-Inférieure.

1225. — Second mémoire présenté au comité de constitution par les députés du pays d'Aunis. (Par PIN-NELIÈRE, MALARTIC, GRIFFON, ALQUIER.) — *Paris , imp. nationale, in-8, 8 p.*

> Bibl. de la Roch. (Coll^{on}. Caillaud), n° 3331. — Bibl. nat^e. Lk ², n° 168.

Même question.

1226. — Mémoire pour la ville de la Rochelle. (Signé : NAIRAC, député extraordinaire du commerce de la Rochelle.) — *In-8, 12 p.*

> Bibl. de la Roch., n° 3331. — Bibl. nat^e. Lk ⁷, n° 3463.

A la même assemblée, sur la même question.

1227. — Les députés extraordinaires de la ville de la Rochelle à son excellence Monseigneur le Ministre de l'Intérieur. — *In-4, 6 p.*

> Bibl. de la Roch., n° 3331.

C'est une réponse signée de Missy, de Chassiron, écrite en 1814, à un mémoire de la ville de Saintes pour obtenir le siège de la préfecture. On trouve une notice sur M. de Missy, *Revue de l'Aunis,* 1869 (par M. L. M. Meschinet de Richemond,) — et une notice sur M. de Chassiron, même *Revue,* 1868 (par M. L. Delayant).

1228. — A son excellence Monseigneur le Ministre de l'Intérieur ; signé : PAUL GARREAU, CAIRON-MER-VILLE, MAX. TITON, SEIGNETTE, députés extraordinaires de la Rochelle. (8 novembre 1814.) — *In-4, 12 p.*

> Bibl. nat^e. Lk ⁷, n° 3465.

Mémoire pour la Rochelle dans la même question. (Coll^{on}. Caillaud.)

1229. — Observations sommaires sur la proposition faite à la chambre des pairs, le 9 mai 1818, de transférer la préfecture de la Charente-Inférieure de la Rochelle à Saintes. (Signé : Charles de Meynard.) — *In*-4, 4 *p*.

Bibl. de la Roch., n° 3331. — Bibl. nat®. Lk 7, n° 3466.

1230. — A son excellence le Ministre de l'Intérieur. (5 février 1819.) — *In*-4, 8 *p*.

Bibl. de la Roch., n° 3331. — Bibl. nat®. Lk 7, n° 3467.

Même question. Ce mémoire est signé Charles de Meynard, L. Admyrauld, de Mac-Carthy, Fleuriau de Bellevue, Lafont, Max Titon, Filleau-Saint-Hilaire, Filleau.

1231. — Réponse aux deux mémoires publiés par les députés de la Rochelle, sur la proposition de replacer dans la ville de Saintes le chef-lieu du département de la Charente-Inférieure. — 1819, *in*-4, 23 *p*.

Bibl. de la Roch., n° 3331.

Placé par l'assemblée constituante à Saintes, le chef-lieu du département fut porté à la Rochelle par un décret impérial de 1810, attaqué depuis 1814 par Saintes. Outre les mémoires ici indiqués, il y en a probablement eu beaucoup d'autres publiés dans cette question débattue des deux parts avec acharnement. Mais il est difficile de réunir ces pièces lorsqu'on ne les a pas immédiatement recueillies.

1232. — Opinion d'un ancien administrateur dans le département de la Vendée, sur le placement de la préfecture de la Charente-Inférieure. — *In*-8, 16 *p*.

Bibl. de la Roch., n° 3331.

Ecrit du 15 février 1819, dans lequel M. Cavoleau, ancien secrétaire général de la préfecture du département de la Vendée, auteur d'une statistique de ce département, déclare que le siège de la préfecture de la Charente-Inférieure doit rester à la Rochelle pour l'intérêt des départements voisins, et propose l'adjonction de l'arrondissement de Jonzac au département de la Gironde.

1233. — Translation de la préfecture de la Rochelle à Saintes. — (*Paris,*) 1831, *in-4*.

Bibl. nat^e. Lk 7, n° 3472.

1234. — Observations du conseil municipal de la Rochelle sur la proposition du conseil général de la Charente-Inférieure, de transférer le siège de la préfecture de la Rochelle à Saintes. — Session de mai 1831. — *In-4*, 14 *p.*

Bibl. de la Roch., n° 3331.

C'est, je crois, le dernier écrit publié sur cette question. Il résume les précédents.

1235. — Rapport sur les travaux des grands chemins fait au directoire du district de la Rochelle par le procureur syndic, le 1er octobre 1790. — *La Rochelle, Chauvet, in-8*, 42 *p.*

Bibl. de la Roch., n° 3343.

Second rapport sur les travaux des grands chemins. (29 et 30 mai 1791.) — *La Rochelle, Chauvet, in-4*, 174 *p.*

Bibl. de la Roch., n° 3343.

Contre l'administration des corvées. Signé : Raoult.

1236. — Réponse de l'ingénieur en chef des ponts et chaussées à un écrit ayant pour titre : Rapport sur les travaux des grands chemins.... etc. — *La Rochelle, Chauvet*, 1790, *in-4*, 64 *p.*

Bibl. de la Roch., n° 3343.

Accusés de vexations et de dilapidations par le procureur syndic du district, l'ingénieur Duchesne et les agents sous ses ordres se défendent par ce mémoire. Il contient, sur les travaux des routes et leurs prix, des détails qui peuvent être intéressants comme points de comparaison.

1237. — Mémoire des ingénieurs en chef et ordinaire des ponts et chaussées, en réponse à un second rapport publié par le sieur Raoult, procureur syndic du district de la Rochelle, sur les travaux des grands chemins. — *La Rochelle, Cappon,* 1791, *in*-4, 43 *p.*

Même question. (Coll^on. Caillaud.)

1238. — Mémoire pour le s. P. J. Ravet, entrepreneur.... contre un second libelle publié par le s. Raoult. — *La Rochelle, Veuve Cappon,* 1791, *in*-4, 48 *p.*

Requête présentée à MM. les administrateurs du département de la Charente-Inférieure, sur un prétendu rapport.... — *La Rochelle, Cappon, in*-4, 36 *et* 48 *p.*

Bibl, de la Roch., n° 3343.

1239. — Mémoire de Duchêne, ingénieur, du 15 septembre 1776.

1240. — Projet général de navigation de la Rochelle à Paris par la société Rochelaise des amis de la constitution. (Par J. B. Garnier.) — 1791, *in*-4, 17 *p.*

Bibl. de la Roch., n° 3343.

1241. — Observations générales du citoyen Demetz, ingénieur, du 24 septembre 1792.

1242. — Adresse du citoyen Ganet père, du 21 novembre 1792.

1243. — Mémoire du citoyen DEMETZ, ingénieur, du 25 décembre 1792.

1244. — Mémoire des citoyens J. B. GARNIER et TEULÈRE, ingénieurs, du 23 floréal dernier, par eux remis au comité de salut public et à la commune de la Rochelle.

1245. — Lettre de la commission du port et du canal du 12 floréal (an 2,) signée : J. CHAISE, président, et GANET père, secrétaire de la dite commission, au représentant du peuple Billaud-Varennes, membre du comité de salut public.

1246. — Pièces sur la Rochelle pendant la Révolution. — Proclamation du directoire du district de la Rochelle du 23 août 1790. — *La Rochelle, Chauvet, 1790.*

Bibl. de la Roch., n° 3422.

Relatives aux refus d'impôts.

Extrait des registres des délibérations du conseil général de la Charente-Inférieure. Séance publique du 22 septembre 1793. — *Saintes, 1793, in-4, 8 p. un tableau.*

Bibl. de la Roch., n° 3422.

Comptes de la gestion et des dépenses du directoire du district de la Rochelle, de juillet 1790 à octobre 1791. — *La Rochelle, Chauvet, 1792, in-4.*

Comptes de la gestion et des dépenses du directoire du district de la Rochelle du 14 septembre 1792 au

1er octobre 1793. — *La Rochelle, veuve Cappon, an* II, *in-4, 48 p.*

Le conseil général de la commune de la Rochelle à ses concitoyens. — *(S. l.), fructidor an* III, *in-4, 43 p.*

Relatif aux subsistances, la grande question du temps.

1247. — Agenda, signé : J. CHAISE, VIAULT, BROSSARD et GANET, père, membres de la dite commission, qui constate la nécessité de sonder les anciens fondements de la digue pour en déterminer la base et le commencement de cette opération par les membres de cette commission.

1248. — Première suite de l'adresse aux citoyens de la Rochelle sur le commerce maritime ; par GANET père, leur concitoyen. — *(S. l.), an* III, *in-4, 57 p. et deux planches.*

Ces neuf pièces qui se trouvent énumérées à la fin de la première suite de l'adresse du citoyen GANET père, et qui n'ont peut-être pas même été toutes imprimées, sont relatives à un projet de navigation intérieure de la Rochelle à Paris, qui a abouti, je crois, à l'interminable canal de Niort.

1249. — Circulaire de M. Dupin, préfet du département des Deux-Sèvres, avec un rapport sur le projet d'ouvrir un canal entre Niort et la Rochelle. — *(S. l.), an* X, *premier jour complémentaire, in-4, 12 feuilles.*

1250. — Mémoire sur le port de la Rochelle — *(S. l. n. d.), in-4, 31 p.*

Mémoire de M. Leclerc, ingénieur des travaux maritimes, imprimé par ordre de la ville. Vive instance en faveur du canal de Niort. — Fructidor an VIII.

1251. — Canal de navigation de la Rochelle à Niort. — *La Rochelle, Cappon, thermidor, an* X, *in-4, 8 p.*

Bibl. de la Roch., n° 3343.

Délibération du conseil municipal et projet d'association en commandite. (Coll^on. Caillaud.)

1252. — Mémoire dans l'intérêt de la commune de Marans relatif à l'ouverture du canal de Niort à la Rochelle. — *Niort, Dépierris, frimaire an* X, *in-4, 40 p.*

Bibl. de la Roch., n° 3344.

M. B. J. F. Vaneau résume et combat ce projet.

1253. — I. Le ministre de la marine (MONGE) à la société des amis de la liberté et de l'égalité républicaine à la Rochelle. (31 décembre 1792.) — La société des amis de la liberté et de l'égalité de la Rochelle à tous les marins du district. — *La Rochelle, Ve Cappon, 1793, in-folio plano.*

Bibl. nat^e. Lb40, n° 975.

(Au sujet de la guerre avec l'Angleterre.)

II. Proclamation des représentants du peuple près l'armée des côtes de la Rochelle. (J. B. D. MAZADE, GARNIER, BERNARD,) à tous les amis de la liberté. (28 juin.) — *Saintes, Toussaint, 1793, in-folio plano.*

Bibl. nat^e. Lb41, n° 716.

1254. — Lettre du citoyen Verteuil, commandant

la 12e division militaire, du 8 septembre 1792. — *(S. l. n. d.)*

Bibl. de la Roch., n° 3331.

Relative à la défense des côtes de l'Océan. (Voir Massiou, *Histoire de l'Aunis,....* tome VI, p. 171.)

1255. — Adresses des sociétés populaires de la Flotte et de la Rochelle à la convention nationale relativement au jugement inique de feu le citoyen G. DECHÉZEAUX. — *La Rochelle, Cappon, in-4, 4 p.* (Après thermidor.)

Coll^{on}. Caillaud.

1256. — Hymne pour la fête de l'agriculture, célébrée dans le canton de la Rochelle, le 11 messidor an IV de la République. — *La Rochelle, Cappon, in-8, 8 p.*

Coll^{on}. Caillaud.

Trois hymnes signés : Desforges, Magnier. Rien de spécial.

1257. — Tableau des valeurs successives du papier-monnaie dans le département de la Charente-Inférieure. — *Saintes, Mareschal, an V, in-4, feuille.*

Bibl. de la Roch., n° 3422.

1258. — Tables de comparaison entre les mesures anciennes et celles qui les remplacent pour le département de la Charente-Inférieure, avec des explications et des exemples sur leur usage, publiées par la commission des poids et mesures du même département, en exécution de l'arrêté du citoyen Préfet en date du 18 messidor an IX. — *Saintes, Meaume, in-8, 48 p.*

Bibl. de la Roch., n° 2936.

Les mesures du département étaient assez variées, et ce tableau est fort utile.

1259. — La répétition du concert pour la paix. Scènes mêlées de vaudeville. (Par M. Birot.) — *La Rochelle, veuve Cappon, an* IX, *in*-8, 34 *p.* — Bouquet offert à la paix par la Rochelle. — *Bouyer frères, an* IX, *in*-8, 18 *p.*

Bibl. de la Roch., nᵒ 3403.

Le titre et la date en disent assez. Cette pièce de circonstance, faite pour la Rochelle, n'a jamais été jouée. Le Bouquet se compose de pièces très fugitives de MM. Roy, Fournial, de Traversay, Birot, Groumeau, Castera, Faure.

1260. — Octroi municipal et de bienfaisance. — *La Rochelle, Cappon, 28 brumaire an* VIII, *in*-8, 4 *p.*

Collᵒⁿ. Caillaud.

Proclamation du président de l'administration municipale, et loi du 11 brumaire an VIII qui établit l'octroi de la Rochelle.

1261. — Mémoire sur la monnaie de la Rochelle, pour la ville : J. Ch. Garnier, maire. — *La Rochelle, Vᵉ Cappon, an* X, *in*-4, *pièce.*

1262. — Lettre de M. H*** à M. G***, au sujet du concordat. — *La Rochelle, Lhomandie, an* X, *in*-8, 29 *p.*

Bibl. de la Roch., nᵒ 3318.

Le seul fait spécial à la Rochelle qu'éclaire cette lettre, c'est l'opposition de M. de Coucy, ancien évêque de la Rochelle, au concordat, et l'origine, dans ce diocèse, de la petite église qui n'y est pas entièrement éteinte.

1263. — Lettre de M. J. François (Demandolx)

mis en possession de l'évêché non vacant de la Rochelle à un prêtre du diocèse (M. Brion.) 24 avril 1803. — *Londres*, 1803, *in-18*.

1264. — Avertissement aux ecclésiastiques et fidèles de notre diocèse, en forme de mandement. 1er juillet 1802. (Signé : JEAN-CHARLES, évêque de la Rochelle.) — *In-8*, 4 *p*.

Coll^{on}. Caillaud.

Lettre par laquelle M. de Coucy consent provisoirement à l'exercice des pouvoirs de celui qu'on lui donne comme successeur, tout en le regardant comme un intrus. On peut y ajouter : I° Deuxième lettre de Monseigneur l'évêque de la Rochelle à N. S. P. le pape Pie VII. — (*S. l.*), *1802*, *18 février*, *in-8*. — II° Protestation de l'évêque de *** adressée à N. S. P. le pape Pie VII, le 1er décembre 1802. — (*S. l.*), *in-8*. — III° Avis à des prêtres de son diocèse résidant en France. — *Mai*, *1802*, *in-8*.

1265. — Corps impérial du génie. — Devis général des ouvrages à faire dans la place de la Rochelle et sur la côte qui en dépend. — *La Rochelle, Chauvet, novembre* 1811, *in-4*, 62 *et* 24 *p*.

Bibl. de la Roch., n° 3422.

Détail de prix qui peuvent utilement servir de points de comparaison.

1266. — Rapport à la commission départementale, sur les réquisitions de 1813 et de 1814. — *La Rochelle, Mareschal, in-4*, 40 *p*.

Bibl. de la Roch., n° 3331.

Rapport rédigé par M. Saint-Hilaire Filleau, préfet par intérim, et lu le 10 octobre 1814 à une commission chargée d'examiner les réquisitions de toute espèce que le département de la Charente-Inférieure avait eu à supporter pendant les années 1813 et 1814 pour le service militaire.

1267. — Cantate en l'honneur de son A. R. le duc d'Angoulême, à l'occasion de son passage à la Rochelle, le 7 juillet 1814, par M. REVEL, avocat. — *La Rochelle, Mareschal, in*-8, 4 *p.*

A son A. R. M. le duc d'Angoulême, par F. O. DENESLE. — *La Rochelle, Mareschal, in*-8, 4 *p.*

Bibl. de la Roch., nº 3403.

Historiquement ces deux pièces constatent une date et un fait.

1268. — Brochures relatives à la mission. — *(S. l.),* 1821, *in*-8.

Bibl. de la Roch., nº 3318.

Les missions qui inondèrent et troublèrent la France dans les premières années de la Restauration, donnèrent lieu à la Rochelle comme ailleurs à la publication de plusieurs pamphlets pour et contre. On aurait peine toutefois à y retrouver trace de la vieille cité protestante.

1269. — Le pour et le contre, ou recueil de lettres, épitres et autres pièces qui ont été imprimées et adressées à MM. les Missionnaires pendant le cours de la Mission à la Rochelle, en janvier et février 1818. — *(La Rochelle), imprimerie de veuve Cappon, in*-8, VIII-60 *p.*

Ne contient qu'une partie des pièces publiées alors.

1270. — Discours prononcé dans l'église cathédrale de la Rochelle, le 4 janvier 1819, à l'occasion de l'installation des frères des écoles chrétiennes, par M. l'abbé

FILLONNEAU, vicaire-général du diocèse. — *La Rochelle, Chauvet, in-*8, 13 *p.*

Bibl. de la Roch., n° 3318.

Discours officiel propre à fixer une date.

1271. — Compte-rendu de l'état des cours du soir pour les ouvriers et les apprentis. — *La Rochelle, Mareschal,* 1845, *in-*8, 8 *p.* — 1846, *in-*8, 6 *p.* — 1847, *in-*8, 8 *p.*

Bibl. de la Roch., n° 3422.

Trois écrits rendant compte du résultat de cours gratuits établis en 1843 dans l'intérêt des ouvriers. Dès 1828 une tentative de ce genre, sous le nom de cours industriels, avait eu un grand mais court succès.

N. E. — M. Delayant fut l'un des professeurs des cours gratuits du soir, avec MM. Emy et Dupont.

1272. — Histoire de l'Académie de la Rochelle, par M. J. M. BARRET, l'un de ses membres. — *Mss. in-f*°, 122 *p.*

Bibl. de la Roch., n° 3325.

Outre l'histoire de l'Académie, on y trouve des détails sur les ouvrages publiés par ses membres résidants.

1273. — Statuts et programmes de l'Académie de la Rochelle. — *In-*4, 42 *p.*

Bibl. de la Roch., n° 3331.

On a réuni les statuts de cette académie imprimés en 1749, en 1769, en 1807, et quelques programmes de prix mis par elle au concours. Plusieurs des pièces couronnées à ces concours ont été publiées, ainsi en 1768 les éloges de Henri IV, par Gaillard, par Laharpe, par de Lacoste et quelques autres. Au devant du discours de Gaillard qui eut le prix, se trouvent quelques paroles de Dupaty, fondateur du prix et directeur de l'Académie en 1782, l'éloge d'Anne de Montmorency par

Despéroux et par Mme de Châteauregnault. Le discours du directeur se trouve parmi les citations de l'abbé Moussaud ; en 1786, l'ode sur la mort de J. J. Rousseau par M. Duvigneau ; en 1811, le discours de M. Hingant sur l'éducation de l'administrateur. Outre le manuscrit de ces pièces et de celles qui concourent avec elles, on trouve dans les archives de l'Académie les dissertations envoyées en 1784 et 1787, pour le concours relatif à la meilleure voiture de transport, et au meilleur procédé pour la distillation des vins.

1274. — Catalogue de la bibliothèque de la ville de la Rochelle, recueilli par M. Gaudin, bibliothécaire. — *La Rochelle, Lhomandie, an* XIII, *in-*8, XVI-444 *p.*

Bibl. de la Roch., n° 3382.

Catalogue par ordre de matières. Les effets du temps l'ont rendu incomplet. La notice des manuscrits y est peu détaillée. On trouve sur la bibliothèque dans les *Annales de l'Académie pour 1862* (par M. Delayant), une notice réimprimée au commencement du catalogue de la bibliothèque publié par ordre du conseil municipal, par M. L. Delayant. — *La Rochelle, in-8,* XXX-798 *p.* — avec supplément *(s. l. n. d.) (1879), in-8, 15 p.*

1275. — Notices sur Larive, Jean Mauduit (par M. DELAYANT), dans la *Revue de l'Aunis,* année 1864.

Bibl. de la Roch., n° 2986.

1276. — Notice historique sur la vie et les écrits de Marc-Antoine de Noé, ancien évêque de Lescar, mort évêque de Troyes. (par M. ANGUIS.) — *(S. l. n. d.), in-*8, 88 *p.*

Bibl. de la Roch., n° 5343.

Cette notice se trouve au devant des œuvres de M. de Noé, édition de 1818. J'ignore si elle a été imprimée à part. Elle n'est pas exempte de déclamation. M. de Noé n'appartient à la

Rochelle que par le fait tout fortuit de sa naissance dans un château voisin.

1277. — Mémoires de BILLAUD-VARENNES , ex-conventionnel, écrits au Port-au-Prince en 1818. — (S. l.), 1821, 2 vol. in-8.

Bibl. de la Roch., n° 3512. — Bibl. nat^e. Lb27, n° 1972.

Non-seulement ces mémoires sont apocryphes, mais ils ne contiennent aucun détail sur le personnage dont ils ont pris le nom et ne concerne que l'Amérique.

1278. — Réglement de la société littéraire de la Rochelle. — La Rochelle, in-4, 10 p.

Bibl. de la Roch., n° 3331.

Réglements d'une réunion de jeunes gens qui eut lieu de 1815 à 1830 et qui n'a rien publié.

1279. — Causes politiques célèbres du XIXe siècle. — Procès de Bories et autres. Conspiration de la Rochelle (1826) ; — et dans les Causes célèbres de Fouquier, 76e livraison.

Bibl. de la Roch., n° 3348. — Bibl. nat^e. Lb48, n° 2315 *.

1280. — Souvenirs de la conspiration de la Rochelle, dite des quatre sergents, par J. S. LEFÈVRE. — Rouen, Piron, 1845, in-8. (Extrait de la Revue de Rouen.)

Bibl. nat^e. Lb48, n° 2316.

1281. — Les sergents de la Rochelle. Organisation des Carbonari, leur jugement, leur mort, etc., par ANAXAGORE GUILBERT. — (S. l.), 1848, in-8.

Bibl. nat^e. Lb48, n° 2317.

1282. — Plaidoyer de M. de Marchangy, avocat

général à la cour royale de Paris, prononcé le 29 août 1822, devant la cour d'assises de la Seine, dans la conspiration de la Rochelle. — (*S. l.*), 1822, *in-8*, 241 *p.*

Bibl. de la Roch., n° 3347. — Bibl. nat^e. Lb48, n° 2315.

1283. — Les quatre sergents de la Rochelle, par CLÉMENCE ROBERT. — (*S. l. n. d.*), *petit in-f°, 64 p.* — Dito dans la collection des *Romans du jour illustrés*, par M. DE ROBVILLE. — (*S. l. n. d.*), *in*-18, 108 *p.*

Bibl. de la Roch., n°s 3350, 3351.

Romans dont l'affaire précédente a fourni le sujet. En ce qui regarde la Rochelle, ce ne sont ni les mœurs ni les lieux.

1284. — Les quatre sergens de la Rochelle, mélodrame en trois actes et six tableaux, par MM. DELABOULLAYE et JULES. — (1831.)

Bibl. nat^e. Lb48, n° 2315 **.

1285. — Eloge funèbre prononcé le 10 juin 1822, sur le bord de la tombe de l'infortuné Boutet, de la Rochelle, jeune homme de la plus haute espérance, mort à l'âge de 25 ans. (par M. GEORGES RANSOL.) — *Montpellier, Jean Martel aîné,* 1822, *in-8*, 4 *p.*

Bibl. nat^e. Ln27, n° 2866.

1286. — L'heureuse matinée, vaudeville en un acte, par MM. BRISSON et DE ROCHECAVE ; reprise le 16 septembre 1823, au passage, à la Rochelle, de Madame la duchesse d'Angoulême.

Bibl. de la Roch., n° 3352.

1287. — Le bouquet Rochellais ou la fête de la

France, divertissement en un acte, mêlé de vaudeville destiné à célébrer le passage de S. A. R. Madame, duchesse d'Angoulême, à la Rochelle, par B. DE ROUGEMONT, Rochellais. — *La Rochelle*, *Mareschal*, 1823, *in*-8, 40 *p.*

Bibl. de la Roch., n° 3405.

1288. — Rapport sur l'établissement d'un lazaret, par M. FLEURIAU DE BELLEVUE. (11 octobre 1824.) — *Mss.*

Archives de l'Académie.

1289. — Notice biographique sur le baron de Chassiron, membre résidant de la société royale et centrale d'agriculture et de plusieurs autres sociétés savantes, lue à la séance publique du 4 avril 1826, par A. F. DE SILVESTRE, secrétaire perpétuel de la société d'agriculture.... etc. (1826.) — (*S. l. n. d.*), *in*-8, 22 *p.*

Bibl. de la Roch., n° 3318. — Bibl. nate. Ln27, n° 4058 *.

Non-seulement M. de Chassiron appartient à la Rochelle par sa naissance, mais la plupart de ses travaux se rattachent directement à ce département. Son fils a été député de la Rochelle (*extra muros*), sénateur du second empire.... etc. — Il y a une notice sur les Chassiron dans la *Revue de l'Aunis*, 1868 (par M. Delayant).

1290. — M. de Lacoste, par Madame CLAIRE BRUNNE (Madame MARBOUTY), sa petite fille. — *La Rochelle, Siret, (s. d.) (1869), in*-8.

1291. — Eloge funèbre de Monseigneur Gabriel-Laurent Paillou, évêque de la Rochelle, prononcé à la Rochelle, le 16 janvier 1827, par M. GABOREAU,

chanoine, vicaire-général. — *La Rochelle, Pavie, imprimerie Chauvet, in-8, 34 p.*

Bibl. de la Roch., n° 3318. — Bibl. nat°. Ln²⁷, n° 4058 *.

Cet éloge d'un homme vénéré ne donne pas une idée exacte
de sa vie et de son caractère. Probablement des considérations
politiques ont porté l'orateur à désigner vaguement sa conduite
qui avait mérité à Monseigneur Paillou une estime particulière
de la part de Napoléon. On y trouve cependant quelques faits
intéressants pour l'histoire locale, celui-ci entre autres que le
séminaire de la Rochelle fut le premier fondé en France après
la révolution.

1292. — Mémoire pour la ville de la Rochelle présenté à S. M. Charles X, par M. VIAULT, maire. —
Paris, Carpentier (s. d.), in-4, 9 p. — *Cappon, in-4, 8 p.*

Bibl. de la Roch., n° 3331. —.Bibl. nat°. Lk 7, n° 3468.

On y demande le siège de la division militaire, une école de
marine, une école secondaire de médecine, l'achèvement du
canal de Niort.

1293. — Discours de M. FLEURIAU DE BELLEVUE,
député de la Charente-Inférieure, sur la nécessité de
conserver tous les hôtels des monnaies, prononcé
dans la séance du 25 juillet 1828. — *In-8, 8 p.*

Bibl. de la Roch., n° 3086.

La Rochelle avait alors un hôtel des monnaies, et il est
très permis de croire que cette circonstance locale détermina
M. Fleuriau à prendre la parole. Peu d'années après, la faillite
du directeur des monnaies, M. E. Morel, acheva la chûte de
l'hôtel de la Rochelle. — Les registres de l'administration de la
monnaie depuis 1650, se trouvent aux archives de la préfecture.
— Cf. n° 1262.

1294. — Bains de mer de la Rochelle.— *La Rochelle, veuve Cappon, 1827, in-8, 8 p. et 3 planches.*

Bibl. de la Roch., n° 3104. — Bibl. nat⁰. Lk 7, n° 3469.

Prospectus de cet établissement lors de sa fondation.

1295. — Bains Marie-Thérèse. — Inauguration du portrait de Madame la Dauphine. — *La Rochelle, veuve Cappon,* (1828,) *in-8, pièce imprimée sur satin.*

Bibl. de la Roch., n° 3105. — Bibl. nat⁰. Lk 7, n° 3470.

1296. — Essai sur les bains Marie-Thérèse ou considérations historiques et médicales sur les bains, par L. F. GASTÉ. D. m. P. — *La Rochelle, Mareschal, 1829, in-8, VI-118 p.*

Bibl. de la Roch., n° 3104.

Outre les considérations historiques et médicales sur les bains en général et sur les bains de mer en particulier, on trouve dans cet ouvrage la description de l'établissement qui lui sert de prétexte, et des observations sur les mœurs, le caractère, les maladies du pays. L'auteur, lorsqu'il a écrit ce livre, n'habitait la Rochelle que depuis deux ans ; sa pratique médicale était presque renfermée à l'hôpital militaire. L'établissement des bains a changé de nom et a subi des changements importants depuis cette publication.

1297. — Réclamation contre la décision de la chambre des pairs qui attribue à la ville de Saintes le septième député de la Charente-Inférieure, alloué par la chambre élective à la ville de la Rochelle, par M. FLEURIAU DE BELLEVUE, député de ce département. (*S. l.*), 1831, *in-8, 6 p.*

Bibl. de la Roch., n° 3086.

Cette réclamation, dans une question qui se rattache évidemment à celle du siège de la préfecture, fut suivie d'un plein succès.

1298. — Compte-rendu par M. le Maire (M. CALLOT aîné.) — 1834, *in*-4, 8 *p.*

Bibl. de la Roch., n° 3354.

Ceci n'est pas seulement un compte-rendu de finances ; mais un *rétrospect* sur une administration gérée dans des temps difficiles.

1299. — Réglement.... sur les chemins vicinaux. — *La Rochelle, Mareschal,* 1836, *in*-8, 56 *p.*

Bibl. de la Roch., n°s 3086, 3345 a.

Réglement pour l'exécution de la loi du 21 mai 1836.

1300. — Réglement pour l'octroi de la ville de la Rochelle. — *La Rochelle, veuve Cappon,* 1813, *in*-4, 27 *p.* — Réglement et tarif des droits d'octroi de la ville de la Rochelle. — *La Rochelle, veuve Cappon,* 1817, *in*-8, 6 *p.*

Bibl. de la Roch., n° 3355.

1301. — Réglement de l'octroi de la commune de la Rochelle. — (S. l.), 1836, *in*-4, 24 *p.*

Bibl. de la Roch., n° 3354.

Réglement qui embrasse les mesures de police comme de finances relative à l'octroi, mis en vigueur le 25 juin 1836, sous la mairie de M. Rasteau.

1302. — Statuts du diocèse de la Rochelle, publiés par Monseigneur Bernet. — *Paris, Leclère,* 1835, *in*-12.

1303. — Arrêtés et réglements en vigueur. 1869 (commune de la Rochelle.) — *La Rochelle, Siret, in*-8.

Bibl. de la Roch., n° 3358.

1304. — Mandement de Monseigneur l'évêque de la Rochelle pour le saint temps de carême de l'année 1837. — *La Rochelle, Pavie, in*-18, 53 *p.*

Bibl. de la Roch., n° 3367.

Ce mandement, le premier publié par Monseigneur Villecourt, offre une espèce de tableau de l'état du département sous le rapport religieux.

1305. — Délibérations du conseil général du département de la Charente-Inférieure. (1836 à 1881.) — *La Rochelle, Mareschal, in*-8, 54 *volumes.*

Bibl. de la Roch., n° 2978. — Bibl. nat^e. Lk¹⁶, n° 42.

Ce compte-rendu, publié d'abord en 1836, sous le titre de *Résumé*, en une brochure de 87 pages, est devenu un volume de plus de 400 pages.

1306. — Quelques mots sur les opérations du conseil général du département de la Charente-Inférieure en 1840. — *In*-8, 20 *p.*

Bibl. de la Roch., n° 3086. — Bibl. nat. Lk 4, n° 145.

Critique, dans le sens de l'opinion dite radicale, des travaux du conseil général en 1840 ; conseils pour la session suivante. L'auteur (M. Brée) se déclare étranger au département.

1307. — Notice sur Valin, par A. Beaussant, avocat. (1836.) — Procès-verbal d'exhumation et de nouvelle inhumation de René-Josué Valin. — 1841, *in*-8, 2 *vol.*, 28-24 *p.*

Bibl. de la Roch., n° 3318.

De ces deux brochures, la première est une notice plus complète que celle de M. Bernon, sur la vie et surtout sur les travaux de Valin ; l'autre le récit officiel du dernier honneur rendu à ce jurisconsulte célèbre. — Cf. dans les *Annales de l'Académie de la Rochelle*, année 1865, une *Visite au tombeau de Valin,* par M. Ch. Fournier.

1308. — Bulletin de la société de médecine de la Rochelle. (Année 1840.) — *In-8, 64 p. et 2 planches.*

Bibl. de la Roch., nos 3381, 3400.

Cette société a été autorisée par décision ministérielle du 11 avril 1840.

1309. — Cours sur l'asphyxie, par M. L. S. C. Sauvé. —- *La Rochelle, 1841, in-8, 52 p.*

Bibl. de la Roch., no 3401.

C'est le résumé d'un cours public et gratuit fait à la Rochelle en 1841 par M. le docteur Sauvé.

1310. — Différents mémoires de la chambre de commerce de la Rochelle. — *9 brochures in-4.*

Bibl. de la Roch., no 3320.

Même en traitant les questions les plus générales, ces écrits offrent toujours de précieux renseignements sur les intérêts locaux. La collection ici indiquée n'est pas complète ; on y trouve : *Mémoire du commerce de la Rochelle sur l'arrêt du conseil d'Etat du roi du 30 août 1784, concernant le commerce étrange dans les îles françaises. — Observations sur la demande d'un entrepôt réel pour la ville de Paris, 1816. — Observations à M. le Ministre du Commerce et des Travaux publics sur sa circulaire du 27 août 1833 ; 1834. — Adresse sur le projet de suppression des hôtels des monnaies des départements, 1834. — Observations sur une demande en concession de lais de mer sur les côtes du département de la Charente-Inférieure,* avec une vive réclamation sur le même sujet rédigée par M. d'Orbigny au nom des habitants des communes littorales de l'anse de l'Aiguillon, 1835 ; *— sur les matières qui doivent être soumises aux délibérations du conseil général dn commerce dans la session de 1837 ; — sur la question* *des sucres, 1838.* Mais les archives de la chambre de commerce offrent, au moins depuis 1789, les renseignements les plus authentiques et les plus précieux pour l'histoire du commerce de la Rochelle. On y trouve en effet, en dix gros registres in-folio, les délibérations de la chambre depuis sa fondation jusqu'à nos jours. On y remarque seulement deux lacunes, l'une de 1776 à 1785, provenant évidemment de ce qu'un registre a été perdu ou égaré, l'autre de 1791 à l'an XI attribuable aux événements politiques. Cependant les copies de lettres, en neuf volumes in-folio, vont jusqu'à 1794, sans lacune, ils s'interrompent alors pour ne reprendre qu'à ce même an XI. Outre ces deux grandes et importantes collections, de nombreux cartons, classés et étiquetés avec soin, contiennent toutes les relations de la chambre avec les pouvoirs ou les autres corps de même nature, la correspondance avec les ministres, les intendants.... etc., avec les villes de Bordeaux, de Nantes. On en voit de consacrés aux droits et à la comptabilité de la chambre, à l'ancien port, au nouveau, au bassin à flot, à l'hôtel des monnaies. On y trouve traitées des questions d'un intérêt plus général, mais encore actuel ; l'administration des neutres dans les colonies ; les transports par terre et par eau ; les postes aux lettres.... etc. Les archives de la juridiction consulaire sont entassées dans les greniers. Un tableau affiché dans la salle du tribunal contient la liste des juges et des consuls de 1628 à 1752. — On trouve quelque chose sur l'histoire ancienne du commerce rochelais dans un ouvrage de M. Francisque Michel, sur le commerce de Bordeaux, analysé dans la *Revue de l'Aunis,* décembre 1867. — Cf. aussi n°s 1150, 1164, 1196, 1312.

1311. — I. Mémoire de la commission de commerce de la Rochelle, en réponse aux questions du Ministre de l'Intérieur, par sa lettre du 1er frimaire an X. — *La Rochelle, veuve Cappon, in-4, 51 p.*

Bibl. de la Roch., n° 3320.

Mémoire sur des questions intéressantes du commerce. La dernière seule est spéciale à la Rochelle. On s'y plaint de l'état et de l'envasement du port. (Collection Caillaud.)

II. Mémoire sur les droits de subvention par doublement sur les eaux-de-vie que l'on charge à la Rochelle pour Calais. — *Mss.*, 1781.

Archives de l'Académie.

1312. — Compte-rendu des travaux de la chambre de commerce de la Rochelle. — *La Rochelle*, 1853, 1860,... etc. — *Mareschal*, 1861, 1868, 1873,. etc...., in-8.

Bibl. de la Roch., nº 3363.

1313. — Observation du département de la Charente-Inférieure sur la pétition de quelques amateurs de Granville et de Saint-Mâlo à l'effet d'importation de sel étranger, adressée à la convention nationale. — *Paris (s. d.), in-8, pièce.*

Bibl. nat^e. Lk 4, nº 142.

1314. — Réponse au mémoire adressé au nom des habitants des communes littorales de l'anse de l'Aiguillon dans la Charente-Inférieure au gouvernement.... etc. (signé : DELAMARRE). (10 mars 1835. — *Paris, in-4.*

Bibl. nat^e. Lk 4, nº 143.

1315. — Réflexions critiques sur la construction du nouveau bassin à flot et des nouvelles écluses de chasse du port de la Rochelle. — *Octobre 1842, in-4,* 16 p.

Bibl. de la Roch., nº 3343.

On y combat ces travaux comme plus funestes qu'utiles, comme devant miner les côtes que limitent le nord de la baie, et produire une barre qui gêne l'entrée du port. On demande que les fonds soient reportés sur l'achèvement du canal de Niort.

1316. — Une colonie agricole ad majorem gloriam Dei. — *La Rochelle, Dausse et Siret*, 1845, *in-12*, 16 *p.*

Bibl. de la Roch., nº 3526.

Ce pamphlet d'Emile Beltremieux se rattache à l'achat projeté par M. Dières du château de la Sausaie, pour une congrégation monacale, et comme ce projet n'a pas été exécuté, il court risque d'être un jour une difficile énigme.

1317. — Extrait du rapport de M. l'ingénieur en chef Léon, sur le projet d'établissement d'un chemin de fer de Poitiers à la Rochelle et à Rochefort. — *La Rochelle, Mareschal*, 1851, *in-4 de 29 p., avec une carte lithographiée.*

Bibl. de la Roch., nº 3343.

Discussion d'un tracé avec examen des dépenses et bénéfice probables. La *Charente-Inférieure* de janvier 1852 contient une discussion de ce projet.

1318. — B. Langlois. De la création d'un troisième bassin à flot à la Rochelle. — *La Rochelle, veuve Mareschal et L. Martin,* 1876, *in-8,* 32 *p.*

Bibl. de la Roch., nº 3365.

1319. — Budgets de la ville. — *In-4.*

Bibl. de la Roch. nº 3354.

Cette collection contient un compte-rendu des recettes et dépenses en 1790 ; les budgets de la ville depuis 1831 ; plusieurs comptes-rendus financiers. On trouve pour ces époques beaucoup d'autres pièces de ce genre aux archives de la préfecture.

1320. — Annales de la société d'agriculture de la Rochelle. — *La Rochelle, in-8 ; irrégulièrement périodiques depuis* 1840.

Bibl. de la Roch., n° 3389.

Recueil consacré aux progrès de l'agriculture dans le département. Le premier numéro contient une notice fort courte sur la société.

1321. — Compte-rendu de la séance du comité agricole d'Aytré du 11 décembre 1841. — *In-8, 46 p.* — Compte-rendu du deuxième congrès de l'association agricole du centre de l'ouest. — 1845, *in-8,* 162 *p.*

Trois comptes-rendus des travaux de la société d'agriculture de la Rochelle, pour 1836, 1837-1838, 1838-1839. — *Trois brochures in-8, chacune* 16 *p.*

1322. — Almanach de l'association agricole du centre de l'ouest pour les départements de la Charente, de la Charente-Inférieure, des Deux-Sèvres, de la Vendée et de la Vienne. (Année 1847.) — *La Rochelle, Caillaud, in-*12, 48 *p.*

Bibl. de la Roch., n° 3390.

On y trouve quelques renseignements statistiques sur la nature et la distribution des cultures du département.

1323. — Libre échange. Discours prononcé à la société royale d'agriculture de la Rochelle, le 20 mars 1847, par M. GODINEAU, notaire à la Jarrie. — *La Rochelle, Dausse et Siret,* 1847, *in-8,* 28 *p.*

Bibl. de la Roch., n° 3390.

En faveur du libre-échange. On y examine ses effets pour l'agriculture du pays.

1324. — Galerie des contemporains illustres par un homme de rien. — L'amiral Duperré, par M. DE LOMÉNIE, de l'Académie française. — 1842, *in*-18, 36 *p.*

Bibl. de la Roch., n° 3515. — Bibl. nat^e. Ln²⁷, n° 6728.

Simple notice des services militaires de l'amiral Duperré, avec quelques notes sur son caractère.

1325. — Vie de l'amiral Duperré, ancien ministre de la marine et des colonies.... etc., par F. CHASSÉRIAU, son chef de cabinet, historiographe de la marine. — *Paris, imprimerie nationale,* 1848, *in*-8 *de* VII-531 *p.*

Bibl. de la Roch., n° 3516. — Bibl. nat^e. Ln²⁷, n° 6729.

Né à la Rochelle, embarqué d'abord sur un navire rochelais, l'amiral Duperré n'a eu dans sa vie que peu de rapports avec sa ville natale. Cette vie fort détaillée est pourtant empreinte de froideur par la dignité guindée du style officiel. Il y a des pièces justificatives fort intéressantes.

On trouve dans le *Bulletin de la société académique de Brest,* pour 1868 : — HÉLIÈS : *L'amiral Duperré, poème historique.* — C'est une sorte de biographie en vers.

Bibl. de la Roch., n° 3518.

On a de M. Viault : *Eloge de Duperré,* (couronné par l'Académie de la Rochelle, médaille d'or du ministère de la marine.) — *La Rochelle, 1869, in-8.* — Et de M. Doneaud du Plan, un autre *Eloge de Duperré,* qui eut la seconde médaille et qui a été inséré dans la *Revue maritime et coloniale,* 1870, juin.

1326. — Prologue en vers pour l'inauguration du théâtre de la Rochelle, par H. RIOUBLAND. (17 juin 1846.) — *La Rochelle, Boutet,* 1846, *in*-8, 16 *p.*

Bibl. de la Roch., n° 3403.

Les notes contiennent quelques détails sur la reconstruction du théâtre, sur l'ancien emplacement de cet édifice et sur quelques poètes dramatiques nés à la Rochelle.

1327. — Affiches de la Rochelle. — *In-4.* — Le Phare, journal de la Rochelle. — *In-f°.*

Bibl. de la Roch., n° 3407. — Bibl. nat^e. Li^{tt}, n°s 395, 396.

Fondées en 1770, les *Affiches de la Rochelle* furent une simple feuille d'annonces qui acquit plus d'importance pendant la révolution. Elles ont pris le nom de *Phare* et agrandi leur format en 1837. C'est sous ce nom qu'elles se sont continuées jusqu'en 1860.

1328. — Gazette de la Rochelle. — *Roy*, puis *Cavazza, avec différents titres.* (1792-1798.) — *In-4.*

Bibl. de la Roch., n° 3407.

1329. — Feuille périodique de la Rochelle. — *Bouyer, in-4 et in-8.*

Bibl. de la Roch., n° 3414.

Journal de peu d'intérêt qui a paru en 1798 et années suivantes.

1330. — Actes administratifs publiés par le sous-préfet de l'arrondissement de la Rochelle. — *Bouyer, in-4, an* VIII *à an* X.

Bibl. de la Roch., n° 3414.

Ces actes administratifs continués depuis sous le titre : *Actes administratifs de la Préfecture de la Charente-Inférieure*, forment chaque année un volume in-8.

1331. — Courrier de la Charente-Inférieure. — *In-4.*

Ce journal n'a paru que pendant une partie de la révolution.

1332. — Courrier Rochellais ou précis des journaux. — *Lhomandie, in-8.*

Bibl. de la Roch., nº 3415.

Journal de peu d'intérêt de la fin de la République et de l'Empire.

1333. — Journal de la préfecture de la Charente-Inférieure. — *In-4.*

Journal transporté de Saintes à la Rochelle avec la préfecture, et qui a cessé de paraître depuis longtemps.

1334. — Journal commercial, littéraire et d'annonces de la Rochelle. — *In-4.*

Bibl. de la Roch., nº 3416. — Bibl. nat^e. Li¹¹, nº 397.

1335. — Echo rochelais. — *In-fº.*

Bibl. de la Roch., nº 3417. — Bibl. nat^e. Li¹¹, nº 398.

Fondé en 1828, le journal commercial changea de main, de nom et de format dès 1829. Cependant c'est de 1828 que l'*Echo Rochelais* fait dater son existence. Il a successivement agrandi son format. Il est aujourd'hui journal politique.

1336. — La Charente-Inférieure. — *In-fº.*

Bibl. de la Roch., nº 3418. — Bibl. nat^e. Lc¹⁰, nº 69.

Journal fondé en 1835, aujourd'hui journal politique, dirigé pendant trente-neuf années par M. G. Mareschal. C'est celui des journaux de la Rochelle qui s'est le plus souvent occupé de l'histoire antérieure du pays.

1337. — Revue des Deux-Charentes. Prospectus-specimen. — 1er *novembre* 1836, *in-8, 8 p.*

Bibl. de la Roch., nº 3331.

Projet d'une revue littéraire qui n'a pas eu d'autre commencement d'exécution.

1338. — L'Album de l'Ouest. — *In-f°*.

Journal fondé en 1841 qui n'a duré que trois mois.

1339. — Revue organique des départements de l'Ouest. — *La Rochelle, Caillaud, 1845, in-8, 648 p.*

Revue mensuelle qui n'a duré qu'un an et a donné peu de détails sur la localité.

1340. — Notice nécrologique sur Emile Beltremieux, lue à la Société des sciences naturelles de la Charente-Inférieure, à la Rochelle, par le docteur SAUVÉ, secrétaire. — *La Rochelle, Mareschal, 1848, in-8, 13 p.*

Emile Beltremieux était le fondateur et le principal rédacteur de la *Revue organique*. Depuis il écrivit dans le *National* et était tout livré à la politique. Mais dans cette notice, il n'est considéré que comme naturaliste. Il y a sur lui une autre notice dans la *Revue de l'Aunis* de 1864 (par M. L. Delayant).

1341. — Revue de l'Aunis. — *La Rochelle, Siret.* — Revue de l'Aunis et de la Saintonge, et Revue de l'Aunis, de la Saintonge et du Poitou. (1er octobre 1863 au 25 décembre 1869.)

Revue du genre de la précédente, fondée par M. Paul Gaudin. Les articles relatifs à l'histoire de la Rochelle ont été indiqués ci-dessus, chacun à sa place.

1342. — Bulletin religieux du diocèse de la Ro-

Saintes. — *La Rochelle, Drouineau, in-8, périodique depuis le 1er juillet 1864.*

Bibl. de la Roch., n° 3005.

1343. — L'ami de la Constitution, journal de la Charente-Inférieure ; puis la Constitution, le Courrier des marchés, le Courrier de la Rochelle. — *Siret, in-fº, périodique.*

Bibl. de la Roch., n° 3419.

Journal politique encore existant, fondé le 27 octobre 1849 pour la défense des principes républicains. Il a publié entre autres nombreux articles d'histoire locale les *Éphémérides* et les *Lettres rochelaises* de M. Jourdan.

1344. — Aperçu des travaux de la société des sciences naturelles de la Charente-Inférieure, depuis sa fondation en 1836 jusqu'à la fin de 1849, par le secrétaire Dr C. L. SAUVÉ. — *La Rochelle, Mareschal,* 1855, *in-8,* 44 *p.* — Annales. — *La Rochelle, Mareschal,* 1855, *in-8,* 102 *p. et un plan.... etc.*

Bibl. de la Roch., n° 3104.

Le premier contient une simple nomenclature, sans résumé, des travaux de cette société, mais qui mentionne des travaux d'un grand intérêt sur des sujets d'intérêt local.

Les *Annales,* dont la publication est continuée, contiennent différents mémoires notamment un *Mémoire sur la salubrité de la Rochelle* avec des recherches historiques intéressantes.

1345. — Discours prononcé à l'inauguration du buste de M. Fleuriau de Bellevue, par M. BLUTEL. — *La Rochelle, Boutet,* 1854, *in-8,* 7 *p.*

Bibl. de la Roch., n° 3318.

Eloge peu développé.

1346. — Société des amis des arts. Réglement et livret des expositions. — *Broch. in-8.*

Bibl. de la Roch., n° 3331.

Société fondée en 1842, autorisée en 1845.

1347. — Rapport sur des gâteaux d'une forme particulière (coiraux), par M. DE LA LIBORLIÈRE. — *Bulletin de la société des antiquaires de l'Ouest, 1840, p. 51.*

M. Bobe-Moreau avait vu dans ces gâteaux le reste d'un ancien culte de Vénus. M. de la Liborlière le combat. Le fait est qu'à la Rochelle personne n'y a jamais pensé. M. Bobe insista cependant, et il y a, imprimé à part, un second écrit où M. de la Liborlière combat la même idée appliquée à des gâteaux qu'on suspend à Rochefort le dimanche des Rameaux.

1348. — Historique du concile provincial tenu à la Rochelle. — *La Rochelle, Boutet, 1853, in-8, 86 p.*

Bibl. de la Roch., n° 3318. — Bibl. nat⁰. Lk 7, n° 3475.

Notice extraite du journal l'*Echo Rochelais*, dont l'intérêt est surtout dans les discours des prélats. L'un d'eux, l'évêque de la Rochelle, C. Villecourt, y apprécie, de son point de vue, l'influence des changements en religion sur la prospérité du pays.

1349. — Decreta concilii provinciæ Burdigalensis, Rupellæ celebrati, anno domini 1853, a sancta sede recognita. — *La Rochelle, Deslandes, 1855, in-12.*

Bibl. nat⁰. Ld 2, n° 18.

1350. — Supplément aux décrets du concile de la province de Bordeaux, célébré à la Rochelle, ou défense de l'histoire de l'église de France, par l'abbé GATTÉE. — *1855, in-8.*

Bibl. nat⁰. Ld 2, n° 18.

1361. — Loge l'Union parfaite à l'Orient de la Rochelle. — *La Rochelle, Siret,* 1854, *in*-8.

Bibl. de la Roch., n° 3379.

Cette brochure contient le récit d'un fait particulier, rédigé par M. Em. Babut, et, à cette occasion, des recherches sur les antécédents de cette loge maçonnique qui remonte à 1744, rédigée par M. Lemanissier.

1352. — Réglement de la société de bienfaisance et de secours mutuels des arts et métiers de la Rochelle. — *La Rochelle, Siret,* 1853, *in*-18, 36 *p.* — Réglement de la société de l'union maritime. — *La Rochelle, Siret,* 1853, *in*-18, 32 *p.* — Réglement de la société de l'union des familles de Tasdon. — *La Rochelle, Siret,* 1853, *in*-18, 32 *p.*

Bibl. de la Roch., n°s 3373, 3377.

Trois sociétés de même nature dont l'objet est indiqué par le titre même.

1353. — Daniel Massiou. Notice lue à la société littéraire de la Rochelle en 1855, par M. CHARLES FOURNIER. — *La Rochelle, Mareschal,* 1870, *in*-8, 73 *p.*

Bibl. de la Roch., n° 3521.

Notice plus biographique que littéraire.

1354. — Etat général des chemins de grande communication et d'intérêt commun du département de la Charente-Inférieure, dressé sous l'administration de M. Brian, par M. BROSSARD. — *La Rochelle, Mareschal,* 1855, *in*-8, 8 *p. et une carte.*

Bibl. de la Roch., n° 3345.

Relevé administratif suivi d'une carte routière.

1355. — D'une numismatique rochelaise. — Mémoire manuscrit de MM. Delayant et Jourdan.

Archives de la Société littéraire.

Revue des médailles, sceaux et armoiries relatifs à la Rochelle et à son histoire.

1356. — Sacre de Monseigneur Landriot, évêque de la Rochelle, le 20 juillet 1856. — *Autun, 1856, in-8.*

Bibl. nate. Lk 3, no 245.

1357. — Discours prononcé par Monseigneur Landriot, évêque de la Rochelle, à Autun, Périgueux, Rochefort et la Rochelle, précédés d'une notice biographique. — *Autun, 1856, in-8.*

Bibl. nate. Lk 3, no 246.

1358. — Pièces lues au congrès de la Rochelle. — 3 *in-8.*

Bibl. de la Roch., no 3381.

Deux discours de Monseigneur Landriot ; des vers de M. Labretonnière à Monseigneur Landriot à l'occasion de la xxiiie session du congrès scientifique de France tenue à la Rochelle dans les dix premiers jours de septembre 1856.

1359. — Le réveil de la Rochelle, féerie-revue en un acte, par MM. P. G. (Godineau) et L. S. T. (Tenant.) — *La Rochelle, Dausse, 1857, in-8.*

Bibl. de la Roch., no 3403.

Jouée trois fois à l'occasion de l'inauguration du chemin de fer de la Rochelle à Poitiers.

1360. — Rondeaux de la Rochelle en miniature, revue locale représentée à la Rochelle le 23 décembre

1873, par Fr de Latte. — *La Rochelle, Thoreux*, 1874, *in*-8, 18 *p.*

Bibl. de la Roch., nº 3404.

1361. — Discours pour l'inauguration du chemin de fer de la Rochelle, prononcé par Monseigneur Landriot, évêque de la Rochelle et de Saintes, le 6 septembre 1857. — *La Rochelle, Deslandes, in*-8, 16 *p.*

Bibl. de la Roch., nº 3343.

Historiquement, ne sert qu'à constater une date.

1362. — Discours pour la bénédiction de la chapelle des Carmélites nouvellement installées à la Rochelle, par Monseigneur Landriot, le 9 février 1859. — *La Rochelle, Deslandes, in*-8.

Bibl. de la Roch., nº 3422. — Bibl. nate. Lk 7, nº 3479.

1363. — Quelques fleurs du jardin de mes souvenirs. — Lettre à un ami, par M. *** (Petit, curé de Saint-Nicolas.) — *Lille, Lefort, in*-12, 94 *p.*

Bibl. de la Roch., nº 3527.

Ces souvenirs de M. Petit n'ont de spécial à la Rochelle que la dernière lettre, *Trois fondations religieuses.*

1364. — Notice historique sur la cathédrale de la Rochelle. (Par M. l'abbé Cholet.) — *La Rochelle, in*-8, 134 *p.*

Histoire abrégée des églises qui ont précédé la cathédrale sur le même terrain, et la construction de celle-ci publiée le jour de sa consécration, le 18 novembre 1862. — On y trouve une note sur les quatorze évêques de la Rochelle.

1365. — Biographie d'Aimé Bonpland, par Adolphe Brunel. — *Paris*, 1859, *in*-8, et *Toulon*, 1864, *in*-8.

Bibl. de la Roch., nº 20314. — Bibl. nate. Ln27, nº 2398.

Il y a une autre notice sur Bonpland dans la *Revue de l'Aunis*, 1864 (par M. L. Delayant).

1366. — Octroi de la Rochelle ; inconvénients de son extension sur la banlieue annexée en 1868. (Par M. LEMICHEL.) — *La Rochelle, Siret*, 1866, *in*-8, 15 *p.* Autres pièces diverses sur le même sujet.

Bibl. de la Roch., n° 3356.

1367. — Placards, lettres, catalogues relatifs à l'exposition régionale de mai-juin 1866, à la Rochelle. — 52 *pièces de tous formats.*

Bibl. de la Roch., n° 3364.

1368. — HENRI WILKENS à MM. les membres du conseil municipal ; 20 mai 1867. — *La Rochelle, Siret, in*-4, 14 *p.*

Bibl. de la Roch., n° 3422.

Réclamation contre une expropriation dans l'intérêt du château d'eau. Intéressant pour l'histoire des fontaines.

1369. — Allocution prononcée à l'audience du lundi 9 novembre 1868 du tribunal de la Rochelle, par M. H. BARBEDETTE, juge.

Bibl. de la Roch., n° 3422.

Discours à l'occasion de l'installation de M. Chaudreau, président, et de M. Brault, procureur impérial.

1370. — Nécrologie. — Henri Aucapitaine. — *La Rochelle, Mareschal*, 1868, *in*-8, 20 *p.*

Bibl. de la Roch., n° 3522.

Notice rédigée par M. de Richemond au nom de la société des sciences naturelles.

1371. — Front-ouest. Rapport lu au conseil muni-

cipal dans sa séance du 22 février 1869. — *La Rochelle,*
Siret, 1869, *in*-8, 58 *p.*

Bibl. de la Roch., n° 3360.

Projet d'assainissement par un changement dans les fortifications.

1372. — Notice nécrologique sur M. l'abbé Chartier,... par M. l'abbé E. GENDRE.... — *Surgères, Tessier,*
1870, *in*-8, 32 *p.* — Notice sur M. Grasilier, par le
même. — 1875, *in*-8.

Bibl. de la Roch.; n° 3528.

1373. — Etude sur Gustave Drouineau, par M.
GUSTAVE MÉNEAU. — Dans les *Annales de l'Académie*
de la Rochelle, pour 1859.

Bibl. de la Roch., n° 3405.

1374. — Le Parnasse rochelais (MM. Labretonnière, G. Romieux, H. Viault), par P. GAUDIN. —
La Rochelle, Siret, 1872, *in*-8.

Bibl. de la Roch., n° 3530.

1375. — Essai sur Eugène Fromentin, par M.
GAUDIN. — *La Rochelle, Siret,* 1877, *in*-16.

Bibl. de la Roch., n° 3531.

1376. — Hommages rendus à la mémoire de M.
Th. Vivier, par MM. ED. BELTREMIEUX et L. DE
RICHEMOND. — *La Rochelle, G. Mareschal,* 1873, *in*-8.

Bibl. de la Roch., n° 3524.

1377. — A la mémoire de Samuel-Louis Meschinet de Richemond (1783-1868). — *La Rochelle,*
G. Mareschal, 1868, *in*-12.

Bibl. de la Roch., n° 3523.

TABLE

DES NOMS PROPRES DE LIEUX ET DE PERSONNES (*)

A

Barbier, 281. — Erudit.

Barbier, imprimeur à Poitiers (xixe siècle), 56.

Barbot, 15, 24, 143, 145. — (Amos), 10, 11, 12, 13, 16, 33, 121, 125, 129. — Amos Barbot, bailli du grand fief d'Aunis (1566-1625).

Barbot de la Trésorière (Marc-André), 13.

Barbote, imprimeur à Paris (xviie siècle), 179, 205, 212, 216, 219, 220, 228, 231, 239, 240, 241, 242, 251.

Bardonnet (A.), érudit et numismate poitevin, 109, 111, 127.

Barentin, 188. — Charles-Amable-Honoré Barentin, chevalier, sieur d'Hardivilliers et des Belles-Rueries, intendant de la Rochelle, en 1737.

Bargignac, conseiller de préfecture, 57.

Barreau (Elie-Pierre), procureur du roi au bureau des finances de la généralité de la Rochelle, 127, 324.

Barreau (S.), 59.

Barret (J.-M.), membre de l'académie de la Rochelle, 372.

Bartas (du), 142. — Guillaume de Saluste de Bartas (1544-1590), militaire, négociateur et poète.

Barthélemy (Anatole de), archéologue, 158

Barthélemy (Edouard de), ancien fonctionnaire, 75.

Bas-Poitou, 306.

Bason, imprimeur à Paris (xviie siècle), 250.

Basques (rade des), 64. — Entre l'île d'Oleron et la côte de la commune d'Angoulins.

Bassompierre (comte de), 156. — (Maréchal de), 231, 293. — François II, maréchal de France (1579-1646).

Bastille (la), 219. — La Bastille-Saint-Antoine, à Paris.

Baudouin (Jean), 269. — Jean Baudouin, littérateur, membre de l'Académie française (1584-1650).

Baudouin, 11, 13, 14, 15, 24, 32, 143. — (Nicolas), 127. — Nicolas Baudouin, juge-prévôt de la Rochelle, chroniqueur (xvie siècle).

Bauldri (Michel), de la congrégation de Saint-Maur, grand prieur de l'église collégiale et régulière de Maillezais, 301.

Baulot, 20, 21, 22, 157, 374, 375. — Ecrit aussi Bolo, Bolotus. — Jean Baulot, chirurgien (1657-1712).

Baussay (de), 358. — Pierre-Joachim de Baussay, négociant-armateur à la Rochelle (1738-1813).

Bautru, 266 — Guillaume Bautru, comte de Séran, homme d'Etat (1588-1665).

Bayonnais, 24.

Bazin, 268. — Claude Bazin, sieur de Bezons.

Béarn, 166. — (Régiment de), 337. — (Souveraineté de), 157, 159.

Beaufiès (Jacques), 297.

Beaujeu, imprimeur à Surgères (1851-1857), 58

Beaulieu (Monsieur de), 189.

Beaulieu, terre, arrondissement du Vigan (Gard). — Voir Frémineau.

Beaumanoir, 34, 35.

Beaumont (sieur de), 220.

Beaumont-du-Périgord, 67. — Arrondissement de Bergerac (Dordogne).

Beaupied-Duménils, 88, 89. — Claude Beaupied-Dumesnils, receveur général des domaines et bois de la généralité de la Rochelle (xviii siècle).

Beaupreau. — Voir Guillaudeau.

Beaurain, (sieur de), 167. — Sans doute le chevalier Jean de Beaurain, géographe (1696-1771).

Beaurepère (comte de), 167. — Serait-ce Maurice de Pierrefite, seigneur de Beaurepaire, ou l'un de ses enfants ?

Beaussant (A.), avocat, puis président du tribunal de Poitiers, 380.

Beautemps-Beaupré, 63, 64. — Charles-François, ingénieur hydrographe (1766-1854).

Beauval, terre, 21. — Voir Boucher.

Becker, 212.

Becker, 243.

Bégon (Michel), 50, 51, 74, 327. — Intendant de Rochefort, puis de la généralité de la Rochelle (1628-1710).

Bellay (du), 245. — Martin, marquis du Bellay, prince d'Yvetot, maréchal de camp, lieutenant du roi en Anjou, mort en 1637.

Bellevue, 79, 362. — Voir Fleuriau.

Bellin, 63. — Jacques-Nicolas, ingénieur de la marine (1703-1772).

Beilingan (sieur de), 220.

Belot, curé à Milemonts (J.), 196.

Beltremieux (Edouard), 86, 100, 396. — Ancien maire de la Rochelle, vice-président du conseil de préfecture.

Beltremieux (Emile), 384, 389. — docteur en médecine, publiciste.

Benatière (viguerie et fief de la), 40. — Ile de Ré (Charente-Inférieure).

Benet, 152. — Arrondissement de Fontenay-le-Comte (Vendée).

Benoist, avocat, 58.

Benoît (sire), 257.

Benon, 53, 61, 77, 98. — (Abbaye de), 68. — Arrondissement de la Rochelle.

Berault, écuyer, sieur du Fraisne (Benoist) (xviie siècle), 199. — Jean, 253, 270. — Médecin et littérateur (1584-1647). — (L.-P.-G.), 288.

Béraudin, 78. — Gabriel Béraudin, sieur de Passy-Rompsay, lieutenant-général au présidial, maire de la Rochelle (1682-1770).

Bergeville (marquis de), 165.

C

D

E

F

G

H

I J K

M

O

P

Q

R

T

U V X Y Z

TABLE

DES OUVRAGES ANONYMES (*)

———

A

(*) Les chiffres renvoient aux numéros d'ordre des ouvrages.

27*

D

E

F

L

M

N

O

P

Q

R

S

T

U V

TABLE

DES MATIÈRES (*)

A

B

(*) Les chiffres renvoient aux numéros des ouvrages.

C

D

E

M

N

O P

R

S

T

V Z

TABLE

DES CHAPITRES

La Rochelle. — Typ. A. Siret.

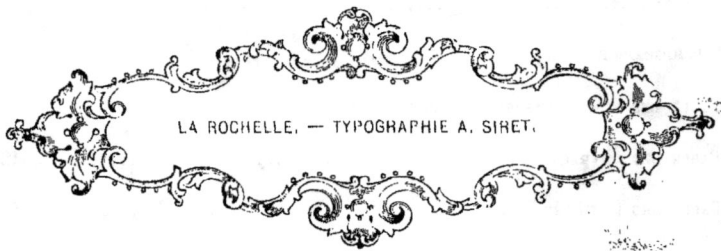

LA ROCHELLE. — TYPOGRAPHIE A. SIRET.

www.ingramcontent.com/pod-product-compliance
Lightning Source LLC
Chambersburg PA
CBHW060953280326
41935CB00009B/703